王朝的孤忠

鄭氏三代的海商傳奇

燕山刀客 著

肩負南明復國希望×建立海上貿易霸業……
從海盜到反清英雄，鄭氏家族在亂世中的民族使命

誰能赤手斬長鯨？不愧英雄傳裡名。
撐起東南天半壁，人間還有鄭延平。

天塹之志，鄭成功的家國使命及其歷史意義
抗清、北伐、收臺灣……
以四島之地抗清十七年，在大航海的動盪中建立海權霸業

目錄

自序：在大航海時代，他為中國人保住了尊嚴

在相當長的時間內，傳統的中國只有水軍而無海軍，只重陸權而不重海權，只懷柔遠人而不海外拓展。在人類進入大航海時代以後，明清兩朝與主流文明背道而馳，頑固堅持閉關鎖國的海禁政策，清朝比明朝做得更加徹底，終於在鴉片戰爭之後，被船堅炮利的英國侵略者敲開了大門，走上了半殖民地之路。

生於日本西海岸的平戶千里濱，長於東海之濱的福建安平鎮，起兵之後常年奔波於海上，組建十七世紀東亞最強海軍，創造多次水戰經典，贏得大航海時代的光輝戰績，一生與大海親密接觸，是鄭成功有別於其他英雄最突出的代表。

說來也巧。明朝最有影響力的兩位鄭氏名人，都與大海結下了不解之緣。鄭和七次下西洋，譜寫了大航海時代的華麗前奏；鄭成功以海島為基地抗擊滿清，從最強海上帝國荷蘭手中解放臺灣，並一度成為東亞海上貿易的主宰者。

「四鎮多二心，兩島屯師，敢向東南爭半壁；諸王無寸土，一隅抗志，方知海外有孤忠。」

一位終身以反清復明為目標的英雄，卻能得到康熙皇帝如此高的評價，只能說，鄭成功的人格魅力實在偉大。

但時至今天，大家對這位英雄依然是即熟悉又陌生。

熟悉，是說他擊敗荷蘭殖民者、攻克臺灣的故事家喻戶曉，沒有人

不知道；陌生，是我們對他的生平事蹟、志向理想及事功成就，並沒有深入的了解。

鄭成功可以說是三個層面的民族英雄，放眼三千餘年中國史，他都是獨一無二的。

在女真侵略者蹂躪華夏領土、侵害漢族及諸多少數民族正當利益之時，鄭成功懷抱國仇家恨，毅然「焚衣起兵」，與清廷進行了長達十七年的浴血奮戰，並主導了二十年南明史中最鼓舞人心的北伐南京之役；當荷蘭殖民者竊據臺灣，壓迫島上漢人及原住民時，鄭成功不顧中荷兩國軍事發展水準的巨大差距，以大無畏的勇氣東征臺灣，成功驅逐荷夷，並以中國傳統王朝的模式建設寶島；在人類進入大航海時代以後，歐洲各國在太平洋上激烈競爭與大肆掠奪，明清統治卻閉關鎖國，走向人類發展潮流對立面之時，鄭成功及其海商集團積極參與東亞貿易競爭，努力捍衛華人的合法權益，甚至打算出兵呂宋解救同胞；毫不誇張的說，在大航海時代，鄭成功及其領導的鄭軍，為中國和東亞留下了唯一一抹亮色。

過往很多年，我們只記住了鄭成功在收復臺灣中的豐功偉業，卻不清楚他復臺的目的，只是為了給抗清事業尋找一處比廈門更為理想的基地；我們只記住了李定國兩蹶名王，卻不清楚清軍入關後，對女真八旗造成最大傷亡的一場戰役，居然是第三次廈門保衛戰。這場戰役，也可以稱為冷兵器時代最大規模的海戰；[01] 我們只記住了張名振三入長江，卻不清楚鄭成功在背後的貢獻，不清楚國姓爺本人也有三次北伐。更讓我們驚嘆的是，他在永曆十三年 (1659) 進取南京的路線，被一百八十年後入侵中國的英軍海軍「抄作業」，足見鄭成功眼光之精準與策略之超前；我們只記住了《鄭荷條約》的偉大，卻不清楚鄭氏海商集團發展壯大

[01] 元末的鄱陽湖大戰只是水戰，並非海戰。

的艱辛。鄭成功能以一隅之地與滿清對抗十七年，其背後的商業團隊功不可沒。在整合了父親鄭芝龍的舊部之後，鄭氏集團發展成為了東亞海域的最大貿易組織，甚至擁有多條貿易線路的支配權。

我們熟知的蜀漢丞相諸葛亮，以一州的軍力財力挑戰強大的曹魏政權，已經足夠令後人敬佩的了。但益州至少也有一百萬平方公里土地，一百萬居民，大致相當於曹魏的三分之一和五分之一。

但鄭成功真正穩固的基本盤，只是廈門、金門、南澳和銅山四島，面積大約六百平方公里，軍隊巔峰期約有十五到二十萬，所有物資都完全要靠外部供應。而他的對手滿清帝國，控制面積接近六百萬平方公里，人口超過五千萬。差距實在過於明顯。

相比之下，鄭成功的堅持更加難能可貴，他的功績更來之不易，他的成就也更加激勵人心。

從鄭成功占據廈門到東征臺灣，鄭清之間大小戰役接近五十次，不乏雙方都出動萬人的以上的大戰，其中大多數都是鄭軍首先發動的，這份勇氣實在不能不讓人敬佩與尊重。

南明有諸多名將，唯有鄭成功率軍殺到了南京城下，讓江南人民看到了收復舊都的希望與可能。「試看天塹投鞭渡，不信中原不姓朱！」的萬丈豪情，一直激勵著此後兩個半世紀的民間反清活動。

鄭成功身先士卒、無畏困難、向死而生，愈挫愈奮，將「明知不可為而為之」的精神發揮到了極致。身為反清復明的傑出將領，他的軍功可以與戰神李定國媲美；身為東亞最強水軍的締造者，他締造了首次從長江口逆流而上包圍南京的壯舉；身為大航海時代的深度參與者，他締造了華夏文明史上獨一無二的海商集團。雖說鄭成功有著明顯的性格缺陷，但這絕對不會影響他的偉大，反而令他的形象更加真實可信。

這樣一位民族英雄，永遠值得歷史崇敬和緬懷，更需要後人進一步學習與借鑑。

這樣一段光榮歷史，永遠值得後輩牢記與弘揚，更需要我們更多的分析和思考。

是為序。

第一章
少年奮起：海邊降生到名揚安平

一、傳奇降世：海邊出生自帶光環

鄭成功這位中國人的民族英雄，卻誕生於遙遠的日本平戶。

如此一來，更顯得他的身世不凡，也注定要比平常人經歷更多的挑戰與磨難。

十六世紀末，因豐臣秀吉入侵朝鮮，中日兩國曾有過一場持續六年的戰爭。到了十七世紀初期，德川幕府統一了日本，與中國的關係顯著改善，兩國之間的貿易交流也頻繁起來。幕府學明朝搞閉關，只與中國及荷蘭做生意。中國需要日本的白銀和漆器，日本更需要中國的絲綢、瓷器和茶葉等貨品，對中注定是嚴重逆差。

日本諸縣之中，長崎與亞洲大陸距離最近，當地擁有良港的平戶小城，更是成為了重要的對外貿易中心，許多華人移居於此。

正是在這樣的時代背景之下，明天啟三年（1623）五月，剛滿二十歲的鄭芝龍，從澳門來到了平戶。[02]

鄭芝龍小名一官，字甲，號飛黃，是福建布政司泉州府南安縣（今泉州市南安市）石井村人。作為家中老大，他按理說不應該出國漂泊，要繼承家業不吧？可是那個窮家，也沒有什麼事業好繼承的。父親鄭士表只是個泉州庫吏，靠著微薄的薪水，還要養活一大家子：妻子徐氏先後

[02] 本書以明朝皇帝的年號紀年，人物年齡為虛歲。

生了芝龍、芝虎、芝麟（早夭）和芝鳳，側室黃氏則生了芝豹。

鄭芝龍長相帥氣，為人豪爽，並有著驚人的語言天賦。別看後來做起了不正當職業，他小時候的偶像，居然是抗倭英雄戚繼光。沒辦法，在當時的福建，幾乎家家戶戶都仰慕這位大明戰神。相比之下，正宗的泉州名將俞大猷，反而影響力有限。

和當時多數國人一樣，鄭士表希望兒子們能夠考取功名，改變門風。可談何容易呢，范進都不是想當就能當的。至於鄭芝龍，人家根本不喜歡讀書，反而熱衷於舞刀弄棒，拈花惹草，並和當地的一些小混混打得火熱，整個一問題少年啊。鄭士表能不生氣嗎，能不經常家法伺候嗎。可就算是打斷多少根棍子，鄭芝龍還是那德行。隨著年齡增長，他對父親的意見就更大了。

天啟元年（1621），十八歲的鄭芝龍憤然離家出走，跑到澳門投奔做生意的舅舅黃程。據說，鄭芝龍成功勾引了一位比他大幾歲的美女（可見他在兩性交往方面確實有天賦），卻引發了舅舅憤怒的報復——這位女子正是他舅舅的小妾。聯想到日後鄭成功長子鄭經的出位表現，似乎鄭家還真的有這種傳統。

在澳門這個東西方文明薈萃的視窗，鄭芝龍開闊了視野，累積了豐富的外貿知識，也攢下了一點資本，但根本不夠回家娶老婆的。

幸運的是，憑藉自己的不凡相貌與不俗談吐，鄭芝龍很快結識了大海商李旦。更幸運的是，他居然成了李旦的乾兒子。可見，說長得好看的人才有前程，還真不是一句空話。

為了方便與葡萄牙朋友們打交道，鄭芝龍還完成了一件讓乾爹聽說了開心，讓親爹知道了吐血的大事。他接受了洗禮，成為一名（名義上的）基督徒，教名為尼古拉斯（Nicholas）。

兩年之後，在黃程的安排下，鄭芝龍跟隨李旦的貨船來到平戶，並從此在這裡定居了。為了更好的與當地人打交道，鄭芝龍很快學會了日語。不久之後他又發現，有個國家與日本關係特殊，為了與應該國商人更快捷的溝通，他就應該掌握對方的語言。

這個國家，就是與鄭芝龍父子有若干交集的荷蘭。不得不說，鄭芝龍真是個語言天才。今天我們學英語，守著各種影片都學不好，人家鄭芝龍什麼學習資料都沒有硬是能講出流利的外語，還能靠當翻譯混飯吃。

優秀的人，走到哪裡都不缺朋友，更不會缺少浪漫。在平戶，鄭芝龍不光結識了很多合作夥伴，更是邂逅了一位令他魂牽夢繞的日本姑娘。

田川氏是華人鑄劍師翁翌皇的養女，在他的店鋪裡幫忙。喜歡習武的鄭芝龍，經常光顧翁家。一來二去，兩個年輕人很快就擦出了愛的火花。

這一年的田川氏已二十三，比鄭芝龍還大兩歲。她身形婀娜，相貌精緻，舉止優雅，性情穩重，既不乏南方妹子一貫的幹練果敢，又擁有有日本姑娘招牌式的溫存體貼。她闖入鄭芝龍的生活，就等於是把春天帶給了他。她每每能令這小子神魂顛倒，更能讓他深深體會做為男人的幸福。[03]

最讓鄭芝龍開心的是，這個妻子可不是媒妁之言，而是自己挑選的。單憑這一點，他就能讓同時代的男人羨慕得要死。

自從成親之後，田川氏將這位泉州人生失敗者原本零亂不堪的家整理得整齊乾淨，還能營造出別樣的浪漫。每次鄭芝龍外出歸來，田川氏都按日本主婦的禮俗，精心打扮一番之後，身著盛裝跪在門口迎接丈

[03] 一說十七。

夫，為他輕輕脫去外衣，親手奉上香茗。讓一身疲倦的鄭芝龍，很快就能「滿血復活」，大晚上還能一夜春宵。

都說婚姻是愛情的墳墓，但結婚多日之後，他們兩人依然如剛相識時那般甜蜜，並很快就有了愛的結晶。看著妻子的小腹一天天隆起，鄭芝龍說什麼也不讓她作家務了，生怕出點什麼意外。

就要迎接家裡的新成員了，但此時的鄭芝龍，卻有更重要的事情要做。而領頭的人，就是歷史上赫赫有名的「開臺聖王」顏思齊。

顏思齊是漳州府海澄縣青礁村（今屬廈門市海滄區）人，生於萬曆十七年（1589）。萬曆三十一年（1603 年），他來到日本，當起了一枚小裁縫，生活艱難。後來，他做起了顯然收益更高的海上貿易，順便兼職海盜。顏思齊個性豪爽，禮賢下士，因而生意越來越大，下屬越來越多，並被平戶當局任命為甲螺（頭目）。

經過楊天生介紹，鄭芝龍結識了顏思齊。

六月十五日，顏思齊與楊天生、陳德（字衷紀）和鄭芝龍等二十八人祕密結拜，共推老顏為盟主，準備做一件注定能青史留名的大事——大得隨時有掉腦袋的風險。因此，鄭芝龍就不方便和老婆講太多了。

沒辦法，男人以事業為重，受傳統觀念影響很深的田川氏雖說內心不免失落，但也不能對丈夫公開表示不滿。她只是以一位母親的職責，默默的為新生兒的降生做著各種準備。

根據一些史籍的說法，天啟四年（1624）七月十四日午後，田川氏在侍女的陪同下，來到了平戶西郊的千里濱散步。

已值夏末，天氣已經不再酷熱，一陣海風吹過，激起陣陣浪花，濺到兩人的身上和臉上，令她們感到非常愜意。沙灘上遍布貝殼，在夕陽照耀下反射出耀眼光芒。田川知道，大海的對面，就是夫君的家鄉福建。他的家庭，會不會歡迎一個日本媳婦，自己還真沒有把握。但眼下最重要的，是把孩子生出來。

那個年代沒有超音波，父母當然不知道孩子是男是女。但這是鄭家長子鄭芝龍的第一個孩子。如果是個女孩，可以為迎來一位可愛的小公主，可以如田川一樣美麗溫柔，當然非常好了。但如果是男孩，這就是長孫，將來可以繼承祖業，光大門楣，似乎更有意義。

侍女到底年輕幾歲，又沒有負擔，在海灘上跑跑跳跳。田川走了一會兒，卻感覺有些勞累，她信步來到一塊巨石之下坐定，看著侍女撿拾貝殼，間或留下銀鈴一般的笑聲。離巨石不遠，還有一棵枝葉茂盛的松樹，長在那裡已經有年頭了。

海邊的空氣帶著鹹味，天空卻是特別湛藍，間或有幾朵雲彩漂向遠方。想起與鄭芝龍相識相愛的場景，想起他趴在自己肚皮邊上聽孩子動靜的時刻，田川嘴角也流露出笑意。

「孩子啊，你可要記住這片海灘喔。」

不知不覺之下，好端端的藍天突然暗了下來，遠處飄來大片烏雲遮住了夕陽。狂風驟起，掀起巨大的波浪，呼嘯著直直向海邊砸來。田川大驚，連忙招呼侍女，可喊了半天，她也沒有過來 —— 真是太不可靠了。

海浪繼續肆虐，無情的向巨石這邊襲來。而此時的田川已經腿腳痠軟，連起身的力氣都沒有了。她正驚恐時，更可怕的事情出現了。

巨浪突然一分為二，一頭碩大的白鯨從裡面竄了出來，張開血盆大口，直接向田川撲了過來。難道，這位美人就要葬身魚腹了嗎？

噢對了，鯨不是魚。眼看大難臨頭，為了鄭家的骨肉，田川使出渾身力氣試圖躲避，但接下來的一幕，完全出乎了她的意外，也超乎了她的想像，更顛覆了她的三觀。

白鯨並沒有吞噬田川，反而直接衝進了她的嘴裡——也不知道是怎麼鑽進去的，並在她身體裡面來回折騰，翻江倒海。孫悟空鑽進鐵扇公主肚子，也沒有這麼猖狂吧。這位可憐的女性，五臟六腑瞬間都要炸裂了。

「啊，啊，啊！……」田川不由得發出陣陣慘叫，大粒的汗珠滑落到臉上。她努力的揉揉眼睛，突然發現海面非常平靜，天空根本沒有烏雲，狂風也完全無影無蹤了。

「夫人，您醒來了？」原來，侍女並沒有亂跑，而是一直乖乖的站在旁邊。

只是這肚子，卻依然是一陣又一陣的劇痛。原來，她是做了一個夢啊。

「可憐的孩子，你是要在這裡出生嗎？」既然回家生產已經來不及，田川就讓侍女想法生了一堆火，藉助從長輩那裡學到的接生知識，硬是把孩子生了下來。

「恭喜夫人，是個男孩！」

聽到侍女開心的話語，田川睜開雙眼，長出了一口氣：「快把孩子給我！」

這個孩子面龐白皙，虎頭虎腦，讓人憐愛。他出生在大海邊，似乎預示著這一生將要與大海結下不解之緣；「白鯨入夢」的故事，很可能是後人杜撰的，但卻有力的預示了這個孩子一生的命運。

他就像一頭無畏的白鯨，在家國存亡的驚濤駭浪中奮力翻騰；他要以一已之力扭轉乾坤，去彰顯炎黃子孫的堅韌和執著，捍衛華夏民族的血脈與尊嚴。

話分兩頭。當天，鄭芝龍也沒閒著，而是去了二刀流高手花房權右衛門家，與這位武士切磋刀法 —— 心可真大。權右衛門也是大有來頭，據說他的師父，正是日本劍神宮本武藏。

鄭芝龍一回到家，當然就看到了讓自己無比興奮的場景。

「夫人，既然孩子生在古松之側，他的乳名，就叫福松吧。」

「好啊，」田川當然也很願意：「夫君，希望松樹能給他，給我們鄭家帶來福氣。」[04]

在母親和侍女的悉心呵護之下，小福松一天天的慢慢成長，父親則一如既往的以事業為重 —— 也就是不怎麼顧家。田川產下嬰兒之處，則被後人命名為「兒誕石」。時至今天，依然有無數遊客慕名而來，瞻仰英雄的出生之地，緬懷這個傳奇故事。

小福松出生的這一年，正是甲子年。六十年為一甲子，甲子年為輪迴之首年，而鼠為十二屬相之首，福松自然屬鼠。換算成陽曆，他生於 8 月 28 日，屬於處女座。我們都知道，處女座注重細節，追求完美，對人對已都相當嚴苛。但正是這種一絲不苟的態度，往往能夠讓他們在芸芸眾生中脫穎而出，取得傲人的成就。鄭成功符合這一特質嗎，書中自有答案。

沉浸在初為父母的喜悅之中沒多久，這對小夫妻卻有了大麻煩。

二、母子相依：平戶童年艱難成長

轉眼到了八月十四日，按習俗，該給福松辦滿月酒，安排他個七八十桌，收一大堆禮錢了吧。畫面一切換，田川卻只能無助的抱著小福松，不停哭泣。

[04] 一說「福」指代鄭芝龍家鄉福建。

她的老公鄭芝龍，離家出走了！

這位儀表堂堂、能講三門外語的的泉州漢子，坐在犄角旮旯都能展現男人的無窮魅力，穿得破破爛爛都能吸引姑娘的灼熱眼光。在那年頭，拈花惹草根本不叫事，叫本事。只要有錢，納三五十個妾，官府也管不著你。不過，妻子剛懷孕時不跑路，孩子都生下來了卻消失，他老人家這是圖什麼呢？

答案是很現實的：圖自己的性命。

鄭芝龍與顏思齊等人一直籌劃的事情，居然是顛覆德川幕府，建立一個由漢人（他們弟兄）主控的政權，從而推動中日貿易有更大發展，大家賺更多的錢。

顏思齊別看是個海盜頭子，卻很有政治抱負。他很準確的意識到，大明之所以不願與日本通商，並不是天生跟錢有仇，而是對日本政府不放心。特別是豐臣秀吉執政時期，日本悍然發動對朝鮮的戰爭，完全不將中國在東亞的主導地位放在眼裡。當然，豐臣並沒有成功，德川幕府也一直試圖拉攏大明，但後者並沒有表現出多少熱情。

如果建立一個由中國人領導的日本政府，中日之間的嫌隙必然會消除，中日貿易將會有爆發性的增長，兩國的歷史都將會完全改寫。

不能不說，顏思齊這個腦洞有些大，這個風險更大。幕府將軍德川家光很快就收到了情報，並準備將這夥唐人一網打盡。[05]

顏思齊這邊也有探子，他們意識到武裝推翻幕府已無可能。於是就在中秋前夜，駕駛十三艘海船逃離了平戶。

沒有辦法，縱然再捨不得田川母子，鄭芝龍也必須離開了。失之東隅，收之桑榆。二十八兄弟離開了日本，卻開啟了另一段冒險生涯，改

[05]　當時日本人對華人的稱呼。

變了另一個地方的歷史走向。

讓後人有些疑惑不解的是，德川幕府努力捉拿顏思齊一夥，卻放過了近在咫尺的田川母子，難道他們真的不株連家屬？筆者猜測，很可能是翁翌皇利用自己的人脈關係，加上大筆白花花的銀子，艱難的擺平了危機。

丈夫跑了，田川不得不獨自承擔起撫養兒子的重擔。當她得到鄭芝龍平安出逃的消息之後，自然非常興奮，相信一家人團聚是早晚的事情。

她要把自己照顧好，將來回去時不給丈夫丟臉。

她更要把孩子教育好，讓他成為鄭家未來的棟梁。

當然，孩子給她帶來的歡樂，也是真實而且慷慨的。看著他第一次叫出「娘親」，第一回搖搖晃晃地走路，第一天開始用碗吃飯，做母親的再辛苦，笑容也是真實的。

「人之初，性本善，性相近，習相遠……」到了三歲時，田川氏就朗讀《千字經》、《百字姓》等中華典籍，讓他潛移默化的接受薰陶。當然，母親也會用日語講述《枕草子》、《萬葉集》中的精華篇章，妥妥的雙語教育，兩邊都不耽誤。

都說好媽媽勝過好老師，田川氏的善良與堅毅，都深深影響了未來小福松的性格形成。

此時的田川氏，還處在一生之中最美好的年華。她的美貌也是誰也否認不了的。一位年輕女子帶著兒子獨立生活，難免被街坊鄰里指指點點。而另有一些人，則熱情的為她張羅對象。

「我是有丈夫的。」深受傳統文化影響的田川氏很有主見，對上門者一律拒絕。她相信，自己的丈夫是個蓋世英雄，總有一天，他會身披金甲、駕著七彩祥雲，噢不，開著七彩戰船，回來接她的。

對那些想動手動腳占便宜的男人，她就完全不客氣了，甚至會亮出兵刃。別忘了，人家可是鑄劍師的女兒。

不過有一天晚上，小福松沉沉睡去，田川氏正在燈下發呆時，窗外人影一閃，她的心跳驟然加速。

鄭芝龍居然回來了！儘管幕府一直試圖捉拿他，他還是放不下妻兒，想方設法回到了平戶。

這時，已經是崇禎元年 (1628) 的上半年。小福松已經五歲，但細心的母親不願叫醒他，生怕孩子無法保守祕密。鄭芝龍輕輕撫摸著孩子的頭髮，見他生得白白淨淨很令人喜愛，當然也非常欣慰。

「夫人放心，」激情過後，看著流淚不止的她，鄭芝龍信誓旦旦的承諾：「要不了多久，我就把你們母子接回國。」

「什麼時候呢，我怕我到時都成老太婆了。」

「怎麼會，你以為我捨得嗎？」鄭芝龍小心的吻著田川氏臉上的淚珠，把她抱得更緊了，這是怕她變成小鳥飛走嗎？

田川氏當然不會飛走，鄭芝龍自己倒是很快又離開，把麻煩又留給了妻子。

她的肚子一天天大了起來。儘管平日非常小心，終究紙裡包不住火，很多鄰居都知道了，從此有了熱議的話題。好在養父翁翌皇願意信任和支持女兒，最終讓孩子平安出生。

這是福松的親弟弟，卻叫做田川七左衛門，並被過繼給了娘家。而田川氏將更多的心血，都用在了撫養鄭家長子身上。都說「慈母多敗兒」，但田川氏對兒子傾注了全部的心血，管教都來卻一點也不含糊。

作為鄭芝龍的好友，花房權右衛門也經常關照田川母子。到了福松五歲的一天。田川氏做了一桌子好菜，拿出最好的清酒，讓這位武士喝了個痛快。

隨即，她把福松叫了出來：「讓福松拜您為師，學習刀法，可以嗎？」

然後，自然是深深的鞠躬。你說這個漢子，好意思拒絕嗎？

於是，小福松就畢恭畢敬的跪下，向權右衛門行了拜師大禮。

別看花房權右衛門這名字浪漫，當著田川氏的面只會點頭哈腰，站在小福松跟前時，他馬上就切換了一副尊容。與小福松一起學習的，還有其他幾位日本小朋友。

這麼小的孩子，當然不能用真傢伙。權右衛門給徒弟們精心設計了木製雙刀，手把手的教他們基本的動作要領，安排他們進行實戰對打。但小武士的訓練，可絕不限於練刀。

跑步、壓腿、扎馬步，射箭、游泳……這幫孩子訓練起來，完全是超負荷的。權右衛門是在用武士的標準要求他們，完全不管小朋友能不能承受，不服就打，打服為止，頗有「拔苗助長」的風範。

更有甚者，他還在大冬天讓孩子們用冷水沐浴，大半夜獨自穿越樹林，說是能培養堅強意志，這真不是瞎折騰嗎？

武士道強調服從與競爭，服從是對長輩上司的服從，競爭是與對手的競爭。現在還是小孩子，沒有敵人，那只有與小夥伴的競爭了。誰要是跑得最慢，動作最遲緩，表現最拉跨，別的孩子就瞧不起你。

爭強好勝的種子，很早就在這些孩子心中埋下了。刻苦訓練，打敗對手，成為第一，是所有孩子的努力方向。從成年鄭成功的性格與習慣之中，很明顯的能看到一些武士訓練留下的痕跡。

福松別看表面上禮貌守禮，他也有不為人知的一面。

有一天，田川氏正在家做針線活，聽到有人敲門。權右衛門帶著一個孩子進來了。

這小朋友六七歲，臉上帶著明顯的傷痕。當媽的見到了不覺大吃一驚：「福松，你這是怎麼了？」

「他跟別人打了一架，那孩子已經讓他打得爬不起來了！」權右衛門平靜的話語之中，顯然帶著嘲諷。

「給師父添麻煩了！」田川氏馬上鞠躬道歉。花房不好意思了：「夫人，您問他吧！」轉身離開了。

別看田川氏特別寵愛長子，這時候卻要他跪在戶外，以示懲罰。

「為什麼打架，為什麼下手這麼狠？」田川氏說著說著，眼淚不禁流了下來。

看著母親難過，原本還無所謂的福松，此時馬上換上小心翼翼的神情。

「娘，他，他出言不遜！」

「他都說了些什麼？」

「他說，他說我是海盜的兒子，還說，還說……」福松說不過去了。

「還說什麼？」田川氏似乎猜到一些了，但還是想知道答案。

福松抬起頭，看著母親，淚水在眼眶中打轉了：「……他還說，說您在外面偷人，給我生了個野種弟弟！」

「孩子，你永遠記住！」田川氏一字一句的說：「你的父親鄭芝龍不是海盜，更不是倭寇，他是個大英雄。他一定會接我們母子回去的。還有，七左衛門是你父親的親兒子！」

這位謙和的母親，柔弱的外表下面，也有著自己做人的原則與底線。她一面用儒家文化的「溫良恭儉讓」啟蒙福松，一面又把孩子送到真正的日本武士那裡接受魔鬼訓練，為的就是希望福松將來能夠文武雙全，順利繼承父親的家業。當然，日後兒子能達到的高度，成就的影響力，也許是她不敢想像的。

即便今天的生理學家都不否認：人一個人的性格形成，主要在七歲之前。成年之後的鄭成功性格堪稱複雜多變，甚至能給予人「精神分裂」之感。他可以待人接物如謙謙君子，也可以畫風突變大開殺戒；可以慷慨饒恕謀害自己未遂的殺手，也可以因一次失誤就殺掉戰功卓著的將軍。當然人無完人，我們也不能對歷史人物有過多苛責，更不能說母親的教育是失敗的。

平心而論，她已經非常偉大，非常了不起了。

時光荏苒，不知不覺之間，福松已經七歲，到了可以進學堂的年齡。巧合的是，就在這一年，他和母親的生活，卻發生了巨大的改變。

三、安平立志（上）：少年初現雄心

轉眼到了崇禎三年（1630）五月，田川家突然熱鬧起來了。

鄭芝龍的族弟鄭芝燕來到了平戶，要接嫂子一家回泉州團圓。

鄭芝龍未能親自前來，田川氏當然有點失落。但她可不是玻璃心，一想到夫君公務繁忙，讓弟弟來已經很好了。

就在田川準備給兩個孩子收拾東西時，卻發現自己高興得太早了。

實行鎖國政策的德川幕府擔心人口流失，不允許國民隨意離開日本。鄭芝燕空跑一趟，只能回去向大哥覆命。

沒過多久，鄭芝龍另一個族弟鄭芝鶚率領六十名精裝士兵，乘坐一艘大型戰船，相當招搖的開到了平戶，見到了幕府官員。

在親切友好的氛中，鄭芝鶚讓手下展開一幅圖畫。德川不看則已，一看不覺有點小緊張：八個雅鹿，姓鄭的這是向我老人家示威啊。

只見波濤翻騰的大海上，行駛著數十艘裝備齊整的火炮船，甲板上遍布士兵，甲冑齊整，聲勢壯觀。各種紅夷大砲擺列得當，大小旗幟迎風招展。最醒目的旗艦上，赫然懸掛著一面「鄭」字帥旗。這意思再明顯不過了，好好說話你不聽，那我可得做點別的了。

當然，鄭芝鶚並不想輕易惹事，而是處處打點，反正也不差這點銀子。

即便這樣，收了錢的幕府官員依然堅持，本國女子不得出洋。七左衛門已經過繼給了田川家，同樣也不能離開。無奈之下，鄭芝鶚決定先把福松帶回國，向大哥覆命。

至於田川氏，只能以後再想辦法了。

長到七歲，福松第一次離開母親，自然是非常不捨。可是一想到要見到父親，回歸家鄉，他還是相當憧憬的。

但母親想到的，首先是福松路途之上的安全。

「夫人放心，大哥現在已是朝廷大員了，我們先把福松安頓好，要不了多久，一定接您回去，讓你們一家團圓！」鄭芝鶚信心滿滿，但嫂子還是相當擔心。

雖說船上什麼都不缺，田川氏還是精心為小福松收拾行李，帶他去向師父拜別，並在庭院中種下一棵樵樹作為紀念。

到了九月，鄭芝鶚才啟程回國。母親抱著不到兩歲的七左衛門來到碼頭，為福松送行。

小福松依依不捨的跪下，向田川氏行禮：「母親您多保重。我在家裡等您回來。」

田川氏極力不讓自己流淚，輕輕的扶起了兒子：「一定要聽你爹的話，好好讀書習武。」

而她懷裡七左衛門，也哇哇的哭了起來，似乎是捨不得哥哥走。福松輕輕的撫著弟弟的臉蛋：「你……要替我照顧母親」，也不管他能不能聽得懂。

雖說與母親和弟弟就此分別，第一次出海的福松，心情還是非常興奮的。這麼大的海船，之前他只在畫上見過，沒想到現在就能坐上了。此時的他當然不會想到，自己成年之後，會與大海有那麼多的緣分，會經歷那麼多的大風大浪。

如果能和母親弟弟一起乘船，那當然再好不過了。

而他的母親，一直就站在碼頭，一直眼角掛著淚花，一直遙望著大船，直到它變成一個黑點，直到徹底消失在遠方，這才帶著七左衛門離開。

經過十天航行，戰船平安到達了中左所，碼頭上非常繁忙，數十條海船進進出出，上百個船伕不停忙碌，操著閩南語相互調笑。[06]

「叔叔，我們什麼時候下船呢？」

「不著急，」鄭芝鶚神祕的笑笑：「很快你就知道了。」

大船一路前行，完全沒有靠岸的意思。前面的水道逐漸變窄，船行的速度也放慢了。很快，一道巨大的閘門出現在小福松眼前，這是他在日本時根本沒有見過的。還是大明的水運發達啊。

閘門很快向兩邊分開，讓大船可以從中穿過。出現在小神松眼前的景色，注定又讓他大開眼界。

只見一路上水網縱橫交錯，間或有不少大小船隻呼嘯駛過。沿岸遍布住宅民居，青磚紅瓦，高低錯落，非常精緻。更點綴有亭臺迴廊，假

---

[06] 即廈門島。

山池塘，崗哨碉樓。不時有裝束整齊的兵丁，扛著鳥銃和長槍精神抖擻的走過。

「叔叔，我們家還有多遠啊？」福松迫不及待的問道。可得到的回答，足以令他驚掉下巴：不是吧？！

「過了那道閘門，你就已經到家了！」

福松以為自己來到了一座比平戶還大的城鎮，卻不知自己已經到家了。原來，這就是鄭芝龍精心設計打造的晉國府，或者叫「鄭府」。

這座占地一百多畝的豪華府第，坐落於泉州府城晉江縣的安平鎮。它在年初剛剛落成，簡直像是為迎接福松母子回歸而特意修建。（其實也就是）透過精心設計，鄭芝龍從家門口乘船出發，就能直達中左所，指揮自己越來越龐大的海上帝國。

大船一路向前，終於在一棟富麗堂皇的樓宇前停了下來。不遠的前方，幾個身形婀娜的妙齡女性，簇擁著一位身材魁梧、身著戎裝的年輕漢子。

「那位將軍就是你爹！旁邊的是顏姨娘，李姨娘，黃姨娘……」

「她們都是我們鄭家的親戚？」

「傻孩子，回頭你就知道了。」可能覺得說了福松也不明白，鄭芝鶚都不想解釋了。

大明三百年間，為後世熟知的鄭姓名人只有三個。一個（鄭和）早就不在人間，另兩個卻在這裡見面了。

「拜見爹爹！」小福松跪下行禮。

「好孩子，一路辛苦了！」鄭芝雙手扶起兒子，隨即給他介紹幾位「姨娘」。沐浴更衣之後，父子倆先去鄭家祠堂祭拜先祖，隨後，當然就是為孩子接風洗塵了。

餐桌上的各種美食琳瑯滿目，讓一直在日本過苦日子的福松大吃一驚，隨後當然是大吃一頓。這時候，他當然會想到人在遠方的母親，想到她的含辛茹苦。此後一有機會，福松就向父親提議，早點把母親和弟弟接回來團聚。

入住鄭府的福松，自然是無可爭議的長公子。後來他才知道，那幾位漂亮的姨娘，都是父親納的妾室。其中年齡最大的，是父親恩公顏思齊的姪女。田川氏不在家，顏氏就將福松當成親生兒子一般細心照顧。[07]

福松已經有了幾個弟弟：鄭渡、鄭恩和鄭萌。顯然，這一代人都是單字名。於是鄭芝龍決定，給老大取名為鄭森，字明儼。

家裡什麼都好，姨娘們也不排擠鄭森（人家是嫡長子），只是母親不在身邊，小鄭森總是免不了心情失落。父親經常拍著胸脯說要接母親回國，可總是因公務繁忙沒有了下文。

當然，鄭森不好意思向別人傾訴，而是將思念之情默默藏在心裡。

每當夜深人靜，別的孩子已沉沉進入夢鄉之時，有一個瘦小的身影，卻總是躡手躡腳的走出房門，來到樓頂，向著東方眺望。在海的那一邊，就是和他七年相依為命的母親。每每想起在平戶艱辛生活的往事，想起離別之時的場景，想起鄭府奢華與母親甘苦之間的強烈反差，這孩子的眼淚，不知不覺的就流了出來。

紙裡包不住火。精明的管家早就知道了，總是讓人悄悄跟著，怕長公子出什麼意外。鄭芝龍聽說之後，當然也不能發火。但這事傳到幾位叔叔及他們的公子耳朵之後，這些粗人無法理解，覺得老大的老大也太嬌氣了，不免有意無意取笑他是小姑娘，建議他試著穿穿裙子、化化妝什麼的。

---

[07] 一說顏氏同樣是鄭芝龍正妻。

只有一位叔叔，對鄭森卻另眼相看。他就是鄭芝龍的四弟鄭芝鳳。

鄭芝鳳這一年其實僅有十八歲。也許覺得這名字不夠陽剛，他更喜歡用自己的字代替本名——鄭鴻逵。

鄭鴻逵看出了鄭森的與眾不同，也隱隱約約感受到了這孩子的堅強意志。他曾經親暱的摸著小鄭森的頭，說出了載入史冊的一句話。

「這是我們鄭家的千里駒啊！」

只能說，四叔眼光精準，說一句頂一萬句。

明朝東南各地風平浪靜，但北方形勢已經極為嚴峻了。就在上一年即崇禎二年(1629)年底，後金可汗皇太極帶兵繞過了重失把守的關寧防線，由薊州破關，隨後包圍了京師。薊遼督師袁崇煥率領九千關寧鐵騎日夜兼程的追趕，並在廣渠門外與清軍激戰，終於迫使皇太極退兵。然而，剛愎自用、猜忌太重的崇禎，卻將袁崇煥下獄，並在次年將其斬首。

自天啟六年(1626)開始，袁崇煥先後取得了寧遠、寧錦和京師保衛戰的(慘烈)勝利，是女真人最為忌憚的明軍將領。不過，也許多數人並不清楚，袁崇煥是個如假包換的文官。他萬曆四十七年(1619)考中進士之後，就在福建的邵武府城邵武縣擔任知縣。

也就是說，袁崇煥極其傳奇的十年仕途，正是從八閩大地起步的。

而晉江，也是著名民族英雄俞大猷的故鄉。此時的鄭森不會知道，自己的的父親，還與俞大猷的小兒子之間有過一場恩怨。

七歲的孩子，應該進學堂讀書了。但鄭芝龍偏不讓鄭森上學。是他捨不得花錢嗎？恰恰相反，在教育兒子上，做父親的可以說不惜血本。

大明王朝露骨的重文輕武，鄭芝龍自己吃了沒文化的虧，即便做到了福建副總兵，即使擁有了王府一般氣派的宅院，那些文官老爺們表面上客氣，骨子裡依然看不起他。

不行，一定要讓兒子金榜題名，光宗耀祖，拿個進士文憑回來。

咱沒別的，窮得就只剩錢了。錢不是萬能的，但總能做很多事情吧。

比如，可以把全省最好的老師請到自己家來，讓他們當鄭森的專職教師。其中最為著名的，無疑是精通朱熹學說的曾其五。

比如，還可以再找十來個孩子，營造出良好的學習氛圍，陪太子讀書。

比如，可以把大明的傳世典籍都買到家裡，省得鄭森想看時找不著。

不能讓孩子輸在起跑線上！古往今來的家長，思維沒有多大差別。當然，鄭森的起點，已經是當時絕大部分孩子做夢都不敢想像的了。

至於能跑多遠，就得看他的造化，更要看他的努力程度。

四、安平立志（下）：小公子的遠大夢想

父親給鄭森創造了優越的學習環境，加上在日本時母親的啟蒙，回到安平之後，鄭森很快就成為了一個「小夫子」。他對各種經典的投入程度，完全稱得上「如飢似渴」。在書法作文上，他也表現出了良好的天賦。

說不清什麼原因，小鄭森非常喜歡《春秋左氏傳》，並對其中趙氏孤兒和伍子胥「掘墓鞭屍」的故事特別迷戀。

也許冥冥之中真有天意思吧。十多年之後，他也與趙武、伍子胥一樣，懷抱國仇家恨，以隻手撼天的勇氣，「雖千萬人吾往矣」的大無畏精

神，甚至「撞了南牆依然不回頭」的頑強，向占據壓倒性優勢的滿清侵略者發起一次次的攻勢。

鄭森對《孫子兵法》也特別青睞，對其中令人眼花撩亂的各種戰術非常欣賞。成年之後指揮作戰，這部鉅著令他受益良多，但有時也會造成反作用。

當然，作為鄭芝龍的長公子，文武雙全才是正確的發展路徑。鄭森在日本時就接受了兩年的武士訓練，回家之後，鄭芝龍也為他安排了武術教師。小鄭森要熟練掌握騎馬射箭的基本功，掌握各種兵器的實戰技巧。再過幾年，他還要學習使用火槍。

崇禎皇帝的江山危機四伏，鄭芝龍的事業卻越做越大。他建立起了一支龐大的私人武裝，水軍在其中占據了很大比例。鄭森多次與父親一起乘船出海，也觀摩過父親組織的實彈演兵，對各種西洋火炮的威力，他從小就有了清晰的認識。但這時候的他當然還不清楚，父親正在和福建大小海盜，以及荷蘭侵略者進行著相當殘酷的交鋒。

如果不是後來做的那些事，鄭芝龍也肯定擔得起「民族英雄」的稱號。

在明朝後期，陽明心學得到了廣泛傳播，他的事蹟幾乎也是家喻戶曉。王陽明從小喜歡兵法，長年堅持用果核來演兵布陣，讓好事者反覆嘲笑。鄭森比王大師玩得還大。他可以讓僕人搬來大木桶，裡面放上十幾隻小木船，根據《水師戰陣圖》上的說明，來演習水上戰爭。

過於投入之時，他經常會打翻木桶，搞得房間「水漫金山」，讓收拾殘局的僕人叫苦不迭。鄭芝龍知道之後，並不像王華一樣暴跳如雷，更不會提著掃把追打兒子，反而會更頻繁的帶鄭森參加水師操練，讓他增長見識，開闊眼界。[08]

---

[08]　王陽明的父親。

有一次，父子兩人同時站在甲板上，看著鄭軍的戰船往來穿梭。鄭芝龍突然來了精神，對兒子說：「前幾天，有位先生出了個上聯，半天沒人能對得出來，我想考你一下。」

在有明一朝，對對子確實比較流行。于謙、王陽明和唐伯虎等都是個中高手。看過《唐伯虎點秋香》的同學，一定會對裡面誇張的對對子表演印象深刻。

「請父親大人出題。」

「好，」鄭芝龍一捋鬍子，有點故弄玄虛的說道：「兩舟並行，櫓速不如帆快。」是啊，在沒有機械動力的年代，靠人工搖櫓，怎麼比得上風帆？但如果僅僅這樣，這對子也太簡單了。

其實，「櫓速」對應的是三國名臣魯肅，「帆快」則指西漢大將樊噲。不同年代的人物當然不好相比，這不是「關公戰秦瓊」嗎？其實這上聯想表述的，是文臣不如武將。

有這層意思在，想對好肯定不容易。但讓鄭芝龍吃驚的是，兒子思考片刻就對出了下聯，不但對仗嚴整，還巧妙的把兩位名人放下其中，把相反的意思表達清楚了。看來，這小子的書真沒有白讀！

鄭森是這麼對的：「八音齊奏，笛清（狄青）怎比簫和（蕭何）」。表面上，他是說笛子的清音，沒有吹簫的和聲響亮，但依然暗含了兩位名人，還舉重若輕反駁了上聯的觀點：狄青只是北宋大將，論知名度和影響力，當然不如西漢開國丞相蕭何嘛。

鄭芝龍平生不大看得起讀書人（其實是自卑），但兒子這麼一說，他不但沒有意見，反而相當開心。此後，他對兒子的學業更上心了，隔三差五繼續添購各種書籍和學習用品。

鄭芝龍性格張揚，桀驁不馴，俗話說：「有其父必有其子」。鄭森雖說系統性接受過儒家教育，表面上也謙和隨性，但在骨子裡，他和老爹並沒有多大區別，很多時候相當自負。這種性格，也深深影響了日後他的各種決策，甚至影響了中國歷史的走向——不要以為我是誇張。

父親給自己選定了參加科舉、入朝為官的「錦繡前程」，但鄭森肯定不願意做一名只會談經論道的書呆子。到了他十來歲時，有一次，家塾先生給諸位鄭公子出了道作文題：〈小子當灑掃應對進退〉。

這個典故出自《論語》：

子游曰：「子夏之門人小子，當灑掃應對進退，則可矣，抑末也。本之則無，如之何？」

大概意思是說，年輕人要知道灑水掃地迎來送往的禮節，不要好高騖遠，類似於「一屋不掃，何以掃天下」。

可平時並不張揚的鄭家長公子，也許是被陳詞濫調聽煩了，左一個要守拙，右一個要低調，活著累不累啊，虛不虛偽啊？

鄭森提起筆來，刷刷刷寫完了一篇文章。老師一看，不覺臉上發燒。沒想到，這麼大點孩子，居然有這樣的境界。

鄭森開頭是這麼寫的：

湯武之徵誅，一灑掃也；堯舜之揖讓，一應對進退也。

這麼一來，境界格局馬上提高了。商湯周武王的征戰殺伐，不過就像平常人家灑水掃地一般輕車熟路，灑灑水啦；而唐堯虞舜禪讓天下，就如同普通百姓應對客人那樣波瀾不驚。當然，這篇文章雖說觀點犀利，但略顯張揚，甚至有點對老師的諷刺。

但做先生的並不為意，反而對僱主說：「這孩子雖然年幼，志向可不小，他日必有作為，不會滿足於科舉功名。」鄭芝龍當然要客套一下，但心裡還是挺高興的。

鄭芝龍的好友王公觀來府上作客，見到鄭森儀表不俗，待人接物很有氣度，就對他爹說：「令郎未來必然是英雄人物。只怕芝龍兄弟，將來也趕上不他。」鄭芝龍聽了固然開心，但又感覺孩子有一點招搖，於是要求先生更加嚴格管教，可別讓老大成了方仲永 2.0。可這時候的鄭森，已經開始「放飛自我」了。

有一次，與幾個孩子一起出門遊玩時，鄭森隨口吟出了一首五絕〈登高〉：

只有天在上，而無山與齊。

舉頭紅日近，回首白雲低。

一股豪情躍然紙上，讓人見識到了作者胸中的高遠抱負。可他還是個孩子啊。[09]

自身相當努力，有一流名師的指點，又有父親銀子的全力支持，你說鄭森的成績能差嗎？崇禎十一年（1638），十五歲的他，就順利透過了童生試，擁有了秀才身分。

而第二年，父親鄭芝龍則當上了福建總兵，真正成為地方大員。

大明再有諸多弊端，科舉考試的公正性還是經得起歷史考驗的。否則，嚴嵩和張居正這兩枚貧困家庭出身的窮孩子，只能種一輩子地，放一輩子牛，吃一輩子粗糧鹹菜。可兩人偏偏位極人臣，成為了最為權勢的兩個首輔。你就說氣人不氣人吧？

但話說回來，對鄭森這樣的富家公子來講，在科舉中脫穎而出就更容易了，以他們這麼優越的學習條件，與那些窮苦孩子的公平競爭，本質上就是「降維打擊」，其實並不公平。

當然，世界上不可能有真正的公平。

---

[09] 這首詩收錄于南安石井的鄭成功紀念館。但有種說法，認為這是宋朝名臣寇准的作品。

鄭森的身上，既有父親鄭芝龍的放浪不羈，又有母親田川氏的善良敏感，他既有閩商領袖的經世致用理想，又有儒家菁英的強烈使命感，甚至還有些許日本武士道的好勇鬥狠、笑對危險。

這樣的官二代，又英俊帥氣，才華出眾，可想而知上門求親的得有多多了。但這個事情，鄭森說了可不算，他爹有自己的小算盤。

鄭芝龍出身平平，家境相當一般，可經過二十年的努力，他也當上總兵，躋身上流社會了。要讓後代的血統更純正一些，有什麼好辦法嗎？當然有。

別看鄭芝龍已經是一省要員，五品知州照樣有資格看不起他。表面上還算客套，背地裡照樣稱他為海寇。可是，一旦跟真正的朝廷高官結為姻親，身分馬上就不一樣了。

鄭芝龍為長子精心安排的結婚對象，是禮部侍郎董颺先之女（一說姪女）董酉姑。通常來說，男大女小才更合理，但友姑比鄭森還大一歲，估計相貌也不算多麼出挑，包辦婚姻嘛，利益交換，你還想什麼都順心？

這一年，是大明崇禎十五年（1641），鄭森不過才十八歲。一成親，也就代表著少年時光的結束，不再是孩子了。值得強調的是，後世學者經常拿來與鄭森比較的戚繼光，也是在十八歲成親的。

十八歲給你一個老婆，不費吹灰之力，讓四百年後的直男得有多羨慕嫉妒恨啊，可鄭森自己卻並不開心。

沒有辦法，在婚禮當天，鄭森還得裝出快樂的表情，還得應付諸多熟悉的和不熟悉的來賓。之後，他自然還得履行丈夫的義務。

聰明的董氏，又豈能看不到這些？不過，事情是要向前推進的。和當時絕大多數大家閨秀一樣，她從此全心全意當自己是鄭家人，照顧丈夫，孝順公婆，恪守婦道，各方面都讓人無可挑剔，但依然讓鄭森喜歡不起來。

也許潛意識中，他欣賞的是「金風玉露一相逢，便勝卻人間無數」的浪漫，喜歡的是第一眼就能讓自己淪陷的姑娘，可惜這些對他來說都是痴心妄想。

到了第二年初，董氏就有喜了，當然這完全談不上什麼愛的結晶，鄭家老大還是忙於自己的學業。

八月初九，鄭森的身影出現在了福州貢院。他與其他上千名秀才一道，參加三年一度的鄉試。這一年是農曆壬午年。一直努力讀書、又有親爹可拼的鄭森，以為中舉是手到拿來的事情，可是發榜的當天，他卻未能發現自己的名字。

據說，當時鄭森的排場有點太大了。每天珍果佳餚絡繹傳送，和一幫小夥伴喝酒取樂，完全沒有低調收斂的樣子，誰讓他爹有錢呢，誰讓他朋友多呢。福建提學副使郭之奇因此起了嫉妒之心，故意不讓鄭森中試。今天我們看來，這樣的段子並不可信。明朝的鄉試都是不記名的，官員的操作空間很少。而且，得罪總兵之子有什麼好處？

鄭森之所以落選，還是強中自有強中手，是他低估了競爭的殘酷。好在鄭森還很年輕，他並沒有太多擔心。之後與鄭森有不少交集的名士王夫之與張煌言，都是這一年中舉的。但後來發展的一切，是三人做夢都不敢想像的。

鄭森科場失意，但妻子董氏卻很爭氣。十月初二，在無數人的期盼之中，鄭家長孫降生了。三十九歲就「喜當爺」的鄭芝龍當然非常開心，本著對孫子前程似錦的期盼，鄭芝龍給他起名為鄭錦。但不知道什麼原因，後人更習慣稱這孩子為鄭經。[10]

---

[10] 一說鄭經。

此時的鄭森，即便對感情再失望，也不會嫌棄親生骨肉的到來。更重要的是，孩子可以讓家人暫時忘記他八月鄉試失利的事情，轉移視線嘛。

平心而論，于謙這樣的偉人，鄉試都考了三次才過關，鄭森失敗一次也不是世界末日嘛，三年之後再來！而不久之後，鄭芝龍也祭出了大手筆。

五、南京求學：文壇名宿引路

崇禎十七年(1644)初，為了讓兒子取得好成績，鄭芝龍不惜重金，乾脆將鄭森送到了南京國子監深造。

多好的父親啊！可是誰也不會想到，僅僅兩個月之後，大明就要經歷那樣一場「天崩地裂」，所有人都要被命運裹挾，所有人都得再次抉擇，重新選邊站。

南京，一個創造了無數輝煌，也承載了無數苦難的名都。南京的經歷，為鄭森的人生增添了濃墨重彩的一筆；而有了鄭森，南京的歷史從此也更加輝煌。

平戶，是鄭森的出生地；泉州，是他的家鄉；而南京，卻是他的精神故鄉，是他永遠揮不去的心結。

南京曾前後擁有幾十個名字，但最為後人津津樂道的，恐怕非「金陵」莫屬。明末名士余懷在《板橋雜記》中寫道：「金陵古稱佳麗地，衣冠文物，盛於江南，文采風流，甲於海內。白下青溪，桃葉團扇，其為豔冶也多矣。」

南京國子監，曾是大明帝國的最高學府。即便朱棣遷都之後，南京成為了留都，但南京國子監依然保持著帝國最高學府的地位，依然是無數學子的夢想之地。

國子監的學生分為「民生」與「官生」。顧名思義，民生就是平民子弟，是靠自己的硬實力考進來的；官生就是官員後代，符合某些條件就能上。鄭芝龍在安平老家有的是銀子，在南京官場也有的是（酒肉）朋友，給老大買個官生名額的難度，也就相當於今天的魯蛇送個遊艇（虛擬的）給女神，不值一提。

「森兒，當年天下文壇，你最崇拜誰？」鄭森臨走前，父親突然發問。

「東林領袖錢牧齋先生。如果能去拜訪，那真是榮幸之至。」鄭森脫口而出。[11]

錢謙益是南直隸蘇州府常熟縣人，生於萬曆十年（1582）。他年少成名，萬曆三十八年（1610）中一甲第三名，後來官至禮部侍郎，併成為東林黨的領袖之一。但因開罪了首輔溫體仁，被革職回原籍。

「哈哈，這個簡單。為父這就寫一封親筆信，向錢先生介紹你。」

鄭森多虧手裡沒捧著熱茶，不然杯子準掉地上摔個粉碎了。乖乖！有爹可拼的孩子真幸運。別的孩子學業再出色，想見錢謙益比見應天巡撫都難。可他，福建總兵的長公子，卻很快就能與錢先生見面了。

崇禎十七年時，大明王朝已處於內憂外患之中，農民軍領袖李自成已經在西安稱帝，建立大順朝。可是眼前的南京，依然保持著她一貫的繁榮奢華。秦淮河上笙簫依然悅耳，夫子廟前遊人依舊如潮。才子佳人的聚會依然接二連三，推杯換盞的應酬依然沒完沒了。

作為富家公子，鄭森當然有大把的時間可以消磨於花街，有大把的機會可以放縱在青樓，有大把的銀子可供他搭訕妹子，金屋藏嬌，就像

---

[11] 錢謙益，字牧齋。

知名的明末四公子一樣。但此時的鄭森，已經娶妻生子，卻連個舉人身分都沒有撈到，實在太失敗了！父親一擲千金，當然不是讓他來南都體驗夜生活，而是踏實讀書，備戰來年鄉試的。

收到鄭芝龍的來信之後，錢謙益第一時間派人邀請鄭家公子上門，鄭森自然不敢怠慢。三月，在南都安頓好了之後，他就帶著家僮縱馬四百餘里，前往南直隸蘇州府常熟縣。

此時，正值花繁葉茂，草長鶯飛，江南的美景讓鄭森印象深刻。錢謙益的府第，位於古裡鎮的紅豆山莊。它當然沒有鄭芝龍在南安的府第那樣宏偉氣派，但也是雕梁畫棟錯落有致，小橋流水相映成趣，非常適合學者文人靜心讀書。

紅豆生南國，春來發幾枝。

願君多採擷，此物最相思。

唐朝大詩人王維這首〈相思〉膾炙人口，寫出了深閨中妻子對丈夫的思念之情，更成為了一代代情侶傳遞情感的心聲。作為文壇領袖，錢謙益身邊從來不缺異性，但真正能讓他動心的，普天下有且僅有一人。

有句俗話叫「職場失意，情場得意。」在北京官場遭遇陷害，被削籍歸鄉的錢老師，在眼看奔六之時，卻結識了比自己小三十六歲的南都名妓柳如是。這位佳麗非但才藝出眾，詩賦書畫樣樣俱佳，更有讓江南才子汗顏的家國豪情。

一見傾心之後，自然是一擲千金，錢謙益對柳如是的猛烈追求，如同老房子著了火。得手之後，他老人家居然以正妻之禮迎娶心上人，並對她極盡寵愛呵護之能勢，絲毫不顧及坊間的各種冷嘲熱諷。相比之下，柳如是當初一心想嫁給名士陳子龍為妾，卻終歸未能如願。

得之東隅，失之桑榆。男尊女卑的傳統社會，一對男女能不能走到一起，往往不在於女人的堅持，而要看男人的決心。陳子龍給不了的，錢謙益毫不猶豫的通通都給了。當然，如果老錢是個平凡老頭，想跟柳如是喝個茶都萬萬不可能；如果柳如是僅僅是個普通「小姐」，錢謙益連逢場作戲的興趣都沒有：浪費時間嘛。

得知鄭家長公子上門作客，錢謙益親自出府門迎接。這一年他已經六十三，鬚髮皆白（那年頭染髮可不方便），但精神氣色很好，舉止之中充滿自信。鄭森一見，急忙跪倒行禮，錢謙益則雙手相攙，並讓到客廳。

鄭森將最近寫的兩首詩呈給錢謙益：

閒來涉林趣，信步渡古原。松柏夾道茂，綠葉方繁繁。入林深幾許，瞻盼無塵喧。清氣蕩胸臆，心曠山無言。行行過草廬，瞻仰古人園。直上除荊棘，攀援上桃源。桃源何秀突，風清庶草蕃。仰見浮雲馳，俯視危石蹲。拭石尋舊遊，隱隱古蹟存。值問何朝題，宋元遑須論。長嘯激流泉，層煙斷屐痕。遐邇欣一覽，錦繡羅江村。黃鳥飛以鳴，天淨樹溫溫。遠色夕以麗，落日豔危墩。顧盼何所之，灑然滅塵根。歸來忘所歷，明月上柴門。

孟夏草木長，林泉多淑氣。芳草欣道側，百卉旨鬱蔚。乘興快登臨，好風襲我襟。濯足清流下，晴山綠轉深。不見樵父過，但聞牧童吟。寺遠忽聞鍾，杳然入林際。聲蕩白雲飛，誰能窺真諦？真諦不能窺，好景聊相娛。相娛能幾何？景逝曾斯須。胡不自結束，入洛索名姝。

「聲調清越，不染俗氛。少年得此，誠天才也！」錢謙益很仔細的讀完，忍不住大聲叫好。以他老人家的江湖地位，輕易不會誇人，更不會透過這種方式取悅誰（除了皇上和柳如是）。顯然，錢謙益是認真的。

「先生過獎了，」鄭森趕緊表示謙虛。謙受益嘛。隨後，兩人聊起了天下格局與東南形勢。此時，崇禎殉國的消息還未傳到南都，但二人對明朝能不能守住北京都很擔心。

「依你之見，應該如何挽救當下的危局呢？」

「學生愚鈍。欲解內憂外患，為政者應知人善任，招提攜懷遠，練武備，足糧貯，決壅蔽，掃門戶。」

鄭森分析得頭頭是道，但未名有些書生之見。錢老師遂說：「不錯，但少更事，知之易，行之難啊。」

看來，他並不贊成王陽明「知行合一」之說。但接下來鄭森的回答，卻讓錢謙益相當吃驚。

「行之在公等。度不能行，則去；能，不我用，亦去。此豈貪祿位，徒事粉飾地邪？能將將，伊（尹）呂（尚）一人，能將兵，虎賁三千足矣。不能，多益擾，衽席間皆流寇（指李自成、張獻忠）也！」

「看你斯斯文文的書生，居然有此豪情，實在難得啊！」實話實說，鄭森的一番話顯得不太謙虛，有違中國人的傳統美德，但他就是這樣自信甚至自負的性格，和父親鄭芝龍很有一拼，也確實讓見慣太多迂腐書生的錢謙益相當欣賞。

「森，草木繁盛也。但你豈能做野草，應長成參天大樹，國之橫梁才對。」錢老師越說越激動，乾脆站了起來：「如今天下局勢危如累卵，老夫有心殺賊，卻已經力不從心，你定要加倍努力，捍衛我大明江山。」

「學生謹記先生教誨。」鄭森急忙站起來行禮。

「我給你取一別號，就叫大木。平常人家建房，房梁都須用大木。國家危難之力時，更需要棟梁之才責無旁貸。老夫以為，你就是大明急需的人才。」

「多謝先生！」鄭森跪了下來，恭恭敬敬的磕了一個頭。起身時，他看到先生眼中期待的目光，不免非常感動。

這個別號，讓鄭森一生都不敢懈怠，永遠追求做「國之大木」。

此時，一個丫鬟捧著點心過來。錢謙益吩咐道：「快請夫人出來，鄭家公子早到了。」（化個妝也不能沒完沒了嘛）鄭森忙說：「先生，小生不敢打擾師娘。」

「哪裡，你這樣的貴客，內子也非常想見。」

功夫不大，只見門簾一挑，一襲潔白的倩影，裊裊婷婷的出現在鄭森面前。猛然之間，鄭森的眼睛已經不聽自己使喚了。他這才恍然大悟，錢謙益口中的「內子」，並不是他的正妻陳夫人，而只是侍妾柳如是。

柳如是比鄭森大六歲，這一年已經二十七，但容顏精緻，皮膚白皙，身形俏麗，顯得比董氏更加年輕。至於舉手投足之間展現的嫵媚與優雅，更是後者沒有，也永遠不可能學會的。你說滿臉皺紋的錢謙益，憑什麼就這麼命好呢。再聯想到董氏，鄭森豈能不感慨造化弄人？

但這種失落情緒也只是一閃而過，鄭森很快就被這對夫妻的熱情感染了。他恭恭敬敬的跪下行禮，柳如是不好意思伸手攙扶，只能盈盈微笑，示意他起身。這種笑容沒有任何挑逗意味，但足以令無數男人想入非非。

「夫人，我給鄭公子起個了別號，大木！」

錢謙益張口閉口將一個侍妾稱為夫人，即便在外客面前，也絲毫不掩飾疼愛之意，這讓鄭森難免好奇。

「好啊，唯有大木，才能拯救大明這個將傾的大廈！」（你這糟老頭子就算啦）

「師娘，很多人都為岳武穆寫過詩。但以學生愚見，還沒人能超過「海內如今傳戰鬥，田橫墓下益堪愁」的境界，真讓學生佩服。」鄭森盡量讓自己的聲音顯得自然一些，證明他沒有被迷住。

「大木過譽了。師娘一介女流，怎麼可能上戰場。師父年齡也大了，大明還要靠你們！」

「謹記師娘教誨！」

晚上吃飯的時候，錢謙益將學生瞿式耜叫來作陪。瞿式耜此時已年過半百，卻如年輕人一般精力充沛。讀了鄭森的詩作之後，他不禁感慨說：「桃源上首，曲折寫來，如入畫圖。一結尤清絕。次首瞻矚極高，他日必為偉器，可為吾師得人慶賀！」

鄭森自然也要謙虛一番。但他的內心，從此也就有了更為高遠的追求。他不能讓父親的銀子白花，不能讓老師的期望落空，不能讓「大木」的名頭成為江南才子口中的笑柄。

面且，也許潛意識中，他更不能讓柳如是這樣色藝雙全的女神看輕自己。

大家都喝得很開心。可誰也不會想到，從這個月開始，大明就要經歷那樣一場「天崩地裂」，所有人都要被命運裹挾，所有人都得再次抉擇，重新選邊站。

在南京，年輕的鄭森親眼目睹了官場的紙醉金迷，唯利是圖，才子的及時行樂，扎堆脂粉，自己一介書生，難有什麼作為，只有用功讀書，累積閱歷。激憤之餘，他寫下了一幅對聯用以自勉，卻像是對時局的諷刺：

養心莫善寡慾，至愛無如讀書。

話說回來。很顯然，沒有鄭芝龍的張羅，鄭森不可能娶到侍郎千金。同樣，沒有老爹打下的人脈基礎，他連紅豆山莊的門都敲不開。他們父子之間傳承，有點類似民國時間的張作霖與張學良。如果說鄭森是站在巨人肩膀上的富二代，鄭芝龍則是草根創業的勵志男，顯然更不容易。

在講述鄭森成年之後的傳奇經歷之前，我們有必要將時間再次切回到二十年前，盤點一下鄭芝龍從魯蛇到贏家的傳奇奮鬥史了，那絕對稱得上波瀾壯闊，精彩紛呈。

第二章
鄭芝龍崛起：從海盜到海商霸主

一、荒島起步：臺灣歷史的新篇章

很多出身平民家庭的偉人，其成年之後的豐功偉業，確實與家庭沒有多大關係，比如有「明朝第一首輔」之稱的大政治家張居正，父親張文明對他的幫助微乎其微，甚至會造成反作用。

但鄭森卻完全不同，他可以說站在父親鄭芝龍的肩膀之上。沒有後者打下的基礎，很可能就沒有鄭森後來的一切。

鄭芝龍原本可以做得比鄭森更好，他卻近乎腦殘的放棄了。

鄭森原本可以從父親那裡得到更多，卻不得不白手起家，提著腦袋舉兵。

歷史是不容許假設的。儘管有不少人認為，鄭芝龍的眼光與才華要在鄭森之上，白手起家無疑更加困難。但如今鄭森是無可爭議的民族英雄，鄭芝龍卻是自作自受的大明叛徒。

而且平心而論，鄭森是鄭芝龍的兒子，但就性格氣質來講，他反而更接近顏思齊。

現在，讓我們把時間再切迴天啟四年（1624），即鄭森出生的那一年。

長子出生不滿一個月，因為大哥的造反大業，鄭芝龍就跟著顏思齊亡命天涯，與嬌妻愛子從此天各一方。幸運的是，雖說未能將日本變成華人治理的國度，二十八兄弟接下來的事業，依舊相當傳奇。

他們帶著數百名手下，駕駛著十三艘帆船，在茫茫大海上漂泊，並不清楚自己的目的地。有人提議去舟山，也有人建議回福建。舟山則有明朝重兵把守，不是好的選擇。而志向遠大的顏思齊，並不願意就此「衣錦還鄉」，再說，他們也根本沒有成功。

而這時候，陳衷紀的一番話，卻讓老大動了心。

「我聽說琉球（當時指臺灣島）是海上荒島，勢控東南，土地肥沃。如果以此為據點積蓄實力，將來就有打回日本、成就偉業的機會。」

「好，就這麼定了！」

顏思齊非常認同。他不是一個輕言放棄的人，征服日本的雄心，從來就沒有消失過。而聽陳衷紀這麼一講，其他兄弟也紛紛附和。

隨著顏思齊一聲令下，船隊向東南駛往臺灣，最終在北港登陸。兄弟們在豬羅山（今屬嘉義）伐木築屋，布置營寨，開荒種田，活脫脫梁山好漢的明朝更新版。

今天，在雲林縣北港鎮中心廣場，還矗立著一座「顏思齊先生開拓臺灣登陸紀念碑」，成為著名的網紅打卡聖地。因此，筆者也有必要強調一遍，雖說鄭成功收復臺灣的功績家喻戶曉，但「開臺聖王」的榮耀，只能屬於顏思齊。

明朝設立了澎湖巡檢司，但對東邊的臺灣完全沒有開發的意識。因而此時的臺灣，比荷蘭人剛剛駐足的曼哈頓島還要落後。島上只有少量原住民。他們服裝原始，飲食粗劣，主要依靠捕魚和打獵為生，不懂耕作，倒是有點類似東北的女真人。

這麼一個瘴氣瀰漫的落後地方，顏思齊卻敏銳的發現了其巨大價值。臺灣有著極其肥沃的黑土，也有適宜作物成長的氣候條件。

更重要的是，這裡上通兩浙，下連閩廣，又處在連線日本和馬來半島的貿易航線之中心位置。如果想再度攻打幕府，從臺灣出發，難道不是一個絕佳選擇嗎？

一張白紙上，可以書寫最新最美的圖畫。

把拳頭收回來，是為了更有力的打出去。

上帝關上了一扇門，卻為你打開了一扇窗。把基地建在這裡，未來有無限可能。

可惜，有人並不想讓他們過上王子（沒有公主）一般的幸福生活。島上平埔族的勇士們，提著他們的弓弩和刀槍等原始武器，對外來者發起了攻擊。當然，漢人的火器可不是吃素的，一番較量之後，原住民死傷慘重。

幸運的是，顏思齊不是在新大陸製造種族滅絕的西班牙殖民者，他並不想將原住民斬盡殺絕，而是希望能與對方和平共處。雙方透過談判，劃定了各自的勢力範圍，互不侵犯，彼此合作。這樣，就為漢人在臺灣扎根奠定了扎實基礎。

追隨顏思齊的三百餘人，建立起了十個寮寨，各寨劃清土地，臺灣歷史上最早的漢人村落就此形成，並且迅速發展壯大。

立足臺灣本島，拓展海外貿易，成就雄圖偉業，這顯然是顏思齊的發展思路。他派楊天生祕密返回大陸，招募勞力。楊天生具有超凡的宣傳鼓動能力，特別善於畫餅。在他的忽悠之下，漳州、泉州三千多人來到了臺灣，加入拓荒者的行列。而他們得到的不光有可耕地，還有農具、種子和耕牛，甚至還有媳婦。這樣的好事，又有誰會拒絕？

與傳統中國人固守的「與農為本」不同，顏思齊早就意識到，商業貿易的利潤更大。因此，他很快就在臺灣啟動了海上貿易。經過一年多的努力拓展，二十八兄弟的控制區已經由沿海深入到了內島，牛稠溪、八掌溪流域都納入了他們的勢力範圍。越來越多的華人投入到了顏思齊麾下，一個海商集團已初步顯露雛形。再這麼發展下去，顏思齊真的可以兵發東瀛，憑實力幹掉德川幕府了。

顏思齊來到臺灣之前，這個島仍被稱為琉球。而顏思齊定居臺灣之後，在諸羅山建設了成片的樓臺和公署，山外又是一個海灣，樓臺海灣，海灣樓臺，「臺灣」的名字就樣出現了。

[12] 因此，顏思齊才有了「開臺聖王」的美譽。

如果沒有外來勢力的介入，如果顏思齊能夠一直健康，臺灣會在他的主導下獲得穩步發展，一個比呂宋更加繁榮的華人聚居地，將會出現在臺灣海峽對岸。

當年十月，在澎湖海戰中負於明廷的荷蘭東印度公司，也順道進駐了臺灣南部。他們在一鯤身（大員）建起了熱蘭遮城（Zeelandia）。[13]

俗話說，一山不容二虎。顏思齊集團和東印度公司的主要利潤，都來自海上貿易。不過，顏思齊並不想與荷蘭人鬧翻，而是注意維持雙方的友好關係。他還特意安排了一位精通荷蘭語的下屬，為駐臺長官德·維特擔任翻譯。

能承擔如此重要使命的人，自然就是鄭芝龍了。只有他才能講流利的荷蘭語，才能更好的與這些紅毛夷討價還價。

不過，鄭芝龍是個有野心的人，並不願意長期當一枚小翻譯。沒過多久，鄭芝龍就找了個藉口，悄悄返回了北港。

當時，鄭芝龍的父親鄭士表已經去世。聽說老大在臺灣混得不錯，二弟芝虎、三弟芝豹及從兄芝莞等人，紛紛前來投靠。而作為大海商李旦的養子，鄭芝龍在二十八人集團中占據著獨一無二的重要地位，更是

[12] 紀錄片《開臺王顏思齊》。

[13] 也稱臺灣城，今安平古堡。

得到了顏思齊的特別青睞。因此，這麼多鄭氏子弟過來投奔，也沒有引發其他人的牴觸情緒。

天啟五年（1625），是顏思齊的本命年。中國人講究流年不利，可顏思齊似乎不相信這套。九月，他帶著一幫兄弟帶著火槍，揹著弓箭，去諸羅山打獵。大傢伙兒一路追鷹逐鹿，開懷暢飲，玩得非常開心。

然而不久之後，變故就突然發生了。

二、海商巨頭：鄭氏勢力迅速壯大

誰也不知道，明天與意外哪一個先到來。天啟五年（1625）九月，原本身體很好的顏思齊，卻感染風寒一病不起，繼而不幸去世。

他僅有三十七歲，在那個年代都不算老。在這個歲數離開，誰能做到心平氣和，心安理得呢？

臨終之間，顏思齊深情的說道：「不佞（自己謙稱）與各們共事兩年，本來期望能建功立業，揚我中國名聲。現在壯志未遂，中道夭折，各位一定要繼續努力！」

在人類進入大航海時代之時，保守的明朝當局走上了與人類文明發展背道而馳的道路。而顏思齊的舉措，卻無意中暗合了世界潮流。他那種「埋骨何需桑梓地，人生無處不青山」的氣魄，雖說並深深影響鄭芝龍，但卻給鄭森樹立了一個很好的標竿，激勵這位國姓爺實現復臺壯舉，並試圖在海外建立一個龐大的商業集團。

顏思齊和鄭森，都在不到四十的黃金年齡離開了人間。如果上天再給他們二十年生命，臺灣的歷史，中國的歷史，甚至世界近代史，都一定會有很大不同。

顏思齊走得太突然，他未來得及留下遺囑，也沒有選定繼承人。龐大的產業應該交給誰繼承，無疑是一個急待解決的問題。

顏思齊生前，與楊天生的關係最為密切。如果把前者比做團隊的董事長，後者就相當於 CEO。此外，建議顏思齊進駐臺灣的陳衷紀，也有相當的影響力與威信。很多人當然會認為，老大之位，應該就是他倆二選一了吧。

但腦洞再大的編劇，恐怕也寫不出這樣的劇本。最終勝出，坐上頭把交椅的，居然是二十八人中年齡最小的鄭芝龍。憑什麼啊？

這一年，他只有二十二歲。擱今天，恐怕大學都畢不了業。至於鄭芝龍是怎麼勝出的，不同的文獻給出了不同的答案。

說法一：眾人經過一番口舌之爭，一人捧起一隻大碗，輪流使勁朝地板上砸去。現場當然是一片狼藉，滿地都是瓷片碎屑。但有一人的碗，居然還是好好的！這不就是天意嗎？碗的主人，從此成為了這個半海盜組織的主人。不好意思，他正是鄭芝龍。

說法二：眾人在米缸裡裝滿稻米，又在米中插入一把寶劍。然後，所有人依次向寶劍下拜，如同祭拜死去的顏思齊。當然，無論大家怎麼行禮，寶劍都茫然的佇在那裡紋絲不動——只有一個人除外。輪到鄭芝龍磕頭時，寶劍猛然間從缸中飛起，竄到半空。於是，大家對這位小朋友都心悅誠服。

在今天的我們看來，這兩種作法都形同兒戲，太不正規，只是為了給鄭芝龍的上臺增添神祕色彩。他能夠接班的真正原因，肯定遠非這麼簡單。筆者不妨大膽的分析一下。

首先，就在顏思齊去世前一個月，鄭芝龍的乾爹李旦就已經離世了。而李家龐大的產業，船隊、商號與兵丁，都落到了鄭芝龍手中。這讓他的實力，從此遠超楊天生和陳衷紀。

其次，鄭芝龍身邊，還有很多鄭姓子弟撐腰。他們的實力，自然是不容低估。而不善於培植親信的楊天生和陳衷紀，在這方面都遜色不少。

再次，鄭芝龍有一位姓顏的妾室，似乎與顏思齊有一定關係（可能是姪女），這樣，鄭芝龍的身分自然就比別人更重要。

最後，鄭芝龍掌握了日語、荷蘭語和葡萄牙語三門外語，並與臺灣的荷蘭人建立了特殊關係，這一點也是別人不具備的。

就這樣，年輕的鄭芝龍繼承了顏思齊的事業。他信心滿滿的告訴眾人：「今日蒙舉為首，應有一番整頓，上下分明，賞罰至公，雖親疏無異。」鄭芝龍在中軍帳中立起了醒目的新帥旗，以顯示自己與老顏有區別。

過不了多久，兄弟們就明白「雖親疏無異」是什麼意思了，那只是「任人唯親」的委婉說法。鄭芝龍不光把自己四個親兄弟塞進管理層——有苦一起吃，有難一起扛；更將十三個鄭氏親族拉到臺灣，組建了「十八芝」，全面取代二十六個老兄弟。

但不能不說，這些鄭氏兄弟的能力相當出色，無論是海上作戰還是經商賺錢，都能獨擋一面，令鄭氏海上勢力迅速擴張。

而鄭芝龍接下來的選擇，更出乎手下的意料。

三、接受招安：海上霸業如日中天

鄭芝龍與顏思齊都是那個年代的梟雄，但兩人的眼光卻截然相反。套用一個俗套的格式，那真是：思齊向右，埋頭開拓海外；芝龍向左，把業務重心又轉向中國沿海了。

天啟六年（1626）是農曆丙寅年。上一個丙寅年，是嘉靖皇帝執政的最後一年，戚繼光和俞大猷基本上肅清了沿海倭寇，讓閩浙各地恢復了和平與繁榮。而僅僅一個甲子之後，一直拿戚繼光當典範的鄭芝龍，卻以臺灣為基地，開始攻打福建沿海，幹起了與當年倭寇類似的行徑。

當然，鄭芝龍並不孤單，此時的東南沿海，已經有多股海盜勢力。最著名的當屬劉香，此外還有李希、楊六楊七等。

當時，明廷的防守重點在東北，對東南已經是鞭長莫及。二月，鄭芝龍率領數十隻戰船，浩浩蕩蕩殺向漳州府下轄的漳浦縣。當地官軍根本無力抵擋。在明朝兵部給朝廷的檔案中，如此描述鄭軍：

其船器皆制自外番，艨艟高大堅緻，入水不沒，遇礁破，器械犀利，銃炮一發，數十里當之立碎。

顯然，這樣的說法有些誇張，是在為自己的不作為推卸責任。荷式紅夷大砲的最遠射程，也不會超過五里，砲彈也是實心彈，遠沒有今天開花彈的破壞力。武器本身是沒有善惡屬性的，它為民族英雄戚繼光所用，就是保家衛國的神兵；落到海盜鄭芝龍手中，就是轟開一座座衛所的利器。

別看鄭芝龍沒考過武舉，沒當過軍官，卻顯然有擔當統帥的天賦，知道怎樣擴張自己的勢力。武器落後、缺乏訓練的官軍，怎麼幹得過常年打劫、又擁有西式裝備的海盜呢？二月初十日，鄭軍襲擊金門；當月十八日，他們又進犯中左所，大肆劫掠一番之後揚長而去，回臺灣分贓了。

但與傳統的海盜不同，鄭軍不強搶婦女，不屠殺百姓，只對他們認為「為富不仁」的官紳地主進行打劫。不難看出，鄭芝龍的思路，倒與不久之後在陝西起事的李自成有異曲同工之妙。也有鑒於此，沿海窮苦民眾非但不反感鄭芝龍，反而非常歡迎 —— 只要他一來，一家老小又有飯吃了。其中身體素質出眾的，往往也要加入鄭軍，待遇好啊。

在明朝官員眼中，鄭芝龍這種作法就是標準的假仁假義，是黃鼠狼給雞拜年。但是，鑒於武器裝備遙遙落後，想消滅鄭軍，無疑比當年剿滅倭寇還要困難。有沒有什麼好的辦法，不用打仗，還能讓鄭芝龍不再惹麻煩呢？

四月，鄭芝龍駐軍湄洲島（今屬福建省莆田市），每天與兄弟們飲酒作樂，商量下一步的侵擾計畫。這一天衛兵來報，泉州巡海道派黃昌奇求見。

鄭芝龍一聽，就大概猜出是怎麼一回事了。他整裝出迎。黃昌奇是個自來熟，說道：「多年不見，將軍果然英武過人，真是水上英雄！」鄭芝龍一看他的神情非常自然，不像是刻意逢迎，也就客氣了起來。

這位海盜頭子拱了拱手：「芝龍流落海外，久離家鄉，諸多親友有失問候。敢問黃大人不辭勞苦，不避波濤，上門有何指教啊？」隨後，鄭芝龍將黃昌奇迎入府門，讓僕人送上點心。兩人天南海北的聊起了家常，談得倒也投機。黃昌奇雖說是官場人物，卻沒有什麼官架子，倒有些江湖氣，讓鄭芝龍相當受用。

說著說著，黃昌奇又翻起了一件陳年往事：「老夫與您父親共事時，您才六七歲吧？」（對方點頭）「那你還記不記得有一次，你亂丟石頭，砸到了太守（即知府）烏紗帽。太守大人不但沒處罰你，還誇你與眾不同，還記得嗎？」

「這⋯⋯」鄭芝龍雖說是天不怕地不怕的海盜，卻也是好面子之人，他還真的想起來了，確實有這麼一回事：「少年魯莽，大人見笑了。太守大人⋯⋯他老人家還好嗎？」

此話一出，鄭芝龍不覺有些後悔，這孫子不會是來敲詐我的吧。只見黃昌奇微微一笑：「太守很好，現正任泉州巡海道，他老人家一直掛念你，還讓老夫捎來了親筆信。」

鄭芝龍恭恭敬敬打開信件，原來是一份勸降書。呵呵，拐這麼大一彎，累不累啊？鄭芝龍是個重感情的人，自己原本就有歸順之意，何不就坡下驢？

原來，福建官員一直讓鄭芝龍搞得神經緊張，神色恍惚。想來想去，他們想到了招安大法。對嘛，打不過你，還不能收編你嗎。給你一件官服穿上，看你還好意思跟我們作對？

閒居在家的蔡繼善，突然接到了福建巡撫朱欽相的邀請，讓他擔任泉州巡海道。蔡繼善當然明白「天下沒有免費的午餐」，知道自己的挑戰要來了。果然，朱巡撫要他招降誰也惹不起的鄭芝龍。蔡繼善自然就想到了陳年往事，想到了談判高手黃昌奇。後者果然也是不辱使命。成功的把信送給了鄭芝龍。

鄭芝龍就與眾領袖商量招安大計。當時，《水滸傳》在民間已經流行了上百年，海盜世界中，又有嘉靖年代王直接受招安反被朝廷殺害的先例，很多領袖因此堅決反對。陳衷紀認為：「主公您與道憲（蔡繼善）是故交，我們也有他照應。但如果將來蔡大人調職了，新官員又不待見我們，難免進退維谷。不如我等先回臺灣，等主公在泉州仕途得意了，我們再來投奔，您意下如何？」

鄭芝龍很不高興：你這老小子想趁機另立山頭啊。可他也不能公開與陳衷紀決裂，只能拔了六艘船和糧餉物資，讓老陳等人返回臺灣。

對於蔡繼善，鄭芝龍顯然不能完全放心。他只帶了十二艘船，八百壯士，跟隨黃昌奇前往泉州。為了給足老蔡面子，鄭芝龍兄弟還玩了個「自縛請罪」，讓這位老熟人非常開心，一本正經的表示，一定要給他們爭取足夠回報。

但沒過幾天，就在一個月黑風高的夜晚，鄭芝龍突然帶著兄弟們揚帆出海，從港口逃脫了。哥幾個不是大老遠過來求招安的嗎，怎麼不打招呼就走了？

原來，巡撫朱欽相眼見鄭芝龍乖乖受撫，就指示蔡繼善「即為安插，並將船隻軍器追存造冊報繳。」顯然，這是要徹底分化瓦解鄭芝龍的勢力，人家能答應嗎？

別看鄭芝虎沒什麼文化，當著大哥的面，他卻說出了足以載入史冊的金句：「虎不可失威，人不可失勢。（P. S 應該加一句『魚不可失淵』才完美嘛。）道憲的舉措，不過是想拆散我們的黨羽，兄弟們一散，將來是福是禍就難說了（肯定是禍！）。不如乘今夜退潮，揚帆遠走。」

鄭芝龍也看出蔡繼善絕對不是什麼大善人，盡畫大餅從來不兌現。於是，鄭家兄弟就帶著手下，來了個勝利大逃亡，官軍也不敢阻擋。

得到消息之後，蔡繼善做出憤憤不平的表情，所言要用武力收拾他的忘年交，以此應付上級領導。但此時恰逢朱欽相升官，新巡撫還未到任，對鄭芝龍用兵的事情只能暫時作罷。

恢復自由的鄭芝龍，也很快就恢復了海盜本色。他在八月南下海豐，攻打了嵌頭村。隨後，他又劫掠甲子、靖梅兩個千戶所，以向朝廷示威。

轉過年就是天啟七年（1627）。正月，鄭芝龍從廣東回了到福建銅山所。二月，新巡撫朱一馮下令洪先春、許心幸和陳文廉等聯合會剿，被鄭軍殺得大敗。朱巡撫不甘心失敗，又命金門游擊盧毓英進剿。結果，鄭芝龍輕鬆的玩了個「引君入甕」計，把姓盧的給生擒了。

被綁到鄭芝龍旗艦上的盧毓英，還沒來得及害怕，卻發現自己變成了盧俊義；而那個海盜頭子，活脫脫一個宋江的更新版。鄭芝龍親自為盧毓英鬆綁，美酒佳餚好生招待，就差當場跪下行禮，宣布將老大位子讓給他了。

江日昇在《臺灣外記》中寫道，盧毓英曾跟隨戚繼光在東南剿倭。如果確有此事，那老盧就得八十上下了。但能打動鄭芝龍的，絕對不是對方的滿頭白髮和滿臉皺紋，而是自己個兒對招安的強烈渴望。鄭芝龍開誠布公的說：「不是我想和官軍為敵。只是不得已。如能給芝龍一官半職，我一定會為朝廷效死力，東南半壁可以高枕無憂。」

帶著鄭芝龍的殷切囑託，盧毓英回到泉州營地，拜會了他的頂頭上司、福建總兵俞諮皋。此人據說是著名抗倭寇英雄俞大猷的親兒子。可是俞將軍生於孝宗弘治十六年（1503），在鄭芝龍俘獲盧毓英那年已經一百二十五歲，去世也有四十七年了。這麼一來，俞諮皋很可能也超過了七十歲。

俞諮皋對鄭芝龍的行為當然非常反感，也當然希望像他爹一樣建功立業，但考慮到鄭軍火炮的厲害，他當然不敢冒然出兵，而是思索應該如何招撫。

到了八月，新任巡撫點名會見了俞諮皋，並劈頭蓋臉的數落他說：「鄭芝龍必須限期剿滅，你怎麼能坐視不管，任其殆害地方？」把俞諮皋搞得下不來臺。眼看實在拖不起了，他只能下令千戶馬勝、百戶楊世爵率領二十隻戰船，前去收拾鄭芝龍。可惜這倆哥們技不如人，在與鄭芝虎、芝豹兄弟的較量中被打得大敗，甚至還丟掉了性命。

俞諮皋很生氣，後果很嚴重。他又派出副總兵陳希範和投降的海盜楊祿、楊策兄弟，希望能挽回面子。可惜剛一交火，陳希範就果斷的調轉船頭，奮力逃跑了。楊家兄弟見勢不妙，也不敢上前。把總洪應計和張選倒是能奮勇作戰，下場是雙雙戰死。

可悲，可恨，可恥！俞諮皋算是徹底被激怒了。我老人家可是俞大猷的親兒子，荷蘭人都被我在澎湖打敗了，還怕你鄭一官不成？這位將二代讓人拿著令牌，調來了閩安、興化、永寧、銅山、六鰲、懸鐘、鎮海和金門各衛所水軍，集中到了中左所，準備給鄭芝龍來個泰山壓頂式的攻勢。

早有探子報給鄭芝龍。鄭家兄弟一個個面面相覷，正商量著該往哪裡跑時，卻發現他們的老大哈哈大笑起來，讓大家頓時丈二和尚摸不著頭緒。鄭芝龍平生熱愛表演藝術，在江湖上留下了不少類似擲碗和飛劍的精彩段子。可這都大難臨頭了，你還演給誰看呢？不過，大哥一番話，又讓兄弟們心情平復了很多，一個個摩拳擦掌，準備幹一票大的。

鄭芝龍是這麼說的：「諮皋只是紈褲子弟！他不過是讀了老爹幾本兵書，徒有其名，也配和我較量？」說這番話時，鄭芝龍的口氣之輕蔑，神態之放鬆，意志之堅定，活脫脫致敬了當年聽說李景隆要圍攻北平時的朱棣。[14]

轉過年是崇禎元年(1628)。這一年國際國內局勢也相當熱鬧。在東北，女真繼續在邊關磨刀霍霍，試圖敲開山海關大門；在西北，王嘉胤、王大梁和高迎祥先後舉起造反大旗，把一個個地主送去見了朱元璋。在東南，俞大猷的兒子與戚繼光的迷弟又硬碰硬起來了。

久經戰陣的俞諮皋，這一次壓上了全部賭注。他很清楚，自己的顏面，老爹的榮譽，甚至整個俞家的前程，都在此一舉了，只許勝不許敗。

俞諮皋任命指揮張挺桂、千戶林盛二人各領五船為先鋒，指揮楊國柱、李應龍，千戶吳虎、傅圭各領五船為後合。俞諮皋本人則乘坐大熕船居中排程。指揮黃盛、胡如海、黃庭庭、李廷圭，千戶周之士、何世雄、林勳、姚應科，百戶王飛熊、李夢斗各坐一船，擔任中護衛。游擊商世祿率領五艘船做監督接應。

官軍的動態，被鄭芝龍的探子打探得一清二楚。這位海盜頭子輕鬆

[14] 明朝開國名將李文忠之子。

的端著酒杯，告訴一眾手下（很多是鄭家兄弟）說：「明天一戰，也就王飛熊、林盛和李夢斗三人懂得水性，又有膽略，得把他們仨除掉，其他都是碌碌無為之輩，不值得考慮。」

鄭芝虎堪稱鄭家兄弟中戰力最強的，這一次他要當先鋒，別人也不好意思跟他搶。鄭芝龍就讓他和芝彪領十艘船為先鋒。其餘的芝豹、芝蛟、芝鳳、芝才、芝獬、芝鵠、芝鸞、芝鶚八人各駕一船，約定明日午時從東碇殺出。芝莞、芝麟、芝燕和芝蟒各領四船作左右救護。鄭芝龍自己則率領芝熊，作為中軍。當晚，鄭軍停泊在了陸鵝。

別看鄭芝龍表面上輕鬆自如，他承受的壓力，不會隨便講給別人聽。也許田川在身邊，他才會袒露心胸。天亮了，新的一天到來了。是繼續書寫輝煌，還是變成別人的背景板，答案很快就揭曉了。

此時正值盛夏，湛藍的天空幾乎沒有雲彩。燥熱的空氣都帶著海水的鹹味，刺激著雙方將士緊張的神經。鄭芝虎一如既往的生猛，指揮手下與林盛、李夢斗的船隻戰在一起。雙方一開始用火炮對轟，空氣中瀰漫著刺鼻的煙火味道；隨後，他們又很默契的互相射箭，無數只箭羽劈哩啪啦的落在甲板上。從辰時一直戰到午時，雙方互有損傷，居然沒分出勝敗。鄭芝龍這才明白，自己是遇到狠角色了。看來俞諮皋真配得上一句「我爹叫大猷」。

鄭芝龍此時已是家財萬貫的大財主，按理說不應該在戰場上玩命。但他依舊保持著年輕時的銳氣與狠勁，親自引導著旗艦殺入戰陣。統帥的到來，顯然讓士兵們為之振奮，他們拚殺起來更凶猛了。

突然間，官軍孫雄的坐船被紅夷大砲擊中，燃起了熊熊大火。在遠處觀戰的俞諮皋聞訊，率領中軍起錨。雙方又是一場混戰。將近酉時（17：00-19：00），芝豹的大船順風趕來。按理說也沒什麼大不了的，但俞諮皋的一個決定，卻引發了災難性後果。

他讓商世祿率船分兵包抄。世祿剛剛領命出發，卻發現出事了。官軍以為是要撤退，一時間陣形大亂，全然沒有繼續作戰的心思。要知道打到這會兒，大家都沒吃飯，體力已經透支到極限了。

官軍四散奔逃，俞諮皋無力制止，自己也只能跟著逃跑。芝虎、芝熊、芝莞和芝燕乘勢猛攻，多艘官船被當場擊沉，剩下的像沒頭的蒼蠅一樣潰逃，而海盜軍則在後面一路追殺，一直追到浯嶼島（今屬福建漳州）才收兵。

策略要地中左所，從此就落到了鄭芝龍手中，並被他改造成了貿易港。俞諮皋一直逃到了三叉河，還想招攬各地水師會剿，但朝廷已經不再信任他了。

不久之後，因工科給事中顏繼祖彈劾，俞諮皋被解除了福建總兵一職，鋃鐺入獄。不久之後，他和副將陳希範都被處斬。不得不說，朝廷的作法太讓人心寒。俞諮皋曾在澎湖海戰中力挫荷蘭人，作戰指揮水平並不差，敗給鄭芝龍也是事出有因。他一死，更沒有人能克制鄭芝龍了。

既然來硬的不行，還是繼續招安吧。不久，熊文燦擔任了福建左布政使。他力主招撫，並且派出了大殺器，即當年被鄭芝龍放還的盧毓英。

鄭芝龍其實早就有投降之意，要不然盧毓英的腦袋早就不在脖子上了。見到鄭芝龍，盧毓英信誓旦旦的說：「立功之日，定當保題，絕不負將軍歸誠之意。」

鄭芝龍也是老江湖，對這樣的畫餅肯定不放心。他說：「這都是將軍的恩德，來日定當厚報！但是……」盧毓英一看要講重點了，馬上神態專注。鄭芝龍強調：「須煩勞將軍向上稟告，通行各處，務必讓我們的將士便於採買糧食。」

盧毓英一聽覺得合理，總得讓人吃飽飯嘛。於是他說：「這是自然之理。但將軍也應當嚴飭諸人，登岸不得放縱，以免損害您的聲譽。」鄭芝龍作揖道：「謹記教誨」。表現得非常謙遜，讓盧毓英相當開心。

老盧一回到泉州，自然是使勁替鄭芝龍說好話，說他「願充轅門犬馬報效，所有福建及浙粵海上諸盜，一力擔當平靖，以贖其罪。」

而後者也不閒著，讓鄭芝燕、鄭芝鳳帶著銀子，四處打點。除了海瑞，大明官員誰會和錢有仇？到了九月，朝廷批准了熊文燦的奏摺，任命鄭芝龍為海防游擊，負責平定各地海盜，盧毓英則為監軍。

從此，鄭芝龍就搖身一變，成為大明政府官員。他龐大的水軍並沒有被收編，反而可以繼續擴充；他的海商貿易並沒有被叫停，反而越做越大。但他昔日的海盜朋友們可就過不舒坦了，有人要拿他們當「投名狀」。

鄭芝龍的第一個打擊對象，定為李奇魁。據傳，這位仁兄也曾在鄭芝龍手下工作過，後來自立門戶了。單憑這一點，鄭芝龍就非滅了他不可。

更重要的是，李奇魁殺害了鄭氏集團昔日的二把手陳衷紀。

陳衷紀威信很高，也不會盲從鄭芝龍的決定，更絕對不會接受招安。他返回臺灣之後，在一次出海時，卻被李奇魁殺害。這就給了鄭芝龍出兵的絕佳藉口。殺了你姓李的，不光能擴張我的勢力，擴大我的地盤，還能藉機宣揚為陳衷紀報仇，給自己立起重情重義，不忘故交的人設，真是一舉兩得。

更讓鄭芝龍開心的是，崇禎二年（1629）四月，李奇魁居然主動進攻金門，這不是誠心找死嗎？我謝謝你。鄭芝龍的水軍很快出動，在料羅灣附近攔住了李奇魁部。

這是一場毫無懸念的戰鬥，更像是一場屠殺。雙方的武器根本就不是一個時代的，差距太大了。李奇魁的首級很快被送到了鄭芝龍旗艦上，而大部分士兵則被收編，讓鄭軍的勢力進一步擴張。

更重要的是，鄭芝龍從此獨占了澎湖，保證了臺灣基地的安全。適逢福建發生饑荒，鄭芝龍不失時機向熊文燦建議，用鄭氏集團商船，搭載流民前往臺灣墾荒。

鄭芝龍這次不惜血本，據說，他給流民每人發三兩銀子，三人發一頭牛，讓他們扎根臺灣，建設美好家園。至於他到底掏出了多少家底，還是個歷史懸案。但鄭芝龍仗義疏財的人設，就算徹底立起來了。

鄭芝龍的下一個目標，是曾經跟他較量過的楊祿、楊策兄弟。鄭芝龍當年對抗俞諮皋時，這倆夥計就已經被招安，跟官軍一塊對付鄭軍。現在鄭芝龍穿上官服了，他們卻又重手操舊業。如此反覆無常，朝三暮四的海盜，不收拾留著過年嗎？

鄭芝龍在金門港撞上了楊氏兄弟的船隊，經過一場不算激烈的戰鬥，就將二楊殺死，並將其嘍囉全部收編。不久之後，鄭芝龍又剿滅了為害閩安的褚採老及入侵福州的鍾斌，讓熊文燦非常滿意。

鄭軍的優勢是水師，那陸上戰力如何呢？隨著時局進展，官府還真給了他檢驗成色的機會。崇禎四年（1630）九月，原本接受招安的鍾凌秀再度叛亂，攻占了上杭、武平等縣。他不想當海盜了，想轉型占山為王當土匪。熊文燦眼裡不揉沙子，豈能容許他們這樣折騰？於是就兵發汀州，準備當一回「在世王陽明」。

鍾凌秀看到了危險，果斷逃到廣東。他以這為這樣就平安無事了，誰知還是年輕天真。不久之後，朝廷就下令熊文燦會同江西、廣東兩省明軍一道剿滅土匪。

鄭軍再一次充當了明軍先鋒。他們離開了大海，來到了陸地，戰力會減少多少呢？在三河壩，鄭軍與鍾軍進行了一場遭遇戰。不得不說，水戰勇敢的士兵，在陸地上依然不差。而且相比鍾軍，鄭軍火器使用率要高得多，自然占了不少便宜。科技可以讓生活更精彩，也能讓作戰更輕鬆。鍾軍被打得大敗，老巢也被摧毀了，被迫逃到石窟都。

第二年春天，鄭芝龍部又殺到了，走投無路的鍾凌秀被迫出降。這個土匪頭子保住了老命，卻丟掉了右臂，這是對他過去作惡多端的一種懲戒。之後鄭芝龍又擊敗了鍾凌秀的弟弟鍾復秀，並再一次讓自己的部下得到了很好的陸戰訓練。

事實證明，芝龍確實是一位天才的統帥，出色的戰術大師。而他的這個特質，相當程度上也被自己的大兒子繼承。

鄭芝龍不停的在福建收拾同行，令官府非常開心，你打贏了，我們又少了一個威脅，還能為自己表功；你打輸了，我們就有機會收拾你。可惜，他們一直得不到這樣的機會，鄭芝龍居然就沒敗過。那麼，他就這樣成為東南海域的霸主了嗎？

四、血戰料羅灣：巔峰之役定大勢

別看鄭芝龍招安之後未嘗敗績，但在他面前橫著著一座大山，高得他不得不仰視；他的腳下橫亙著一道鴻溝，深得令他隨時警惕。

對世界史略知一二的人都清楚，十七世紀最強大的海上殖民國家，不是老牌的西班牙與葡萄牙，不是新興的英國和法國，而是面積僅有四萬平方公里，人口不到二百萬的荷蘭。而在東亞，最強大的殖民勢力，正是以巴達維亞為總部的荷蘭東印度公司（VOA）。

荷蘭人的主力風帆戰列艦，被稱為夾板船（或甲板船），長約一百公尺，寬二十公尺，船板厚達四分之三公尺，船體分為三層，有五個桅桿，安置至少二三十門、最多可達六十門「紅夷大砲」。堪稱水上巨無霸。

鄭芝龍沒有接受招安之前，明廷就曾以貿易優惠為條件，拉攏荷蘭軍艦進攻鄭軍。天啟七年 (1627) 十月，荷蘭駐臺第二任長官德·維特就應俞諮皐之邀，率船隊前往銅山攻打鄭芝龍。但他們低估了鄭芝龍軍隊的戰力，甫一交戰便敗下陣來。

等鄭芝龍當上明朝官員之後，為了自身長遠利益考慮，主動與荷蘭修復關係。由此也可以看出，鄭芝龍的眼光與魄力，在明末的官場上實屬難得。

崇禎元年 (1628) 九月，在熱情友好的氣氛中，鄭芝龍與荷蘭駐臺第三任長官彼得·納茨 (Pieter Nuyts) 簽署了為期三年的貿易協定：鄭方每年供應荷方生絲一千四百石，以及砂糖、絲織品等，荷蘭則向鄭方提供胡椒一千石。兩年以後，鄭芝龍又與普特曼斯簽署了荷蘭對雙方船隻進行保護的協定。

那麼，鄭荷之間就能長久平安無事嗎？當然不可能。東印度公司一心想到中國內地「自由貿易」，無非是想讓對方接受他們的高價產品。在得不到官方承諾之時，荷蘭人就試圖以武力迫使明朝政府讓步。

崇禎六年 (1633) 六月初一日，荷蘭水軍二十多艘戰船開往南澳，與劉香的海盜船會合，共同向當地明軍發起進攻。別看天朝火炮落後，士兵作戰相當勇敢。經過激烈較量，荷蘭人居然沒有占到便宜，悻悻退去。據明朝公布的數字，官軍有十七人陣亡，荷蘭人損失三條哨船，傷亡人數大體相當。

時間來到了六月初七日。這支荷蘭船隊突然現身中左所，對當地駐軍發動了瘋狂進攻。當朝，游擊張永產回泉州公幹了，中左沒有指揮官，因此被修理得很慘。更要命的是，鄭芝龍的船隊此時也在這裡修整，十艘大船直接就被擊沉在港口了。這些船隻都是鄭芝龍艦隊的主力艦，每條船上面都至少有二十門重炮，原本來可以作為對抗荷蘭人的利器，可這一下子說沒就說了。

南澳與中左相隔三百多浬，當年的船舶又沒有動力裝置，但荷蘭人的運氣實在太好了。那幾天南海上正刮強勁的南風，荷蘭艦隊張滿帆，用一天時間就跑到了，並給了明軍以外科手術一般的精準攻擊。這種效率，無疑可以媲美十三年之後，清軍騎兵一夜狂奔三百里，最終殺死大西皇帝張獻忠的鳳凰山戰役。

之後，荷蘭人又襲擊了青澳和石澳。由於當地守軍早有準備，侵略者沒有撈到什麼便宜。沮喪之下，他們居然再度攻打澳門。

希臘大哲早就說過：人不能兩次踏進同一條河流。可沒文化的荷蘭人就是不聽。當他們駛到中左附近時，早已恭候多時的明軍，在張永產和同安知縣熊汝霖指揮下，用長短炮銃熱情的慰問了一番。

荷蘭人被打得亂了陣腳，主動撤出中左，明軍則跟在後面緊緊追趕。但我們都知道，荷蘭船隻的航速要明顯占優勢，明軍追了兩天越追越遠，只能打道回府。吃了虧想找回來的荷蘭艦隊，則將目標鎖定在了海澄。

萬萬沒想到的是，當這夥海盜在浯嶼休整時，中國船居然主動打上門來了。荷蘭人被揍了個猝不及防，三艘哨船被焚，五艘被奪走，這趟買賣，還真是不值啊。

海澄號稱「小蘇杭」，是隆慶開關之後中國對外貿易的唯一窗口，富庶繁華不在省城之下，當地也是民風彪悍。指揮這次軍事行動的，只是一位文官 —— 知縣梁兆陽。

荷蘭人「致敬」六七十年前的倭寇，在福建沿海燒殺搶掠的行為，讓新任福建巡撫鄒維漣非常憤怒。他咬牙切齒的說：「豈獨八閩一大患，且為中國一大恥！」鄒巡撫不許再提「互市」，併發誓「以一身拚死當夷」。

八月十二日，鄒巡撫從福州趕到泉州，布置對荷作戰事宜：五虎游擊鄭芝龍為先鋒（炮灰），南路副總高應嶽為左翼，泉南游擊張永產為右翼，澎湖游擊王尚忠為遊兵（打下手），副總兵劉應寵、參將鄧樞為中軍。別看明軍分成了五路，但真正擔負起抗荷大任的，只能是先鋒鄭芝龍。

鄭芝龍讀書不多，但也深深知道「攻城為下，攻心為上」的道理。這個世界上，凡是用錢能解決的問題，都不是什麼大問題。鄭芝龍有的是錢，而在荷蘭軍隊中，卻有大量的黃皮膚漢人。沒辦法，誰讓真正的「紅毛夷」太少呢。當翻譯的，做水手的，做清潔的，都少不了中國人。鄭芝龍不費多少銀子，就能從他們那裡得到有用的情報。

鄭芝龍的錢不白花，很快他就有回報了。九月初一日，根據內線的情報，鄭芝龍獲悉一支荷蘭艦隊停泊在了澎湖。他立即安排林顯忠追擊，一舉擊沉了一艘大型夾板船，還俘虜了一名軍官和六名士兵，算是小小的報了仇。

當然，鄭芝龍遠遠沒有解恨。九月十五日，他率軍來到了烏紗頭。

五天以後，九月二十號，鄭荷水軍在料羅灣相遇了。

荷蘭方面集合了九艘夾板船，劉香則提供了五十多艘帆船。對於著名的夾板船，鄒維璉有如下記載，被後世反覆引用：

其舟長五十丈，橫廣六、七丈，名曰夾板，內有三層，皆置大銃外向，可以穿裂石城，震數十里，人船當之粉碎，是其流毒海上之長技有如此者。

鄒巡撫的記錄難免誇大事實，但相比中國水軍的戰船，夾板船肯定是龐然大物一般的存在。火炮也是占據壓倒性優勢，一條船上配置二十到三十門紅夷大砲，根本是小兒科。只要想想七年前，努爾哈赤的六萬鐵騎，硬是被寧遠城上的區區十一門同款大砲整得沒有脾氣，只有斷氣，就知道這東西有多麼恐怖了。

作為十七世紀上半葉最發達的資本主義國家和海上霸主，荷蘭海軍的實力毋庸置疑，對其他國家的優勢幾乎是缺貨存在的。而大明經歷了近兩百年的海禁，無論是造船業還是航海水平都停滯不前。大名鼎鼎的剿倭英雄戚繼光，都無法實現駕駛戰船在海上阻擊倭寇的願望，通常只能等人家上岸搶劫之後，才能在陸上發動攻勢——累不累啊？

不過，得益於明朝中後期皇權統治的衰落，一支可以比肩二百年前鄭和水軍的龐大戰隊，在福建沿海形成。巧合的是，這支水軍的統帥依然姓鄭，還是戚繼光的小迷弟。當年戚繼光做不到的事情，他卻可以輕鬆實現了。

這一次，明軍總共集結了一百五十艘戰船，參戰官兵更是可能多達七萬人。荷蘭這邊具體人數不詳，九艘大夾板船按常理說不會超過三千人，加上劉香的海盜軍，估計也就是七千來人。

雙方兵員比例十比一，那明軍就能穩操勝券了嗎？還真不見得。戰船與火炮差距都是肉眼可見的。最讓鄭芝龍擔心的是，他最好的幾十艘戰船，都在中左被荷蘭人摧毀了。眼下的戰船火力跟人家相比，差距不是一星半點。

鄭芝龍並不是傳統意義上的民族英雄，他不會真正了料羅灣戰役的重大意義，更不清楚幾百年後國人對他的極力推崇。但鄭芝龍對荷蘭人的仇恨是真的，想復仇的動機是真的，對戰爭的認真準備與全情投入也是真的。他知道，這一仗贏了可能不會收穫太多，但如果輸了，他將會成為那些官老爺的笑柄和彈劾對象，福建官場上可能就沒有了他的位置，俞諮皋的今天，就是他的明天。

不，我不會給你們機會的！這是一個男人內心真實的呼喊。

作為一名常年在風浪中打滾的統帥，鄭芝龍非常鎮定。他將兵員分成三拔。參將陳鵬擔任先鋒，率領鄭然、林察、陳麟、楊耿和蘇成等將領，以及十餘艘戰船。他們要衝破劉香軍的包圍，想盡一切辦法靠近夾板船並發動（自殺式）攻擊。第二波由哨官蔡騏統領，他們要在陳鵬等對夾板船形成一定殺傷之後，想辦法燒毀船隻。第三波由林習山率領，配合蔡騏將敵艘徹底摧毀。

鄭芝龍自己，難道「穩坐中軍帳」嗎？肯定不是。他親自擔任中軍，統一協調指揮明軍的行動。

這場水戰的困難，肯定與之前對付國內海盜完全不同的。鄭芝龍讓人搬來了數十只裝得滿滿的箱子打開，明晃晃的銀子亮瞎了一眾手下的鈦金眼。當著這些目瞪口呆的下屬，鄭芝龍嚴肅的宣布：

只要參加決戰的，每人賞銀二兩；

如果戰事延長，每人最多可領五兩；

如果有火船能燒了荷蘭船，每船二百兩（十六人分）；

一個紅毛夷首級，可以領五十兩。

以米價折算，當時的一兩銀子，大概相當今天的三千臺幣。不得不說，鄭芝龍這是把棺材本都拿出來了。重賞之下必有勇夫，這可絕對不是一句空話。

九月二十，鄭芝龍與荷蘭人，這一對曾經親密無間的合作夥伴，終於在料羅灣刀兵相見了。荷蘭人的九艘大船一字排開，隨時準備發射重炮；而五十艘海盜船如眾星捧月一樣護衛著夾板船，防止明軍小船利用速度搞突襲。不得不說，這樣的陣型將兩種戰船的優勢整合了起來，又能彌補各自短板，確實是非常理想的組合。

那麼，鄭軍又有什麼應對措施呢？暫時還看不出來。陳鵬一船當先，率領明軍直衝荷蘭陣營。震耳欲聾的炮擊聲連綿不斷，空氣中瀰漫著刺鼻的煙火味道。為了賺五十兩銀子買房娶媳婦，鄭軍士兵個個奮勇當先，一邊要躲避重炮的轟擊，一邊用鳥銃弓箭向海盜船發動攻勢，這個難度可想而知，經常是顧了這頭顧不了那頭。所以啊，這五十兩銀子往往是有命賺沒命花。

把總鄭然一直衝鋒在前面，很快被流彈擊中不幸犧牲。在損失了將近三分之二的船隻之後，鄭軍終於艱難的衝破了劉香船隊的阻攔，衝到了夾板船隊面前。

就在荷蘭人驚魂未定之時，對手的招數直接將他們看崩潰了。不少鄭軍士兵，居然點燃了自己的座船，瘋狂的開了過來。原來，這些船就是所謂的「火船」，專門以小搏大，來和夾板船「兌子」的。還能不能講得武德啊，這樣誰受得了。

郭熹、林察和袁德等聯手，用七艘火船圍攻兩艘夾板船，砲彈劈哩啪啦的落在敵船甲板上，一向蠻橫的荷蘭士兵被搞得膽顫心驚，紛紛從炮位上倉皇逃離。這兩艘船最終燃起了熊熊大火，沉沒在了海灣之中。同歸於盡？你還真想多了。鄭軍敢死隊員們則及時跳入海中，憑藉高超的游泳技術死裡逃生。

陳鵬和陳琳果斷開炮，很快擊沉了一艘大船。張梧、鄭彩和黃勝則冒著密集炮火，使出跳遠冠軍一般的華麗動作，登上了一艘敵船。他們揮舞著大刀長矛這樣的原始武器，到處亂砍。當時刺刀還沒發明出來，荷蘭人只能扔下火繩槍，拔出佩劍抵抗，但怎能打得過擅長冷兵器的中國人？船長沒來得及跑掉，光榮的做了明軍的俘虜，而他的船也成了人家的戰利品。

天色漸漸暗了下來，深秋的晚霞特別耀眼，但比晚霞更加明亮的，是料羅灣的大火。在損失了四艘戰船之後，荷蘭艦隊已經是心理崩潰，毫無鬥志，只能藉助大砲的掩護，瘋狂的向臺灣方向逃跑。而他們的好夥伴劉香船隊，自然也沒有什麼好下場，有一大半都在大火中沉沒。劉香帶著少數弟兄僥倖逃出。

舊仇未報又添新恨，劉香對鄭芝龍的憤恨又上了一個新臺階。

「追！」鄭芝龍豈能讓荷蘭人這麼跑掉，本著「要麼不做，要麼做絕」的精神，他下令鄭軍緊緊追趕，並在後面不斷開炮。不過，在沒有動力裝置的年代，荷蘭夾板船的航速，確實要勝過中國船。明軍不可能追得上。

據說，鄭芝龍回到中左，清點官兵，發現陣亡八十六人，重傷一百三十二人。那麼，殺敵戰果如何呢？

在奏捷書中，鄒維璉如是寫道稱：「此一舉也，生擒夷酋一偽王、夷黨數頭目，燒沉夷眾數千計，生擒夷眾一百一十八名，馘斬夷級二十顆，燒夷甲板巨艦五隻，奪夷甲板巨艦一隻，擊破夷賊小舟五十餘隻，奪獲盔甲、刀劍、羅經、海圖等物皆有籍存。而前後銃死夷屍被夷拖去未能割級者纍纍難數，亦不敢敘。」

顯然，這說法有些誇大事實。如果荷蘭人死了「數千計」，那早就全軍覆滅，沒有活口了。把自己的戰果吹大，把自身的損失說小，是官場老油條的看家本領，張嘴就來。但無論如何，料羅灣一役，明軍確實是打贏了。考慮到當時已經在的武器、戰船與戰術的明顯鴻溝，這場勝利更加難能可貴，值得後世永遠銘記。

而這場戰役的指揮官鄭芝龍，不過才剛滿三十歲。如果他在崇禎年間就及時死去，那後世史家肯定不會吝惜各種稱頌與謳歌，肯定要將他塑造成偉大的民族英雄，可以比肩鄭和的海上偉人。可惜啊，造化弄人。

打敗了荷蘭侵略者，鄭芝龍很快又有了新的目標。

五、剿滅劉香：稱霸東南無敵手

中國人都知道，一山不容二虎。特別是在東南沿海，鄭芝龍是最大的海上勢力，而劉香則是最大的海盜勢力。他的部下在粵東碣石、南澳一帶燒殺搶掠，連官船都敢搶。這對已經成為大明軍官的鄭芝龍來說，肯定是不能忍受的。

更惡劣的是，在料羅灣海戰中，劉香居然派出了五十條小船，配合荷蘭夾板船攻擊鄭軍水師。這種作法，不就是妥妥的漢奸行徑嗎，不打你打誰？打你，才是看得起你嘛。

崇禎八年（1635）四月，田尾洋。湛藍的天空一眼望不到邊，碧波蕩漾的水面下暗流湧動。大明官軍與劉香狹路相逢，一場大戰不可避免。

鄭芝龍將船隊分為三程：第一程是芝虎和芝豹做先鋒，有大船十艘，快哨四艘；第二程是中軍，鄭芝龍親率芝鵬、芝蛟和監軍盧毓英坐鎮；第三程由芝彪、芝麟、芝鶴、芝獬和芝鸞負責，各領一船作為援剿。

聽說鄭芝龍搬出棺材本要和自己玩命，一直不肯招安的劉香火了：「都是一樣的皮毛，素無仇敵，何苦為朝廷作鷹犬？（有出息嗎？）他見我前年小埕之戰稍稍避其鋒芒，就不知道自己姓什麼了，洋洋得意。這一戰，我發誓一定要活捉他，方快我願。」手下弟兄也是群情激奮，「生擒一官」的吼聲響徹半空，氣氛好不熱烈。

李虎三是劉香手下第一猛將，堪比朱元璋團隊的徐達，陳友諒一夥的張定邊。劉香讓李虎三帶著楊韜、陳玉和林武等去田尾洋駐防。弟弟劉鑫和康鍾、李飛熊和張斌往來策應，自己率領主力出兵應戰。

芝虎則是鄭軍中的「領銜主打」，每次作戰都衝在最前面，也沒人敢和他搶功，他和鄭芝豹行駛到田尾洋時，與李虎三船隊撞上了。

王牌對王牌特別熱鬧，仇人相見分外眼紅，兩邊立即開炮互射，又試圖用大船撞擊，激戰一天居然不分勝負，這讓鄭芝虎很是吃驚，意識到自己終於碰到對手了。

夜幕降臨之時，雙方默契的退出了戰場。兩邊都一天沒吃東西了，現場又沒有賣便當的，一個個都是餓得不輕，靠意志力在勉強支撐，但誰也不想首先認慫。

太陽從地平線上探出頭來，新的一天到來了。芝虎和李虎三又殺在了一起。兩人不愧是各自陣營的頭號殺星，手下軍兵也都非常強悍，一場惡戰看來又是不可避免。但劉香的主力船隊卻不失時機殺了過來，想把鄭老二一舉殲滅。

芝虎趕緊招呼兄弟們突圍。劉香豈能放棄活捉鄭軍二當家的機會，他開出重金懸賞，忽悠不要命的士兵跳上鄭芝虎坐船，與對方進行肉搏。眼看圍過來的敵人越來越多，身邊的弟兄越來少，久經戰陣的鄭芝虎，也有了大事不妙的絕望感。

生死攸關之刻，芝彪的船隊趕了過來，奮力保護芝虎突出了重置。關鍵時刻，還是親兄弟靠得住啊。三兄弟一直跑了十餘里，總算穩住了陣腳。

當天晚上，鄭芝龍也趕了過來，詢問作戰經過之後，他對李虎三的彪悍，無疑有了更深的認識。

「勝敗是兵家常事，明天一早，我們定要全殲劉香！」

不是冤家不聚頭。鄭芝龍與劉香的主力船隊還是相遇了。不過，兩人的心情是大相逕庭的。前者愉快輕鬆，後者緊張不已。似乎即將到來的，不是一番較量，而是一場屠殺。

鄭芝龍一直重視船隻建設，主力戰船都又大又高，排水量達到了數百噸，而劉香的財力有限，船隻一般都比較小，火炮也大都是國產的 —— 荷蘭人已經不跟他玩了。

鄭芝龍一聲令下，數十條戰船和上百門重炮對準了劉香船隊，大有將對方撕成齏粉的架勢。透過千里鏡一看，劉香算是傻了眼了：這根本就是降維打擊嘛。看來，我必須得祭出大殺器了。[15]

鄭芝龍正準備下令炮手點火，卻發現劉香手下押著一個人走上了甲板。鄭芝龍不看則已，一看不由大驚失色，手中的望遠鏡差點掉地下。

劉香，你太卑鄙了！

原來，劉香押上來的，正熊文燦的重要助手，福建參政洪雲蒸。這哥們怎麼落到劉香手中了呢？

前不久，也許是當年招安鄭芝龍嘗到了甜頭，也許是不想讓鄭芝龍受累，還也許是想為朝廷節省彈藥，熊文燦不向鄭芝龍打招呼（當然也沒必要），就派出洪雲蒸和副使康承祖前往劉香船上宣諭。

洪雲蒸事先做足了功課。當著眾多海盜的面，他生動的描述了一番放下屠刀、立地成佛的美好願景，讓在場的很多人都為之觸動，嚮往不已。就在洪雲蒸還沉浸在自己演說中之時，幾個全副武裝的海盜突然衝了過來，把二位使者捆了起來。看來，批判的武器確實擋不住武器的批判。

更可怕的是，洪雲蒸被抓的事情居然傳到了崇禎那邊，而皇帝居然大發雷霆，下旨申飭熊文燦，要求其戴罪立功，否則就得免費坐車上北

[15] 當時流行的單筒望遠鏡。

京——囚車。按理說，這麼綠豆大的事情，根本用不著皇帝操心。可朝中眼紅熊文燦的言官，怎麼能容許他過得太舒服？

沒有辦法，熊文燦只能安排全力進剿，並且要求鄭芝龍只能勝不能敗，不然沒法向皇上交待啊。

生死關頭，鄭芝龍也是不敢開炮，不然沒法向熊文燦交待。劉香一看對方慫了，立即招呼自己的弟兄準備行動，給姓鄭的來個迎頭痛擊。

豆大的汗水，順著鄭芝龍臉頰流了下來。To be, or not to be?

經常看動作片的同學，可能都會想到此處應有反轉。劉香還沉浸在「一切盡在我的掌握中」的喜悅之時，一個不和諧的聲音響了起來。聲音在空曠的甲板上顯得特別刺耳，顯然，這人是扯著嗓子喊出來的。

「我矢志報國，請立即進攻，不要錯失戰機，不要……」

叫喊之人正是洪雲蒸。他一邊喊，一邊不顧一切的試圖掙脫身邊海盜的控制，準備一個跳進海中。劉香火了，他忘記了「衝動是魔鬼」的格言，揮起長刀，對著洪雲蒸當頭就是一下子。

洪雲蒸臉上露出了得意的笑容。顯然，對這樣一個文弱書生來說，他絕對不是輸家。他想要的效果，已經完全達到了。

洪雲蒸一死，劉香的免死金牌等於就沒了。難道，他就這麼束手就擒了嗎？

劉香揮刀在手，聲嘶力竭的吼道：「各位兄弟，沒有退路了，我們只有拚命向前，和鄭一官拼了！」

陷入絕境的人，反而能爆發出驚人的戰鬥力。別看劉香的船隊船小炮少，他們拼著老命開了過來，跟鄭芝龍玩起了接舷戰。如此一來，鄭軍的火炮優勢就一時派不上用場，雙方楞是展開了冷兵器的生死較量。

這一打仗，從紅日初升一直殺到日落西山，甲板上到處是死亡士兵的屍體，水面甚至都被染成了紅色。雙方依然沒有分出勝負，只能來日再戰。

劉香船隊在田尾洋過夜，而鄭芝龍大軍停泊在了赤湖。雖說白天擋住了鄭軍的攻勢，老狐狸劉香的緊張情緒並沒有緩解。他當然明白，人家的火炮遠在自己之上。夜已經很深了，這個海盜頭子還是難以入睡，壓力太大啊。他正想召李虎三過來商量，沒有想到，後者跟心有靈犀似的，自己已經跑來了。

「主公，大喜啊！」李虎三一見劉香，忙不迭的行禮。劉香瞬間給整蒙圈了。有什麼可喜的，人質沒了，火炮不行，明天是死是活還不清楚呢。可經李虎三這麼一分析，劉香樂得直拍大腿：「這招太損了，還是你小子狠啊！」

李虎三是這麼說的：「鄭芝龍仗著自己炮多，根本不懂水戰的利害。今晚他們停泊赤湖。赤湖是什麼地方？那可是下風口啊。主公可以準備好船隻，多帶些火器，等深夜一漲潮，我們順風衝過去，估計他們還在睡大覺吧，我們給他來個一鍋端！」

到了二更（晚 9：00-11：00），劉香發現此時已經漲潮了，又起了順風，不由心花怒放：「這是老天助我消滅鄭一官啊。」

作為劉軍第一猛將，李虎三自然要衝在最前面，別人也不敢跟他搶功。可剛到赤湖入口附近，就有探子來報：「前面有一個黑影，像是一條船。」李虎三冷笑一聲：「鄭一官還在睡大覺，這裡怎麼能有船？兄弟們，收拾好兵器，我們這就殺進去！」

黑影越來越近，果然是一艘戰船。李虎三當然很沒面子，他站在甲板上，讓手下大喊：「來者何船？」只聽「通通」兩聲炮猛然響起，在深更半夜顯得特別刺耳，這就算回答了。李虎三大怒，下令將船開過去，撞沉這孫子！

很快，「通通通通」，一陣連珠號炮響起。這不就是報信嗎？拉著，更多的鄭軍戰船趕了過來，與李虎三戰在了一起。不大功夫，劉香和鄭芝龍的主力船隊也來了，就在伸手勉強能看到五指的深夜裡，全福建、全中國、甚至是全東亞最強悍的兩支水軍，又殺在一起了。

鄭芝龍走南闖北、刀口舔血這麼多年，什麼大風大浪沒見過。李虎三能想到的，他當然很快就意識到了。但統帥就是統帥，即便身陷逆境，他也絲毫沒有慌張。

首先，他下令芝豹率船在港遊弋，以防不測。

接著，他令芝虎率五條船在前碇寄碇，如果遇到危險，就放出連珠火箭。

最後，他要求所有戰士衣不解甲，隨時進入戰備狀態，給來犯之敵以痛擊。

果然，一切都在鄭芝龍的掌握之中。當芝虎放出訊號彈時，鄭軍主力立即起錨前行，與劉香軍戰在了一起。由於可見度實在太低，雙方從午夜又一直殺到第二天中午，依然沒有分出勝負，反倒是誤傷了不少自己弟兄，只好暫時停戰。

這個時候，要不要睡個午覺，養養精神？可是，你要是睡了，說不定敵人又殺個回馬槍。眼看弟兄們都累得都上眼皮貼著下眼皮了，鄭芝龍卻突然變成了唐僧，還要絮絮叨叨的跟大家精神喊話，這也太煩人了嗎，可誰也不敢不聽，誰讓人家是老大呢？

「我們損失了不少弟兄，海賊火器是不如我們，可是劉香排陣有法，李虎三更是驍勇異常。依我看，我們這邊還真沒有能與之相提並論的……」

這話誰愛聽啊，長別人志氣，滅自己威風。有個原本還想瞇一會兒的夥計，騰地站了起來：「這賊有什麼難破的，你看我怎麼活捉他！」然後，不等鄭芝龍下命令，直接駕了一艘船，直挺挺的向著劉香陣中衝去了。

真是蠢啊，人家一激就上鉤！可這回，輪到鄭芝龍不淡定了。跑出去的不是別人，是他的親弟弟芝虎。看來，這個鄭軍的二當家，太不拿自己的安危當回事，也過於自負了。

鄭芝龍善於用激將法忽悠部下，可這一次，他卻覺得自己玩砸了。沒有辦法，鄭芝龍只能下令全軍結束休息，跟在芝虎後面衝鋒。

此時的芝虎，宛如鄱陽湖大戰的張定邊附體，他站在船頭，雙手舉著藤牌防備暗箭，嘴裡卻叼著一把長刀——也不怕崩了門牙。眼看靠近劉香船隊了，芝虎猛的發力，跳上敵船，揮著大刀猛砍。看主將都這麼凶，隨行的親兵也都接二連三的跳了過去，與海盜軍戰在一起。要知道大家都休息了不到一個時辰，精力體力本應都嚴重透支，現在卻一個個生龍活虎，好像都休息了一晚上似的。

芝鵠駕著船隻奮勇向前，卻不小心被劉香軍的炮火擊中，座船頓時熊熊燃燒起來，又慢慢下沉。可憐的芝鵠就此鵠葬身大海，永遠告別了這個多姿多彩的世界。芝蟒趕了過來，丟擲火罐，正扔到了劉香本人的旗艦上，只聽「咚咚咚」的巨響過後，船體開裂下沉了。芝蟒非常開心，可是他哪裡知道，他二哥此時也在這條船上。誰讓當年沒有手機，無法及時聯繫呢。

李虎三眼看老大的船隻著火，趕緊不顧一切的過來營救。結果，芝豹從後面追來，一炮就擊中了李虎三的船尾，舵手也被當場炸死，沒人開船。整條船更是變成了一條巨大的火龍，在洋面上好不壯觀。李虎三眼看大勢不妙，果斷的跳入海水中，想憑藉自己過硬的游泳技術逃出生天。

而芝虎與劉香就沒有那麼幸運了，他們連跳水的機會都沒有。眼看都要被燒死了，據說這二位還拿著武器互砍，似乎想一勞永逸的分出高下。

最終，這條船毫無懸念的沉沒了，一邊的老大和另一邊的老二，都帶著滿心的不甘，告別了這個多姿多彩的世界。

劉香一死，海盜群龍無主，完全失去了戰鬥力，芝豹和芝彪熟練的指揮開炮，打沉了多艘敵船，海水一度都被鮮血染紅了，場面極度慘烈。而越來越多的海盜船掛起了白旗，等著官軍過來收編。

最終，除了少數船隻逃往瓊州之外，沒有被擊沉的劉香海盜船，都開開心心的加入了鄭軍。從此之後，東南沿海只剩下了一個霸主，往來船隻交保護費給一個人。

但是，打了勝仗的鄭芝龍絲毫無法高興起來，而是哭得半天直不起腰。他的激將法沒有激得了別人，卻把自己最親的老二搭進去了。族弟芝鵠的死，也是鄭軍的一大損失。鄭芝龍下令打撈二人屍體，可惜數百人折騰了四五天，也沒把二人的遺體找到，只能就此停手，請高僧招魂。

崇禎十二年(1639)六月，曾經在料羅灣被鄭芝龍狠狠修理過的荷蘭人，又跳出來搞事情了。這一次，船隊的首領叫做朗必即里哥。鄭芝龍受命征討，兩軍在湄州外海相遇。首次交戰，荷軍火炮優勢過於明顯，壓制得明軍喘不過氣來，損失不小。

鄭芝龍退至泊楓亭。在與手下商量之後，他設計了一個狠招。第二天，雙方繼續對峙。明軍中突然冒出八隻小船，直直衝向荷軍夾板船。每隻小船均有七八個敢死隊員，他們每人帶著兩隻大竹筒，筒內裝滿火藥，船中則裝著浸油的麻棕，船前帶有鐵鉤，鉤住夾板船之後，敢死隊員點燃竹筒，然後跳入海中奮力逃生。而笨拙的夾板船，卻被打個了猝不及防。

最終，荷軍有五條戰船沉沒。朗必即里哥只能認栽，主動退出了福建沿海，再不敢與鄭芝龍較量。次年八月，朝廷的一項任命，讓鄭芝龍樂開了花。

在八閩大地有崇高威望的戚繼光，三十六歲時當上了福建總兵；同樣在三十六歲時，鄭芝龍這個昔日的海盜頭子，居然也獲封福建總兵，完美致敬了自己的偶像。而且，戚繼光只是一位將軍，鄭芝龍卻建立起了一個東南沿海首屈一指的海商團隊。

既然成為了東南沿海的霸主，鄭氏海軍也對往來船隻提供保護，代價也只有一點點 —— 每船例入三千金（三千兩銀子）。

就在當年，荷蘭駐臺長官費爾勃格與鄭芝龍達成協定，鄭方將生絲及其他中國特產運抵臺灣，由荷方收購後動往日本，並每年給予信用貸款一百萬金幣。荷蘭人甚至不向北京，而是向鄭芝龍派遣使節，把他看作是中國東南的統治者。而鄭芝龍並未受協定約束，依然可以繞開荷蘭與日本做生意。

好在崇禎埋頭對付流寇和建奴，也騰不出手來收拾鄭芝龍，讓這位總兵的生意野蠻生長，船隊縱橫日本和東南亞，明初沈萬三的「商業帝國」是虛構的，而明末鄭芝龍的商業團隊，卻成了歷史的真實。

不過，鄭芝龍這樣的舒服日子，並沒有持續太久。

第三章
父子分歧：朱姓賜予與命運交錯

一、王朝崩解：弘光朝的短暫閃耀

鄭芝龍在南疆的事業越玩越瀟灑，大明崇禎皇帝在北京的日子卻越過越憋屈。

崇禎九年（1636）十月，後金可汗皇太極改女真為滿族，次年四月，他在瀋陽稱帝，改國號為大清，年號為崇德，全面實行漢制。皇太極此舉，代表著滿清統治集團已不滿足於扎根東北，而是有了與大明爭奪天下的野心。

崇禎十五年（1642），明朝十三萬精兵在松山之戰中幾乎全軍覆沒，似乎預示著改朝換代的宿命已無法避免。

擔任明軍最高統帥的，正是鄭芝龍的老鄉，南安人洪承疇。被清軍俘獲之後，他一度試圖自殺，但最終投降了清廷，並將在之後二十年的明清戰爭中扮演重要角色，甚至影響了鄭氏集團的前程與命運。

松山一敗，朝廷用兵更加捉襟見肘，不得不將眼光放得更遠一些。大學士蔣德璟居然向崇禎建議，要讓鄭芝龍的水師北上駐防遼東。

滿清沒有水師，如果連荷蘭軍隊也不害怕的鄭芝龍，能在遼東半島站穩腳根，以海盜打法不斷侵擾滿清腹地，配合明軍主力的正面進攻，也許歷史就是另一種樣子。

聽說有了這樣的勤王機會，鄭芝龍也是熱血沸騰，馬上拿出大筆財寶。這是要犒賞士卒，準備遠征了嗎？

想多了，鄭芝龍這是安排親信上京賄賂要害部門高官，讓他們勸說朝廷不要調閩軍赴遼，而是繼續防守海疆。

由此足以看出，此時的鄭芝龍以利字當頭，對於國家即將遭受的劫難漠不關心。如果換成他的大兒子，恨不能馬上就披掛出征，報效國家。

相比過往的歷代王朝，明朝的尷尬之處在於，不光東北有不可一的滿清政權，西北還有野蠻生長的農民起義勢力，讓「按下葫蘆又起瓢」的悲劇一再上演。不過，崇禎十五年八月，皇太極突然去世，六歲的九皇子福臨登上皇位，定次年年號為順治。大權則由努爾哈赤第十四子多爾袞掌握。

崇禎十七年（1644）正月初一，李自成在西安稱帝，並改西安為長安，定國號為大順，年號永昌。隨後，在當年二月，他親率大軍開往山西，目標直指大明京師北京城。[16]

三月十九，李自成農民軍攻入北京，思宗朱由檢在煤山上吊殉國。他的死，代表著明朝在全國的統治已經結束。

不過，之後發生的一連串事情，恐怕讓腦洞最大的編劇也寫不出那樣的劇本。遼東總兵吳三桂起初已經決定投降大順，但因父親吳襄被沒收家產，愛妾陳圓圓又被劉宗敏霸占，吳三桂「衝冠一怒為紅顏」，又與大順決裂，並奪取了山海關。

滿清攝政王多爾袞早就有占領北京的打算，卻不小心被李自成搶了先手。在范文程、洪承力疇等人的煽動下，多爾袞毅然決定入關摘取勝利果實。四月初九，他集中了三分之二以上的滿蒙漢八旗軍，準備從薊

[16]　一說稱王。

州、密雲一帶破邊牆而入。

李自成就算再沒有策略眼光，也知道山海關不容閃失。四月十三，他親率六萬大軍北上。由於行軍遲緩，給了吳三桂向多爾袞投誠、聯合對付農民軍的準備時間。

全中國，甚至是全東亞最精稅的三支軍隊 —— 女真軍、大順軍和關寧鐵騎，在山海關進行了一場決定中國之後三百年命運的大戰。

四月二十一、二十二日，大順軍犯攻吳軍，將關寧鐵騎幾乎打殘。但二十三日，數萬女真鐵騎突然加入戰團，農民軍遭受了重大損失，被迫向北京撤退。

李自成之後才知道，吳三桂已經剃髮降清，並打開山海關放清軍進入了中原。四月三十日，李自成主動撤離了北京，清軍和吳三桂在後面瘋狂追趕，讓大順軍損失慘重。

五月初二日，清軍不費一兵一卒占領了明朝京師，完成了努爾哈赤和皇太極做夢也不敢想像的壯舉。在范文程、洪承疇的建議之下，此次清軍入關一改之前的燒殺搶掠，巧妙的打起了為崇禎皇帝復仇的招牌，更是注重保護前明官員和地主的各種權益，自然讓這些人彈冠相慶、奔走相告，賣國投降毫無顧慮。但他們似乎忘記了，明朝根本還沒有滅亡。

而當初投降李自成的大批明朝將領，也紛紛「棄暗投明」，向多爾袞效忠。於是在很短時間內，河北、河南、山東和山西的大片土地，都被納入了清廷版圖。這進展之順利，連多爾袞自己都未曾想到。老爹努爾哈赤和老哥皇太極提著腦袋折騰了幾十年，沒能在關內占據一寸土地，自己這大半年功夫，就打下了除陝西之外的北半個中國。

那麼，南邊那個半個大明，資源更豐饒，民眾更軟弱，妹子更水靈，是不是更能唾手而得呢？

明朝實行兩京制，留都南京有著完備的六部九卿十三司政府團隊，但基本上都是閒職。這一次，當北京陷落、崇禎死難、太子失蹤的消息傳到留老早之後，本著「國不可一日無君」的理念，他們馬上開始了選擇接班人的工作。經過各種勾心鬥角，福王朱由崧在「江北四鎮」軍閥支持下，被推選為皇位繼承人。

五月初三，即多爾袞進駐北京的第二天，朱由崧在南京就任監國。上一個在南京擔任這個職務的，還是宣宗宣德皇帝。五月十五日，朱由崧正式登基，改明年為弘光元年。

弘光的登基讓清廷相當不爽。十月初一日，在多爾袞的導演之下，七歲的小皇帝順治在北京舉行了即位大典，宣示要做整個中國的正統皇帝。

到了這個當口，但凡有點政治敏感性的人，都知道南北戰爭不可避免。面對滿清咄咄逼人的攻勢，南明想要生存，唯有放下成見，和農民軍聯合起來。但李自成逼死了崇禎，是南明政府的頭號敵人，能跟他合作嗎？

今天我們看弘光朝的「聯虜平寇」過於弱智，在當時，卻是大部分官場菁英的一致選擇。

這一年十一月十六日，另一位農民國領袖張獻忠在成都稱帝，建國號「大西」，改元「大順」。如此一來，中華大地上就同時擁有了四個皇帝，也預示著更大規模的戰爭不可避免。

弘光元年（1645）正月，多鐸在潼關大敗李自成，大順政權就此瓦解，李自成重新做回了「流寇」，被清軍一路追殺，死傷纍纍。

五月初，李自成準備率軍進入湖南。但就在湖北通城九宮山偵察敵情時，卻非常不走運的被當地團練殺害，時年僅四十歲。

此時，大順軍依然有接近四十萬之眾，依然是僅次於女真八旗的第二強軍。如果李自成不死，割據湖南的南明重臣何騰蛟，只有被徹底吊打的份。而此後中國的歷史，也肯定會是另一種走勢。可惜，上天不願意給李自成這樣的機會。

李自成應該不會知道，此時的弘光政權，已經滅亡了。

眼看多鐸大軍就要打到揚州，南明卻將江北四鎮中的三鎮調到安徽，防備從武昌東進的寧南侯左良玉。此舉無疑為自己的滅亡埋下了伏筆。四月二十五日，揚州陷落，南明兵部尚書史可法被俘犧牲。多鐸下令屠城，製造了臭名昭彰的「揚州十日」。

眼看南都不保，弘光帝果斷的學習唐玄宗在安史之亂時的先進事蹟，白天還信誓旦旦表示要與城池共存亡，晚上就收拾細軟跑路了。

五月十四日，天降大雨。似乎老天也在為明朝的命運哭泣，為朱元璋後代的無能懦弱嘆惜。

忻城伯趙之龍和禮部尚書錢謙益等人跪在道路旁的泥地中，滿身水汙，滿臉卑微，迎接多鐸大軍進城。

南京十幾萬守軍自覺的放下武器。完美詮釋了「十四萬人齊解甲，更無一個是男兒！」的神奇。他們中的佼佼者，才有資格則被編進綠營，成為掠奪江南的先鋒和炮灰；大多數能力平庸的，則被打發回家。

炮灰，也是需要門檻的！

不幸中的大幸，是清軍進入南京之後，並沒有大規模搶掠和屠城。這想必也是錢謙益等人樂於看到的，這樣他們的負罪感就會少了很多。

鄭森多虧早早離開了南京，不然以他的剛烈性格，天知道會發生什麼事情。

城破之時，柳如是本與錢謙益相約自殺殉國。可是面對秦淮河水，錢先生左看右看上看下看，才知道每個自殺的人都不簡單。儘管已經六十四，進入古人眼中的風燭殘年了，可老錢還是捨不得死，併為後人留下了一個「水太涼」的精彩片段。

其實，南京此時已經入夏，秦淮河水早就不涼了，是很多人對他心涼。看丈夫遲遲不肯行動，絕望的柳如是一頭跳了下去，卻沒有死成。

錢謙益讓下人把她救上來了。是啊，人間沒有了你，我一把老骨頭活著有什麼意思？次年正月，錢謙益應詔上京，擔任清廷的禮部禮部右侍郎管祕書院事，充修《明史》副總裁。柳如是留居南京。

但就在這段時間，柳如是因對錢謙益的所作所為嚴重不滿，又加上生活空虛，居然和一位姓鄭的公子好上了。這樁婚外情，無疑讓人浮想聯翩。

鑒於鄭芝龍與鄭經都有收集少婦的愛好，後世很多文人，都期望柳如是和鄭森之間，能擦出點火花，撞出點激情，玩出點驚世駭俗。他們也好借題發揮，多賺一點銀子。但讓人失望的是，這位公子並不是鄭森，事發之後也被官府處決了。

六月，錢謙益辭掉官職回到南京。當聽說了柳如是的離奇操作之後，這位文豪的反應，既讓時人費解，又令今人欽佩。

錢謙益根本不向柳如是追究這檔事，一如既往的全心呵護佳人。也許在很多人眼中，柳如是早就是殘花敗柳，不值得浪費一兩銀子，應該抓去浸豬籠才對。但正所謂有多少愛，就有多少包容。錢謙益之前的剃髮投敵、不願殉國，已經令柳如是非常失望了。與鄭公子出軌的事情，責任也不完全在她。

而錢謙益完全就像一個從二十一世紀穿越過去的暖男，處處反省自己，併為對方著想，而柳如是也因這份愧疚與感激，終身對一個「糟老頭子」不離不棄。此後，他們冒著殺頭的風險，堅定的投入到了反清復明的活動之中，雖說貢獻不大，但其勇氣與堅持，卻值得後人景仰和懷念。

清軍攻滅弘光政權之後，很快就將南直隸改為江南布政司，南京應天府改為江寧府。但為了行文方便，本書此後依然使用「南京」一詞。

至於江南省拆分為江蘇和安徽，則要等到康熙六年（1667），此時鄭森已不在人間。

明朝到底是哪一年滅亡的？如今還是一個沒有定論的問題。根據清朝官方編撰的《明史》，崇禎之死，北京陷落，就代表著明朝的滅亡。今天不少學者則認為，弘光朝的覆滅，宣告了明朝國運的正式終結。之後的隆武、紹武和永曆三位「皇帝」，都是地方實力派控制下的傀儡，而明朝只剩下了一塊招牌，甚至是一條遮羞布，實在不應該、也不配稱為「王朝」了。

但傳統上，南明的歷史還是以永曆皇帝被害而結束，即延續到了永曆十六年（1662）。甚至還有學者認為，康熙二十二年（1683）才算是南明的真正終結。這是什麼原因呢？我們後面會講到。

弘光朝滅亡了，是誰將反抗之火傳遞下去的？

二、隆武風雨：危局中的堅守與動搖

弘光元年（1645）五月，弘光小朝廷宣告滅亡。逃到蕪湖的弘光，不久即被降將劉良佐當成投名狀送往南京——誰說人家沒有利用價值？

國不可一日無君。六月初八，在弘光嫡母鄒太后的支持下，弘光朝首輔馬士英與群臣在杭州擁立潞王朱常淓為監國。三天之後，貝勒博洛率領八旗軍就開到了杭州，隨行的還有轟開了潼關和揚州的烏真超哈重炮部隊（後為漢軍八旗）。

朱常淓根本不想做什麼監國，只想繼續當他的音樂家。在陳邦富的慫恿下，潞王天真的跑到博洛大營投降。這位博洛也是大有來頭，他是努爾哈赤的孫子，作戰驍勇，但絕非劉宗敏式的莽夫，很有心計。

博洛熱情款待朱常淓，並建議後者去招降浙江各地的明朝藩王，一起在新政權領導下享受美好的新生活。經過朱常淓積極熱情的現身說法，蕭山的周王、會稽的惠王和錢塘的崇王都被感動了，歡天喜地的的跑到杭州投降。哥幾個被送到南京之後，又與弘光一道被打包送到了北京。

次年五月，這些藩王被多爾袞下令在菜市口問斬。對於這群不孝子孫，我們只能送上兩個字：活該！

其實，朱常淓本來完全可以跑掉的。當時，鄭森的四叔、靖虜伯鄭鴻逵準備撤往福建老家，想帶朱常淓一起離開，但後者急於「棄暗投明」，因此果斷拒絕了。

唐王朱聿鍵正好也在杭州。鄭鴻逵看著這位正值盛年的藩王，突然冒出了一個主意。

六月二十八日，在鄭芝龍、鄭鴻逵、福建巡撫張肯堂、巡按御史吳春枝、禮部尚書黃道周等人的擁戴下，朱聿鍵在福建建寧稱監國。

朱聿鍵的名字進不了「高瞻祁見佑，厚載翊常由」的傳承順序，和成祖一系相距甚遠。他是朱元璋九世孫，洪武大帝第二十三子唐定王朱桱的後裔。唐王封地不在別處，恰好在河南南陽，漢世祖劉秀出生和成長的地方。

中國只有兩個開國皇帝堪稱平民，即劉邦和朱元璋。劉秀的身世是歷史之謎，但他堅定的號稱，自己是高祖劉邦的九世孫。不管你信不信，反正很多人是相信了。

冥冥之中有天意嗎？一些矢志於光復華夏的大明遺臣堅信，朱聿鍵就是上天派發給自己的中興之主。只要堅定的追隨他，大明起死回生就有希望。

明朝宗室通常都是一些紈褲子弟，除了沉迷美人佳釀，就是研究音樂繪畫，或者打理花草魚蟲，反正都是些與治國安邦扯不上邊的愛好，省得北京城裡的萬歲爺忌憚。但朱聿鍵無疑是個另類。

朱聿鍵出生之後，只因祖父不喜歡他父親，居然將這對父子囚禁了十六年。作為親王後代，別人吃喝玩樂，他斗室枯燈，但依然堅持讀書學習，自得其樂。

別以為朱聿鍵是個書呆子，人家其實是個行動派。崇禎九年(1636)，皇太極為了慶祝自己成功稱帝，就命令和碩英親王阿濟格率軍十萬，從獨石口等地破邊牆入侵中原，一舉攻破昌平。一時之間，京師風雨飄搖，各地人心惶惶。為了捍衛大明江山，朱聿鍵不惜違背「藩王不得掌兵」的禁令，在南陽當地組織了數千民軍，北上勤王。

雖說這支軍隊沒有什麼戰績，卻讓一向猜忌心重的崇禎大動肝火，將朱聿鍵廢為庶人，關進了鳳陽監獄。九年之後，弘光上臺大赦天下，唐庶人才被放了出來，並恢復了王爵。

可見，相比弘光和朱常淓之流，朱聿鍵更有魄力和擔當，更適合成為一國之君。之後的事實證明，隆武對南明的貢獻還是頗多的。如果沒有他的一項重大決策，南明也不可能維持那麼多年；如果沒有他的慧眼識英雄，鄭森也不會得到很好的歷練。

弘光元年(1645)閏六月二十七日，朱聿鍵來到福建布政司首府福州，在群臣擁戴下正式稱帝，並宣布從七月初一起，改弘光元年為隆武元年，以福州為行在天興府。如此一來，繼南宋之後，福州又成為了南明陪都。

鄭氏兄弟為擁立隆武立下大功。新皇帝當然要重賞他們：封鄭芝龍為平虜伯，鄭鴻逵為定虜伯，鄭芝豹為澄濟伯，族弟鄭彩為永勝伯。不久之後，鄭芝龍又晉封為平國公，鄭鴻逵當上了定國公。但令人費解的是，隆武旋即給鄭芝龍兄弟加太師銜。

太師是「三公」之首，明朝文官的最高榮譽，不過通常是給死人加封的。有明近三百年，也只有李善長和張居正生前得到了太師頭銜。鄭芝龍並沒有什麼了不得的功勳，還是個武將，根本沒有資格當太師。只能說，為了討好這兩位權臣，隆武是不惜血本了。

德高望重的儒學宗師黃道周，則擔任了吏部尚書兼武英殿大學士，即首輔。為了拉攏讀書人，隆武一氣兒任命了四十多位大學士，創造了歷朝之最。不過，這也是特殊時代的特殊作法。皇帝沒有兒女，沒法立太子，他封弟弟朱聿鐭為新唐王。

而多爾袞的一項政策，也為隆武政權的鞏固，提供了得力的幫助。

弘光元年六月十五日，也許是覺得大局已定，多爾袞以順治皇帝名義頒布法令，要求各省自詔令到達之日算起，十日之內，成年男子一律剃髮，否則以謀反罪論處。

這就是著名的「留頭不留髮，留髮不留頭」。

漢族人講究「身體髮膚，受之父母，不敢毀傷」，強迫他們留「金錢鼠尾」，無疑是對數千萬華夏子孫的人格羞辱與精神戕害。在嘉定、江陰和常熟等地，原本已經歸順的市民，又自發的拿起農具，與武裝到牙齒的清軍展開了殊死搏鬥，從而讓失去留都的南明政權，能夠繼續存在相當長的時間。

雖說鄭芝龍兄弟口碑不佳，但扶持隆武帝並非他倆的單邊行為，也是得到大批明朝官員認可或支持的。而隆武本人與鄭芝龍兄弟的關係，相比漢獻帝與曹操、唐哀帝與朱溫，以及日後的永曆帝與與孫可望，也有根本區別。皇帝並非標準的「傀儡」，權臣也並非無法無天。

這個政權真正的地盤僅有福建一省，但鑒於鄭家兄弟的實力，兩廣、江西、湖廣和四川大部分地區的殘明政權，都紛紛上表道賀，表示服從。形勢似乎一片大好。

不過，就在隆武眼皮底下，卻有一個不服管教的「監國」。

在有明一朝，浙江的富裕程度僅次於南直隸，且民風強悍。對於清軍的暴行，上到士紳下到平民都有著強烈牴觸情緒。無數人希望潞王能挑起復國重任，他老人家卻可恥的降清，並獻出了省府杭州。

因此，當時在臺州的魯王朱以海，就成為了浙東復明勢力擁立的對象。朱以海的祖上，可以追溯到朱元璋的第十子朱檀。洪武三年，朱元璋大筆一揮，將除太子朱標之外的九個兒子，全部封為一字親王，剛剛出生的朱檀被封為魯王。

洪武十八年（1385），朱檀之國兗州。魯王的輩分排序是「肇泰陽當健，觀頤壽以弘」。可見，朱以海是朱元璋的十世孫，比隆武低了一輩。崇禎十五年（1642）十二月，清軍第五次破關入寇，在兗州大肆擄掠，時任魯王朱以派被殺害（一說自殺），朱以海逃到臺州，並承襲了王爵。

對於國仇家恨，朱以海有著不弱於任何人的理解。他不會像弘光一樣沒有擔當，更不可能如潞王一樣投降清朝。

當時，逃出杭州的明朝官員，主要分成了兩部分，一部分南下福州，擁立了隆武；另一部分去了紹興，擁立了朱以海。之所以出現這樣「一國二主」的尷尬局面，首要責任，應該由悍然投降的朱常淓來負。其次，確實有交通阻隔，消息不暢的原因。當然，一定也有文武官員借擁立新君為自己撈取好處的考量。

七月十八日，朱以海在紹興出任監國，並改次年為監國元年（真是奇葩國號）。魯王政權的重臣，包括方逢年、張國維和朱大典等文官，方國安、王之仁和鄭尊謙等武將。[17]

九月，得知浙東動態之後，隆武派兵科給事中劉中藻前往紹興頒詔安撫。對於要不要服從福州的領導，魯王內部產生了激烈爭執。能以大局為重的，當然希望朱以海退位歸藩，接受隆武的統一安排，實現浙閩聯合；但不想放棄擁立帶來的好處、甚至輕視隆武的，卻不願這麼「就範」。

在張國維、熊汝霖和王之仁等重臣的堅持下，魯王最終拒絕開讀隆武詔書。

大敵當前，魯王政權的分裂行為，不光給了清軍以可乘之機，更為自己帶來了一系列災難——畢竟浙東離清朝統治區更近。當然，隆武這邊的應對措施，肯定也不是一點問題都沒有的。不幸中的大幸是，雙方雖說都有互挖牆角和互斬來使的行為，但並沒有走上相互火併的道路。

魯王政權的「獨立」，令福建之外原本擁護隆武的地方勢力，也產生了不臣之心。在其中，湖廣總督何騰蛟和廣西巡撫瞿式耜算做「傑出代表」。他們割據一方，拉幫結派，埋頭擴張，對隆武的詔令是陽奉陰違。

外有魯王和各地實力派的掣肘，內有鄭氏兄弟的專權，隆武的皇帝當得顯然並不開心。不過實話實說，相比史上大多數專橫跋扈的同行，鄭芝龍絕對堪稱「良心權臣」了，他並沒有限制皇帝的很多施政措施。

魯王公然和隆武叫板，按理說，掌握重兵的鄭芝龍，完全可以趁機

[17]　本書對朱以海統一稱為魯王。

討伐浙東，藉以擴充自己的地盤，但他完全無意這麼作。

因為上朝時的位次問題，文臣們與鄭家兄弟卻起了衝突，實在是小題大做，太過迂腐。書呆子們堅持「文東武西」，非要讓鄭芝龍兄弟在西邊，似乎忘記了人家明明是太師，是文臣之首！鄭家兄弟上朝扇個扇子，按說沒什麼大不了的，粗人嘛。但文官也紛紛彈劾，說他倆沒有人臣之禮。

還有更嚴重的。因為鄭芝龍不及時給國庫交錢，戶部尚書何楷就幹不下去了，他憤而辭職。但就在回鄉的路上，何楷被人削去了一隻耳朵，進而鬱鬱而終。坊間紛紛傳言，凶手正是鄭芝龍委派的。

鄭芝龍與文官矛盾不斷，和隆武的蜜月期也很快結束了。作為大明繼朱元璋之後出身最寒酸的皇帝，隆武渴望能北伐南都，祭拜孝陵，證明自己配得上大明皇冠。但掌握兵權的鄭芝龍，卻表現得畏清如虎，完全無意成全皇帝的雄心。

在明清易代之際，滿八旗無疑是中國（甚至東亞）最強軍，而在山海關之戰中將關寧鐵騎幾乎打殘的大順軍，可以排在第二。吳三桂關寧軍及遼東三順王的漢軍，起初都沒有被編入漢八旗和綠營，他們可以排在第三，張獻忠大西軍則位列第四。

那麼鄭芝龍的鄭軍呢？如果論水戰，這支軍隊當仁不讓的排在首位，甚至是東亞最強。但就陸戰而言，漢軍綠營都能輕鬆打垮他們。面對滿清的步步緊逼，隆武朝文官習慣性的批評鄭芝龍避戰畏戰，但今天我們站在「上帝視角」看，鄭芝龍的選擇其實相當明智，隆武和文臣們的進取策略反而不太務實。

當然，文官們也不光是會打嘴仗，有一位文弱書生挺身而出：你鄭太師不是不想北伐嗎？那我去！

當滿頭白髮的黃道周向隆武提出自己的北伐申請時，皇帝不由得驚呆了。這一年黃老先生已經六十一，正好是本命年。大明普通男人到這個歲數，大部分已經睡到地下了，活著的都能給孫子娶媳婦了。可為了隆武的光復大業，黃道周真的是殫精竭慮，甚至是拿命在拼。

「一旦有個三長兩短，朕豈不成了千古罪人？」

「陛下放心，老臣率正義之師，一定會為陛下在江西開闢好出路！」

「那……老先生一定要保重啊！」

七月二十二日，黃道周放著好好的大明首輔不當，放著好好的三坊七巷不待，卻帶著召募來的三千多各地義士，與隆武灑淚告別，義無反顧的奔向江西。

有一種精神，叫做明知不可為而為；有一種執著，叫做幹總比不幹要強；有一種信念，叫做倒也要倒在你懷裡，不好意思，死也要濺你一身血。這三千人，完全缺乏必要的軍事訓練，甚至兵器也不充足，被時人譏笑為「扁擔軍」。他們只帶了鄭芝龍提供的一個月軍糧，就這樣無所畏懼的上路了。

稍有軍事常識的人，都知道這支軍隊是羊入虎口，排隊送人頭的。但黃道周卻有自己的想法。當年的心學聖人王陽明，不也依靠一群「烏合之眾」平定了南贛多起叛亂，更一舉生擒了擁有十萬正規軍的寧王朱宸濠嗎？

現在江西南部的反清活動可以說層出不窮，就差朝廷過來整編了。王陽明可以，同樣是儒學大家且熟讀兵書的黃道周，誰能說一定不可以？

行軍途中，一位年輕的偏將非常擔憂，覺得黃首輔的進軍是自殺的同義詞。他不失時機建議道：「閣老啊。這樣一支沒有戰力的軍隊，人多反而會誤大事。不如遣散眾人，您帶少數精幹隨從，以首席大學士的名義直入贛州，節制南贛、湖廣和兩廣各地督撫，收復江西全境以為基地，豈不美哉？」

「荒唐！遣散了軍隊，我們拿什麼抵抗清狗？」黃道周完全不能認同。

偏將見老人家如此固執，自己留下也得陪葬，不跑還等著發路費嗎？他於是和弟兄們商量，連夜逃離了軍營，返回福建。這種行為嚴重觸犯軍法，在任何將領那裡都是殺頭的大罪。可見此人確實膽大妄為，敢想敢幹。

他不是別人，正是本書的重要角色之一，和鄭氏家族「相愛相殺」近四十年的施琅。

黃道周以王陽明為偶像，可他畢竟不是王聖人。一路之上，「扁擔軍」連吃敗仗，損失慘重，軍心渙散，但黃道周等少數將領就是不肯放棄。十二月二十五日，在徽州府婺源縣明堂裡，這支義軍最終被清軍擊潰。黃道周被俘，後來被送到南京。

負責江南事務的洪承疇，很希望黃道周加入自己的「變節者聯盟」，能再多寫點軟文洗地就更好了。可黃道周是軟硬不吃，還送給老洪一副對子：「史筆流芳，雖未成功終可法；洪恩浩蕩，不能報國反成仇」，以史可法的英勇捐軀來襯托洪承疇的投降賣國。後者惱怒之餘，自然就動了殺心。

隆武二年（1646）三月初五，在得到清廷許可之後，洪承疇將黃道周殺害於東華門。「士為知己者死」，黃老先生死得坦坦蕩蕩，轟轟烈烈，相比那些聞風投降的將領，手無縛雞之力他，才稱得上是真正的鬥士。

這種唐吉訶德大戰風車的勇氣，正是這個民族經歷三千年，屢遭劫難卻生生不息的祕訣所在。這種明知不可為而為的意志，也一直激勵著鄭森、李定國和張煌言等後輩。

如果軍閥鄭芝龍有書生黃道周一半的氣魄與血性，在明清易代的舞臺上也會留下更加精彩的篇章，也絕對不會落到那樣讓人嘲笑的尷尬處境。

得知黃道周的結局，隆武帝更是無比悲痛，覺得黃老夫子是為自己而死的。他能夠做的，只能是罷朝哭祭，謚忠烈，贈文明伯。

都說隆武是鄭家兄弟的擺設，但這位皇帝在任期間，還真的做成了好幾件事。而南明之所以能夠維持二十年，相當程度上要歸功於隆武這些決策。

弘光朝腦殘的「聯虜平寇」政策，讓這個政權存在了一年就成為歷史名詞。當民族矛盾上升為主要矛盾，特別是李自成喪身九宮山的大背景下，越來越多的官紳地主已經意識到，想要抵擋北方的侵略者，就必須藉助大順軍和大西軍的力量。審時度勢之下，隆武帝實行了「撫寇御虜」國策。

正是在這個基本國策的影響下，當年八月，南明政權內部最有策略眼光的文臣堵胤錫，冒著生命危險前往大順軍營地，說服李自成姪子李錦、妻弟高一功率領部下三十萬人歸順朝廷。

此後隆武的安撫政策也相當得力。他封李自成正妻高氏為貞義夫人，授李錦為御營前部左軍，高一功為右軍，並掛龍虎將軍印，封列侯。李錦賜名赤心，高一功名必正，號其營為「忠貞營」；升堵胤錫為兵部右侍郎兼僉都御史，並手書慰勞。

在南明官紳心目中，大順軍是人人喊打的流寇，是逼死崇禎的劊子手，是把滿清禍水引進中原的敗類，而隆武卻能用「忠貞」為他們冠名，當然不是諷刺而是用心，這魄力無法不令人折服。而這支軍隊日後的表現，還真的沒有辜負「忠貞」二字。

歷史不容假設。如果鄭芝龍能以隆武皇帝的名義，將三十萬忠貞營（或其中的十萬精銳）調到福建，與鄭軍水師有效整合在一起，真的就具備了與滿清一決高下的實力。光復南京，甚至北伐中原，都絕對不是痴人說夢，中國歷史必然是另外一種走勢。這麼看來，太過「無為」的鄭芝龍，錯失了最好的機遇。

之後大西軍能夠與南明合作，也多虧了隆武開的先河。可惜隆武二年（1646）正月，堵胤錫策動的攻打荊州之戰，因湖廣督師何騰蛟的放鴿子而慘遭失敗。忠貞營從此元氣大傷。今天看來，堵胤錫的策略肯定存在重大問題。

而隆武的另一大貢獻，與鄭家父子密切相關。

三、賜姓朱成功：從國姓爺的崛起說起

回到福州的鄭森，每天依然讀書習武，但對於朝中的事情，他一直表現出濃厚的興趣。已經二十二了，鄭森當然不想死讀書，讀死書，而是希望「家事，國事，天下事，事事關心。」

有一天，父親突然神祕的告訴他：

「森兒，你準備一下，明天帶你見皇上。」

鄭森當然特別開心，也不免有點緊張。

隆武元年（1645）八月十七日，鄭芝龍帶著兒子來到了皇宮門外。所謂的「皇宮」，只是原來的福建布政司衙門，條件相當簡陋。

父親先進去了，顯然要和皇上商量更重要的事情。不久，一個小宦官過來傳旨：「宣鄭森覲見。」

鄭森難免有些緊張。他走進大殿，只見當中的龍椅上端坐著一位中年人。他頭戴烏紗善翼冠，身著赭黃圓領龍袍，當然就是隆武皇帝。

「吾皇萬歲，萬萬歲。」鄭森趕緊跪下磕頭。可接下來皇帝的回應，讓這孩子完全沒有精神準備。

隆武親自走下臺階，親手將鄭森扶了起來。千萬別以為皇上見人就扶，他犯不著。只能說明，對眼前這位年輕人，隆武不是一般的重視。

鄭森這時才看清楚，眼前這位皇帝，目光相當慈祥，舉止非常斯文，就像一位自己早就認識的長者，而不像隨時需要殺伐決斷的一國之君。這一年隆武不過四十五歲，額頭的皺紋已經不淺，兩鬢完全花白了。當然，那年頭染髮也不方便。

等鄭森站定，隆武也仔細打量了這位鄭公子一番。他的身形不算高大，但並不是文弱書生；五官相當清秀，眉宇間有一種英氣。隆武非常開心，到他這個歲數，很多普通人都當上爺爺了，他連一個後代還沒有。

「眼下建奴步步緊逼，愛卿有什麼高見呢？」隆武有意想考考他。

「陛下，首先要做到君臣一心。文官不愛財，武將不畏死，則中興有望！」

「好！」隆武不由得脫口而出。雖說這是岳飛原創，用在隆武小朝廷是非常合適的，朝中各種勾心鬥角騷操作實在太多了。

「可否說得更具體一些？」

「福建不比北方。東有武夷山作為屏障，建奴騎兵難以踰越。東南有海上商道，可達南洋諸國。只要我們重用賢良，訓練軍隊，四方的百姓一定會群起響應……」

鄭森侃侃而談，隆武突然滿臉愁雲的站了起來，長嘆一聲說道：「可惜，真是可惜啊！」

鄭森被整得蒙圈了，不知道怎麼辦才好。不過很快。隆武的臉色就來了個「多雲轉晴」，他走到鄭森跟前，一把拉起這枚小鮮肉的的手，又撫著他的背，一字一句的說：「果然是有志不在年高，見識不分長幼！可惜，朕沒有女兒可以許配給愛卿，實在是太可惜了！」

「陛下，您折煞微臣了。為了大明江山，鄭森定當肝腦塗地，報答您的聖恩。」

「為了大明江山，朕要你好好活著。從今天開始，你不要叫鄭森了……」

這是要做什麼？沒等鄭森緩過神來。隆武就換上了一付嚴肅表情：「鄭森聽旨！」

「臣在！」鄭森馬上畢恭畢敬的跪下。

「朕賜你國姓朱，名成功，封御營中軍都督，儀同駙馬，並任宗人府宗正！」

「臣領旨謝恩！」等鄭森磕頭完畢，隆武又下令安排便宴，招待這位官二代。

這封賞簡直太大手筆了。更為重要的是，鄭森從此就成了朱成功，也有稱「國姓成功」「賜姓成功」。擁有了國姓，這也是「國姓爺」頭銜的來歷。西方人則稱他為「Koxinga」。

這個新名字，寄託著隆武對鄭森的無限希望，也寄託著皇上對未來的無限憧憬。鄭森此時已經生子，但鄭經似乎並沒有改名為「朱經」，也就是說，這個國姓只是給予鄭森個人的至高榮耀，並不可以世襲。

賜封國姓，讓鄭森對隆武感恩戴德，從此南明就多了一位堅定的忠臣，清廷則多了一個可怕的對手。

而清政府為了醜化國姓爺的形象，就故意叫他鄭成功，並詆毀他為海寇。我們應該知道，鄭姓與「成功」之名，是絕對不能同時使用的。但鑒於這種叫法已經流行了將近四百年，我們也只能將錯就錯了。

鄭成功對父親十分尊重，一回到家，他立即向鄭芝龍彙報了今天的事情，讓老爹非常開心，爺倆少不了又多喝了幾杯。

當然，鄭芝龍要的就是這個效果，隆武情商也真是高，真會揣摩太師的心意。

鄭芝龍為什麼突然要帶老大面聖？只因昨天，三弟鄭鴻逵帶著長子鄭肇基拜訪了隆武。皇帝一高興，當場就賜肇基朱姓，讓他進階為「小國姓爺」，也讓鄭芝龍有些不爽。

雖說手足情深，鄭芝龍還是不希望三弟搶了自己的風頭。而相比之前對鄭肇基的封賞，隆武給鄭成功的規格要高多了。皇上又不傻，知道更應該討好誰。

改成國姓，儀同駙馬，也意味著鄭成功相當於皇帝的乾兒子了。隆武到了四十五歲還一直無子，大機率這輩子也就這樣了。聯想一下後周太祖郭威和養子世宗郭榮，我們不妨大膽假設一下，如果一切意外都不發生，隆武歸天之時，鄭成功憑藉皇帝養子的身分，加上親爹鄭芝龍的權勢，就可以名正言順的繼承大統，改元登基。這真是一盤很大的棋。

而鄭肇基，肯定是沒有這個資格的。

好消息接連不斷。到了十月，鄭成功終於見到了自己最想念的人。一個男人最關心的女性，不應該是自己的妻子才對嗎？可是鄭成功和董氏之間，更多的只是相敬如賓，應付差事。他終日牽掛的，是大洋對面的母親。

鄭芝龍也沒有忘記當初的承諾，一直試圖接田川氏來中國。隆武朝廷建立之後，鑒於鄭太師事實上成為了南明的最高統治者，完美對標幕府將軍，日本政府樂得做個順水人情，讓田川氏跟隨鄭家商船返回福州。但當老二已經過繼給了田川家，也就不能回來了。

這天早上，鄭成功和妻子董氏早早來到碼頭等候。十五年前，他還是個認不了多少字的小朋友；十五年後，他已經長大成人，娶妻生子，更成為了福京城裡人人仰慕的國姓爺。但無論什麼時候，他對母親的思念從未改變。

歲月在母親面龐上留下了不少痕跡，卻沒有改變她的美貌與氣質，更沒有減少她對丈夫和兒子的思念。儘管鄭成功的模樣，已經與少時有很大差別，當母親的豈能不認識？

而鄭成功的身邊，又多了一位美麗賢淑的兒媳，這顯然會田川更加開心。

小兩口快步上前，向母親下拜行禮：「母親大人，您一路辛苦了！」

田川氏眼中已有了淚光，她將兩人扶起，並向不遠處的丈夫致意。

「七左衛門要是能回來多好啊！」鄭成功難免唸叨一下。

一家人，從此終於團聚了。看著當年的小福松，如今已經是外形出眾的大小夥子，還有了美麗端莊的妻子，田川怎能不高興呢？

丈夫雖說納了很多妾，但對她的感情沒有多少變化，其實已經很難得了。[18]

更重要的是，從此一家人可以好好享受天倫之樂。真的可以嗎？因隆武的關係，父子之間的嫌隙，顯然是越來越大了。

鄭芝龍確實沒有剝奪隆武的行動自由，但確實也不想給他太多幫助。這位皇帝的那些北伐設想，在老江湖鄭芝龍看來，無非是黃道周自

[18] 也有學者認為，顏氏才是鄭芝龍正妻，那樣鄭成功就並非嫡長子了，這顯然也不符合事實。

殺行動 2.0。要折騰，拿你自己的銀子折騰去（你有嗎？），別禍害我辛辛苦苦累積的鄭家產業！

但得到了國姓爺封號的鄭成功，卻對隆武愈發感激，對父親逐漸不滿。當然，此時他並不知道，鄭芝龍已經祕密與清廷聯繫，準備給自己留後路了。

鄭成功應召進宮，只見隆武帝神色凝重，憂心忡忡。鄭成功一見，不免相當難過。他跪奏道：「萬歲，您一定要保重龍體。您如此憂慮，是否臣父和叔父有異志矣？」隆武令鄭成功平身：「非也，只是思念黃老先生。」

「黃老先生令臣無比慚愧，」鄭成功認真的說：「臣受大明厚恩，義無反顧，如清狗來襲，臣定當以死捍衛陛下。」

「休要胡說，朕還指望你光復大明江山！你覺得朕是否應當親征江西，與黃閣老會合？」「親征當然是好事，肯定比困在福京好。」鄭成功很快給出了答案。

「芝龍，鴻逵二人，朕能依靠誰？」這又是一個二選一的難題。沒想到鄭成功的回答，讓隆武完全沒有準備。

「臣父、叔父皆心懷不測，陛下宜自以為計。」靠誰也靠不住，只有天助自助者！

隆武並非沒有主見之人，他早就拿定了主意，遂又問鄭成功：「朕準備親征，你能從行嗎？」

他急切的等待鄭成功的肯定回答，但後者卻說：「臣跟隨陛下行，也做不了什麼。臣願意捐軀別圖，以報陛下。此頭此血，總之，以許陛下！」

隆武當然不免失望。但鄭成功的選擇是正確的。他又沒有軍隊，跟在皇帝身邊也起不了太大作用，不如像黃道周一樣，想辦法在別處收編軍隊，才是對隆武最好的支持。

當然，鄭成功不願跟隨隆武出征，也可能是擔心親爹這邊不能答應。

隆武還真是個知行合一的行動派。隆武元年（1645）十一月十四日，他下詔親征，留下弟弟唐王朱聿鐭監國，首輔何吾騶隨營出征。曾櫻、鄭芝龍留守福京，負責轉餉。同時，隆武任命鄭鴻逵為御營左先鋒，領兵出浙江；鄭彩為御營右先鋒，出兵江西——還是離不了鄭軍。

看到這樣的任命書，鄭芝龍簡直是哭笑不得：你也太會占便宜了吧。從上到下都是我的人，你還怎麼跟我玩？於是，他「慷慨」的拔給兩位親信幾千兵馬，讓他們擇期出發。

這哼哈二將走到半道，都停下來不走了——沒有糧餉，餓著肚子怎麼打仗？鄭鴻逵留在了仙陽鎮。鄭彩到底年輕，膽子更大一些，步伐更快一些，乾脆又跑回福州了。

絕望之下，隆武自己要動身了。出發之前，他很可能會想到老戰友黃道周，明白自己的歸宿可能和黃老先生一樣。可還能有更好的選擇嗎？

十二月六日，隆武離開了福京，準備進入處在抗清前線的江西。號稱擁有二十萬大軍的鄭芝龍龜縮不前，而帶著幾千人的隆武，卻義無反顧的上路了。顯然，這是一條不歸路。十天之後，皇帝一行來到建寧府（今福建省建甌市）。

轉過年就是隆武二年（1646）元旦，隆武在建寧行宮接見群臣，連連自責。但他肯定沒有想到，以後連這樣的機會都不會有了。

四、延平條陳：為一生格局定基調

在遇到隆武之前，鄭成功雖說也曾習武，卻一直是被父親按讀書人的標準培養的。鄭芝龍對兒子的最大期望，是考取功名，進入官場，進而為鄭氏家族產業保駕護航。可是福建戰局的緊張，特別是國姓爺身分的獲得，讓鄭成功從此不可能悠閒的讀書了。

更糟糕的是，夾在「義父」隆武帝和生父鄭芝龍之間，鄭成功少不了左右為難。隨著時局的日益惡化，他對父親擁立隆武的小算盤也有更為深刻的認識，並一點點的倒向了隆武這邊。

隆武元年（1646）正月，鄭成功奉命領一支幾百人的隊伍出大定關，這是他首次帶兵執行軍務。

三月十一日，隆武抵達延平府（今南平市延平區），準備經汀州進入江西。他早就下旨，讓湖廣總督何騰蛟派兵來江西接駕，可何總督的軍隊，就像被堵在了從燕郊進京的高速公路上，長時間沒有一點動靜。

沒有辦法，隆武只能暫駐延平，等候江西的援軍。鄭芝龍卻似乎又想到了隆武的好，他鼓動了數萬軍民，攔住皇帝的車駕號呼，懇求隆武能回福京。可這位皇帝已經鐵了心。既然擺脫了鄭芝龍的干預，就萬無再回去的道理。

福建號稱八閩，由八府一州組成。延平府正好位於福建中心地帶，正好與其他七府全部接壤，去哪裡都方便。沙縣小吃的故鄉沙縣、朱熹的故鄉尤溪縣，都歸延平府管轄。

當時，鄭彩在北征中敷衍了事，隆武一怒之下革去了他的永勝伯、征虜大將軍職位。鄭彩部下已經潰逃，隆武遂命鄭成功收編逃軍，甚至指望他靠這支軍隊，與輔臣傅冠一道出分水關，以克服江西。

就在當月，鄭成功趕到延平覲見。

自從受封國姓之後，鄭成功的生活發生了微妙的變化。這段時光，也使得他受益終生。隆武帝雖說有些「眼高手低」，卻絕對稱得上鄭成功生命中的貴人。

「陛下，末將正積極訓練士卒，已初具規模！」

「好，朕總算有一支可以依靠的軍隊了！」隆武非常欣慰。

君臣相見甚歡。鄭成功恭恭敬敬的呈上了剛剛寫完的條陳：「請萬歲過目！」

劃重點，這便是赫赫有名的「延平條陳」，具有特別重要的意義。隆武看著看著，表情不由得嚴肅起來。

條陳中有四項主題，分別是據險控扼、揀將進取、航船合攻與通洋裕國。這是鄭成功在山河破碎、皇權失控的不利條件下，針對福建的現實條件，提出的務實策略。雖說條陳是呈給隆武皇帝的，其中方略，鄭成功自己卻貫徹了一生。

遺憾的是，這則條陳的全文並沒有保留下來，後人也無法審視其全貌。筆者根據自己的理解，斗膽分析一下。

「據險控扼」。福建是「八山一水一分田」，山地丘陵占全省面積的八成左右，發展農業的條件自然相當糟糕，但卻形成了堪比關中的多種山峰關隘，對以騎兵見長的滿清形成了天然的屏障。

福建西面的武夷山，將本省與其他各省隔絕開來，對八閩的保護作用，如同關中南部的秦嶺。福建東邊的大海（主要是臺灣海峽），更是清軍短期內無法征服的絕地。仙霞關、分水關和彬關扼守著重要通道。易守難攻。只要派精兵守住這些關卡，在沿海衛所駐紮水軍，八閩大地的安危就有了保證，光復中原就有了基礎。

「揀將進取」。即培養優秀且勇敢的將領，擔任抗清戰爭的中堅。所謂兵熊熊一個，將熊熊一窩。清軍南下之時，超過百萬明軍如西洋骨牌式的投降，很大原因是統軍將領的忠誠度欠佳，意志不堅定，缺乏責任心與犧牲精神。相比之下，清軍屢屢創造以少勝多的戰績，也得益於軍紀的嚴明，將領的勇於擔責，作戰勇敢。

非常諷刺的是，都說清朝剛擺脫了奴隸制，明朝的體制更加成熟，但那些在明朝懶散成性、貪生怕死的軍官，只要剃髮投降，一個個都變得非常驍勇和敬業，甚至比滿族軍官更忠於清廷、更顧全大局。如何恩威並重培養將領，激發他們的積極性，無疑對抗清大業有著極為深遠的影響。

「航船合攻」。水軍是清廷的短板，恰恰又是明軍特別是鄭軍的優勢所在。清軍以騎射見長，但在河網密布的南方，他們無法像在中原那些肆意馳騁。明軍在穩守福建的基礎上，無論是西出江西，北上浙江，有一支強大的水軍配合陸軍的行動，就會令清軍顧此失彼。

鄭軍水師能夠擊敗荷蘭人，對清軍水師本來是有壓倒性優勢。但喪失了進取精神的鄭芝龍，卻根本不敢與建奴作戰。鄭成功很可能會認為，隆武帝應該支持他組建一支聽命於朝廷的強大水軍，在未來的北伐中扮演重要角色。

「通洋裕國」。這無疑是最為大膽的一條措施，是與中國專制王朝的傳統背道而馳的。為了維護皇權的穩固，歷代統治者都重農抑商。即便是後世學者最為推崇的宋朝，也只是比前代寬鬆一些而已。

隆慶元年 (1567)，大明朝廷開放了泉州月港 (後升為海澄縣)，福建的海外貿易有了長足發展，而鄭氏家族正是中國最大的海商集團。鄭芝龍將中左所經營成了繁華的海港，令它取代海澄，成為對日本和南洋貿易的樞紐。鄭成功希望朝廷繼續支持海洋貿易，以達到「以商養戰」的目的，在軍事和經濟兩條戰線上都能戰勝滿清，最終將侵略者驅逐出關內，實現光復河山、再造華夏的偉大使命。

隆武皇帝是什麼態度呢？

他一口氣認真的看完，長嘆一聲道：「真馬辛角也！」馬辛角，指的是毛色純赤，頭角周正的牛，這個評價非常高了。隨後，隆武加封鄭成功為忠孝伯、掛招討大將軍印，並賜尚方寶劍，准予他便宜行事。

這個「招討大將軍」，成為了鄭成功一生中最喜愛的頭銜。

海外貿易與民營經濟的發展，勢必會影響朝廷的控制力，甚至會動搖一個政權的統治基礎。但此時的隆武，處境比南宋皇帝要糟太多，他急需擁有自己的班底，自己的軍隊，自己的國庫，而不是事事看鄭芝龍眼色，聽鄭芝龍擺布，受鄭芝龍掣肘。

因此，這個在大部分朝代都可能被認為是「圖謀不軌」的條陳，卻被隆武大加讚賞。可見，能夠擁有這樣一位開明皇帝，無疑也是鄭成功的幸運。如果鄭芝龍能夠和兒子心往一處想，勁往一處使，收編忠貞營，擺平魯監國，那福建抗清的形勢無疑會樂觀很多，明清之交的歷史，也將會徹底改寫。

然而，鄭芝龍的作法，實在令人跌破眼鏡。

第四章
焚衣起兵抗強敵

一、皇帝殉國：隆武政權的終結

隆武二年(1646)二月，清廷任命多羅貝勒博洛為征南大將軍，與固山額真圖賴率領滿洲步騎精銳南下，目標正是魯王和隆武政權。

五月，清軍進駐杭州，隨後輕鬆攻克了錢塘江防線，兵鋒直指魯王的大本營紹興。城破前夕，張名振等護衛著魯王逃出，經臺州流亡海上。義烏、東陽、金華等浙東諸府很快失陷，張國維、余煌、朱大典、孫嘉績和王之仁等重臣相繼犧牲。

俗話說唇亡齒寒，清軍平定浙東之後，兵鋒必然會直指福建。但此時的鄭芝龍，居然做好了降清的準備，當然也不會考慮魯王的死活了。而且，如果魯王敢逃到福建，八成會被鄭芝龍當成投名狀送出去。

堂堂的南明太師，為什麼這麼輕易就放棄抵抗呢？往好裡說，鄭芝龍是一位信奉「識時務者為俊傑」的梟雄，直白一點，他就是個精緻的利己主義者，什麼國家大義民族氣節，跟我有什麼關係？只要繼續稱霸福建、壟斷海上貿易就行。

八月十三日，博洛和閩浙總督張存仁、巡撫佟國鼎率大軍從江西衢州進入福建，來到了仙霞嶺。

仙霞嶺山路全長七百餘里，山嶺重疊，蜿蜒曲折，並擁有仙霞關、楓嶺關等九處關隘。特別是著名的仙霞關，號稱「東南鎖鑰」、「八閩咽喉」，易守難攻。博洛估計，一場惡戰在所難免，要不然他也不會趕著大批漢軍當炮灰。

不過，當清軍開到仙霞關前時，眼前的情景卻讓他們大吃一驚。

關城已經是空空蕩蕩，難道明軍是從《三國演義》中找到的靈感？驍勇的清軍無所畏懼的闖進來之後，才知道自己想多了，埋伏根本是沒影的事情。

原來，聽說清軍要來，鄭芝龍體貼的將關城駐軍全部撤走了，以實際行動表達自己的投降誠意。鄭芝龍討好清廷的專注與用心，像極了今天的魯蛇跪舔女神。福建百姓還編了一首歌謠，熱情謳歌鄭太師的高情商：「峻峭仙霞路，逍遙軍馬過。將軍愛百姓，拱手奉山河」。真是一派其樂融融的和諧景象。

多虧了鄭芝龍的神助攻，清軍在八閩大地如入無人之境，省城福州也毫無懸念的淪陷了。鄭成功當時在仙霞關還帶著一小股軍隊，不過很快就被清軍打散，他只能連夜逃回安平。

跟老爹對抗了多日，最後還得在老爹的地盤上求得平安，這不能不說很諷刺。從古至今，很多心高氣傲的富二代，可能都有類似經歷。

很快，延平府就為清軍占領，知府王士和不願投降，自縊殉國。不過，當時隆武已經逃往汀州。博洛遂讓李成棟率軍追趕，自己率領主力開往福州。

八月二十一日，隆武帝離開延平，準備由汀州進入江西。我人都來了，不信你何騰蛟不迎接！隆武身邊並沒有多少軍隊，他還攜帶了大量書籍，導致行進速度緩慢，二十七日才到達汀州，隨行的僅剩下忠誠伯周之藩、給事中熊偉帶領的五百餘名兵丁。

隆武在汀州還想多休整兩天，可清軍麻溜的第二天就殺到了，很可能有奸細通風報信。周之藩和熊偉及護衛士兵全部犧犧牲，隆武帝和曾皇后被俘。

按說，這麼重要的欽犯，清軍斷不能自行處分，一定要交博洛處理，甚至押解回南京。但不知出於什麼原因，隆武帝和皇后當天就被殺害了。因李成棟也參與了這次行動，不黑白不黑，清方史料通常將隆武之死，算在這位仁兄頭上。

沒有對比就沒有傷害。弘光帝在北京被殺，只會讓後人幸災樂禍；而隆武帝的殉國，可以與崇禎自縊煤山相提並論。盤點南明四帝一監國，確實也只有隆武接近「中興之主」的標準。他的遇害，甚至預示了南明的覆滅已無法避免。

九月十九日，博洛清軍開到福州，城中守軍早已經潰逃，這座名城很快就變成了人間地獄。

早在八月，鄭芝龍就將軍隊撤到了老巢安平，將福建省城拱手獻出。他甚至還寫好了題本，以表達自己的誠意，其中說道：

> 臣聞皇上入主中原，探戈南下，夙懷歸順之心。唯山川阻隔，又得知大兵已到，臣即先撤各地駐兵，又曉諭各府、州積貯草秣。以迎大軍。

態度是誠懇的，動機是端正的，跪舔是用心的，可回報呢，很快大家就知道了。

二、父親降清：鄭芝龍的悲壯結局

鄭芝龍之所以堅定投降的決心，除了自身的「審時度勢」之外，還多虧了一位老鄉的「鼓勵」。此人正是在南京主持南方政局的著名「貳臣」洪承疇。

在崇禎十三年(1640)到十五年松錦之戰中，洪承疇擔任主帥，一度帶給了清軍了重大殺傷。但投降之後，清廷卻對他極為重視。洪承疇當然也希望用自己的真實案例，來忽悠更多的南明文武官員放下武器。

接到洪承疇熱情洋溢的親筆信之後，鄭芝龍被感動得心潮澎湃。為了表示自己的誠意，他決定將福建八府一州拱手讓出，只給自己留了一個小小的安平。

但博洛似乎並不領情，反而率領大軍包圍了安平。

這也太欺負人了吧。鄭芝龍憤憤不平的派人向博洛抗議：「既然招降了我，為什麼還要相逼？」

博洛也被搞得不好意思了。他下令軍隊撤到距安平三十里的地方紮營，並派特使攜帶書信去拜見鄭芝龍。

鄭芝龍肯定算是老江湖了，他知道滿族人打仗凶猛，做人卻很實誠，因此就收拾東西，準備去福州向博洛投降。

原來，博洛為之前的行為表示歉意，並聲稱自己之所以看重鄭芝龍，是因為他有能力立隆武帝，並安慰道：「人臣事君，必竭其力。力盡不勝天，則投明而事，建不世之功，此豪傑事也。」博洛還信誓旦旦的宣布，自己已經鑄好了閩粵總督的大印，就等著你來上任呢。未來，還要向朝廷請旨，讓你在閩粵浙建藩稱王。

自打清軍入關以來，已經有數十位總兵級別的軍官降清，他們的待遇還都不錯。這無疑讓鄭芝龍有了更多底氣。再說了，清軍馬步兵雄冠天下，卻缺乏水軍，自己坐擁十萬水師，清廷必須重視和重用啊。

論招安，鄭芝龍是很有經驗的，想當年，如果不是接受明廷招安，他也不會有福建土皇帝的地位。眼下，明清易代的趨勢既然不可扭轉，那麼多高官顯貴，都可以理直氣壯的投降，自己一介武夫，一個粗人，一枚暴發富，又算得了什麼呢？

從跟隨顏思齊試圖顛覆幕府，到料羅灣海戰擊敗荷蘭軍隊，鄭芝龍風裡來雨裡去，帶著一身的塵埃，已經在東南沿海奮鬥了二十多年。對比努爾哈赤六十八歲時還親征寧遠、差點被紅衣大砲轟死的勵精圖治，四十二歲的鄭芝龍原本處於一個男人精力心智最好的時光，卻似乎完全喪失了進取精神，只求保住福建的一畝三分地，老婆孩子熱炕頭。

但是，鄭芝龍也留了個心眼，他並沒有把全部兵馬帶到福州，而是讓五百親兵跟隨自己，前往博洛大營投降。

鄭芝龍的經歷與選擇，自然讓我們想到了將近四百年前的蒲壽庚。

蒲壽庚是（南）宋末元初生活在泉州的阿拉伯商人。他有自己龐大的私人軍隊，並被南宋政權任命為安撫沿海都制置使，大致相當於鄭芝龍之前擔任的福建總兵。

南宋景炎元年（1276）正月，元軍占領了臨安。張世傑、陸秀夫等人護送端宗趙昰來到福州，進入了蒲壽庚的地頭。而如同四百年之後的清軍一樣，元軍同樣由浙江殺到福建。

蒲壽庚同樣面臨鄭芝龍必須進行的抉擇：是繼續忠於南宋小朝廷，還是向元朝投降？中國傳統社會有著濃厚的輕商風氣，南宋權臣張世傑自然對蒲壽庚不待見，甚至還想沒收編後者的海船作為戰船——你有這手段嗎？蒲壽庚一怒之下，於當年十二月投降了元朝，並且在泉州大殺宋朝宗室，作為向新主子的投名狀。

趙昰被迫逃往廣州。三年之後，宋朝就徹底滅亡。而蒲壽庚則繼續統治福建，鎮壓反元勢力，同時生意也愈發興隆，並助力泉州成為了當時世界第一大港口。

筆者猜測，作為海商的鄭芝龍，不可能不熟悉蒲壽庚的事情。他也有信心成為蒲壽庚 2.0。

在鄭芝龍看來，現在的明朝，和當年的宋朝一樣氣數已盡；而現在的清軍，同當年的元軍一樣彪悍。自己有十幾萬軍隊不假，但大都是水軍，想在陸地上與滿清鐵騎較量就是找死；但得益於錯位競爭，缺少水軍的清廷，肯定要重要重用他鄭芝龍的，一如當年元朝重用蒲壽庚。

那麼，鄭芝龍的如意算盤，到底有沒有打對呢？

過往這麼多年，為了栽培老大，鄭芝龍確實花費了很大代價。眼看父子二人漸行漸遠，當爹的怎麼能不上火呢？畢竟，鄭家的產業，終究還得交到老大手上。

「父親，您總握重權，不能輕為轉念。以孩兒的判斷，閩粵之地不比北方，清軍鐵騎不能任意馳驅。如果我們憑高恃險，設伏以防禦，敵軍就算有百萬，輕易也無法攻克福建。我們可以收拾人心，以固其本，大開海道，興販各港，以足其餉。然後選將練兵，號召天下，進取中原並不困難！」

鄭成功年輕氣盛，雖說有一定道理，但只能算是「秀才言兵」，操作起來確實太難了。過往兩千年，根本就沒有憑藉福建一省奪取天下的，連能夠長期割據自雄的都沒有，熟讀經史的鄭成功，對這一點肯定也不陌生。

作為在槍林彈雨中闖蕩了二十多年的老江湖，鄭芝龍對形勢的觀察與判斷，肯定要更全面深刻一些。他非常不屑的教訓這個書呆子氣過重的兒子：「稚子妄談！不知天時時勢。弘光朝有長江天塹，有四鎮雄兵都不能禦敵，我們偏安一隅，又能做什麼？倘若畫虎不成，反類狗乎？」

沒辦法，鄭成功只能「語重心長」的繼續勸導：「父親大人，您說的大致也沒錯，但是——」兒子要劃重點了：「您沒有仔細分析細節，天時地利，現在已不同於往日了。清朝兵馬是盛，但也不能長驅直入八閩。

弘光朝委系無人，文臣弄權（鄭芝龍表示認可：要不然我也不會討厭他們），一旦冰裂瓦解，釀成煤山之禍。」[19]

看著父親的臉色略有好轉，鄭成功也就繼續滔滔不絕了：「至於說南都失陷，不是長江天險不行，我們細察原因，就會發現，君實非戡亂之君，臣又多庸碌之臣，遂使天下英雄飲恨，天塹難憑。如果父親憑藉福建崎嶇天險，扼其險要，那麼地利就能保住，人心也能收拾啊。」

道理講得是不錯，但鄭芝龍已決意降清，這些話他當然不愛聽，更不想讓兒子數落。看著父親的漠然表情，鄭成功真的急了，說著說著，他的聲音都哽咽起來：「父親大人，虎不可離山，魚不可脫淵，離山就失去其威，脫淵登時被困殺，您一定要三思而後行！」

呵呵，鄭芝龍非常不屑：你爹我吃過的鹽，比你吃的米多得多，什麼樣的陰謀詭計我沒見過，用得著你來提醒？他斥責道：「豎子休得胡言！」轉身離開了。

鄭成功已經是雙眼通紅。在回住處的路上，他遇到了鄭鴻逵，於是將之前的事情講述了一遍，並懇請四叔好好開導一下父親。但此時的鄭芝龍，怎麼可能聽進去別人的忠告？他還想繼續當自己的土皇帝呢。

不過，當鄭芝龍命令鄭成功與自己同行時，這個一向聽話的好兒子，居然跑到金門去了。鄭芝龍立即派手下去找鄭成功，反正兩地距離實在是很近嘛。

但鄭成功根本不願意回去，據說還讓人捎了一封信。鄭芝龍不看則已，一看登時火冒三丈：這也太狂妄了吧。其中寫道：

> 從來父教子以忠，未聞教子以貳。今吾父不聽兒言，後倘有不測，兒只有縞素而已。

[19] 指崇禎皇帝在煤山上吊。

沒辦法，鄭芝龍大罵逆子之餘，只能帶著小兒子鄭渡，以及部將李業師和周繼武等，乘船前往福州。他們的身後，是五百名配備了火繩槍的黑人衛兵。

各位看官，鄭芝龍過去投個降，至於帶這麼多保鏢嗎？

對於博洛，鄭芝龍也不是完全信任，但身邊這五百火槍兵，戰鬥力不弱於五千明軍，某種程度上，也是向博洛的實力宣示：你們這些剛從東北森林裡鑽出來的野蠻人，知道什麼叫火繩槍嗎？

不過，一見到博洛，鄭芝龍緊張的情緒，馬上就放鬆下來了。這位貝勒帶著手下將官出城迎接，熱情的送上女真人最為隆重的「抱見禮」，讓見多識廣的鄭芝龍受寵若驚。想當年，皇太極接見「皮島三傑」孔有德、尚可喜與耿仲明時，用的正是這種熊抱。

「久仰鄭將軍大名，本王今日得見，果然名不虛傳！」博洛不光學會了漢語，還學到了漢人的口是心非。

「王爺折殺我了，願為大清赴湯蹈火，在所不辭！」鄭芝龍趕緊表決心。在歡快友好的氣氛中，博洛突然拔出一根箭，一折兩段：「本王絕不虧待鄭將軍，否則，有如此箭！」把鄭芝友感動的差點沒當場流淚。他趕緊跪下磕頭：「芝龍永遠效忠王爺，否則，有如此箭！」

博洛對鄭芝龍的回答相當滿意：這夥計很實誠嘛。隨後，他就擺宴為後者接風。不過沒喝多少，博洛突然收起和善的面孔，眼光變得非常嚴肅：「聽說你長子鄭成功居然敢接受偽朱姓，實屬大逆不道啊。他怎麼不見過來，當面向本王謝罪？」

「王爺贖罪。都是在下教子無方，才使他被唐王蠱惑，不過您放心，我一定想辦法把他來，由您懲處。」

「好，好，一言為定！」

博洛連開三天盛宴，把鄭芝龍和手下士兵喝得天天不省人事。十一月十八日夜，鄭芝龍正睡得迷迷糊糊，突然聽到外面一片喧譁。

「來人！」鄭芝龍想讓衛兵看看出了什麼事，一個滿洲兵卻應聲闖了進來：「傳貝勒命令，全軍拔營，返回京師！」

鄭芝龍這才明白，五百黑人兵已經被繳械趕走，他現在不但是光桿司令，還成了砧板上的排骨，任人宰割了。「我要見貝勒！」他絕望的呼喊。

見到鄭芝龍，博洛臉上依舊掛著職業的微笑，還親切的問昨晚休息得好不好。鄭芝龍急切的懇求道：「北上面君，芝龍求之不得。但八閩子弟多不孝，今擁兵海上，倘有不測，奈何？」是啊。你們不把我放在福建主持大局，出了什麼亂子影響安定團結，可別怪我沒警告嘛。

博洛一直懷疑鄭芝龍投降的動機，現在更不能放他了：「這事跟你無關，也不是我能決定的！」

不過，博洛還想榨取鄭芝龍的剩餘價值，要求他寫信招降幾個刺頭：鄭鴻逵、鄭彩和鄭成功。鄭芝龍不願意配合，他要能勸得動，那些人早就投降了，何必等到現在？但博洛可不是給他提建議，而是下命令。鄭芝龍也只能就範。

在隆武朝，鄭芝龍當上了太師平國公，總攬軍政大權，妥妥的一人之下萬人之上，甚至可以說是「立皇帝」。只要他安心奉著隆武這塊招牌，就能成為整個南方事實上的最高統治者。比清廷忽悠的什麼「閩粵總督」強大多了。更可悲的是，他非但沒有得到這個位置，反而成了階下囚。

握著一手好牌，卻打得如此稀爛，以至於留下千古笑柄，真是替鄭芝龍不值。當年，他也曾以血肉之軀對抗全世界最強大的荷蘭海軍，現在，他卻在清軍的威脅之下完全屈服，根本沒有抵抗的勇氣。如果顏思齊九泉之下有知，肯定覺得自己瞎了眼，認了這麼個兄弟。

顏思齊占領臺灣，不過是想為將來征服日本做準備；鄭芝龍經略臺灣，為的卻是衣錦還鄉。眼界決定境界，兩個人確實沒法相提並論。

歷史總有驚人的相似，但從來不會簡單的重複。但如果清廷能像元朝信任蒲壽庚一樣，將福建和廣東真的交給鄭芝龍管理，那東南沿海很可能會迅速平定，而鄭成功的人生道路，注定會面目全非。

博洛貝勒，可真是鄭成功的貴人！

接到父親的親筆信，鄭成功一邊看一邊流淚。俗話說得好啊：早知今日，何必當初！傷心之餘，他回信一封，以表達自己的決心：

我家本起草莽，玩法聚眾，朝廷不加誅，更賜爵命。至於今上，寵榮迭承，闔門封拜，以兒之不肖，賜國姓，掌玉碟，畀印劍，親若肺腑，即糜軀粉骨，豈足上報哉？今既不能匡君於難，至宗社墮地，何忍背恩求生，反顏他事乎？大人不顧大義，不念宗嗣，投身虎口，事未可知。趙武、伍員之事，古人每圖其大者。唯大人努力自愛，勿以成功為念。

看來，鄭成功是鐵了心是要和父親決裂了？當然不是，唯有把父子之情說得一文不值，才能讓清廷看低鄭芝龍的價值，不再加害他。當年，項羽抓了劉邦的父親，揚言要烹了老頭子。劉邦卻滿不在乎，還要項羽分他一塊肉。靠這種策略，項羽非但沒有加害劉太公，後來還把他放了。

鄭芝龍的勸降信，非但能成功的勸說三人投降，反而讓他們更加堅定了抗清志向。但是，龐大的鄭軍，依然有六七萬士兵先後投降，其中大部分人都被遣返，少數則成為了綠營兵，擔任對南明作戰的炮灰。

當時，博洛只是個貝勒，根本無權決定閩越總督人選，鄭芝龍無疑是被忽悠了。回到北京之後，博洛添油加醋的誇大自己在福建的軍功，而極力抹殺鄭芝龍為投降所做的一切。因此，博洛被晉封為端重郡王，兩年後又當上了端重親王。

而鄭芝龍一家人雖說被編入了漢軍正紅旗，事實上是被拘禁了起來。永曆二年（1648）八月，清廷授予鄭芝龍一等精奇尼哈番頭銜，但離之前的閩粵總督高位，顯然差了若干條街。至於三省王爵，根本就是沒影的事。

話說回來。隆武遇難之後，南明的皇位又輪到了誰？

三、廣東內戰：鷸蚌相爭的智慧抉擇

隆武一死，皇位傳承立刻成了一項嚴峻挑戰。這位皇帝生前未必沒有考慮過立儲的事情，甚至也一直想有個皇子，只是今天我們看不到相關史料而已。而「儀同駙馬」的鄭成功，事實上也得到了養子的身分。

離開福州之前，隆武讓弟弟、唐王朱聿鐭監國，可以視做某種「安排後事」。但支持他的人顯然不夠多。

遠在廣西的丁魁楚和瞿式耜二位大佬，都是堅定的桂王系支持者。當初隆武登基時，二人就非常抵制，認為唐王離神宗譜系太遠，桂王朱常瀛的第三子、安仁王朱由椶是萬曆親孫子，最有資格繼位。但迫於鄭氏兄弟的強勢，他們不好公開反對，只能表面服從，陽奉陰違。

如今隆武遇難，鄭芝龍也變成囚犯了，這讓二人覺得有機可乘，不跳出來刷存在感是不可能的。不過，此時朱由椶已經去世。十月十日，在得到湖廣總督何騰蛟和湖南巡撫堵胤錫等人的支持之後，丁魁楚和瞿式耜立桂王四子、二十四歲的永明王朱由榔為監國，以廣東肇慶府為行在。

但這樣的作法，顯然違反了隆武皇帝的本意，也不利於團結更多抗清義士。甚至將奄奄一息的南明進一步拖進了深淵。

永明王生性怯懦，做個守成之君可能還行，但值此山河破碎、神州陸沉之機，他非但擔負不起光復大明的重任，反而以一次次重新整理底線的奇葩行為，成為了抗清事業的一大絆腳石。

十月十六日，即朱由榔任監國的第七天，贛州失守的消息傳到行在，得知消息的新監國嚇破了膽。儘管瞿式耜等人堅決反對，朱由榔還是在二十日逃往廣西梧州。

肇慶小朝廷的毫無擔當，令一直與清軍浴血奮戰的兩廣義師非常失望。十月二十九日，在鄭芝龍部將林察的護衛下，逃出福州的朱聿鐭經水路到達廣州。隨行的還有鄧王、周王、益王和遼王等藩王。

十一月初五日，隆武朝大學士蘇觀生、廣東布政使顧元鏡和侍郎王應華等，一道擁立朱聿鐭登上帝位，並改次年年號為紹武，以表示繼承隆武遺願的決心。

當紹武繼位的消息傳到梧州，朱由榔等人不免非常失落。清軍沒來，搶飯碗的倒來了。為了爭取統治權，十一月十二日，朱由榔返回肇慶。十八日，在群臣的策劃之下，朱由榔祭告天地，正式登基，改明年為永曆元年。

一山不容二虎。肇慶府城高要縣與廣州府城番禺縣不到二百里路程，卻有兩個皇帝，實在是滑天下之大稽。更可恥的是，雙方為了爭奪正統，還兵戈相向了。

十一月二十九日，兩大南明政權在廣州府三水縣城西開戰。永曆軍初戰告捷，打算一舉占領廣州，統一兩廣。但在林察的指揮下，紹武水軍大獲全勝，並擊斃了對方主帥林佳鼎。正當廣州城內為喜慶氣氛籠罩時，局面卻發生了大逆轉。

十二月二十六日，肇慶小朝廷宛突然收到了來自廣州的探報：紹武帝和蘇觀生陣亡。死對頭死了，(暫時)沒人跟自己爭皇位了，永曆是不是應該開個大爬梯慶祝一下，喝他個不醉不歸呢？

並沒有，永曆手腳麻利的打好包，放棄肇慶連夜逃回廣西。這玩的是哪出啊？良心發現了嗎？原來，紹武帝和蘇觀生並非永曆軍幹掉的，居然是被清軍所殺，而廣州居然也在一夜之間失守了！

城防堅固的華南第一大城，憑什麼一天就讓清軍打下來呢？只因他們遇到了剋星。最熟悉漢人的，當然不是滿人，而是另一些漢人。

自從投降清軍之後，李成棟變得就比女真人還驍勇善戰，原本還在汀州的他，一聽說廣東內戰，馬上看到了渾水摸魚的良機。李成棟率領輕騎兵星夜兼程，一路之上封鎖消息，神不知鬼不覺的就摸到了廣州城下。

此時，羊城裡還在大肆慶祝，殊不知很快就羊入虎口了。李成棟遂派出數十名士兵，換上明軍裝束混進城裡，並打開城門將大隊騎兵放了進來。紹武軍主力都被派往三水攻打永曆了，城內防守非常空虛，李成棟軍很快就控制了整個廣州，將紹武小朝廷一網打盡。

作為隆武的親弟弟，紹武帝表現出了朱氏宗親中罕見的血性。他不肯屈服，懸梁自盡。在廣州的南明親王、郡王十六人都被殺害。

這樣的局面，無疑是親者痛，仇者快。

傳統史家一直偏袒永曆而抨擊紹武，似乎忘記了一件事：否認紹武，恰恰就否認了他哥隆武皇帝的合法性。只要認定隆武是南明第二代合法君主，那紹武恰恰就是最有資格的繼承人，沒有之一，當然比鄭成功也更有資格。

如果丁魁楚、瞿式耜等人能以民族大義為重，主動承認和歸附紹武帝，而不是借擁立永曆之機撈取政治資本、培植利益集團，那南明在嶺南的局勢無疑要好太多。可惜，他們偏偏選擇了更壞的結果，也最終將自己送上了不歸路。

對隆武一直感恩戴德的鄭成功，肯定只會支持紹武，但以他當時的實力，還完全影響不了政局。

四、含淚葬母：起義之路勢如破竹

鄭成功生於日本，在東瀛長到七歲才回到故鄉安平。此後的十五年中，他從懵懂孩子長成偉岸少年，並且娶妻子生子，都始終未能見到母親。直到隆武元年 (1645) 十月，也許是為了討好鄭芝龍，德川幕府終於肯放田川回國，但她的二兒子七左衛門卻只能留在日本。

一家人終於能夠團聚，原本是非常開心的事情。可是隆武小朝廷從建立之日起，就處於風雨飄搖之中。起初，鄭成功確實有很多時間陪伴母親，但自打被封為國姓爺之後，他身上的擔子不斷加重，經常也都無法回家了。

鄭芝龍北上降清，史籍上並沒有田川氏的態度，以中國傳統社會的作法，這種事丈夫也無需徵求妻子的意見。想當年，田川氏剛生下鄭成功時，鄭芝龍不都拋下他們娘倆跑路了嗎？那次離開，奠定了他日後飛黃騰達的基礎；這次告別，卻將自己送進了萬丈深淵。

鄭芝龍北上被囚，令田川非常痛苦。鄭成功則跑到金門訓練水軍，希望能讓清廷見識自己的實力，不敢加害父親。

時間來到永曆元年 (1647) 二月。平日熱鬧繁華的安平鎮，突然之間卻遍地屍首，一片狼藉。博洛知道鄭芝龍將很多財藏在安平，就派固山額真韓代率兵過來劫掠。

鄭家人以為太師老爺降了大清，自己就能安享太平了，誰知道人家偏偏要收拾你。盤點一下古往今來的投降者，像鄭芝龍這樣先被軟禁再被抄家，最後再被咔嚓的，還真是不多見。只能說，命苦不能怨社會。

鄭成功當時不在家。鄭芝豹、鄭芝鵬等人不敢應戰，他們各自將家中珍寶裝船，帶著子女逃向中左所。儘管下人一再催促，田川卻沒有逃走，而是手提長劍，毅然決然的站在了家門口。

也許，他是想等待鄭成功的歸來；

也許，她希望以一已之力捍衛鄭氏家業；

也許，她想用這種方式，提醒兒子不向清軍屈服。

田川練過一點劍法，身邊也有幾十個家丁。可他們怎麼可能是女真鐵騎的對手，很快就被盡數屠戮。

關於田川的死，後人也有不同的說法。通常認為，她是在與清軍搏鬥中被殺害。

另一種說法，是她被清軍羞辱之後憤然自殺。無論哪一種結果，都是鄭芝龍投降造成的惡果。

曾經何等繁華的鄭府，被貪婪的清軍搶砸一空。留下一道道殘垣斷壁。鄭成功得到消息，發瘋似的從金門啟航。可惜，他沒法長上翅膀，只能乘船趕回。

清軍已經捲著財物順利撤走，但他們縱火留下的煙霧仍未來散去。

僕人將鄭成功領進後院，那裡已經擺放了數十具屍體。鄭成功強忍悲痛，一步一個腳印向前走。終於，他看到了一張最熟悉的面龐。

鄭成功撲通跪下，放聲痛哭：「母親，母親啊！」他雙手發瘋似的錘打著地面，十指上很快血跡斑斑。

「公子，您一定要節哀⋯⋯」衛兵試圖想勸他，卻又怕繼續惹怒他。

鄭成功猛的站起身，拔出了身上的寶劍。想要向門外衝去。幾個護衛也顧不上尊卑之禮品了，一起抱住住了他：「公子，您要冷靜啊！」

鄭成功再次絕望的跪下，兩眼茫然。老天啊，你還能不能再殘忍一些？母親跟自己分開了十五年，回國才一年多，跟父親、跟自己聚多離少，卻就這樣天人兩隔！如果她一直留在日本，肯定還能活得好好的；如果父親不投降，她想必也不會遭此厄運；如果自己一直留在安平，她豈會有這樣的厄運？

母親為什麼不逃走？難道她是用生命在提醒自己的兒子，不要走你爹的老路、死路、絕路？可是，你有沒有想過，從此以後的日子裡，兒子將永遠生活在失去母親的悲痛之中，未能保護好母親的愧疚之下？

不知道過了許久，鄭成功才終於從哭泣中緩過神來。血海深仇，我一定要加倍償還！滿清韃子，我與你們不共戴天！

有一種廣泛流行的說法，說是鄭成功強忍悲痛，拔刀剖開了身亡母親的腹腔。在眾人的驚訝之中，他掏出母親的腸胃清洗乾淨。這更像是日本武士道的作法，並不符合漢人的習慣。

見清軍退走，鄭芝鵬、鄭芝豹等又回來了。眾人安葬了田川氏和其他遇難者，修整了鄭府，暫時以此為反清基地。

為了緬懷母親，鄭成功用黃金打造了一尊田川像。每天早晚，他都會跪拜行禮，提醒自己不忘國仇家恨。

安葬了母親，鄭成功來到了晉江文廟。這裡供奉著孔子的牌位。

鄭成功畢恭畢敬的跪了下來，向牌位行禮。隨後，他讓衛兵在大堂前生起了一堆火，將自己穿過的幾件儒服，一件一件的扔到火堆裡。

顯然，鄭成功是個尊師重道的富家子，做事總是一板一眼。在隨從有些驚異的目光中，鄭成功仰望上天，一字一句的說：「昔為儒子，今為孤臣。向背去留，各有所用。謹謝儒服，唯先師昭鑑之。」

其實，自從弘光政權滅亡，鄭成功從南京國子監逃回福州之日起，他的科舉夢想就已不可能實現了。自從隆武皇帝給他賜姓，儀同駙馬之日起，他已經走上了從軍之路。但唯有這一天，在母親的遇害日，他堅定了自己一生的信念。

父親擁有二十萬軍隊，數千艘戰船，卻根本不敢和清軍打一仗；自己的作戰經驗近乎空白，身邊的幫手寥寥無幾，想要向強大的敵人發起挑戰，難道不是自不量力，自討苦吃，自尋死路嗎？

還記得孔夫子說過的話嗎？雖千萬人（反對），吾往矣！

如果英雄能隨隨便便造就，那英雄的成色就會大打折扣。

如果偉業可以輕輕鬆鬆達成，那偉業的價值就會令人懷疑。

明知不可為而為之，方能彰顯英雄本色！識時務者為俊傑？那只是庸人的藉口。抗清的道路有千條萬條，鄭成功偏要踏上最難的一條，誰讓他是國姓爺，是國之大木呢？

這條以卵擊石的道路，鄭成功將如何走下去？

隆武三年（1646）十二月初一日，對鄭成功來說是個非常重要的日子。烈嶼（今小金門）這個巴掌大的小島上，卻是旌旗招展，人潮湧動。在不遠的地方，數十條戰船排列整齊，蓄勢待發。

此時的鄭成功，僅有二十三歲。在二十一世紀的今天，這歲數剛剛大學畢業，剛剛開始走入辦公室。而按父親的安排，他本來應該透過科舉，成為大明朝廷的文官，而不應投身軍旅。

可是福建之大，已經容不下一張平靜的書桌了。連續經歷了皇帝遇難、母親被害、父親被囚，家鄉被屠的鄭成功，卻要以自己單薄的身軀，舉起反清復明的旗幟。這個擔子，他真的能扛起來嗎？

隆武朝大臣路振飛、曾櫻和萬英年，鄭芝龍昔日的下屬張進、陳輝、洪旭，以及陳霸（又名陳豹）等九十多位文臣武將，都來到了這個彈丸之地。

他們見證了歷史，歷史也選擇了他們。能夠和國姓爺一起開基立業，是可以向子孫後代炫耀幾百年的。

在他們的身後，還有上千名不甘做亡國奴的華夏男兒，大多數曾經跟隨鄭芝龍縱橫海上。

眾人隆重祭奠了在汀州遇害的隆武皇帝與曾皇后，並一致表示要與滿清血戰到底。鄭成功一身戎裝，在陽光下顯得特別英武。他慷慨陳詞：「本藩（鄭成功自稱）乃明朝臣子，縞素應然。實中興之將佐，披肝無地。冀諸英傑共申大義。」

鄭成功自稱「招討大將軍罪臣國姓」，招討大將軍是當年隆武帝授予他的職務。「罪臣」則說明自己的父親賣國投清，自己有罪，要努力洗刷；國姓，正是福建官方與民間都認可的稱呼，全國獨一份兒。

但是，僅靠九十名將校，幾千名士兵，鄭成功到底能走多遠？

第五章
穩固基地：從中左到全局擴張

一、泉州大捷：叔侄攜手對抗清軍

鄭芝龍降清之後被抓，大批鄭軍舊部投降了清廷。但讓後人欣慰的是，拒絕做漢奸的也不少。定國公鄭鴻逵占據金門，鄭彩、鄭聯兄弟占據中左所，南安伯朱壽占據銅山，忠勇伯陳霸占據南澳。清軍沒有強大的水師，暫時對這些反清勢力無可奈何。

而鄭成功起兵之後，以家鄉安平為大本營，無險可守，形勢最不樂觀。好在鄭彩比較豪爽，允許這位族弟可以將物資儲存在中左，還願意與他聯合作戰。兄弟倆的第一站，選擇了閩南策略要地海澄。

海澄是著名的月港所在地，城防也非常堅固。在久攻不克之下，鄭成功轉而占領了附近的九都鎮，清援軍趕到以後，鄭成功損失不小。部將洪政和楊期潢都在戰鬥中犧牲。

首次作戰就以失敗收場，讓鄭成功難以釋懷。清軍依舊不重視火器的運用，但他們的騎兵太強大了，對以步兵為主的鄭軍完全是降維打擊。而且，由於過往幾年戰無不勝，清軍的心理優勢實在強大，在戰場上信心滿滿，讓缺少陸戰經驗的鄭軍難以應付。

多年以來，鄭鴻逵似乎比鄭芝龍還要關心鄭成功的成長。當鄭芝龍打算帶長子前往福建時，多虧鄭鴻逵點拔，鄭成功才沒有和父親一道同行。而當鄭成功焚衣起兵之後，鄭鴻逵又給了姪子不小的幫助。

那個年代沒有電話，沒有 Line，但給了人練筆的寶貴機會。不能不說，還是寫信更有儀式感，還是親人帶著墨香的信札更值得珍藏。七月，鄭成功收到叔叔從金門寫來的親筆信。這位年輕的國姓爺拆開一看，不覺異常開心和感動。父母親雙親都幫不了自己了，他還有叔叔。

在信中，鄭鴻逵諄諄教導說：「凡事當固本而後求末。今汝安平彈丸之地，無長江險要可恃，倘韓固山率大軍復來，一旦反救不及，將奈何？宜速回師，助汝一旅，合攻泉州，暫作安身，然後蓄兵養銳，窺其釁隙，舉兵旁掠。」

鄭鴻逵要幫鄭成功打泉州府城晉江，這能讓大姪子不興奮嗎？八月二十二日淩晨，叔姪二人在桃花山順利會師。他們集結了數千馬步兵，浩浩蕩蕩開往晉江，準備打清軍一個措手不及。

有了叔叔撐腰，鄭成功當然有了更多底氣。當時，駐守泉州的清將是趙國祚。他出自著名的遼東變節天團，入關前就跟隨清軍到處燒殺搶掠了。之後，老趙更是連續參與了著名的揚州十日、嘉定三屠和江陰屠城，雙手沾滿了同胞的鮮血——噢，人家是漢軍鑲紅旗，從來不拿自己當漢人。

鄭芝龍投降之後反被囚禁的事蹟，在清朝統治區毫無懸念的成為了笑柄，趙國祚自然也對鄭氏子弟相當輕視。沒想到這一次，人家居然打上門來了。趙提督點了五百騎兵、一千五百步兵出城，覺得消滅一個國姓，這點人足夠了。

「洪政，陳新，你們作為前鋒出擊。」鄭成功給兩個下屬發出了指示。隨後，他又將具體八點方略進行了安排。

洪陳二將身先士卒，與清軍殺在了一起，從辰時（7：00 到 9：00）一直殺到午時（11：00 到 13：00），雙方各有死傷，難分勝負。突然之間，鄭鴻逵部將林順殺了過來，讓清軍吃了不少苦頭。

更糟糕的是，眼看大家都打得相當疲勞，也沒有功夫吃午飯（現場沒有賣速食的），鄭成功安排的伏兵又從後面衝了過來，對著清軍就是一通猛砍。老實人趙國祚非常憤怒，哪有這麼玩的？他令旗一揮，使出了大殺器，把對手搞得猝不及防——逃跑。

趙國祚一口氣逃進泉州城裡，緊閉城門。任憑鄭軍在城下怎麼罵髒話，他就是不做回應。而在漳州不遠的溜石寨，還駐紮著綠營參將解應龍的兵馬。每當鄭成功想強攻漳州時，解應龍就從後面突襲，讓鄭軍很吃了一些苦頭。

怎麼辦呢？鄭成功明白，必須拔掉這顆釘子了。他自幼熟讀兵法，但書本是死的，人是活的，對手能乖乖上當嗎？

過了幾天，鄭鴻逵和鄭成功又組織士兵，把雲梯駕在了漳州城上。解應龍收到情報，很快就帶著騎兵出發了。可這一次，情況有了不同。

走到半路，突然有探馬緊急來報：「將軍，大寨被賊兵偷襲了！」好嘛，這不就是圍魏救趙？解應龍冷笑一聲：「國姓那小子玩不出什麼花樣，我們走我們的！」

「將軍啊，萬萬不可！」聽到溜石寨被襲，解應龍身邊不少士兵都在馬上坐不住了：老婆孩子的安危要緊。他們齊刷刷跪在老大面前，希望能回師救援。

沒有辦法，拗不過民意，解應龍只能回兵。正當他們憂心忡忡的走到半道時，一支鄭軍突然現身。他們先是劈哩啪啦射了一通箭雨，然後又揮著大刀長槍（冷兵器）瘋狂砍殺。清軍無心戀戰，邊打邊逃，鄭軍在後面緊緊追趕。

解應龍及其麾下好不容易回到溜石寨，眼前的一幕卻把他們嚇傻了。塞子已被攻破，屍橫遍野。清軍還來不及悲傷，更大的禮包就從天而降了。

又一支鄭軍殺了過來，與之前的同伴裡應外合，將清軍團團包圍。一道道寒光閃過，總是伴隨著清軍哭爹喊娘的慘叫。解應龍想奮力衝出重整，卻被一槍戳於馬上，首級很快就被割了下來，成為向國姓爺邀功的憑證。

鄭成功平生第一次成功的突襲戰，就這樣華麗的上演了。今天我們站在「上帝視角」，也許會覺得如此操作平凡無奇，戰勝的也只是綠營兵。但作為一個領兵不久的年輕統帥，鄭成功能拿出這樣的表現也算不錯。也許他更應感謝的，是手下官兵的執行力。

我們把時間切回前一天晚上。在大帳昏暗的燈光下，鄭家叔姪看著地圖。鄭成功突然靈光一閃，對鄭鴻逵說：「四叔，不除掉解應龍，肯定攻不下泉州。」

「依你之見呢？」

「不如您佯裝攻城，應龍必定會來救援。姪兒我讓郭新、余寬在他們必經之道埋伏，令水師一鎮桑一筠和杜輝偷襲溜石寨。等應龍回去救援時，兩邊夾攻，一定能擒獲他！」

「好，就按你說的辦！」鄭鴻逵八成會想：這麼簡單的方法，我怎麼都想不到，是不是真的應該退休了？

打了勝仗，叔姪倆對手下論功行賞，同時加緊攻城。趙國祚深知事態嚴重性，嚴令死守。如果泉州一丟，他這個遼二代沒臉見人，只能去見皇太極了。這期間，還出了一件鳥事。

泉州鄉紳郭必昌曾參與策反鄭芝龍，他的兒子郭顯，卻想為鄭軍做內應。趙國祚得知消息之後，立即派兵去郭府捉人，卻發現人早就不在了。正當趙提督鬧心之時，郭顯的一個小妾春姐卻不請自來，向他交待了郭宅的機密。

清軍來到郭家後園，果然發現有一口井，井內有道石門。按照春姐提供的密碼，清軍打開石門，出現在眼前的居然是一個龐大的地下室。這個密室設計相當精妙，生活設施一應俱全，藏個十天半個月都不是問題。可擋不住內奸出賣，郭家十三口都被搜了出來，之後被全部殺害。

春姐以為立下這樣的功勞，可以得到一大筆賞金。至少憑藉自己的長相，趙國祚就捨不得殺嘛，當誰的妾不是妾呢？

可惜，春姐還真的想多了，而且很快就沒法再想了 —— 她的腦袋也被砍了下來。她的死可以說是活該，但被她禍害的十三個冤魂，又找誰說理去？

鄭成功加緊攻城，泉州城內人心惶惶。西門守將楊友義暗中約定鄉紳諸葛斌反正。趙國祚收到情報之後並不聲張，只是將楊友義調到西門。而諸葛斌還按照約定的時間，在夜裡趕到西門，結果，他和手下迎來的是瘋狂的屠殺，楊友義隨後也被處決。

雖說逃過了兩劫，心有餘悸的趙國祚愈發緊張，怕自己再也回不了東北老家。於是，他嚴令士兵沒日沒夜防守，同時想辦法（可能是放鴿子）向外報信。鄭成功絕不放棄拿下這座城都市的機會。他下令在四門架起火炮，隨時攻擊；又讓洪政、陳新、余寬和郭泰等駕雲梯強攻。眼看城破只是時間問題。

那麼，趙國祚能保住老命嗎？

二、克復同安：從這裡踏上新起點

鄭成功和鄭鴻逵猛攻泉州府城，眼看城池就要攻克，他們卻撤軍了，這不得不說是非常遺憾的事情。當時，叔姪倆接到探報，說是從廣東潮州方面來了萬餘名清軍，分為兩路救援泉州。一路攻打鄭軍主力，另一路與漳州守將王進（外號「王老虎」）合兵，伺機偷襲。更要命的是，他們還試圖攻打安平，玩「圍魏救趙」的把戲。

鄭成功第一時間和鄭鴻逵商量。姪子擔心的說：「泉州不是一兩天就能拿下的。如果他們用一枝兵扼守五陵，猛攻安平，我們就首尾受敵了。」鄭鴻逵其實早就沒有了多少進取心，只是來配合鄭成功的。他說：「那怎麼辦？不行就撤軍吧。」

鄭成功當然不能對叔叔發火，而是耐心建議道：「四叔，不能退啊。可以命楊才、張進守在蕨園，林習山與杜輝整備船隻，在尋尾洋停泊以防不測。您可以率林順、洪政等猛攻泉州，姪兒領余寬、郭泰扼守五陵，做兩邊救援。」

鄭成功侃侃而談，讓鄭鴻逵非常欣慰：真是有其父就有其子，不，青出於藍勝於藍啊。可惜計策雖好，也得執行的人給力。幾天之後，「王老虎」就突然出現在了泉州城下，將鄭鴻逵手下的洪政擊敗。趙國祚也不是廢物點心，他馬上讓人在城上敲鑼打鼓，製造塵煙，虛張聲勢，做出要出城合圍鄭軍的架勢。鄭鴻逵見勢不妙，果斷的撤軍，一口氣退回金門——還是擔心老巢的安危啊。

要說這個王老虎並非浪得虛名。清廷原本並沒有令他救援泉州，但他卻深深懂得「唇亡齒寒」的道理，從漳州總兵楊佐那裡討了五百騎兵、一千步兵，就無所畏懼的向泉州殺來了。

按說，帶這麼點兵去和鄭家叔姪較量，跟黃道周率扁擔軍迎戰滿清鐵騎效果也差不多，不夠塞人家牙縫啊。但王進自有妙計。別看手下兵少，他還給分成了三隊。一隊號稱要攻打安平，打劫國姓的老婆孩子；一隊吹噓與上萬潮州援軍合體，準備以泰山壓頂之勢襲擊鄭軍。其實，潮州方面連個人影都沒來。

還有一隊，當然由王進親自率領。他們發揮清軍黑夜狂奔的優良傳統，由冷水井過何坑，出南安，神兵天降一般的出現在了泉州城下，並趕走了意志力不夠堅定的鄭鴻逵。

叔叔一走，姪子的心氣也少了一半。再加上擔憂安平的安危，鄭成功就調回楊才，全軍返回安平。但到家後鄭成功才知道，清軍根本就沒來過，自己上當了！

之後打探來的各種消息，無疑讓鄭成功更加抓狂。潮州方面根本就沒有援軍，王進部下也僅有一千來人，就這樣把泉州之圍解了！鄭成功變成了鄭失敗，他這個恨啊。王進只是漳州一個偏將，卻如此有勇有謀，想要戰勝強大的清軍，不知道還得經歷多少挫折，付出多大代價？

鄭成功很不甘心。他讓洪政、余寬埋伏在青石宮，楊才、郭新隱藏在菽園，張進作為接應，想一舉將王進擒獲。可惜的是，不久之後鄭成功就收到情報，王進前兩天就已經抵達漳州，把所有對手都忽悠了。

王進解了泉州之圍，無疑是趙國祚的救命恩人，再生父母。可人家卻把這事看得很淡，謝絕了各種花式答謝，第一時間返回漳州，只是不希望鄭成功來個突然襲擊。

為什麼在大明治下那麼多昏庸無恥、只敢欺負老百姓的軍官，只要一投降滿清，都變得聰明睿智還有責任心，並能展現出極強的軍事素養？今天的我們特別好奇，當年的鄭成功，無疑更加苦惱。

泉州之戰就這樣以失敗告終，但平心而論，鄭成功也並非一無所獲。特別是他打破溜石塞的用兵，已經展現出了一定指揮藝術了。（當然與王進相比，他還差些火候。）有了國姓爺的特殊身分加持，鄭成功在東南沿海的影響力並不亞於很多前明藩王。很快，大批文官武將投奔過來，讓他的實力大增。

曾經的浙江巡撫盧若騰、進士葉翼雲、舉人陳鼎都來投靠。鄭成功本是書生出身，他對這些讀書人非常尊敬，也常常聽取他們的意見。但是，這種尊敬更多是一種表面上的。

文官畢竟不能上陣殺敵，更讓鄭成功欣喜的，還是大批將領的加入。其中最知名的，無疑當屬海澄人甘輝。鄭成功遇到甘輝，就相當於朱元璋遇到徐達，朱棣遇到張玉，李自成遇到劉宗敏，絕對是可遇不可求的事，比紅顏知己還難得。

但與歷史上那些名將相比，甘輝身材短小，貌不驚人，扔在人堆裡絕對找不出來。可能也正如此，才激勵他自小刻苦習武，並在戰場上勇猛絕倫。漳浦人藍登名氣更小，但弓馬純熟，是一位可靠的良將。

另外一個值得大書特書的人，名氣不比鄭成功差多少的。誰啊，有那麼厲害嗎？還真有。他就是南安人施琅，鄭成功真正的老鄉。施琅不光作戰勇敢，更是熟讀兵書，富有智謀，在遍地粗人的武將群中顯得極其難得。而且，他特別善於操練水軍，調教水手。

施琅本是鄭芝龍部將，降清後成了李成棟的手下。但這位陝北老大不待見福建籍將領。隆武四年（1648）四月，李成棟反清歸明，宣布效忠永曆皇帝。不久之後，永曆朝改封武毅伯施福為延平伯，令其領部下回福建抗清。路過潮州時，李成棟部將郝尚久假意犒軍，卻想對施琅等人下手。施家弟兄費了九牛二虎之力方才突圍出來，投奔到鄭成功旗下。但施琅的從弟肇璉、肇序都不幸陣亡。

顯然，施琅和施顯兄弟是帶著血洗深仇投奔國姓爺的。鄭成功對施琅特別欣賞，令他們兄弟與邱縉、林壯猷、金裕等操練水軍。劇透一下，施家兄弟的加入，也為鄭成功與郝尚久的衝突埋下了伏筆。

隆武四年閏三月，經過相當一段時間的操練，鄭成功認為向清軍發起攻勢的時機已到。他率領林習山、甘輝等將領，兵發泉州府的同安縣。

清將祁光秋和廉郎不知道怎麼想的，明知道鄭軍勢大，還要開城作戰。他們集結馬步兵及九都的鄉勇，在店頭山與鄭軍展開激戰。剛剛加入鄭軍甘輝急於展示自己的武功，作戰非常勇猛，清將王廷很榮幸的成了他的刀下之鬼。眼見抵擋不住，祁廉二人只能逃回城裡，緊閉城門。

第二天早上，同安城裡突然張燈結綵，敲鑼打鼓，一片喜氣洋洋的局面。打了敗仗還慶祝什麼勁呢。原來，鄭成功已經入城了，城裡百姓是歡迎他們久仰多時的國姓爺。就在昨天晚上，祁光秋和廉郎與知縣張效齡密謀了半天，隨後勇敢的打開了西門，向外殺去。

不過大家先別點讚。他們不是要劫營，而是逃之夭夭，這也太不負責任了吧。

得知官員跑路的消息，同安居民很快就打開城門，喜迎鄭成功進城。對這位即將迎來本命年生日的國姓爺來講，攻取同安有重要的意義。這是他獨立作戰，成功打下的第一座縣城。鄭成功的抗清事業，總算有了一點小小的起色。

值得強調的是，大儒朱熹成年之後首次為官之處，恰好也在同安。同安，能給鄭成功帶來好運，能讓他有更多的成功嗎？

鄭成功任命葉翼雲為知縣，陳鼎為縣學教諭，希望能在同安開始，復漢官之威儀，現華夏之禮俗。

隆武帝對鄭成功有特別的恩情。沒有這位皇帝的刻意栽培，鄭成功的人生肯定會面目全非。儘管隆武已經遇害多日，鄭成功依然堅持用隆武年號。直到隆武四年（1648），輔明侯林察從廣東回到安平，並通知了南方士紳擁立永曆的事情。據《臺灣外記》記載，鄭成功興奮的拍著額頭說：「我有皇帝了！」於是設定香案，望南而拜，尊其朔號。[20]

---

[20] 楊英《從征實錄》從永曆三年開始，故沒有記錄此事。

筆者對這樣的描述非常懷疑。林察是擁立紹武帝的主要將領，還率水師大敗永曆軍，他對朱由榔能有多麼忠心？想弄死他還差不多。而鄭成功一直對隆武的提攜念念不忘，很難欣賞一個不敢跟清軍作戰，只敢和紹武叫板，還間接導致後者喪生的永曆。

事實真相恐怕更可能是，鄭成功知道了紹武的死訊，為了抗清大局和自身安危，只能勉強接受了永曆帝。畢竟，南明的大部分抗清勢力，都已經認可了永曆的領導。更為重要的是，就在這一年，出現了南明歷史上第一次反清高潮，幾乎被宣判死刑的永曆政權，從此有了起死回生的跡象。

促成這一可喜成果的是，是兩支清廷地方勢力的反正。正月，在南昌的江西總兵金聲桓及副將王得仁捕殺江西巡按董學成、布政使遲變龍和湖東道成大業等高官，宣布反清歸明。隨後王得仁占領九江，促使湖北、安徽等多地復明勢力的積極響應。江西從此暫時成為了全國反清運動的中心。

但是，當年三月，金、王錯估了形勢，居然發重兵攻打贛南重鎮贛州，為自己的悲劇埋下了伏筆。清廷則派大將譚泰、何洛會以「圍魏救趙」之計圍攻南昌，五月，金、王被迫回救南昌，從此被清軍重重包圍。

但在永曆二年，在抗清舞臺上唱主角的並非金聲桓，而是兩廣提督李成棟。

李成棟的名氣遠大於金聲桓。他不光策劃了駭人聽聞的「嘉定三屠」，還一個人滅掉了南明四帝中的兩個 —— 隆武和紹武，連吳三桂也得羨慕嫉妒恨。據說因李成棟殺人如麻，兩廣的父母都用他來嚇唬不聽話的孩子。

但當年四月十五，李成棟毅然反正，剪辮易服。由於他控制了廣東全省和廣西大部，並誠心擁擠永曆的領導，南明的地盤出現了爆發式的擴張。永曆起初封李成棟為廣昌侯，不久又晉封他為惠國公。相對李成棟帶來「投名狀」—— 廣東全省和廣西西部來說，這個公爵真是太值了。

但是，永曆朝廷一如既往的腐敗和低效，未能抓住如此難得的機遇，也沒有能力居中排程全國的反清鬥爭，致使大好局面很快喪失，只為後人留下了千古遺憾。

十月，李成棟兵發贛州，試圖迫使圍困南昌的譚泰、何洛會部清軍撤圍。但歷史開了一個很不厚道的大玩笑。在為清廷當鷹犬時的李成棟，作戰效率比滿清八旗還高，當他歸順明廷之後，戰力又恢復到了江北四鎮的末端水平。

李成棟在贛州城下受挫。眼看金聲桓危在旦夕，老李居然回廣州過春節去了。永曆三年(1649)正月十九，南昌被清軍攻破。金聲桓自殺，王得仁被俘後遇害。當年二月，李成棟準備再攻贛州。三月，他卻在信豐城外與清軍的交戰中落水身亡。

在中國北方，各地反清起義也是風起雲湧。特別是十二月大同總兵姜瓖的反清歸明，給了清廷以沉重的打擊，也引發了多爾袞瘋狂的報復。

到了永曆四年(1650)，隨著三位重量級反正者的離世，南明中興的希望之火，又幾乎被徹底滅亡，永曆朝廷的命數，似乎又得開始倒計時。

三、潮州疑雲：兄弟反目背後的深意

話說回來。永曆二年(1648)夏鄭成功改用永曆史年號之後，就將主力船隊開到了靠近廣東的銅山島，似乎是為了等候永曆皇帝的詔令。可惜，就在這段時間內，同安卻出事了。

八月，清軍佟﨟部猛攻同安，並動用紅衣大砲轟擊這座小縣城。十六日，在遭受多日炮火蹂躪之下，同安城牆出現了坍塌，清軍騎兵趁勢蜂擁而入。

丘縉、林壯猷和金裕沒有突圍，與清軍戰鬥到了最後一刻，全部壯烈犧牲。實話實說，這個代價有些太大了。文官葉翼雲和陳鼎被清軍抓獲，從容就義。由於同安軍民在抵抗中造成了清軍較大傷亡，佟﨟下令屠城，將五萬多名成年男子全部殺死。

鄭成功收到葉翼雲發出的求救公文之後，立即準備回師。但銅山到同安有近五百浬海程，偏偏又趕上北風強烈，大船難以行駛。剛到金門時，鄭成功就得到了同安失陷，清軍屠城的消息。

鄭成功是打伏擊的高手。而佟﨟故意屠城，也許正是想激鄭成功復仇，同時設伏阻擊的圈套。鄭成功認為短期內重奪同安的希望渺茫，因而不再北上。只是在金山設壇，隆遙祭陣亡官兵和城內百姓。

十月，永曆皇帝委派江於燦、貢志高及太監劉玉來到銅山，封鄭成功為威遠侯。這比隆武時所封忠孝伯進了一階。顯然，永曆希望鄭成功能在福建多牽制一些清軍，自己在肇慶的日子也能好過一些。因自身實力過於薄弱，鄭成功向日本幕府寫信，申以大義，希望對方能施以援手。但信件寄出之後如石沉大海。顯然，幕府將軍是不敢得罪滿清政府的。

此時，鄭成功的實力遠不如族兄鄭彩。隆武二年 (1648) 十一月，鄭彩將魯王接到自己的大本營中左所。此後一段時間，魯王勢力成為了東南抗清的主力。到了次年，明朝義師收復了福建東北三府一州二十七縣，讓遠在北京的順治都大為緊張。

但鄭彩試圖控制隆武朝大權，很快就與朝中文臣產生了激烈衝突，並殺害了熊汝霖和鄭尊謙等忠臣，導致魯王試圖自殺以表達不滿，鄭彩之後只能選擇遠走高飛。清廷則派遣禮部侍郎陳泰，會同浙閩總督李瑾大舉反攻。不久，魯王在內陸上的地盤被一一奪走。

永曆三年（1649）九月，張名振、阮進和王朝先等人保護魯王來到舟山。但奉隆武為正朔的當地守將黃斌卿，並不期望魯王長期呆在自己的地盤上。張名振等人於是發揮南明官員內訌的優良傳統，襲殺了黃斌卿，讓魯王有了一塊比較穩固的落腳點。

此後，魯王派以舟山為基地繼續堅持反清抗爭。如此一來，客觀上也造成了幫鄭成功吸引清軍火力的作用。但鄭成功一向對隆武感恩戴德，絕不會聽從魯王領導。因此，他向南發展，也就不奇怪了。

鎮守漳浦的清軍副將王起俸，一直仰慕國姓爺的威名，希望能棄暗投明。永曆三年（1649）三月，他祕密派遣義子朱之明到與鄭軍裡應外合拿下縣城。不過，王起俸被人告發，他連家屬都沒通知，就帶著少量隨從從龜鎮逃到銅山，加入鄭成功麾下。

王起俸擅長騎射，這在以水軍見長的鄭軍中具有明顯的「差別化優勢」。他的投誠，令鄭成功非常高興：這樣的降將越多越好！王起俸被任命為總練使，負責訓練少量的騎兵，並同柯宸樞一道聯繫銅山等地的抗清武裝。

十月，鄭成功攻克雲霄縣城。守將姚國泰身負重傷依然堅持抵抗。他跳水自殺未遂，被鄭軍活捉。鄭成功不計前嫌，安排最好的醫生救活了姚國泰。這位猛將終究被鄭成功的誠意感動，從此死心塌地的追隨了國姓爺。

都說國鄭成功六親不認，刻薄寡恩。但姚國泰事件，卻證明了他還是很有人情味的。

雲霄之戰後，鄭成功率軍南下詔安，試圖打通進入廣東的通道。不過，鄭成功的老朋友王邦俊趁鄭軍主力南下之時，突然對盤陀嶺發起攻勢，中衝鎮柯宸樞頑強抵抗，不幸犧牲。這讓鄭成功非常傷心。

隨著軍隊人數越來越多，鄭成功的糧草供應成了很大問題。福建是出了名的「八山一水一分田」，本來就產糧不足。鄭成功的地盤又太小，沒有充足的物資供應。

廣東潮州與福建漳州接壤，又是重要的產糧區，鄭鴻逵多年來一直垂涎這片土地。但潮州屬於李成棟部將郝尚久的地盤。鄭芝龍部將施琅、施福等降清後歸入了李成棟部下，一直不受待見；他們返回福建時，又受到了郝尚久的攻擊。因此，施琅等一直慫恿鄭成功奪取潮州，既為鄭軍解了糧草危機，又為自己報了私仇，真是一箭雙鵰的好計啊。

十一月初一日，鄭成功率領大軍由分水關進入潮州地界，駐紮在饒平縣的黃岡鎮。當時，郝尚久對潮陽的統治並不穩固，當地有大量「不清不明」的土匪山盜。

不久，武毅伯施福帶著當地海寇黃海如來見鄭成功。這位國姓爺抱怨道：「我舉義以來，（地盤）屢得屢失。幸好老天沒放棄我。現在大軍到此，想擇一處練兵措餉之地。哪裡好呢？」黃海如顯然早有準備，一番話把鄭成功說得相當開心：「潮州屬於魚米之鄉，素稱富饒肥沃，現在卻為各種土豪山盜所占據，賦稅多不上交，藩主您依次收服他們，籍其兵而食其餉，訓練恢復，大事可預期啊。（潛臺詞：是爺們就過來打啊）」

鄭成功說：「我也想要這塊地。但潮州是大明領地，怎能發兵？」參軍潘庚鍾一見，不失時機的說道：「我們可以先出個公告，號召他們出師從王，順者安撫，逆者討伐。藩主您奉旨專征，大軍已經近在咫尺了，南洋許龍勞師郊迎，我們不就可以興兵問罪嗎？」

黃海如一看有有幫腔，就更高興了。他繼續煽動說：「駐軍籌餉，哪裡也沒有潮陽好啊。它的富饒甲於各縣（好在沒說甲天下），而且臨海很近（方便你們行船），有海門所，達濠埔可以拋錨停泊，運送米糧。」

鄭成功覺得黃海如說的有道理，就給許龍發了公文，要求他準備小船來迎接。隨後，鄭軍移駐到了南洋山頭仔。果然，許龍對鄭成功的要求毫不理會，這不是找打嗎？鄭成功於是發兵，猛攻許龍老巢。此時，有「大巴掌」綽號的猛將陳斌慕名來投。鄭成功非常重視，任命他為後勁鎮，參與攻打許龍之戰。

初八日，許龍帶兵出來應戰。可惜，他們哪裡是鄭軍的對手，很快就被打得到處逃竄，許龍僅以身免。獲勝的鄭成功騎在馬上，興致勃勃的檢視周圍形勢，衛兵跟他有了一段距離。

突然之間，幾個提著鋼刀的壯漢從岸邊殺出，直直向鄭成功殺了過來。這位國姓爺還沒來得及害怕，戰馬倒先反應了，把他給顛了下來。壯漢高叫著向鄭成功身上砍去。

想想李自成是怎麼死的嗎？難道又一齣悲劇要上演？當然不至於。護衛蔡巧、李長等拚盡全力跑了過來，和刺客戰在一起。功夫不大，還是將他們全部殺死了。

鄭成功起兵三年以來，這是他第一次與死神擦肩而過，不能不說運氣還不錯。征討許龍一戰，鄭軍收穫了上萬石糧食，鄭成功命令黃愷將戰利品運送到中左，交族叔鄭芝莞保管。

隨後，鄭成功又如法炮製，要求達濠塞張禮準備船隻糧草。當張禮抗命時，鄭成功略施小計，將其達濠、霞美打破，又圍攻青林塞。張禮被迫投降，後來被鄭鴻逵殺掉。

永曆四年（1650）正月，年輕氣盛的鄭成功不好好過節，卻兵發潮陽，攻打和平寨，為籌集軍糧，他是真夠拼的。這個寨子三面環水，鄭軍只能從西面進攻，當地海寇藉助險要地形負隅頑抗，不善攻城的鄭軍損失了不少人，卻依然沒有進展。

鄭成功和參謀站在高處，商量著如何用兵。突然只聽「啪啪啪」幾聲槍響，鄭成功再看自己的右手，已經是鮮血真流。他不禁冷笑幾聲：這賊子的槍法真是太差了。可是，如果人家打得再準一些，就不知道收復臺灣的會是誰了。

當年的火繩槍威力有限，鄭成功的手也並沒有落殘疾。這是他第二次面對死神。

儘管已經有了兩次與死神近距離接觸的機會，但鄭成功依然「我行我素」，始終站在一線指揮戰鬥。主帥的鬥志感染了手下士兵。右先鋒楊才挺身而出，扛著藤牌，冒著密集的箭雨和不時發出的槍彈，奮力登上城頭，揮刀砍殺了數人。隨後，更多的官兵都攀上了城樓。和平塞就這樣被攻克了，裡面的所有人都被殺死，以報復他們傷害國姓爺。

不過，楊才不久之後就暴病而死，也許是攻寨時受了重傷。施琅則攻克了溪頭寨，陳斌攻破了獅頭寨，還收降了匪首黃亮採。

鄭成功在潮州打下了很多寨子，奪取了很多糧草，但郝尚久跟這些山盜也沒有什麼交情，他說不定還樂得讓鄭成功去清理呢。但鄭成功的手，又伸向了新墟寨。這可是郝尚久的合作夥伴。

收到新墟寨的求救，郝尚久不覺大怒，感覺這位國姓爺絲毫不將自己放在眼裡。他點齊兵馬出戰，與施琅、陳斌部遇了個正著。陳斌一心想立功，提刀躍馬就衝進了郝軍陣中，如入無人之境。只能說，郝尚久的手下太不經打了，紛紛向後逃竄。陳斌直接活捉了對方的陳祿。

不過，郝尚久的噩夢剛剛開始。鄭成功最善打伏擊。埋伏在伏石場寨左翼的甘輝、隱藏在寨子右側的黃廷，看到郝軍招抵不上，就很不仗義的及時殺了出來，與施陳二將一道猛攻郝尚久。這哪裡是戰鬥，完全是一場屠殺。不出一會功夫，屍骨堆得滿地，鮮血逆流成河。可憐的郝尚久只帶了少量隨從殺出重圍，逃進了潮州城。

五月，施琅從詔安招安了萬禮，後者日後也成為鄭軍名將。

既然已經和郝尚久鬧翻了，鄭成功決定攻下潮州府城，建立一個比較穩固的基地。平心而論，郝尚久並非堅定抗清的將領，而是利字當頭的軍閥。他遊走於滿清和南明之間，只為了博取最大利益。誰給的好處多就跟誰混，別看現在打大明旗號，如果形勢有變，他隨時可以降清。但是，鄭成功如此輕啟戰端，顯然不值得歌頌。

永曆四年六月，鄭成功大軍開到潮州城下。繼四年前的二帝會戰之後，廣東又喜提兩藩內戰。

鄭成功召集諸將議事。他說：「這個郝尚久不清不明。拂順助逆。動輒出兵相加。本藩欲消滅他，計將安出？」剛歸降的大巴掌陳斌想要立功，於是進言道：「斌（自稱，表示謙虛）就是潮州人，對當地形勢還是很熟悉的。潮州城東面環溪，只有一座浮橋連線通往漳州的大道，西南北三面都是平地，可以攻擊。我軍必須先斷浮橋以絕援兵，然後集中兵力從西南圍攻。他郝賊內乏糧草，外無救兵，不投降，還能做什麼？」[21]

鄭成功點頭說好。隨後就領兵駐紮溪東葫蘆山。郝尚久嗅到了滅亡的味道，率領主力出城。鄭成功令陳斌迎戰。

陳斌及手下士兵立功心切，士氣高昂，個個當先。而郝軍似乎欠缺戰鬥力，很快就抵擋不住。向葫蘆山方向撤退。可就在這時在，早已恭候多時的王起俸部又很不道地的殺了出來，與陳斌前後夾擊，郝軍被打得四散奔逃，有死在刀下的，有被流箭射死的，有掉進河裡淹死的，真是一派人間慘劇。

鄭成功遂令左先鋒施琅組織人手破壞浮橋。浮橋只有一線之長，難容兵馬。而郝尚久在附近築有炮臺，對著鄭軍拚命開火，令鄭軍損失不少。鄭成功遂下令架炮還擊。雙方激戰三日，鄭軍依然無法占領對方炮

[21] 指既不歸順清朝，也不效忠明朝。

臺，鄭成功急了。他冒著可能被砲彈擊中的危險，出現在了最前線。

鄭成功傳下命令：「一座橋都攻不下來，還想發展壯大？今天本藩親自督戰，有奮勇拔克者，重賞擢升；退卻者，不論總鎮官兵，立即斬首示眾！」

自起兵以來，這位國姓爺是出了名的治軍嚴酷，六親不認，連施琅都感覺壓力山大。他命令親隨何義、陳法和林椿等帶上數十人的敢死隊，在己方炮火掩護下，奮力攀上炮臺，不可思議的出現在了埋頭放炮的郝軍面前。炮手們一個個的被嚇破了膽，死傷跳水的不可勝數。鄭軍占領炮臺之後，隨即燒掉浮橋，從西、北南三方面包圍了潮州府城海陽縣，並在城外構築炮臺，對著城內狂轟濫炸，擺明了不拿下城池不收手。

鄭成功依然出沒於最前線。一次，他巡視完畢，約各鎮將在城外松石下喝酒，商討下一步方案。正喝得高興時，突然一聲巨響，揚起漫天的灰塵，把好好的酒桌都震翻了。還有喝好的鄭成功失望的一轉頭，卻發現管家阿三已經被炸得沒有了人形。

如果這炮能描得再準一點，倒在血泊中的肯定就是國姓爺了。原來，鄭成功一夥人的動向，已經被郝軍探報發現。郝尚久隨即調來重炮，打算送鄭成功和隆武團聚。可惜，天算不如人算，老郝終究還是差了點運氣。

這已是鄭成功起兵以來，第三次差點殉國了。吃了虧的國姓爺豈能甘心，下令加緊攻城，以防夜長夢多。你還別說，還真發生了意外。在接到郝尚久的求助信之後，清漳州守將赫文興率軍於七月二十日趕到海陽，海盜許龍用船隊護送清軍入城。作為對清軍的回饋，郝尚久及部下全體剃髮降清，與赫文興一起死守城池。

鄭軍圍攻潮州三個多月，依然無法得手，天氣悶熱，很多士兵相繼病倒，非戰鬥減員特別嚴重，而王邦俊部又從背後包抄。思前想後，鄭成功終於下令撤軍，返回潮陽。

此時，當地山倭寇黃亮彩又襲擊鄭軍營地。鄭成功命令親丁鎮甘輝帶兵圍剿。黃亮彩豈是甘輝對手，很快就被一鍋端。到了八月，鄭成功的兩位族叔鄭芝東莞、鄭芝鵬來到潮陽，給他帶來了一則好消息。

而鄭成功之後的決策，也成為了他能迅速擴張的關鍵。

四、當機立斷：以最小代價換取勝利

如果說十七世紀上半葉，東亞最強陸軍屬於滿清，那最強水軍一定屬於鄭芝龍。

可惜，他明明抓了一手好牌（靠不斷努力），卻打得稀爛。明明當上了大明的太師，卻願意自降身分去當清朝的兩省總督；明明可以憑藉一人之下的位置爭雄天下，卻一炮未發就剃髮降清。

更可悲的是，鄭芝龍沒當上總督，倒是當上了漢奸，進而當上了囚犯。

龐大的鄭氏產業，原本都是留給老大鄭成功的，卻被手下瓜分得乾乾淨淨。而可憐的鄭成功，原本可以輕鬆當個富二代，卻不得不帶著少數隨從，提著腦袋從零開始。

起兵四年多來，鄭成功的軍事才華得到了很好的歷練，從對抗清軍的一戰即潰到有來有往，帳下的大將也越來越多。可是，他缺少一個穩固的基地，因而只能到處亂跑，很有一些闖王李自成當年的風采。

離開潮陽之後，永曆四年（1650）的中秋節就要到了，鄭成功決定前往廈門。

廈門本是泉州府南安縣地界上的一個海島，面積一百平方公里。明朝在此設立中左所，只是為了防禦海寇。但廈門處於九龍江入海口，擁有不凍不淤的天然良港，比海澄的月港條件要好很多。鄭芝龍占領中左所之後，就將它建設成為重要的海上貿易中轉站。廈門即靠近大陸，又有海洋保護，進可攻，退可守，確實是成就事業的理想起點。

不過，鄭芝龍北上降清之後，中左所的控制權落在了鄭成功族兄鄭彩、鄭聯手中。怪只怪鄭芝龍投降得不是時候。你北上之前，倒是把鄭家企業的控股權先轉給老大吧。

眼看到了八月十五，一輪皓月掛在半空，廈門島內燈火通明，處處都是歡聲笑語。鄭彩因事外出，鄭聯則在鼓浪嶼大擺宴席，和手下弟兄一起喝酒吃月餅。仗著自家強大的水軍，鄭聯根本不用擔心清軍突襲。當衛兵報告國姓爺到來的消息時，這位粗人還覺得不好意思：沒有特別準備啊。

鄭成功一襲便裝，隨行的也只有五百人，但帶的禮物倒是分量不輕，讓鄭聯相當高興。

「大木既然來了，不妨就多住幾天。」

「那小弟就恭敬不如從命了。明天晚上，我在虎溪巖擺酒，我們兄弟好好喝幾杯。」

「好，那就不見不散！」對鄭彩來說，沒有什麼事是一頓酒解決不了的。如果有，那就兩頓。

十五的月亮十六圓，十六的好酒還不要錢，多好。鄭成功從潮陽帶了很多好菜，又請來了幾個技藝精湛的廚師，做出的菜點色香味俱全，讓鄭聯吃得相當過癮。鄭成功和甘輝等又輪番敬酒，鄭聯很快就喝大了。

「賢弟……我得走……走了……」走個道都踉踉蹌蹌了，他為什麼不留來過夜呢？

「大哥，就在我這將就一晚，明天一早再回去如何？」鄭成功趕緊挽留。

「不行不行，還有事情……」

幾十個衛兵保護著鄭聯，向著停泊在水邊的座船走去。柔和的月光溫柔的灑在大地上，一陣輕風拂面，讓人倍感舒爽。鄭聯一邊踉踉蹌蹌的走著，一邊醉意燻燻的哼著不知名的小曲。走到半山塘時，突然之間陣陣寒光閃過，一隊蒙面人不知道從哪裡殺了出來，舉著鋼刀殺向了這些剛剛吃飽喝足的爺們。

這也太囂張了吧，敢在鄭家兄弟的地盤上打劫？不過，他們想搶的並不是財物。鄭聯和他的手下都被全部殺死。

那麼問題來了，誰是凶手？誰這麼囂張？還有王法嗎？還有底線嗎？

凶手跑了，鄭聯的遺體很快被送到鄭成功住處。這位國姓爺非常難過，眼淚當場就流下來了。他咬牙切齒的宣布：「一定要查出真凶，我和他不共戴天！」隨即下令張貼懸賞令，在島內抓捕罪犯。

鄭聯的死訊，在廈門島內引發了一片混亂。大頭目鄭彩也不在，又沒法打手機給他，將官們正爭執要不要請國姓爺暫時主持大局之時，隨著幾聲炮響，數十條戰船突然殺進了內港。數千名手持鋼刀、長矛和鳥銃的鄭成功軍士兵，很快包圍了鄭聯軍的諸多據點，島上大兵們才知道上當了。

難道，清軍還沒打過來，兩邊倒要自相殘殺？就在這時，突然有人高喊：「中左所是太師（鄭芝龍）打下來的，現在應當還給國姓爺！」

鄭聯手下將官陳俸、藍衍和吳豪等人，都很識時務的歸降了鄭成功，士兵也順利的被改編了。顯然，鄭彩和鄭聯兄弟的威望相當有限。

多數人認為，跟著自帶國姓爺光環的鄭成功，前程顯然更加光明，更容易成功。

原來，跟隨鄭成功來廈門的不只四條船五百人，而是有數十隻戰船，近萬名士兵。這些船隻趁鄭聯疏於防備，悄悄駛進港內埋伏起來。

原來，行刺鄭聯的不是別人，正是鄭成功手下大將杜輝及其親兵。

原來，鄭成功來拜訪鄭聯的目的，就是要占領中左所。

不過，這位國姓爺並不願意殺掉鄭聯，從而背上手足相殘的罵名，但他手下的弟兄，卻一定要致鄭聯於死地，斬草除根。

只死了鄭聯等少數人，中左所內的數萬士兵，就這樣被鄭成功順利收編。廈門和鼓浪嶼這兩座極具策略意義的島嶼，也歸到了鄭成功名下。顯然，這是他起兵四年以來，打得最為漂亮的一打仗。

最早勸鄭成功襲取中左的，是他的族叔鄭芝鵬莞和鄭芝鵬。倆叔叔為此不辭辛苦的趕到潮陽，給大姪子帶來了鄭聯離開廈門、島內防守薄弱的情報，並建議鄭成功馬上動手。

而獻上偷襲大計給鄭成功的，是大將施琅。

施琅說：「鄭聯是個酒色之徒，沒有謀略。藩主只需帶四艘大船去鼓浪嶼，鄭聯一看船少，肯定不生疑心。我們可以將主力戰船偽裝成商船，分頭停泊在島美、大擔、白石頭和水仙宮等地。藩主上岸拜訪，態度謙恭，然後相機而動。這就是當年呂蒙賺荊州的計策。」

施琅鬼點子還是多。鄭成功不由得點頭稱是，但卻覺得不能殺害兄弟。可是族叔鄭芝莞的一席話，終於讓鄭成功堅定了主意。

這位叔叔振振有詞的說：「要不殺鄭聯，他的部下就不能真心歸降。建成、元吉，不都是唐太宗的親兄弟嗎？」

顯然，鄭芝莞是想為鄭成功做些心理建設，幫他減少一些負罪感。

正如玄武門兵變以很小犧牲就完成權力交接一樣，這場廈門兵變，也以鄭聯等極少人的死亡，換來了鄭芝龍舊部的重新整合。

相比鄭經日後的那些騷操作，鄭成功的領導才能無疑要強好幾個段位。

控制了中左，對鄭成功未來的發展有著極其重要的意義。

首先，中左地域狹小，卻駐紮了數萬將士，數百戰船。整編鄭彩軍隊之後，鄭成功的實力從此大大增加，在對抗清軍的戰役中將更加得心應手。

其次，如果說安平是鄭芝龍海商集團的總部，中左就是貿易中心。島上屯積的金銀財寶、糧食物資數目驚人，如今都歸屬了鄭成功。他從此就算正式繼承了鄭芝龍的海商集團，可以透過發展海上貿易，為對清作戰籌集大批資金。

再次，與無險可守的安平不同，中左是四面環海的島嶼，易守難攻。得益於鄭芝龍多年的苦心經營，鄭軍水師堪稱東亞最強。清軍的馬步兵實力再強，面對浩渺的大海，也顯得無所適從，想打下中左絕非易事。

最後，中左扼守九龍江的入海口，鄭軍水師可以方便的攻到海澄。退可牢牢守住廈門，進可威脅富饒的漳泉兩州，並在此基礎上光復八閩大地，進而奠定北上江南，驅逐韃虜的基礎。

作為鄭芝龍長子，鄭氏家族企業的頭號繼承人，眼前的一切，原本他都可以輕鬆獲得，如今卻要採取並不怎麼光彩的方式搶占，這其中更大的責任，恐怕還得由老爹鄭芝龍來負。如果他不降清，如果由他來領導福建的抗清運動，那情形完全又是另外一回事了。

只能說，鄭成功選擇了最難的一條路，還得咬牙走下去。到了九月，鄭成功舉辦隆重儀式祭奠母親田川氏，並再度強調了與滿清作戰到底的決心。鄭成功試圖迎接鄭彩回中左，消除隔閡，但在後者眼中，這無疑是「黃鼠狼給雞拜年」，他怎麼可能答應。

鄭彩帶兵北上沙埕，希望魯王能接納自己。可惜，迎接他的只有漫天的炮火。張名振、阮進和周鶴芝等魯軍將領，都對鄭彩擅殺熊汝霖等大臣的事非常憤慨（當然類似的事情他們自己也沒少幹），並出動炮船攔截鄭彩軍。眾叛親離的鄭彩，只能流落到廣東沿海，過起了類似倭寇的生活，也算是為之前的惡行還債了。

直到多年之後，鄭成功與鄭彩總算都放下了心結。當叔叔的回到了廈門，像一個普通老人一樣平安度日，最終在這裡安詳的老去。當姪子的也不再提防他，而是安排下屬精心照料。相比那些戰死在沙場，或者投降清軍的同行，鄭彩的歸宿還算不錯。

占領了中左，鄭成功是不是就可以大展拳腳了？

第六章
危局與轉機：施琅降清的餘波

一、中左失守：因禍得福的命運反轉

永曆四年（1650）的鄭成功，不知不覺間已經二十七歲了。經過幾年的戰場磨練，他從少不經事的官二代成長為指揮若定的統帥，眼光與雄心已然超過了他的父親。鄭成功以霹靂手段，行菩薩心腸，用最小的代價，就能將鄭軍主力重新整合在自己的旗下，這膽略、勇氣與統馭能力確實非常高超。

中左扼守著海上貿易的重要航道，策略位置確實無可挑剔，但它實在太小。沒有草場可以訓練騎兵，也沒有多餘土地能夠屯田。更變態的是，由於房子不夠，一些士兵及家眷只能住在船上。

中左的財富雖多，也不能直接解決士兵的一日三餐：銀子變不成米飯。事事親力親為的鄭成功，決定出兵籌糧。

他的叔叔鄭鴻逵，之前就曾煽動鄭成功一起攻打郝尚久，為的就是解決糧食問題。

當年十月，剛占據廈門不久的鄭成功，又揚帆啟程，向著廣東方向出發了。按理說，剛剛接收一個新據點，主帥不易輕動。但忠振伯洪旭趕到中左，帶來了潮陽山寇再度反叛的消息，這讓鄭成功坐不住了。

主帥親征，廈門基地誰來守衛，無疑是一個特別關鍵的問題。鄭成功自然要在所有將領中挑選。但有一位年齡稍大的將軍，卻自告奮勇，說要擔此重任。

鄭成功一看，不免有些懷疑：你老人家是這塊料嗎？當然，為了不打擊對方的積極性，鄭成功還是盡量婉轉的說：「如果清軍來襲，全島官兵都有生命之憂，您年事已高，不必擔此風險。」

這潛臺詞就是：您還是哪裡涼快哪裡待著吧，別跳出來刷存在感了。

「老夫當年跟隨太師打了很多勝仗，現在正是國家危難之際，我豈能束手旁觀？」說話的不是別人，正是勸鄭成功襲擊廈門的鄭芝莞。

話說到這份上了，鄭成功不好冷了族叔的心，於是下令前衝鎮阮引、後衝鎮何德領水師，援剿後鎮藍登領陸師，聽從鄭芝莞調遣，共同擔負起保衛廈門的重任。

十一月初二日，鄭軍開到潮陽，開始在各村寨徵集糧餉。不過，當地百姓的日子一直清苦，很多人家實在湊不夠份額，叫苦不迭。在洪旭建議之下，鄭成功免除了部分人家的糧餉。

就在這裡，鄭成功宣布了一條重要命令，也讓後世史學家一直爭論不休。

據楊英在《從征實錄》中的說法，提塘官黃文從梧州趕來，懇請鄭成功西征勤王。當時，平南王尚可喜、靖南王耿繼茂正以重兵圍困羊城。《清史稿第十一·鄭成功傳》中則說：「（順治）八年，桂王詔成功援廣州。」

如果廣州不保，人在肇慶的永曆，恐怕又得收拾東西逃命。當然，今天我們知道，廣州在當月初三就陷落了，尚耿二位大清好將軍，在城中進行了喪心病狂的大屠殺，以此震懾勇於堅持反抗的兩廣軍民，場面真是慘不忍睹。

尚可喜和耿精忠在廣東節節勝利，孔有德在廣西也是勢如破竹。到了永曆四年（1650）初，隨著何騰蛟、堵胤錫和瞿式耜這些體制內實力派

相繼敗亡或去世，南明政權已經名存實亡。而能夠為它續命的，只剩下了當年的「流寇」和「海盜」、

幸運的是，大明剋星多爾袞也在這年十二月初九日離奇死去，讓南明政權又多了一絲喘息的機會。

逃到廣西南寧的永曆帝，很快向占據雲南的大西軍首領孫可望發出了求救訊號。

隆武二年（1646）五月，清肅親王豪格和吳三桂進占領漢中，兵鋒直指四川。七月，張獻忠放棄成都，準備返回故鄉陝西抗清。十一月二十七日，張獻忠於在西充鳳凰山被清軍突襲並殺害。

張獻忠死後，大西軍並沒有像沒有李自成的大順軍一樣迅速衰敗，只因張獻忠的三位養子孫可望、李定國、劉文秀能力非常突出。他們果斷改變進軍陝西的決策，揮師挺進清廷統治勢力薄弱的貴州和雲南，建立起了相對穩固的根據地，得到了當地各族民眾的擁護，兵力擴張到三十萬人以上，並擁有龐大的騎兵和戰象隊伍。大西軍與滿清政權有著血海深仇，一直希望與南明聯合抗清。[22]

那麼，早已改用永曆年號的鄭成功，有沒有得到勤王詔書呢？

個人認為，這種可能性也許有，但不是很大。雲南畢竟與廣西接壤，大西軍騎兵很快就能趕到。而福建距離南寧過於遙遠，鄭成功的勢力也過於薄弱，海上行軍變數太多，實在難以擔負起護衛皇室的重任。

但是，鄭成功是一個胸懷大志的英雄，他的性格更接近顏思齊而不是鄭芝龍，如果一個可以迎接君主回中左的機會擺在眼前，他怎麼可能不珍惜？連鄭彩這種粗人，都知道將魯王接到廈門，挾監國以令諸侯，確實也算威風了一陣。如果鄭成功能將永曆接到廈門，那東南勢必又會

[22] 張獻忠另一養子艾能奇于永曆元年（1647）進攻雲南東川時遇害。

再度成為反清的中心。國姓爺的聲望勢必會得到很大提高，更多志士仁人勢必會投奔到他的旗下。

永曆五年（1651）的元旦，鄭成功是在海上度過的。海浪的顛簸讓很多人難以承受，但對鄭成功來說，航行似乎卻是享受。他天生就是為大海而生的英雄。[23]

正月初四日，船隊來到了南澳。接到消息的陳霸出島迎接。讓鄭成功更開心的是，四叔鄭鴻逵正好也駐紮在這裡。

別看此時鄭鴻逵還不到四十，卻已是老態盡顯，常年的軍旅生涯令他力不從心。

「四叔，您不妨回駐廈門歇息，攻打潮惠的事情就交給姪兒吧」。鄭成功看出鄭鴻逵身體不佳，就希望能幫他多分擔些事情。

如果別人這麼勸鄭鴻逵，他老人家肯定不樂意：想架空我嗎？但鄭成功說就不一樣了。鄭鴻逵將大部分軍隊及蕭拱宸、沈奇等將領移交給鄭成功指揮，只帶著少量戰船返回了廈門。

有四叔在，鄭成功對廈門的安全也就更加放心了。他任命蕭拱宸為中衝鎮，沈奇為護衛右鎮，跟隨他一同南下。

聽說鄭成功要前往梧州勤王，陳霸不免非常擔憂。他坦誠的說：「聽說二酋（尚可喜、耿仲明）已攻破廣州，杜永和（永曆朝兩廣總督）逃往海南，也幫不上您的忙了。中左所是大業的根本，不容閃失。您不如就駐紮南澳排程，讓我你代你南下，如果有確實消息，您再親自出發也不晚。」

陳霸的一番肺腑之言，讓鄭成功非常感動，但他還是堅定的說：「我知道老將軍的忠心，但我家世受先帝厚恩，捐軀難報。現在既然接受了

[23]　明朝的元旦，即現在的春節。

令旨（真的有嗎？），即便越山逾海，也應全力以赴，豈能顧及身家？你先回去駐守，中左如果有急，馳援也來得及。」沒辦法，陳霸只能領命。

不過，有人就是善於給他添堵。施琅本是鄭成功非常欣賞的將領，這次南征也特意將他帶在身邊。沒想到施琅居然一本正經的說：「藩主，昨天我做了一個噩夢，南征前程似乎很不利啊，請您三思。」

鄭成功何等聰明，馬上明白施琅這是拐彎抹角勸自己罷兵呢。再聯想到他當年丟開黃道周跑路的英姿，可見這位仁兄是一貫的利字當頭，不願為國犯險，只喜歡打自己的小算盤，而且更要命的是，施琅性格也相當桀驁不馴，跟鄭成功有一拼。但是，此人在作戰指揮方面，確實可以稱得上出類拔萃。

「施將軍說的在理。那你就先回中左吧。」施琅還沒有緩過神來，鄭成功突然又連下兩道命令，直接把施琅搞昏頭了。

「施將軍，你將左將軍印及手下兵將交蘇茂管轄，後營萬禮併入戎旗鎮，由本藩直接指揮。」

原來，這是要奪他的兵權啊，施琅心中叫苦不迭，感慨一片好心被當成了驢肝肺，但能有什麼辦法呢？

正月二十七日，鄭成功率領船隊離開南澳，向著粵東挺進。二月初，船隊開出白沙湖。此時，郝尚久已經投降了清軍，一場惡戰似乎不可避免。但年輕氣盛的鄭成功，豈能為這點困難嚇倒？波光粼粼的水面上，上百條戰船浩浩蕩蕩排出了近十里，場面非常壯觀。遠處數十隻海鷗呼拉拉的飛起，在天海之際繪出一副絕美的圖畫。那年代沒有空軍，清軍的戰船也沒有能力搞突襲，怕什麼呢？

你別說，還真的怕的。二月二十五日卯時（早上五點到七點），船隊起錨。廣東的天氣就像青春期的少女一樣捉摸不定。鄭成功軍中也沒有劉伯溫式的氣象專家，很多時候只能看經驗與運氣。不過這一次，他們的運氣有點不太好。

早上出發時，還是是豔陽高照，風和日麗，快到中午時分，大片烏雲悄無聲息的鑽了出來，轉瞬之間，黃豆大的雨點劈哩啪啦的落了下來，呼嘯的狂風捲起巨大的浪花，瘋狂的傾洩在甲板上，甚至奔湧到船艙裡，導致船體左右搖晃，隨時有翻船沉沒的危險。

「完了！」不知誰絕望的叫喊著。此次出征的船員，很多都是跟著鄭芝龍幹過海盜的，走南闖北，見識過了太多大風大浪，經歷了太多死裡逃生，縱然如此，不少人還是被嚇得亂了陣腳，不知道應該往哪裡跑。而對二十八歲的鄭成功來說，這還是他第一次遠洋航行，第一次遇到這種危險。

主將的表現，對軍隊的士氣極為重要。讓人欣慰的是，「菜鳥」鄭成功根本沒有這個歲數年輕人應有的慌張與膽怯，他堅定的站在船頭，指揮船員們努力划水，但風勢實在太大，船隊只能順著風浪漂流，把命運交給上天。

難道，真應該聽施琅的建議？連遺書都沒有寫，就這麼死了，誰能甘心啊？

天色已經暗了下來，風浪卻並未停止，被吹散的木料漂得到處都是。鄭成功一行順著海浪漂到鹽州港，發現自己的坐船已經與大部隊失去了聯繫，身邊也只剩下幾十個人了。

不過，藉著微弱的星光，鄭成功居然看到兩艘戰船趕了過來。他認出是鄭軍的船隻，不覺非常開心，急忙讓所有手下使勁呼喊：「國姓爺在此！」

來船艱難的駛到了近前，原來，領頭的是是管正中軍船內司都督蔡進福和副中軍船施舉。在眾船爭相逃命之時，他們最惦記的還是藩主的安危，並冒著生命危險奮力尋找。面對此情景，年輕的鄭成功怎能不感動？

鄭成功上了施舉的船，一行人打算向菜嶼方向駛去。不過，風浪一直沒有明顯減小，很快施舉的船也嚴重漏水，桅桿折斷，形勢十分危急。

萬幸的是，蔡進福的船沒問題。他見此情形，急忙向施舉這邊靠攏。他們二人不愧是駕船高手，在這樣的生死時速下，還能嫻熟的運用並船技術，將鄭成功及其手下都轉移到了蔡進福的船上。

現在，三艘船就剩一艘了，如果再有變故，神仙來了都不頂事。由於沒有合適的停靠地點，蔡施二人只能指揮船工吃力的划著船，頂著風浪，在大海上轉來轉去。而鄭成功自然也是一夜沒有闔眼，一直挺立在船工的身邊，一路為他們加油打氣。

遠處隱隱約約傳來雞鳴聲，一輪紅日出現在天際線上。此時的大海，又恢復了往日的寧靜。劫後餘生的鄭軍將士，不由得喜極而泣，感慨自己又逃過了一次災難。蔡進福也興奮不已，第一時間向藩主問安。不過鄭成功一開口，就讓他楞住了。

鄭成功非常認真的說：「這次行程真險，多虧眾位兄弟齊心，現在沒事了。不知道施舉能不能脫險，而且，錢糧冊籍都在他那條船上。」蔡進福也很擔心施舉的安全，只能安慰老大說：「施舉水性極好，應該沒事的。」

船上已經沒有了食品，沒有了淡水，鄭成功和船員們都是長時間不吃不喝，只是努力尋找大隊人馬。功夫不負有心人，到了下午申時（3 點到 5 點），他們在近山附近發現了好幾艘鄭軍戰船。鄭成功遂命人發出訊號，漂散的船隻陸續都駛了過來。幸運的是，雖說遇到了這麼大的風浪，船隻與士兵的損失並不大，可見這些跟隨過老太師的士兵，水上技術是相當厲害的。如今，他們更希望在少主國姓爺的領導下，在東南海域重新打開一片天。

更讓鄭成功欣喜的是，施舉居然也安然無恙的回來了。否則，做藩主的真不知有多內疚。鄭成功於是下令，升蔡進福為水師內司鎮，施舉為水師後鎮，其餘將官各有封賞。

這次遇險，是鄭成功自起兵以來，第一次在海上面臨死神的威脅，也是他第四次死裡逃生。鄭軍以水師見長，鄭成功也清醒的意識到，想要戰勝強悍的清軍，必須充分發揮水軍的作用。但海上行船也有很大風險和不確定性，捉摸不定的天氣，是他們永遠要面對的難題。

三月初十日，鄭軍艦隊來到大星所。當夥兵們想就近採集一些柴火時，卻被當地清軍和百姓驅趕。鄭成功於是下令紮營，準備打上一仗。

得知鄭軍侵擾大星所的消息之後，一支清軍趕來援助。不過當走到龍盤嶺時，突然間殺聲四起，埋伏多時的鄭軍奮勇殺出，將清軍打得屍橫遍野。原來，熟悉當地地形的萬禮，不光向鄭成功建言伏擊，還擔任了這場戰役的指揮。

隨著援軍被滅，三月十五日，大星所被輕鬆攻破。鄭軍獲得了大量的糧食物資，足以彌補之前海上遇險的損失。

不過，鄭軍這樣的打法，似乎又回到鄭芝龍之前的海盜路線上了。雖說搶奪的是官方的物資，但當地百姓的負擔，勢必又大大加重了——清廷肯定要能從他們那裡找回損失。就在鄭軍準備乘勝繼續東進，迎回永曆時，鄭成功卻突然收到了發自中左的急報。

這位國姓爺瞬間變得相當焦慮，他真是左右為難。

二、清理門戶：展現鄭軍鐵血手腕

永曆五年(1651)三月二十二日，就在鄭軍即將離開大星所時，鄭鴻逵手下的得力幹將 —— 都督鄭德與援剿後鎮中軍翼將周全斌突然乘快船連夜趕到，並向鄭成功呈上了鄭鴻逵的親筆信。

鄭成功看著看著，神色就開始嚴峻起來。隨後，他把信交給了身邊的將軍們。功夫不大，營帳中居然就傳出一片哭泣聲。大部分將官不約而同的跪了下來，懇請鄭成功立即返航，我們不去勤王了！

到底出什麼大事了？

三月十四日，十幾艘掛著鄭家旗號的大船，突然出現在了中左所碼頭。守軍認得是鄭成功五叔鄭芝豹的商船，自然就放他們進港，並通知了鄭芝莞。

哪裡想到，數百名全副武裝的綠營騎兵，居然變魔術一般的從船中開了出來，殺向了鄭軍營地。擔任守衛的前衝鎮阮引、後衝鎮何德，知道根本抵擋不住騎兵衝擊，乾脆不戰而逃。

看來，清軍是複製了鄭成功收拾鄭聯的作法。

之前信誓旦旦要扛起守島大任的鄭芝莞，早已被嚇破了膽子。他讓手下收拾島上的金銀珍寶，準備跑到老家安平避難。可偏偏岸上有位女性在高喊：「停船，停船！」誰啊，這麼沒有眼色？

鄭芝莞卻不能不理人家。她正是國姓爺正妻董氏。

董氏與鄭成功的結合是政治聯姻，利益交換，很難有什麼真正的感情。她也知道丈夫不喜歡自己，但並不以為意，而是全力教導兒子鄭經，希望他能順利繼承鄭氏家業，如同當年的田川氏撫育鄭成功一般。此時的鄭經已經九歲，自然自己能跑，不需要母親抱著他了。

看著董氏小腳跑得很辛苦，船工林禮迅速把船劃到岸邊，也不顧什麼男女授受不親了，揹著她上了船。這時候林禮才注意到，董氏懷裡緊緊抱著的，原來不是什麼財寶，只是田川氏的黃金坐像，這可是鄭成功平素最為看重的物件，這讓林禮非常感動。可是，董氏並不想坐他的船，而是問：「莞爺的船在哪裡？」

鄭芝莞的船上裝了很多金銀貨物，當然就行駛得慢，很快讓林禮給追上了。董氏向對面招手，鄭芝莞並不想讓對方上船，怕她看到自己帶走的各種東西。他於是趕緊說：「大少奶奶，我這可是戰船，顛簸得厲害，你還是去內眷的船吧。」

他越是這樣，董氏越懷疑，馬上次覆道：「媳婦就喜歡坐戰船，現在正是戰時，我一定得和將士們在一起。」鄭芝莞沒有辦法，只能讓她上船。這麼一來，他的祕密很快就被發現了。

廈門島上並沒有騎兵，馬得功憑著五百騎就可以橫衝直撞，一路燒殺搶掠，好不快活。曾任隆武朝大學士的曾櫻不願逃跑，而是在家裡自縊殉國。在生命的最後時刻，他從容的笑道：「我今日猶得正命清波，幸也！遁何處？」

很多無辜百姓也死於清軍刀下。但馬得功高興得有點早，鄭鴻逵的船隊返回廈門了。

鄭軍部將楊抒素、吳渤率先上岸，試圖攔截清軍。馬得功殺得興起，一箭射死了吳渤，楊抒素不敢靠近。施琅及時趕到，帶著陳土爋、鄭文星等加入戰鬥。鄭軍主力陸續趕來，令馬得功難以招架，只恨自己帶的人太少了。

眼看這五百騎兵都要葬送在廈門，鄭軍突然停止了進攻，放馬得功逃跑了，這個變化實在過於戲劇性。原來，別看馬得功像個粗人，他還有細膩的一面。在大難臨頭之時，他並沒有亂了陣腳，而是讓幾個手下拚死殺去，跑到鄭鴻逵那裡求情。

馬得功的部下如下說：「自從和您各為其主，馬將軍無日不念您的好。今天我們死就死吧，但恐我們死後，官軍還會報復，遭殃的是島上民眾。況且您大哥在京城，家眷在安平，他們的安全怎麼保證呢？不如放我們一馬，讓我們安全離開，一舉兩得，大家都好！」

好像說的也有些道理。畢竟鄭芝龍和鄭家親屬的安全，鄭鴻逵不可能不放在心上。於是，他咬咬牙，命令鄭軍撤出一條道，聽任馬得功由高崎逃走。清軍缺少船隻，鄭鴻逵還慷慨的贊助了幾條船，使得他們能夠裝載大量掠奪的金銀，安全的返回泉州。

鏡頭切回大星所。看著鄭德、周全斌焦慮的表情，鄭成功憤然說道：「本藩奉旨勤王（聖旨不給你們看），現在中左已失，再回去還能做什麼？咫尺天顏，我們離皇上已經很近了（其實還遠得很），豈能半途而廢？國難未報，遑顧家為？」看著鄭成功堅毅的表情，鄭周二人不知道說什麼才好：藩主這是真心話，還是大冒險？

顯然，鄭成功這番話有表演的成分，更是要試探手下將官的反應。三軍將士大都是實誠人，聽鄭德、周全斌說中左失陷，立即想到生死不明的親人，難以保住的家產，痛哭聲此起彼伏。毫不誇張的說，隆武遇難時，他們都沒有這麼難過。

眼見眾人回歸的意志如此堅定，鄭成功不得不做出讓步。他讓人擺設香案，莊重的向南禮拜。鄭成功眼含熱淚，一字一句子的說：「臣冒涉波濤，冀近天顏，以佐恢復。不意中左失守，將士思歸，脫巾難禁。非臣不忠，勢使然也。」鄭成功的情緒感染了眾將士，很多人不由自主的也失聲痛哭起來，場面十分悲壯。

這麼一來，鄭成功就丟掉了迎回永曆皇帝的最佳機會，很可能也是唯一的機會。不能不說，人是需要一些運氣的。鄭軍先就近在各處取糧，二十五日班師回閩。

四月初一日，鄭軍船隊回到了中左。鄭成功第一時間了解了事情的大致經過。他為董氏的果敢而由衷欽佩，為施琅的勇敢而欣慰不已，更為廈門的浩劫而深深自責。

這位年輕的統帥猛的拔出佩刀，讓侍衛不寒而慄。不過，鄭成功並沒有當場砍人，而是做一個讓在場所有人目瞪口呆的動作，他揮刀削去了自己一縷頭髮，這是致敬曹操的「割髮代首」嗎？萬幸的是，清軍並沒有占領中左，幾萬將士依然還有容身之處。但作為統帥，鄭成功知道自己錯誤嚴重，唯有透過這種方式，才能減少一些內疚。

但聽說了三位叔叔的精彩表現之後，鄭成功真的是要氣炸了。他傳下命令，不准部下與這三人及其親屬相見。鄭成功憤憤不平的說：「把清虜接來的是澄濟叔，把清虜送走的是定國叔，棄城與敵的是芝莞叔，都是家門內的禍患，和清虜何干？」

鄭成功召集諸將開會，評議中左失守的功罪。施琅勤王意志不堅決，卻在抵抗清軍的戰鬥中表現勇敢，鄭成功賞銀二百兩，加二級；陳士燻、鄭文星各賞一百兩。隨後，鄭成功很快丟棄了和善的微笑，換上了殺氣騰騰的面容，展現出一位優秀演員的自我修養：「將鄭芝莞押上來！」

鄭成功怒不可遏：「本藩南下時，本不敢讓你留守，但你一再要求，並承諾一旦有失，願受軍法懲處。現在你還有什麼可說的？」鄭芝莞仗著自己是鄭芝龍族弟，又是勸鄭成功襲取廈門的功臣，因此根本不在乎：「都是阮引、藍登他們誤事，不聽老夫節制。」

「水師未敗時，你就收拾東西裝船，準備逃跑了。這還敢抵賴！來人啊，推出去！」

都說國姓爺六親不認，可也不能殺自己的叔叔吧，不怕天打雷劈？屋內呼拉拉跪倒一大片：「請藩主寬赦老將軍！」鄭成功和老爹鄭芝龍一樣熱愛表演，但這一次他是動真格的。面對眾人的懇求，他依然無動於衷：「立斬！」

功夫不大，一顆血淋淋的人頭被送了上來，眾將無不愕然。連叔叔說殺就殺，何況我們呢？鄭成功又令帖出榜文，上面寫道：「本藩鐵面無情（實誠人！），爾諸勳臣將各宜努力，苟不前進怯敵，本藩自有法在，雖期服之親，亦難宥（有鄭芝莞的人頭保證）。」次日，鄭成功又下令誅殺阮引和楊升，並將何德捆綁，重打一百二十軍棍。

鄭成功並非一味的嚴酷，也有他溫情的一面。他擺設靈堂，哭祭曾櫻等烈士，對死難的軍人和家屬都有撫卹，毫不吝嗇。鄭成功下令清點財物，發現九十餘萬兩黃金、數百鎰珠寶和數百斛米糧被清軍掠奪，難免對四叔意見很大。

曾幾何時，鄭鴻逵是鄭成功最為尊重的長輩，此時，兩人已經到了要斷絕關係的地步。鄭鴻逵當然有自己的苦衷，卻也無法平息姪子的怒火。此時的鄭鴻逵身體已然不好，他知道未來的抗清大業，當然得由鄭成功唱主角，那麼，何不就坡下驢呢？

於是，鄭鴻逵帶領部下移駐金門的白沙屯，避免雙方可能的衝突。之後不久，老爺子乾脆將所有船隻和軍兵交給鄭成功管理，自己樂得提前退休（這一年他才三十九），每天種菜養花，聽戲遛鳥，日子過得也挺充實。

如此一來，鄭彩、鄭鴻逵和鄭成功三股勢力就實現了統一，金門和廈門都由鄭成功控制。雖說和鄭芝龍全盛時期還是無法相比，但對清廷來說，足以稱得上心腹大患。

四年前焚衣起兵時，跟隨在鄭成功身邊的只有九百將士。這點人根本談不上什麼戰鬥力，一小股清軍都能把他們全殲。但憑著高超的軍事素養，堅強不屈的意志，以及卓越的領導才華，鄭成功順利的將分崩離析的鄭軍重新整合在了一起，成為東南沿海最重要的一支反清勢力。

和老爸一樣，鄭成功非常自負。如果你有機會問他：「這世上你最崇拜誰」？他一定會微笑著照照鏡子。但鄭成功不乏理智與務實。他深知與強大的清軍相比，鄭軍的實在太過弱小，想要在戰場上生存並壯大，必須苦練殺敵技藝。因此，鄭成功對軍隊的操練，只能用「嚴苛」一詞來概括。他還制定了《殺虜大敵中敵賞格》，制定了優厚的獎勵標準，以激發士兵們血戰到底的勇氣。

在鄭成功的治理之下，島上士氣逐步恢復，國姓爺的威望也不斷提高。但鄭軍內部並非鐵板一塊，有人對他並不服氣。

三、放虎歸山：宿敵的意外逃脫

施琅和鄭成功，同樣是有能力改變東南戰局的英雄。但同樣心高氣傲，不喜歡被人約束。他倆的合作注定是暫時的，分手卻似乎不可避免。

施琅有才華，也有脾氣。如果一個統帥能用好他，能給自己帶來很多驚喜；但如果駕馭不住他，則會引發太多麻煩。偏偏鄭成功和施琅一樣自負，因而也就無法做到彼此欣賞。

施琅不願跟隨鄭成功勤王，加上之前從黃道周北伐隊伍中開溜，讓鄭成功認為，此人才華突出，但人品與境界實在不怎麼樣，讓人很不放心。因此，鄭成功藉故解除了施琅的軍權，讓他返回廈門。

即便施琅在保衛廈門的戰鬥中表現出色，鄭成功重賞了他二百兩銀子，但並未恢復其職位，反而讓副將萬禮接替了他的職務。

沒有兵權的將軍，就跟沒有名牌的靚妹一樣得意忘形不起來。施琅非常不滿，就讓部下放出話來，說他老人家要削髮為僧，退居山林。顯然，這是在給鄭成功示威和施壓。沒過幾天，施琅就接到命令，說是鄭成功要單獨見他。藩主良心發現了嗎？

「施將軍，最近可好？」一見施琅，鄭成功笑臉相迎，還把對方搞得不適應了：這是黃鼠狼給雞拜年？

「託國姓爺洪福，施某身子骨尚好，還想為國出力。」這意思無非是說，你姓朱的不尊重人才，有眼無珠。

「施將軍，本藩知道你才具突出（瞎說什麼大實話），現授你組建一支新軍，定名前鋒鎮，你意下如何？」

什麼？還新軍？中左孤懸海上，到哪裡能招兵？南海龍宮？這不擺明了繼續架空嗎？當別人是二傻子？施琅心裡不知道有多少草泥馬在奔騰，但他也沒有當場翻臉，只能悻悻退出。

施琅當然不可能組建什麼前鋒鎮，而是真的剔掉了頭髮，當起了和尚，明打明的向鄭成功示威。

沒過幾天，施琅居然帶著十幾個手下闖進了右先鋒黃廷行營，在裡在肆意搶砸，這也太囂張了吧。原來，施琅的一個家丁與黃廷的下屬起了爭執，施琅就借題發揮，跑上門挑釁了。

黃廷不敢和施琅動手（也有人說他是顧全大局，忍辱負重），而是跑到鄭成功那裡告狀去了。鄭成功於是讓黃山和黃愷前往施琅家勸誡，希望他注意自己的言行。施大師對二人恭恭敬敬，表示自己一定注意。

但一波未平，一波又起。

曾德是鄭彩的部下，陰差陽錯之間成了施琅的下屬。施琅更信任一直跟隨自己的下屬，對曾德很不待見。受到冷落的曾德就有了大膽的打算，而這個決定，簡直就如同蝴蝶效應一樣，直接影響了明末清初的政治格局走向，是曾德本人做夢也不敢想像的。

曾德悄悄讓人給鄭成功帶信，說是要投到老長官麾下。鄭成功並沒有多想，也就同意了。曾德正忙著指揮家人收拾東西時，一隊士兵卻闖了進來，很快就將他綁了。

還有王法嗎？士兵們押著曾德，把他帶到一位將軍面前。曾德一看，馬上明白了：你老人家這是要殺人滅口啊！

抓捕曾德的正是施琅。只因曾德知道施琅不少黑歷史，比如父親貪汙公款，弟弟施福強搶民女，等等。按說這些都不算多大的事情。曾德也未必有興趣去揭發。但施琅自己心虛啊。

「大膽奴才，我待你不薄（沒弄死你），你卻背叛我，是要向國姓爺告密嗎？」施琅怒不可遏。

「將軍冤枉，我本來就是國姓爺屬下，他老人家要調我走，我能有什麼辦法呢？」

「大膽，還敢狡辯！推出去，斬了！」

施琅的手下趕緊求情，大概意思是打狗都得看主人的面子，何況一條人命呢。正爭執間，突然親兵來報：「方仁林求見！」

方仁林是鄭成功的親信，施琅大概猜出了幾分，立即給下屬發出了命令。

原來，曾德被抓的消息已傳到了鄭成功那裡，方仁林是過來要人的，可是一到施琅家中，老方就傻眼了：曾德的屍體就倒在院子裡。

這還了得！鄭成功徹底激怒了。他絕對不能容忍施琅挑戰自己的權威，讓南明普通存在的內訌傳統在中左冒頭。

永曆五年（1651）五月二十日，鄭成功以傳軍令為名，讓黃山捉拿了剿左鎮施顯。同時，這位國姓爺又安排黃遷拘捕施琅一家。想起之前受到的羞辱，黃廷能不積極嗎？

施琅私斬曾德，似乎致敬了袁崇煥殺毛文龍，同樣都是很不理智。而鄭成功一向以治軍嚴格，六親不認聞名，從叔鄭芝東莞都說殺就殺，他一個姓施的算什麼呢？

不過熟悉明史的同學都知道，施琅並沒有死。那他是怎麼逃脫的呢？

當時，施琅被關在海船上，由忠定伯林習山的手下吳芳看守。林習山和施琅是故交，因此吳芳表現得就像個管家一般殷勤，每天好酒好肉伺候著。

沒過幾天，施琅突然收到了一封。他看完之後非常緊張。吳芳見了他非常好奇，就想問個究竟。也許是出於禮貌，吳芳沒想到看那封信。可量，你是看守啊，又不是跟班。

施琅面露難色的說：「藩主想要我交納兩千兩銀子贖身，我現在只有一千多兩，怎麼辦呢？」

吳芳馬上給出主意：「你在島上有很多朋友，去借一些行不行？」

「我都被押起來了，能上島嗎？」施琅狠狠瞪了他一眼。

「沒事沒事，我們速去速回。」吳芳忙換上一付討好的表情。

於是，吳芳帶著幾個手下，保護著施琅來到中左。一行人走到一處僻靜之地，平時像個蔫黃瓜似的的施琅，突然間變成了施暴。他揮起拳腳，三兩下把吳芳及其手下全部打翻在地，就此逃跑了。

顯然，吳芳是太大意了，至少也得給施琅帶上手鐐。但鄭成功讓這樣的人看守要犯，又能怪誰呢？施琅連夜跑到好哥們蘇茂家躲了幾天，隨後逃往安平，投到族叔施天福（已降清）軍營。

施琅就這麼「勝利大逃亡」，不久之後投降了清廷。收到探報之後，一向自負的鄭成功，感覺自尊心受到了一萬點的傷害，拎不清形勢的吳芳當然是活不成了。鄭成功一怒之下，還將施大宣和施顯處斬，完美致敬了當年李自成殺吳三桂全家的一幕。

不能不說，鄭成功此舉並不明智。留下施家人的性命，隨時可以威脅施琅，逼他就範，要他難堪，才是控制他的更好手段——清廷不就是這麼對付你國姓爺的嗎？

對於施琅的逃跑，鄭成功非常痛惜，甚至說道：「我不幸結此禍胎，將來必為一大患！」施琅真有這麼厲害嗎，我們走著瞧。

第七章
東南砥柱：廈門與漳州的保衛戰

一、三戰三捷：東南戰場的英雄篇章

失去了施琅這樣的名將固然可惜，鄭成功卻以鐵腕手段，維護了自己的權威，保證了中左基地的穩定。此後的他，將會以更加強勁的姿態向清軍發起進攻，並與西南的李定國一道，書寫反清復明最為精彩的篇章。

因南下「勤王」，鄭成功被端了中左基地。與此同時，遠在西南的永曆朝廷也經歷了鉅變。

永曆五年（1651）二月，清軍進逼南寧，眼看皇帝已逃無可逃。在最危急的時候，五千大西軍開到了廣西首府，保護（押送）永曆來到了貴州。

孫可望得到了自己夢寐以求的秦王王爵，而離開廣西的南明小朝廷，從此可以說名存實亡，完全成為了大西軍手中的道具。

孫可望並沒有將永曆接到自己的大本營貴陽，而是將他安置在了偏僻的安隆所（改名為安龍府）。放到眼前，不得天天上朝磕頭嗎，多麻煩。在貴陽，孫可望自稱秦國國主，還建立了行營六部，事實上完全掌控了永曆朝廷。

歷史總有驚人的相似之處。當年曹操的大本營在鄴城，卻把漢獻帝扔在許昌；朱元璋的總部在應天府，卻把小明王韓林兒放到亳州。看來孫可望是活學活用，立志要當下一個曹操和朱元璋了。

但是，孫可望想當大秦開國皇帝，也得看什麼時候。朱元璋起兵時，正值元朝勢力衰退之時，他才有可乘之機；而孫可望經營西南時，要對抗的可是正值巔峰的滿清。以老孫的出身、能力與威望，恐怕成不了整個南方的共主。殘明官員不服他，大順軍的夔東十三家不服他，遠在福建的鄭成功，當然也不服他。

即使在大西軍內部，李定國和劉文秀兩位實力派，也不會無條件服從他。

相比南明小朝廷，以廈門、金門、南澳和銅山為基地的鄭軍，更像是一個企業集團，不但要打仗，要平衡各方面的關係，更要經商賺錢，以維持作戰的開銷，養活官兵及其家屬，堪比荷蘭的東印度公司。

在中左，很多將軍都有自己的產業，可以視作公司股東。而鄭成功，絕不僅僅是一位將軍，一位政治家，更是一位企業領袖。

擺平了內部糾紛之後，鄭成功當然要對外部的敵人發力。他首戰的目標，選在了海澄的磁灶。收到消息之後，漳州總鎮王邦俊準備以攻為守。他派遣騎兵一千、步軍兩千人進逼磁灶，本人並不出場 —— 殺雞焉用牛刀？

鄭成功召集諸將開會。他信心滿滿的說：「欲圖進取天下，先從漳泉起手。此番殺他一陣，漳州城內的滿賊就會害怕。我們集兵備餉，恢復有望。大家都振作起來！」眾將紛紛附和道：「請國姓爺下令！」隨後，鄭成功安排了具體的作戰部署。

永曆五年五月二十七日，戰事正式開打。親丁鎮甘輝、前衝鎮萬禮和右衝鎮柯鵬衝在最前面的，他們的麾下的基本上都是步兵。沒辦法，廈門連住人都不方便，根本沒有馬場。清軍早就學會了滿八旗的戰法，上來就讓騎兵放出漫天箭雨，打算趁鄭軍陣腳不穩時，就來個劈頭蓋臉式的衝鋒。

可是沒想到，清軍這邊射了半天，鄭軍那邊陣型根本不亂。見鬼了，這是怎麼一回事？早有防備的鄭軍，拿出了自己的法寶 —— 大棉被。羽箭射在棉被上根本穿不透，人員損失非常有限。清軍隨即衝殺過來，但鄭軍並不慌亂，他們三人一組，一人舉藤牌保護，一個揮刀專砍馬腿，另一個則負責收割騎兵。觸不及防的清軍騎兵，

藤牌三人組，讓我們聯想到了當年戚繼光研發的鴛鴦陣。但鴛鴦陣是由十一人組成，陣法也要複雜得多，克制的以步兵為主的倭寇。而藤牌軍則專為對付清軍騎兵設定。廈門地狹人多，鄭成功就算銀子再多，也沒有訓練騎兵的場所，只能用步兵的血肉之軀硬扛清軍鐵騎。

年輕的國姓爺很清楚自身的劣勢，因而在平時操練時，對士兵要求極其嚴格。表現不合格的，隨時可能受到鞭笞棍棒伺候。當然，鄭成功肯定也不是虐待狂，他這麼做有自己的苦衷。而正是有了這樣魔鬼式的訓練，鄭軍步兵在面對騎兵衝擊時，才不至於一擊就潰。

清軍主將一看半天占不到便宜，心中頓時有了不好的感覺。不過，這僅僅只是開始。隨著一聲號炮響。三路鄭軍突然殺來，將清軍團團圍住。

原來，一切都在鄭成功的掌握之中。就在昨天晚上，他安排戎旗鎮埋伏在磁灶山坑南，援剿左鎮黃山埋伏在坑北，左先鋒蘇茂、援剿右鎮林勝則埋伏在坑內。甘輝等部只是誘敵之兵。但也許鄭成功也沒有料到，甘輝部的戰力太強，可能都用不著伏兵，只靠他們都能收拾王邦俊。

集結了這麼多日後讓清軍聞風喪膽的名字和上萬軍兵，只為了收拾王邦俊的三千兵馬，實在是有些「大砲打蚊子」「殺雞用牛刀」之感。但

是，磁灶之戰是鄭成功占領中左、整合父親舊部之後，完全獨立領兵的開始，取得好彩頭非常重要。

這是鄭成功的一小步，也是歷史的一大步！

三天之後，鄭軍凱旋迴到中左。根據之前制定的《殺虜大敵中敵賞格》，鄭成功給蘇茂、林勝二鎮記首功，給甘輝記副功，萬禮、柯鵬記又副功。隨後在歡快熱烈的氣氛中，國姓爺大擺慶功宴，讓將士們美餐一頓，當然也會不失時機提醒他們，未來還有更多打仗要打，有更多的壓力需要承受，更多的困難需要克服。不久之後，鄭軍又揚帆出發了。

九月，鄭軍開到了漳浦縣。王邦俊終於肯親自出馬了。他與陳尚智各領本部兵馬，趕赴錢山駐紮，希望能一雪上次磁灶失利之恥。聽說清軍派來助戰的是陳尚志，鄭成功不覺冷笑：「他不過是個無名小輩。我們只需以逸待勞，以飽待機……」

當然，這些說著容易，做起來有時還真挺困難。但是，年輕的鄭成功就是如此自信，他的信心也感染了所有軍官，他們群情激昂：「這次我等盡欲得功，讓清虜有來無回！」

二十五日，清鄭兩軍在漳浦城外展開激戰。王秀奇、林勝和蘇茂各率本部奮力向前，對手招抵不上，陣前很快就堆滿了屍體。清軍向後撤退，卻被埋伏好的親丁鎮、前衝鎮和援剿右鎮逮了個正著，只能繼續逃竄。鄭軍一直追擊到龍井，方才停了下來。

王邦俊和陳尚智拚命逃了出來，奔到漳州城下。他倆以為這就安全了，誰知道守軍擔心把追兵也引進來，堅決不讓這倆夥計進城，真是太沒有責任心了。

王陳二人連咒罵的功夫都沒有，得繼續逃竄啊。他們剛落住陣腳，鄭成功派來招降的使者也到了，宣傳了一番棄暗投明、不當奴才的政策。但這兩位堅決不願投降，堅決要將小辮子留到底，還要堅決逃跑。不過，他們麾下有數百士卒還是接受了招撫，令鄭軍的隊伍進一步擴大。

王邦俊和陳尚智一口氣逃到泉州，向福建陸路提督楊名高痛陳鄭成功的「纍纍罪行」。楊提督原本還覺得鄭成功乳臭未乾，配不上和自己交手，但經不住二人添油加醋的一番誇耀，遂決定統帥泉州和興化兩府精兵，好好教育一下這個敢號稱「國姓爺」的毛孩子。

鄭軍連贏兩陣，但鄭成功自己也很清楚，之前打的這些小嘍囉不值一提。而楊名高統帥的兵馬，戰鬥力遠非之前的清軍可比。儘管大敵當前，為了讓軍官們不至過於緊張，鄭成功依然一副遊刃有餘的架勢，讓人依稀看到了一些軍神戚繼光當年的風采。

鄭成功侃侃而談：「楊名高不知我軍的手段，必然輕敵。（大家面面相覷：我們都贏兩場了，他還輕敵？）。我們必須略地取糧，引誘他們來戰。先須占據險要之處以迎敵。這一戰，需要各位用力殲擊，勝了這一陣，則援虜計窮……」他的眼光在眾人臉上掃過：「漳州、泉州就會不攻自破！」

鄭成功的信心感染了眾將，紛紛請求打先鋒。鄭成功告誡大家說：「本藩獎賞有功，斷不吝惜。但如有不用命者，殺無赦！到時候，我將與諸位一起戰鬥。」隨後，鄭成功走到地圖邊，就作戰部署與眾將進行了反覆商討和認證。

他們的目標，集中到了一處地方，這裡也將永載史冊。

楊名高肯定不是浪得虛名，而是一刀一槍拼出來的。這一次，他將隊伍分成三股，此外還有一股從鴻漸山後包抄鄭軍。

鄭成功親統中軍。看到有一股敵軍殺來，他嚴令不許出戰，要等到三股敵軍一起過來。

果然不多久，三股敵軍一齊向鄭軍發起了衝鋒。鄭成功非常冷靜，向身邊的旗牌官發出了指示。隨著令旗的不停揮舞，一直養精蓄銳的鄭軍，拿出了他們的最強戰力。

鄭軍戎旗鎮和援剿左鎮向清軍中股發起猛攻，援剿左鎮攻擊敵人左翼，左先鋒鎮攻擊其右翼。鄭成功笑看危險，冒著密集的箭矢，在親兵保護下衝擊在最前面。他的勇敢，無疑大大激勵了鄭軍的士氣，所有人都無所畏懼，奮力向前。（當然，退後是要被當場處決的！）清軍漸漸抵擋不住，在陣前丟下了很多屍體。

突然，鄭軍陣營後面一陣騷動。楊名高安排的奇兵登場了。不過，他們沒高興多久，中衝鎮肖拱宸、游兵營吳世珍和奇兵營楊祖趕了過來，讓清軍的偷襲未能造成作用。更糟糕的是，他們發現自己在劫難逃。特別是楊祖，一把大刀上下飛舞，所到之處總是一片慘叫。這位仁兄身中兩箭，卻跟蚊子咬了兩下似的，把箭桿折斷繼續砍人。

楊名高不愧是清軍的名將，他沉著的指揮手下分兵抵禦。可他沒想到，蘇茂、郭義又趕殺過來，與鄭軍主力前後全圍，大有將對手一舉全殲的架勢。此時的清軍已陣腳大亂，滿世界都是扔掉兵器逃跑的小辮子。楊名高縱然見慣大場面，此時也無法控制了，只能下令撤軍。鄭軍一直追殺到馬厝巷（今屬廈門市翔安區），才帶著繳獲的大量武器收兵。

鄭成功回到中左之後論功行賞。表現最好的楊祖被賜蟒玉戎服，他統領的奇兵營也更新成了奇兵鎮。多說一句，這位楊祖本叫楊姐，鄭成功覺得這實在不適合一個糙爺們，於是給他改了名。之後，楊祖果然一路開掛，作戰十分勇猛。表現不好的中衝鎮和游兵營，則受到了懲戒。

眾所周知，清朝綠營中的主力，就是以前的明軍。他們換了馬甲，也不指望別人認不出來。現在，看到鄭成功節節勝利，有些人自然就有了更多想法。

十二月二十一日，鄭家從舊港鎮登陸，悄無聲息的包圍了漳浦縣城。不過，等待他們的並不是一場惡打仗，而是「我家大門就打開，張開懷抱等你。」守將陳堯策是鄭芝龍舊部，投降之後飽受歧視，於是動了反正的念頭。

陳堯策事先派人與鄭成功約好了進攻時間，此時就打開城門，放鄭軍主力進來。漳浦守將楊世德完全不知情，眼看這麼多敵軍從天而降，只能從城裡殺出。眼看突圍無望，他一頭紮進了江水之中。鄭軍將領黃安救下了楊世德，將他押送到鄭成功大營。

「楊將軍忠於職守，以死殉職，讓人敬佩啊。」看著鄭成功一本正經的誇獎，楊世德嚴重懷疑自己耳朵有問題。我一個漢人對建奴忠誠，那不就是漢奸嗎？可是鄭成功並不這麼簡單理解。他安排醫生為楊世德治療，又厚待其家屬，讓這個俘虜非常感動，表示要歸降國姓爺。

鄭成功授楊世德英兵鎮，陳堯策則為護衛前鎮。參軍、舉人林其昌為知縣，其餘官兵各有封賞。當月十六日，鄭軍又順利攻占了詔安縣，為這一年的征戰劃上了圓滿的句號。

在戰場上取得一系列勝利的同時，鄭成功了一份大禮。

二、魯王來投：凝聚抗清力量的契機

永曆五年，鄭成功一改之前對清作戰負多勝少的窘境，取得了三戰三捷的成績。他的影響力不斷上升，地盤也穩步擴大，真的對得起「大木」二字了。更讓人意想不到的是。有一股重要的勢力，居然上門投奔來了。

在鄭成功節節勝利之時，魯王勢力卻遭遇了一系列的失敗。首先在八月，蕩湖伯阮進與清軍激戰橫水洋，魯軍大敗，阮進被擒殺。接著，九月初二日是，清軍集結數百艘戰船攻克舟山，魯王妃及大學士張肯堂等自殺殉國。

走投無路之下，十二月底，張名振、阮俊和周崔之等將領，保護魯王來到三沙，並與鄭成功部取得了聯繫。

我們都知道。鄭成功對隆武的知遇之恩一直念念不忘，因而對魯王不可能有什麼好印象。但即將進入而立之年的他，做事不會像之前那麼莽撞了。從抗清大局出發，鄭成功認為必須收留魯王及其部屬。

但是，鄭成功肯定不會承認魯王的「監國」身分。這麼一來，接待的禮儀就成了問題。謀士潘庚鍾建議，以賓主之禮接見就 OK 了，不就是一個過來蹭飯的嗎，說不定哪天又走了。可是鄭成功卻認為：「輕視藩王，就是亂人綱紀。我不是當過隆武帝的宗人府宗正嗎？我以這個身分，用迎接藩王之禮接待他，就不算違背祖訓，於禮兩全了。」

就這樣，鄭成功安排了隆重的儀式接待魯王，並對這位流浪漢行了叩拜大禮，讓後者有些受寵若驚。隨後，國姓爺鄭在中左安排了最好的住所，讓魯王、寧靖王和益王孫住了下來，並撥專款保證他們的生活。魯王手下的名士張煌言和沈宸荃等人，也不會覺得招待不周。

當然，魯王來奔，絕不代表他的勢力加入了鄭軍。楊英在《從征實錄》中記述這段歷史時，連魯王的名字都沒提。只是說「定西侯張名振、平夷侯周崔之、英義伯阮俊等俱來歸。以名振管水師前軍，崔之管水師後軍，阮俊為水師前鎮。」似乎是說三人從此變成了鄭軍將領，這當然是不可能的。張名振等人效忠的只是魯王。

張名振是敗軍之將，又善於搞內訌，鄭軍中很多軍官對他相當忌憚。還記得黃冰卿是怎麼死的嗎？如果鄭成功的實力不濟，張名振保不齊就能把國姓爺變成黃冰卿 2.0，把中左所變成第二個舟山。所以，只有你足夠強大，別人才跟你講公平。

鄭成功是個非常自信的統帥，當然不大看得上張明振。據說有一次，張明振主動過來拜見。看著老張花白的鬍鬚和滿臉皺紋，鄭成功突然想奚落他一下，於是就不懷好意的問：「老將軍，當了這麼多年定西侯，你都做了哪些事情，說來聽聽啊？」

這是赤裸裸的挑釁啊。哪知道誰知道張明振的回答，差點沒讓鄭成功當場笑出聲來。這位老將軍居然說：「中興大業。」牛也不帶這麼吹的呀，中興了半天，烙跑到我這來！

鄭成功一臉好奇的問：「大業在哪裡呢？」（反正不在你身上吧）張明振依然一本正經的回答：「順利了就看實績，不順就在方寸之間。」哎喲，口氣真大呀。鄭成功擺出一副打破砂鍋問到底的架勢，純粹想讓張明振難看：「方寸在哪兒啊？」

張名振一聽這話，突然來了精神，當場就開始解衣釦了。這玩的是哪一齣？亮肌肉嗎？只見一把年紀的張名振脫光了上衣，露出滿是各種傷疤的肌膚，讓皮膚白淨的鄭成功不覺臉紅。張名振卻不慌不忙的說：「在背上。」等他轉過身去，鄭成功更吃驚了。

老將軍的背上，赫然刺著「赤心報國」四個大字，每個字都深深刺入肌膚。在當年的醫療條件下，張名振為此受了多少罪，也不難猜測。

鄭成功當然知道岳母刺字的典故，明白張名振絕不是作秀，而是一種毫不動搖的堅持。這位國姓爺相當感動。他拱手道：「我早就聽說老將軍威名了，怎奈詆毀之人太多！」

隨後，鄭成功讓人抬來一個大箱子。這是要打賞嗎？隨從打開箱子，裡面裝的全是各種信函。國姓爺笑著說：「這都是攻擊您老的信件，留著慢慢看吧。」不曾想張名振卻一擺手：「老夫沒功夫看（我忙著中興大明），不如通通燒了！」不得不說，他也是挺會做人的。

從此鄭成功以上賓之禮對待張名振，讓他管水師前軍。鄭軍將領都管不了張名振，只有鄭成功多少對他有約束權。但是，張名振無意做鄭成功的手下，他念念不忘的「中興」，只是中興魯王，鄭成功豈能看不出來？如果他和魯王同時落水，老張肯定看都不看國姓爺一眼。

能夠包容張名振，可見鄭成功絕非心胸狹窄之人。不管怎麼說，魯王勢力從此在名義上受鄭成功節制了，東南抗清勢力也就統一到了鄭成功旗下，當年紹武大戰永曆的一幕不至於出現了。

在鄭成功此後的一些軍事行動中，張名振多少也參與了一些。

三、江東橋血戰：指揮藝術的巔峰展現

永曆六年（1652）正月初三日，對鄭成功和他的將士來說，是個非常喜慶的日子。鄭軍船隊駛進了海澄港。這座隆慶開關之後就一直充當華南外貿中心的繁華縣城，從此納入了鄭成功管轄之下。

海澄城牆非常堅固，鄭軍又不善攻城，怎麼這麼輕鬆就占領呢？說來讓鄭成功非常慚愧，只因守將赫文興欣賞鄭軍的血性，更仰慕國姓爺的威名，就主動獻城投降了。

海澄的港口，就是大名鼎鼎的「月港」，位於九龍江入海口，離中左很近。月港因「港道環繞如偃月」，故名。但它本質上僅是河港，難以通行大船，海運條件遠不如中左——要不然隆慶皇帝也不會選這裡做為開放口岸，就是不希望民間貿易太繁榮，朝廷不好控制。

鄭成功水軍的主力艦吃水都很深，按理說很難開進海澄。但讓人開心的是，這一天港內潮水猛漲，讓鄭軍的大福船順利通過，一路駛進中權關。

赫文興終於見到了他仰慕已久的國姓爺，鄭軍從此也多了一位勇猛

的戰將。鄭成功拿出大手筆，獎賞海澄官兵一萬兩白銀，赫文興一人又獨得五千兩，並統領新組建的前鋒鎮。

按理說，收穫了海澄，新年期間應該休息一下嘛。但年輕氣盛的鄭成功，對清廷的攻勢一天也不想停下來。正月初十日，鄭軍猛攻長泰。如果占領這座縣城，漳州府城龍溪縣（今漳州市薌城區）就將處於長泰、中左和海澄的半月型包圍之中，這是福建清軍絕對不想看到的事情。

當年成功忽悠鄭成功從泉州撤軍的王進，現在又成了長泰守將。他不願意死守，主動出戰，在溪西與親丁鎮甘輝苦戰一天，不分勝負。而漳州方面又有上千馬步兵前來增援。鄭軍寡不敵眾，甘輝在戰鬥中身中兩箭，幾乎把自己交待在了這裡。副將陳俸冒死衝鋒，身中四箭，很多士兵都戰死在了陣前。但鄭軍鐵的紀律，此時也發揮出了巨大威力。

大監督陣官王孔坐鎮後方，嚴令官兵向前衝鋒，臨陣退縮者即時處決。不過，還真有以身試法的。親丁鎮前鋒陳霞、總班曾猛從陣前退縮，立即被梟首示眾，令活著的人不寒而慄。

前有窮凶極惡的強敵，後有六親不認的刀斧手，橫豎是個死，何不拼一番，賭一次呢？戰士們的血性，還真的被激發出來了。頂替甘輝職務的親丁鎮副將歐斌異常勇敢，帶著手下攻破了清軍陣營，將兩名將官當場殺死，大大鼓舞了鄭軍士氣。

勝利的天平終於倒向了鄭軍，他們揮舞著兵器瘋狂砍殺，而清軍拚命向溪邊逃竄，很多人被活活擠到水中淹死，更多人則被追上的鄭軍擊斃。到了二十三日，王邦俊又來增援。戎旗鎮王秀奇指揮若定，將這個手下敗將趕了回去。

二月初三日，鄭軍架設雲梯，開始猛攻長泰城。鄭成功親自督陣，嚴令後退者斬。清軍則以火炮弓箭拚命抵抗。游兵營吳世珍無所畏懼的衝上城頭，卻被一炮擊中，壯烈犧牲。二十多天過去了，長泰依舊沒有被攻克。清軍的火炮實在強勁，讓人想到了天啟六年（1626）的寧遠，感慨這個政權確實能夠與時俱進。

不行，不能這樣無畏的犧牲！鄭成功下令暫停攻城。準備採取一個奇招。

轉眼來到了三月初四日，鄭成功依然未能拿下長泰，卻收到了閩浙總督陳錦帶領滿漢大軍來援、並已到達同安的消息。堂堂的兩省總督，居然大老遠跑過來保護一座小縣城，可見他們對鄭成功有多忌憚了。

三月初七日清晨，鄭成功下令引燃從北門外高地一直埋到城下的地雷，希望能火速解決長泰。雖說鄭軍挖了有半個月之久，由於測量偏差，爆炸並沒有讓城牆受到多大損傷。眼看破城無望，鄭成功下令撤圍，到江東橋紮營。

這時，漳浦、詔安、海澄及平和等縣，都已被鄭軍占領。為了保住漳州府城，清廷安排了潮、汀兩路馬兵及南明軍降將蔡興、張雲飛，配合陳錦圍攻鄭軍，準備來個四路合擊，一舉將國姓爺趕回廈門。

眼見敵人來勢洶洶，鄭軍中很多將士都慌了手腳。但他們的主帥，卻顯得特別從容鎮定。鄭成功派護衛左沈明、護衛右鎮沈奇駐軍詔安，堵截潮州方面的清援軍；總督中泉鎮黃興、護衛前鎮陳堯策、英兵營黃梧等屯兵南靖、平和一帶，阻擋汀州來方面的清軍；援剿前鎮黃大振、平夷侯周鶴芝、閩安侯周瑞等統軍阻截泉州港清軍章雲飛水師；北鎮陳六御和武信營陳澤防守海澄。

鄭軍主力則屯兵九龍江北溪上的江東橋，靜候陳錦的光臨。初八日，在視察了當地地形之後，鄭成功敏銳的看出，東北大山下的大路是通向漳州的要道，必須據險守衛，如果讓清軍控制，可就能居高臨下，對鄭軍形成重大威脅了。

有鑒於此，鄭成功令右先鋒黃廷督率左衝鎮楊琦、奇兵鎮楊祖等在山頂安置空營，插上很多旗幟來迷惑清軍，在大山旁埋伏精兵以待敵；又從戎旗鎮挑選精兵三百人，埋伏在江東橋南，與楊琦等彼此呼應，互為犄角，切斷清軍通漳州城的道路，

東南一帶山埠，未來很可能要發生戰鬥。鄭成功安排左先鋒蘇茂埋伏在東尾寨內，親丁鎮甘輝督禮武鎮陳俸等駐紮在當頭壘敵道之衝，之後是援剿左鎮林盛，再後是前衝鎮萬禮和正兵營陳損。戎旗中軍營則紮在各營之中，援剿後、中沖和右衝等與其右翼相接。鄭成功不無自負的宣布：「其勢如常山之蛇，擊首尾應，擊中則首尾俱應」。眾將一聽，都表示很有道理。

鄭成功繼續分派任務。前鋒鎮赫文舉率馬步兵千餘人，埋伏在中軍營前面的樹林中，作為各路人馬的應援。援剿右鎮黃山埋伏在深青橋、鴻漸尾一帶，阻擋清兵的歸路。各營盤中，都要豎立一座數丈高的瞭望臺，瞭官配備三隻火號。看見中軍營第一隻火號升起，就說明清軍已經出動，各營士兵需要立刻穿好衣甲，在木柵旁站好隊形；看到第二隻火號升起，說明敵軍已逼進營盤，士兵們要貼立在木棧的後的防禦工事內，養精蓄銳，準備殺敵；看到第三隻火號升起，所有將士必須一起衝出作戰。

鄭成功交待，頭一隊用火筒、火箭、火銃神器對敵進行有效殺傷，第二隊則用藤牌、戰被和刀槍做最後決戰。畢竟那個時候，鄭軍還做不到人手一枝火繩槍，超過一半的士兵，依然要使用冷兵器。

這場戰役，關係到數萬鄭軍將士的生與死，關係到著國姓爺威望的升與跌，更關係到鄭氏集團的前程與命運。鄭成功絲毫不敢懈怠，反覆強調軍紀。他讓傳令官吩咐道：「這次殺虜，按照《大敵賞罰格》執行。

副將以下退卻者，允許督陳監營當場將其梟首示眾；統領總鎮退卻者，立刻捆解到軍前梟首示眾。」

話都說到這份上了，可以很多士兵的海盜習性，刀架脖子上了，該逃還會逃。鄭成功一看中軍營面山背水，就又下了一道命令。得知消息的將官們，一個個苦不堪言，大搖其頭——老大這是太狠了啊。

原來，鄭成功命令將船隻通通開到九龍江下游，一隻也不留。狠人就是狠人，不留任何退路，包括他自己。當年項羽「破釜沉舟」，大致也是這種操作。

三月初十日，正值春暖花開之季，陳錦大軍開到了牛蹄山，距鄭成功營地僅有五里，過往幾年，陳錦在東南屢戰屢勝，一個小小的鄭成功，怎能入他的法眼？

提標右營游擊張玉獻計道：「大人，我們可別小瞧了海賊國姓。他少年英勇，詭計甚多。現在他屯兵江東，我們不能貿然進軍。不如先在這拒守，讓人先和漳州府城聯繫。然後用一隻奇兵，從長泰小道抄襲他們的後路，讓國姓顧首不顧尾。」

這計策當然不錯，卻把老大惹毛了。陳錦極其不屑的說：「此等小賊，何足掛齒？」

對嘛，在真正的硬實力面前，一切計策都是多餘。可真是這樣嗎？答案很快揭曉。

十三日中午，陳錦率領主力步騎兵由東南山埠向鄭軍營地殺來。之前，他經過觀察，發現鄭成功中軍有一處薄弱地帶，可以作為突破口。

清軍衝入正兵營，試圖摧毀鄭軍設定的木柵和工事。此時，鄭成功已經連續發出了三枝火號，雙方在江東橋前展開了殊死搏鬥。首次與如此規模的正規清軍交戰，鄭軍不僅缺少騎兵，武器也不占優。但一想到鄭成功可怕的賞罰令及開得老遠的船隻，所有人不得不打起精神，不得不拿出棺材本來拼，與凶悍的敵人殺在一起。雙方士兵的鮮血，從戰場上一直流到了北溪之中。

關鍵時刻，鄭成功率領最精稅的戎旗鎮加入了戰鬥。看到主帥一馬當先，不懼危險，士兵們當然都深受感動，不顧死活的奮力向前。戰場上的平衡逐漸被打破，清軍慢慢招抵不上了。可是他們哪裡想到，這僅僅是厄運的開始。

就像之前鄭成功強調的「其勢如常山之蛇，擊首尾應，擊中則首尾俱應。」老江湖陳錦選擇看似薄弱的正兵營下手，顯然是被忽悠了。陳俸、甘輝、蘇茂和林勝率領麾下勇士合圍過來，讓清軍疲於應付。而赫文興統轄的騎兵也看準時機，從中軍陣前的樹林裡殺了出來，這似乎成為了壓倒駱駝的最後一根稻草。昨天還信誓旦旦的陳錦徹底慌了神，昨天還信心百倍的清軍士兵更是化身無頭蒼蠅，自顧自的滿世界亂跑。

眼看士兵的潰敗無法制止，陳錦只能果斷的下達撤退命令。他以身作則，帶著少數親軍向牛蹄山老營逃去。鄭軍在後邊緊緊追趕，雪亮的鋼刀揮舞過後，總是伴隨著接二連三的慘叫。為了能跑得快一些，清軍拚命丟棄兵器和衣甲，把戰場搞得一片狼藉 —— 就當是設定路障吧。

眼看夜幕降臨，剛剛逃出包圍的清軍，卻發現自己高興得實在太早，又被一隊鄭軍撞著了。等候多時的黃山及其援剿右鎮，又給清軍的傷口上狠狠撒了一把鹽。眼看沿途屍橫遍野，陳錦的心都碎了：這怎麼跟朝廷交待呢？

陳錦沒臉進同安城，就在城外鳳凰山紮營，收拾殘兵，並以總督的名義發出指令，讓各地軍馬趕過來救援漳州。

陳錦都被打跑了，長泰守將和知縣知道「求人不如求已」，收拾東西連夜逃跑了。鄭軍兵不血刃的接收了這座之前犧牲不小也沒打下來的城池。鄭成功任命馮澄世為知縣，左衝鎮沈奇領軍駐防。

作為一位特別注重賞罰的統帥，鄭成功很快就頒發出了嘉獎令，對表現出色的陳俸、甘輝、黃廷和黃山記首功。不久之後，甘輝被提升為中提督，黃廷升為前提督，黃山升為右提督。他們成為了鄭軍核心將領，其他將官也多有封賞。

鄭成功一生參與的大小戰役有數十次，但江東橋之戰，無疑是其作戰指揮藝術充分展現的精彩戰局。憑藉此役，國姓爺正式躋身明末清初的名將之列，成為讓清廷相當忌憚的危險份子，自然也在東南沿海擁有了更高的威望與號召力。

而他自己，很快就有了更大的目標。

四、半年圍困：漳州之役的勝與敗

鄭成功連戰連捷，麾下官兵也是迅速增長。他新增了二十八宿營，分別以傳統的二十八宿命名。得到提升的將官，自然都非常開心。

更讓他們開心的是，陳瑾的腦袋，居然很快出現在鄭軍大營了，實在是大快人心。

原來，陳瑾遭遇江東橋慘敗之後，一直心情鬱悶。他每天不是喝得爛醉，就是毆打下人出氣。家奴庫成棟（一說李進忠）忍無可忍，趁陳瑾熟睡時割下他的首級，連夜逃到鄭成功營中請功。

可憐的陳瑾，就這樣成為自清軍入關之後，第一個因戰事而死的總督。

庫成棟立下這麼大的功勳，一向不差錢又慷慨的鄭成功，是不是得賞他一萬兩銀子？鄭成功召集文武官員於校場，並把庫成棟請了出來，讓這哥們非常開心：這是要開表彰大會嘛。

「來人，綁了！」當庫成棟聽到這幾個字時，嚴重懷疑自己的耳朵出了毛病。可當幾個士兵把纜索緊緊套在他身上時，他才知道國姓爺沒有開玩笑。

「藩主大人，冤枉啊！」

「你殺主求榮，天下大罪人。本藩怎麼用你如此不忠不義之人？」鄭成功非但沒有賞賜庫成棟一錢銀子，反而當場將他斬首，讓諸位官兵看看出賣主子的下場。

鄭成功的作法，也讓很多人看不懂：人家庫成棟也是棄暗投明啊，還為我們除去了一大心腹之患。可熟讀儒家經典國姓爺，就是這樣有原則的人。

在趕走並搞死陳瑾、接收了長泰之後，鄭成功自然要集中全部兵力，猛攻漳州府城龍溪縣（今漳州市薌城區）。

龍溪面積不大，鄭成功可以重重包圍，勢在必得。西門由戎旗鎮王秀奇提調兼應援，仁武營吳豪、義武營楊朝棟紮營堵御，前衝鎮萬禮、禮武營陳俸和尾宿營楊正為應援；北門由提督黃廷提調兼應援，護衛左鎮沈明、正兵營陳堝、親丁鎮歐斌紮營堵御，左衝鎮楊琦、右衝鎮柯鵬和亢宿營林德為應援；東門由提督黃山提調兼應援，護衛前鎮陳堯策、角宿營戴捷紮營堵御，援剿左鎮林勝、中衝鎮肖拱宸、後衝鎮陳朝及心宿營周騰為應援；南門最為重要，由北鎮陳六御提調兼應援，游兵營黃元扎新橋頭，後勁鎮陳魁扎舊橋頭，信武營陳澤、智武營藍衍為應援。

什麼叫密不透風？請看永曆六年的漳州城。即便這樣鄭成功依然不放心，又把大殺器張名振請了出來，由他提調八角樓，氐宿營鄭榮、柳宿營姚國泰專扎堵御，英兵營黃梧為應援。東嶽一帶大路，則由中權鎮黃興提調兼應援，奇兵營楊祖、援剿後鎮藍登、房宿營周全斌專扎堵御。此外，鄭成功還安排親隨信李長、提督前鎮黃廷、中提督甘輝、鐵騎鎮劉有才、昴宿營杜輝兼各處應援遊兵。

鄭成功自己駐紮南院，安排其餘各鎮分別把守漳浦、海澄、長泰、平和與南靖各縣。這個陣勢，漳州城裡敢放出一隻鴿子，恐怕都難逃脫鄭軍的羅網，更別說大活人了。

得知漳州被圍之後，浙江方面立即派遣金衢總兵馬逢知率滿漢騎兵一千、步兵三千前來救援。馬逢知又名馬進寶，外號「金衢馬」，以驍勇善戰聞名於世。他知道事體重大，因此絲毫不敢怠慢。

當一行人趕到灌口、深青地方，正想紮營休息時，突然前面出現了一支鄭軍，搖旗吶喊喧囂不止。清軍慌忙做好戰備，一晚上都不敢解甲。然而左等右等，上看下看，傳說中的敵人硬是沒來。馬進寶忽然明白，自己上當了，鄭軍這純心是折騰你。

天亮了，一宿沒闔眼的清軍正要休息，突然一聲炮響，鄭軍中第一虎將甘輝殺了過來。馬進寶及部下正是又累又餓，哪裡有心思招架，只能邊打邊逃，邊咒罵不光明正大的國姓爺。不過，甘輝似乎並沒有把對手徹底搞死的意思，而是放他們進了漳州城。

鏡頭切回到前一天晚上。聽說馬逢知要來，甘輝非常開心，當即向鄭成功表示：「讓我出兵把他滅了吧。」這意思就是說，你們誰也別跟我爭啊。

鄭成功卻宛如諸葛孔明附體，給他講了一番大道理：「不行啊。用兵之道，怎麼全恃武力？（你是老甘又不是老粗）一定要搞清楚彼此的情況。陳錦已經死了，提調無人，馬逢知素以驍勇著稱，他此行一定想著以一當百啊。」

甘輝當然不會服氣。但鄭成功卻說：「別真打，放他進城，然後繼續圍困。城裡一下子多了這麼多人馬，糧食很快就不夠號了。外援既然遲緩，內部勢必窘迫，我們不就能輕鬆把漳州打下來了嗎？」

聽國姓爺分析得頭頭是道，眾將都深為佩服。鄭成功於是下令：「自萬松關以及龍江一帶，悉數撤避。建奴援軍到了，不要阻攔。只是宣示一下軍威，就放他們入城。」

馬逢知很有職業精神，他進入漳州城休養了一段時間之後，又打開東門，直衝鄭軍營壘。鄭成功不慌不忙，安排陳勝、陳斌、蘇茂和蕭泗迎戰。他自己則領著甘輝、周全斌、陳堯策和赫文興等將領，架雲梯猛攻漳州，眼看城防危機，馬逢知只好退兵。不過這時候又出事了，王邦俊擔心老馬有失，帶了一支軍隊出城迎接，被氣勢更旺的鄭軍逮了個正著，殺得是人仰馬翻，副將金鳳也做了俘虜。王馬二人好不容易退到城中，從此緊閉城門，再也不敢出城挑釁了。

話說回來。鄭成功接受北鎮王有才的建議，在各營外開挖一丈河溝，安置一重鹿角，一重木柵，把漳州圍得針插不進，水潑不進。到了八月，張名振突然建議，從鎮門修渠，引水灌漳州。此舉非常毒辣，符合張名振的一貫本性。一旦真的實施，擔罵名的肯定是國姓爺——誰讓他拍板呢。不過，這個計策可操作性並不強，鄭成功嘗試了一下就放棄了。

漳州城本身面積不大，人口不少，物資不多。鄭軍圍城三個月之後，城內就開始出現了供應危機。士兵無糧，只能去居民那時去借（搶）；大戶沒飯吃，就拿出金銀找窮人換。沒過多久，一塊窩窩頭變變得比一堆金銀珠寶還值錢，紙皮樹葉都成了寶貝，被搶去煮粥。如果這些還不能解決問題，士兵們就向鎮守睢陽的唐朝名將張巡致敬，燉幾個女人改善生活。當然在殺人之前，通常會做點別的，反正是不能浪費。

鄭成功一邊強攻，一邊曉以大義，希望城中清軍主動投降，畢竟他們大多數都是漢人。可令人遺憾的是，這些綠營兵寧可吃光全城百姓（女性優先），也不願向國姓爺投降。而城裡居民，也沒有打開城門迎接鄭成功的勇氣，沒有反抗意識，就這樣痴痴的等著被吃，為斯德哥爾摩症候群提供了活模範。

那麼，鄭成功將如何應對呢？

五、廈門保衛戰：決勝東南的首次篇章

鄭成功圍攻漳州期間，在鄭芝龍曾經經營過的臺灣，爆發了一場聲勢浩大的起義，也引發了荷蘭殖民者的強烈反彈。

郭懷一是士美村的甲螺（首領），他痛心於荷蘭殖民者的壓榨與原住民的苦難，更想做出一番事業，像顏思齊那樣揚名立萬。永曆六年(1652)年八月，郭懷一召集親信議事，準備利用中秋節慶，邀請荷蘭要員上門喝酒，將他們一網打盡。

正所謂日防夜防，家賊難防。郭懷一萬萬沒想到，他的弟弟郭苞，因與當哥的理念不和，就跑到荷蘭長官尼可拉斯·費爾堡那時報信去了。

郭懷一得知事情敗露之後，就集結了一萬六千名原住民倉促起事。可見，郭懷一在當地的威信非常高，有這麼多人願意提著腦袋跟他幹。同時也說明，荷蘭殖民者的統治實在太不人道。華人是世界上最逆來順受的民族，但凡能靠最粗劣的食物活命，他們都不會造反。

荷蘭指揮官丹克只帶了一百二十名士兵，就跑去鎮壓上萬人的暴動了。他們這是找死嗎？事實證明，還真不是。荷軍的火槍優勢實在太大了。他們八人一排，連放四輪，郭軍很快就作鳥獸散。一場戰鬥下來，起義軍被殺死了兩千多人。

郭懷一被內奸殺死，起義的所有帶頭者均被逮捕處決。這場精心籌劃的起義，居然被扮家家酒一般的粉碎，只能說明，武器的差距實在太大了。

為了加強對華人的控制，第二年，荷蘭當局在熱蘭遮城的對面，修建了普羅文查 (Provintia) 要塞，華人稱之為赤嵌城。鑒於鄭芝龍過去的履歷，以及鄭家父子在臺灣的影響力，荷蘭當局一直懷疑，郭懷一起義的幕後大 boss，正是國姓爺。但很顯然，郭懷一如果得到了鄭成功的武器支援，也不會死得這麼慘。而鄭成功因忙於漳州圍城，沒有及時與郭懷一取得聯繫，未能儘早拿下臺灣，也可說是他的一大失誤。

凡是略通兵法之人，都知道「圍魏救趙」是怎麼一回事。鄭成功抽調了大部分主力圍攻漳州，老巢中左所必然空虛。福建清軍決定集中兵力攻打鄭軍大本營，看你國姓回不回軍？

但理想很豐滿，現實很骨感。相比號稱東亞最強的鄭軍水師，我大清的水軍堪稱小學入門水平。但就這，清軍硬是拼湊了一百多條戰船，悄無聲息的開往中左，準備把特別的問候，送給特別的國姓爺。

兩年前，鄭成功剛丟了中左一回，剛被生活毒打了一次。那麼，這次他會長記性，會從漳州前線撤軍嗎？答案是 NO。國姓爺就是有這個魄力，他自己繼續圍攻漳州，讓忠靖伯陳輝擔任水軍總督，全權負責保衛中左的水戰。

陳輝是一員經驗豐富的老將，也跟隨鄭芝龍參加過料羅灣大戰。他集合了閩安侯周瑞、後軍周崔之、左軍輔明侯林察、前鎮阮駿、後鎮施舉等，同樣集中了百餘條戰船。他們並沒有守著中左靜候敵人，而是主動出擊，將船隊開往泉州方向。

在惠安東南四十五裡的崇武海面，清鄭兩軍水師相遇了。早在洪武 (1368-1398) 年間，明水師就在崇武築城以防禦倭寇。有些不妙的是，清軍戰船處於上風向，鄭軍處於下風向，如果馬上開戰勢必吃虧。經驗豐富的陳輝立即下令退卻，讓清軍的火炮無法打到。

但沒過多久，風向就變了，鄭軍這邊成了順風。這種天賜良機一旦出現，大風大浪裡闖蕩多年的陳輝豈能放過？他果斷命令各船加速前進，並和施舉率先指揮坐船衝向敵陣。相比清軍戰船，二人的戰船體積要大得多，撞都能把很多小破船撞沉。加上火炮的優勢，清軍更加沒有了脾氣。只有逃跑的勇氣。

當鄭軍戰船陸續趕過來時，清軍根本沒有招架之力，只能紛紛駛向海岸，棄船逃命。鄭軍乘勝追擊，接連奪下了戰船十餘隻，順利返航。

崇武水戰波瀾不驚，鄭軍走過場一般就把清軍擊敗了，似乎根本不值一提。但鑒於這是清軍主動挑起的以攻占中左為目標的水戰，雖說半途而廢，根本沒能到達中左所，也可以稱為「第一次廈門保衛戰」。

從戰事發展我們很容易看出，如果鄭軍水師是碩士生水準，清軍水師充其量小學都沒畢業，完全不在一個層級上。這次恥辱性的失利，無疑會大大刺激清廷發展水師的決心。而對閒置在家的施琅來說，自然也看到了展露才華的機會：大清離不了我！

雖說打贏了海戰，暫時解除了清軍對中左的威脅，但漳州城遲遲攻不下來，讓鄭成功非常鬧心。不久之後，更大的麻煩又來了。

六、古縣之役：天命難測的挫折

鄭軍試圖以長期圍困的辦法拿下漳州，但將近半年也未得手。九月十八日，鄭成功收到一份情報，頓時緊張起來了。

固山額真金礪統帥滿漢精兵來到泉州了。金礪不光是漢軍鑲紅旗旗主，更是女真人都非常佩服的名將。早在明天啟二年（1622），他就在廣寧之戰中投降努爾哈赤。之後的三十一年間，金礪由小夥子更新為老頭子，為滿清屢立戰功，雙手自然也沾滿了漢人的鮮血。

而這一年的國姓爺剛滿三十歲。與五十八歲的金礪相比，作戰經驗明顯欠缺。但自從占領中左之後，鄭成功已經取得了多場勝利，自信心也越來越強。很多將領聽到金礪的名字都能哆嗦，他們的老大卻一如既往的鎮定。

鄭成功鎮定的說：「既然漳州未能攻下，建奴援軍到了，我們不如暫時解圍，把主力擺在江東橋，打金礪一個措手不及，就像當初打陳錦一樣。那麼，漳州不就和長泰一樣，不攻自破嗎？「

「國姓爺高明！」眾將紛紛表示做得對。於是，鄭軍主力就開到了江東，紮好口袋等金礪進來。可惜啊，左等右等，十天過去了，還沒見金礪過來。原來，金礪大軍化整為零，從長泰小道繞開鄭軍的包圍，已經神不知鬼不覺的趕到漳州城下了。

當然，兵不厭詐，鄭成功第二次陳兵江東橋，其實也不是簡單的重複，而是與金礪的鬥智鬥勇，見招拆招。你覺得人不能兩次踏入同一條河流？我就以不變應萬變，也是一種戰術。不過，人家這次賭對了。

未能成功堵截金礪，鄭成功於是將主力撤到龍溪古縣城一帶駐紮，等候清軍的到來。他將大營設在田中的高埠處。在左翼，由甘輝帥親丁鎮郭廷及援剿左鎮、前衝和中衝等鎮駐紮山頂，埋伏在叢林之中。在右翼，有提督黃山帥援剿左鎮余新、右衝鎮柯鵬、護衛右鎮洪承憲、禮武鎮陳俸等列於田中，作為第一疊，後衝鎮、護衛左右鎮等應援。前鋒鎮赫文興居中出擊，應援左路；前提督黃廷帥右先鋒廖敬、亢宿營林德等往來馳援右路。鄭成功本人，則親率戎旗鎮馳援左右。

這個布置看似無懈可擊，那麼實戰效果如何呢？十月初一日，金礪趕到古縣紮營。大戰一觸即發。金固山是死人堆裡摸爬滾打出來的人精，他看到鄭軍的營壘布置非常嚴密，八成也得暗自讚嘆，知道對方不是省不油的燈，於是不敢輕動。

初三日一早，戰事正式開始。清軍分成兩股向鄭軍發起衝鋒。甘輝在左路，指揮部下擋住了對方的瘋狂衝擊，並逐漸開始反攻。但清軍有人數優勢，雙方殺了半天難分勝負。

沒多久，清軍後方突然大亂。埋伏在林中的一隊鄭軍殺了出來，截斷了清軍後路，並與甘輝一起夾攻，清軍拚死抵抗，非常狼狽，死傷超過了一半。

不過，金礪畢竟是一代名將，部下很多人也堪稱驍勇。逃出包圍圈的清軍，居然又衝到了鄭軍右翼。黃山一見，不覺非常開心：各位確定不是來找死嗎？那我就成全你們。

這位右提督一聲令下，鄭軍營中的火炮、火銃和火箭一齊發射。濃烈的煙塵很快遮蔽了藍天，刺耳的爆炸聲把地下的老鼠都能嚇得當場跑出來。

如果我們是看網路直播的觀眾，這時候必然會覺得大局已定，打算換頻道了：沒懸念了嘛。不過，半個時辰之後我們再回來看結果，才知道什麼叫「貧窮限制了想像力」：這都行？

清軍已然占據了上風，縱馬揮刀瘋狂砍殺。而以步兵為主的鄭軍，卻丟下了遍地的屍體、扔掉了無數的武器，拖著沉重的雙腿，瞪著絕望的雙眼，艱難逃竄，慘不忍睹。鄭成功本人倒是不懼危險，率領戎旗鎮奮力衝擊，試圖改變局勢，但顯然已無能為力了。他不得不下令撤退，全軍退到海澄。

到底出了什麼事情？

原來，清軍在北，鄭軍在南。這個站位也是很自然的選擇：清軍是從北面過來的。就在黃山專注於用火器招待清軍時，突然颳起了強勁的西北風。鄭軍射出來的槍炮濃煙，居然也被狂風改變了方向，呼嘯著朝著自己這邊飄來，令很多人睜不開眼，開不了槍，還不了手。

剛才還驚魂未定的清軍，豈能放過上天送上的大禮包？別看金礪都五十八了，他的思維似乎比二十八的年輕人還要敏銳。在主將的及時排程之下，清軍展開了瘋狂反撲，乘著順風全力砍殺。而鄭軍因為視線嚴重受阻，完全沒有還手之力，被打得潰不成軍，慘不忍睹。

不能不說，滿漢八旗軍的強悍與頑強，確實名不虛傳。之前與綠營軍交手屢次獲勝的鄭成功，還是把事情想得有些簡單了。

當天晚上，鄭成功清點損失，結果令他幾近瘋狂。自從起兵以來，還從未有這樣的大敗。右提督黃山、禮武鎮陳俸、右先鋒廖敬、親丁鎮郭廷和護衛右鎮洪承憲都不幸戰死。震怒之餘，鄭成功準備將擅自撤退的將領盡行誅殺。

本來已經損失慘重了，再殺大將顯然不是什麼明智的選擇。老好人甘輝馬上站出來說：「這次我們敗了，不是人力不齊，將士不用命，實在是被風耽誤，天時不順，地利又失，以至於敗歸。我們能活下來，也是老天沒有嫌棄啊。」

鄭成功一向以鐵腕治軍，殺對自己幫助不小的族叔都不眨眼。這一次，他能輕易聽甘輝的嗎？鄭成功沉默良久，才緩緩的說：「你說的不錯。倒是……」顯然，後面才是重點：「那些沒有見到令旗就撤退的，如果不懲處，以後還怎麼治軍？」

最終，亢宿營林德因提前撤退被斬，右衝鎮柯鵬被捆責革職。其他保住腦袋的逃將，一個個都興奮得無法形容。不過，鄭成功又下令撫卹陣亡將領家屬，並讓禮官商議禮儀，將一些烈士的神位迎入忠臣廟祭祀。

俗話說，趁你病，要你命，鄭成功很清楚，金礪不會留給他太多休養生息的時間。鄭成功命工官馮澄世修繕海澄城牆，新築成的城牆高達兩丈有餘，全部用灰石砌成，極其堅固，就算紅衣大砲也不易轟塌。鄭成功又增築短牆，並將舊有的五都土城聯在一起。城牆、短牆上安置大小銃炮三千多枝，城牆周圍有江水環繞，船舶可以直達中左。

國姓爺大興土木，算是有錢任性嗎？答案很快就會揭曉。

永曆六年（1652），無論對鄭成功還是對南明政權，都是至關重要的一年。在這一年裡，抗清勢力掀起了第二次反清高潮，對清軍造成了極大殺傷，讓無數炎黃子孫歡欣鼓舞。

三月，鄭成功在江東橋大敗清軍，殲敵上萬，並導致閩浙總督陳錦遇刺。盤點下來，這居然是自袁崇煥寧錦大捷二十五年以來，漢人軍隊對清（後金）作戰最為輝煌的一次勝利。當然，江東橋之戰中的清軍，大部分已經是漢八旗和綠營軍了。

不過，鄭成功的輝煌，很快就被另一位戰神掩蓋。當年四月，李定國由貴州進軍湖南，首先在靖州大敗清軍張國柱部，收復大批州縣。六月，李定國率軍由湘入桂，僅用四天就攻克了廣西省會桂林，雙手沾滿漢人鮮血的平南王孔有德被迫自殺，實在是大快人心，普天同慶。

相比鄭成功圍攻漳州半年未果，李定國堪稱南明頭號攻城師。但這還不算完。十月，李定國再入湖南，並於十一月二十二日一手策劃了衡陽大捷。清定謹親王尼堪被當場擊斃，成為死於戰場的首位滿族親王。之後不久，李定國受封為西寧王。

李定國的輝煌戰績，令一向仇恨農民軍的學者黃宗羲也讚不絕口：「逮夫李定國桂林、衡州之捷，兩蹶名王，天下震動，此萬曆以來全盛之天下所不能有。」

鄭成功、李定國的出色表現，讓過往三十餘年談清色變的炎黃子孫，看到了清軍並非不可戰勝，看到了漢人軍隊的凝聚力與戰鬥力，更看到了北伐中原光復華夏的希望。而遠在北京的順治皇帝，卻被南方的戰事搞得焦頭爛額。

但是，煙花散盡，就是一聲嘆息。劉文秀在四川的勝利成果，因保寧一戰的慘敗而幾盡全失。而孫可望如李定國來沅州，李定國擔心被「清理門戶」，率軍遠走廣西。孫可望則在寶慶岔路口敗於屯齊，令原本占優的形勢從此徹底改變，第二次反清高潮就此結束。

而鄭成功這邊圍攻漳州半年未果，反而遭遇了古縣慘敗，並將要面對焚衣起兵以來的最大挑戰。

七、海澄大捷：以血還血書寫傳奇

大明歷史上，曾經有過很多經典的守城戰。如于謙領導的京師保衛戰，袁崇煥主導的寧遠之戰，戚繼光指揮的仙遊保衛戰，等等。作為與南明戰神李定國齊名的著名統帥，鄭成功的名字，也可以與他們放在一起，只因他為歷史留下了一場極為經典，也極其慘烈的守城戰名局。

這就是海澄保衛戰。

鄭軍圍攻漳州半年，其中的甘苦一言難盡，眼看就要得手之時，卻在金礪援軍的威脅下被迫撤軍。之後的古縣慘敗，更讓鄭成功丟掉了戰爭的主動權。鄭軍辛苦打下來的諸縣，幾乎全部重新為清軍占領，只剩下了距中左最近的海澄。

顯然，如果海澄失守，鄭軍的大本營廈門就會完全處於清軍的威脅之下。本著要麼不做，要麼做絕的宗旨，金礪決定不惜一切代價拿下海澄，把國姓趕回海上打游擊去。

鄭成功顯然嗅到了危險氣息，也知道未來戰事的凶險。但作為統帥，他豈能把愁容寫在臉上，把擔憂傳染給將士？「泰山崩於前而色不變，麋鹿興於左而目不瞬」，才是合格統帥的自我修養嘛。

就在這時，永曆七年（1653）三月，名義上歸附鄭成功的張名振建議北進浙直（浙江和南直隸），以減輕福建戰事的壓力。

這位老將軍如是說：「名振生長江南，領兵數十年（屢敗屢戰），現在清虜在多處的守將，都是老臣的舊屬。現在敵人既然全力攻打福建，浙直必空虛，藩主只要給我一百艘戰船，乘此長風破浪，直入長江，號召舊時手下，攻城掠野，因時制宜，搗其心腹，虜無暇南顧，藩主就能恢復福建，會師浙直，指日可待也。」

張名振分析得不無道理，但真正實施起來談何容易？鄭成功稍加考慮，就同意了張名振的計畫，還支援了一些兵將、船隻，以及三個月糧草。

就這樣，張名振率領兩萬精兵，乘三百艘戰船，從中左出發，一路向北。

張老將軍不會是學習劉備，趁機自立山頭吧？以他桀驁不馴的個性，當然不排除這種可能性。但魯王還在金門當寓公，張名振做事肯定也得考慮一下。

在鄭成功的大力支持之下，張名振的浙直之行，最終在南明史上留下了濃墨重彩的一筆，也成就了他一生中最為高光的時刻。我們後面再講。

四月，鄭成功收到情報，金礪調集船隻，準備再攻中左。劉清泰派水師出泉州、興化兩港合攻。鄭成功沉著應對，派遣左軍輔明侯林察、右軍閩安侯周瑞、後軍周崔之、前鎮阮駿、援剿前鎮黃大振等率水軍前往海壇，以抵擋清軍水師。

好消息總是伴隨時壞消息，各位想先聽哪個？不幸的是，船隊在湄洲遇到了颶風，林察的座船一路漂到興化港，被清軍拘捕。幸運的是，清廷並沒有殺害林察，而是好吃好喝的招待，想拿他作為威脅鄭成功的籌碼。

四月十八日，金礪集中了福建十縣民工兩萬人，抬送攻城器械到海澄。二十八日，清軍駐紮在了祖山頭，隨時可以搞大動作。赫文興急向中左求援。

考慮到海澄對鄭清雙方的重要性，鄭成功於五月初一來到海澄，命令正中軍張英監督民夫準備守城裝置，並派北鎮陳六御帥義武營、仁武營和智五營防守縣城內，援剿左鎮林勝堵御堵南門外橋頭，左先鋒堵防禦東門外岳廟前，護衛左鎮沈守中權關，正兵、奇兵等鎮守土城，九都城，前鋒鎮赫文興、戎榮旗鎮王秀旗、護衛前陣陳堯策等守鎮遠寨，前衝鎮萬禮守鎮遠寨外，前提督黃廷、中提督甘輝守關帝廟前木柵，連線鎮遠寨。

平日香客絡繹不絕的天妃（媽祖）宮，現在成為了鄭成功的大本營。他下令在此樹立高高的將臺，以便自己指揮作戰。又命令楊權、蔡新等率領水師，隨時準備偷襲敵軍。

「好啊，老夫就讓你有來無回！」當得知鄭成功親自坐鎮海澄時，金礪樂了。五月初三，這位老漢奸率領上萬馬步精兵，趕到天妃宮前紮營。他這次帶來的大小火炮有數百門，最精銳的烏真超哈重炮營也出動了。

清軍不分晝夜的狂轟濫炸，令鄭軍無力招架，死傷者難以統計，木柵和籧篨幾乎都被轟平了。到了初五，轟炸依然沒有停歇，一顆又一顆巨大的鉛彈傾卸在鄭軍營中，讓所有人惶惶不可終日。

清軍的砲彈似乎永遠也打不完，雖說並未將海澄轟塌，再這麼下去，鄭軍的信心就要徹底被打崩了。形勢十分危急，鄭成功的神色卻依然非常鎮定，他知道一位合格的統帥應該怎麼做。眾將也是群情激奮，紛紛要求出營與清軍拚命。與其坐以待斃，不如奮力一搏。

鄭成功於是問道：「哪位將軍願意打頭陣？」話音剛落，後勁陣陳魁、後衝鎮葉章就站了過來，向主帥拱手：「末將願領兵衝營。」

「好！」鄭成功遂令炮火掩護，讓二人領數百勇士殺入敵陣。可惜，清軍火力實在過於強大，不一會功夫鄭軍勇士幾乎全部犧牲。葉章當場被炸死，陳魁的腳被打斷。甘輝、黃廷見此情景，也不顧自身安危了。他倆奮力殺入敵陣，將陳魁和少數士兵救回。

鄭軍的火力無法與清軍對轟，只能趁對方炮火稍弱時，抓緊整修工事。但人家轟炸一來，剛整好的木柵設施又被夷平。死傷人數繼續增加，悲觀情緒繼續蔓延。起兵六年以來，這無疑是鄭成功經歷的最為凶險的處境。

怎麼破局？

初六一早，鄭成功令旗官張光啟到各營去傳達任務，但後者已經被嚇破了膽，根本不敢動身。如果換作平時，國姓爺非當場把這夥計斬了當反面典型宣傳。但在此時，他似乎也理解了人性的這種脆弱。

鄭成功叫來另一名傳令官廖達，平靜的告訴他說：「你過去傳諭各營官兵，如果連此城都守不住，光復大業從何談起？再堅持一段時間，本藩自有殺虜大計，讓他們片甲不留。」廖達吃驚的看著國姓爺，懷疑自己耳朵有問題。顯然他更相信，片甲不留的應該是自己吧，但也不能和老大辯論啊。

鄭成功繼續說道：「你告訴眾將士，如有不敢守城的，馬上報名來，聽任離去。本藩在這裡生死以之，絕無後退之理。」看著國姓爺堅毅的表情，廖達的腿依舊在打哆嗦，但心裡卻是熱乎乎的：跟著這樣的主子，死了也值！

廖達領命而去。參軍馮舉人聽到鄭成功的話之後深為感動，但他強調說：「我等雖死也不能逃跑，但恐怕將領們理解不了您的苦心。」是啊，你是南明的國姓爺，你的一舉一動都能寫入青史，可成百上千的普通士兵，他們死了，連個痕跡都不會留下！

鄭成功也許是想到了什麼，他從腰間解下招討大將軍金印，交到馮舉人手中：「你到各軍中傳諭，朝廷委我以重任，我肯定要以死報效。眾將官誰能率兵立功的，我願意向皇上上疏，將此印轉給他！」

俗話說，重賞之下必有勇夫。但鄭成功連統帥的位置都願意讓出，就不能不讓將士們感動了。很多軍官又紛紛跑到主帥大營請戰，一時間群情激奮，士氣高昂。鄭成功也相當欣慰，下令置辦酒席慰勞。

大家唱得都很開心，畢竟誰也不知道，這輩子還有沒有福氣吃第二頓。甘輝幾杯酒下肚，猛的站起身來，向著鄭成功拱手：「古人云，人生自古誰無死，留此丹心照汗青。（在場文官努力憋住不笑出聲）此次我們竭力殺敵，就算有什麼不測，也是死得其所了！」王秀奇等聽了深受感動，齊聲說：「此城就是今日我們的死忠營！」大家越喝越 high，鄭成功也非常高興，但作為主帥，他肯定要考慮更多。嘴炮是解決不了實際問題的。

初八日一早，清軍一如既往的繼續炮擊，鄭軍也搬出所有火炮進行抵抗。如此大規模的重炮對轟，恐怕也只有十年前的松錦大戰可以媲美了。現場煙霧瀰漫，空氣中全是火藥的焦味，PM2.5 值肯定嚴重超標，想談戀愛的都不敢出門了。擺出這麼大陣仗，就為了爭奪一個巴掌大的海澄，怎麼看都誇張了點。

此時正值盛夏，驕陽似火，人一動就能出汗。可是雙方的將士，大多數都是漢人，卻在為了一座縣城拚死對決。鄭成功站在將臺上指揮戰鬥，也許是累了，他乾脆坐了下來；也許是嫌光線太強，他還讓隨從張開傘蓋。老大一幅悠然自得的模樣，把周圍人全看傻了：這是來打仗還是來聽戲的呢？建奴的砲彈還劈里啪啦的落在陣前，您老是怕他們認不出來嗎？

侍衛們紛紛勸鄭成功趕緊躲起來，別讓人一炮給送去見鄭聯了。可是年輕氣盛的國姓爺根本不在乎：「炮怕我，我才不怕炮！」隨從小心翼翼的說：「那您把傘蓋撤了行嗎？」鄭成功還是不要。不怕死的人，反倒怕晒？

沒過多久，清軍幾發重炮直直的轟過來，將臺連同傘蓋當場被炸了個粉碎。乖乖！鄭成功就這麼犧牲了嗎？不是說炮怕他嗎？吹牛可是要承擔後果的。

不過話說回來，他要死了，那收復臺灣的會是誰呢？另一個平行空間的鄭成功？

當然不是。鏡頭切到幾分鐘之前。鄭軍二號人物甘輝一路小跑衝上將臺，二話不說，直接將鄭成功拉了下來。換別人肯定不敢這麼做，怕國姓爺翻臉不認人，還用軍法收拾你。關鍵時刻，甘輝以自己的果敢立下了大功。

盤點下來，這已經是鄭成功第五次與死神擦肩而過了。想想當年被冷箭射死的陳友諒，我們不由得感慨，人，還是得需要一點點運氣的。

清軍狂攻五天，並沒有拿下天妃宮，只因王秀奇鎮守定遠寨，不停的從旁干擾。金礪於是下令，將主攻目標先放在定遠寨。在密集的炮火之下，鄭軍的工事幾乎都被轟成了平地。王秀奇沉著應對，吩咐工兵挖地窩藏身。也許正是這個小小的間歇，讓整個戰局發生了改變。

初十日，清軍依舊從早到晚沒完沒了的發炮，由於挖了很多地道，鄭軍將士的損失並不大。到了第二天五更（三點到五點），炮聲卻開始稀疏下來。顯然，清軍的砲彈也不是變魔術能變出來的，越用越少是必然的。鄭軍探報已經發現，清軍開始發射空炮嚇唬人，並準備發起最後攻勢了。

金礪先是吩咐上萬民夫扛運過河車，將大批士兵送過河，隨後用漢軍打頭陣（炮灰），滿軍在後，向鄭軍發起瘋狂的衝鋒。交戰這些天來，雙方終於開始了冷兵器的較量。

之前一直被動挨打的鄭軍，此時卻爆發出了不可思議的血性。可見，鄭成功用招討大將軍令牌的激勵發揮作用了。他們揮舞長刀大斧拚命砍殺，對清軍造成了不小的殺傷。但對手的戰力也是相當強悍，雙方戰了個三進三退，依然未能分出勝負。

戎旗鎮內班將蔡文、王朋，甘輝班將鄭仁、李昴，前提督下賴使、楊正，前鋒鎮下肖自啟等表現尤其勇猛，讓清軍付出了慘重代價。當然，鄭軍自己的損失也實在不小。現場已經倒下了很多屍首，被砍斷的手臂腿到處都是，慘烈氣氛被營造得淋漓盡致。

金礪見鄭軍如此頑強，下令三疊滿軍強攻，並射出了漫天的箭雨，躲避不及的鄭軍紛紛倒下，活著的繼續堅守陣地，寸土不讓。

遠處傳來了雞鳴聲，天亮了，太陽就要升起。清軍已經全數過河，士氣旺盛，而鄭軍經過惡戰，很多人體力已經透支。勝利的天平，明顯的倒向了清軍一邊。看來，金礪又要教國姓爺作人了。

但是，鄭成功有個神奇的紀錄，雖說敗仗打了不少，卻從未被同一個人連續擊敗兩次。有一定閱讀量的觀眾，知道這時候就該有劇情反轉了。突然之間，就在清軍的陣營後部，傳來了震耳欲聾的轟鳴聲。霎時間，煙塵滾滾，土石崩裂，大兵們伸手都看不到五指了。

伴隨著此起彼伏的連環爆炸，一堆又一堆清軍被送上了長生天，見到了多爾袞。爆炸又引發了熊熊大火，搞得現場秩序完全失控，嚇破膽的辮子兵像沒頭蒼蠅一樣亂竄，很多人又被擠到河裡活活淹死。

要知道，衝在前面的清軍可都是漢人炮灰，守在後面的，才是滿人精銳。他們就這麼完蛋了，一個個還真是不甘心，死不瞑目啊。可是，這一場大戲，又是誰導演的呢？

原來，就在金礪猛攻鎮遠寨的當晚，鄭成功根據得到的情報，已經預判到清軍很可能彈藥不濟，準備發起決戰了。於是他安排神器鎮何明、洪善等人，趁著夜色，把營中全部火藥都埋在河溝邊，並布置好了長長的引線。

顯然，運氣也站在了鄭軍一邊。如果引線出了什麼故障，或者突然下起了雨，炸藥就沒法引爆了，之後的一切也就無從談起。

一直在望樓上觀戰的鄭成功，眼見爆炸成功，立即下達了決戰命令。更多的鄭軍從營寨中衝出，殺向還沒來得及平復心情的清軍。這幾天來他們所有的委屈、憤懣與絕望，在這一刻得到了最好的宣洩；過往三十餘年漢人屢戰屢敗的恥辱，在這片土地上得到了最好的洗刷。鄭軍越戰越勇，平日的地獄式訓練得到了完美回報；殺得清軍招抵不上，一個又一個的倒在了血泊中，活著的拚命逃跑，相互踩踏致死的不計其數。

眼見敗局已定，金礪也不是尼堪那樣的死腦筋，並不計較一城一地的得失。他果斷的下令撤軍，老夫不陪你玩了！

慘烈的海澄保衛戰，就這樣以鄭軍的勝利宣告結束。這一戰的意義，顯然更勝江東橋之戰。鄭軍在武器處於劣勢的情況下，楞以以頑強的意志堅持到了最後，死裡逃生，表面上看靠的是「地雷」，實則離不開鄭成功的堅強意志與正確指揮。

而順治對鄭成功的政策，也發生了微妙的變化。

第八章
鄭清交鋒：和談背後的博弈

一、主動求和：順治的遠近進退術

永曆七年（1653）的順治皇帝不過十六，可是人家已經親政三年了。這位夾在全能老爹與開掛兒子之間，又讓梟雄叔叔欺負了六年、差點被廢掉的皇帝，歷史存在感顯得很低。但事實上，順治可能是一位被嚴重低估的君主，「世祖」榮耀還真是當之無愧。

清軍入關不到八年，一邊是多鐸、豪格、勒克德渾和阿巴泰等名將接連領便當，另一邊是滿八旗戰力迅速下降，對南明作戰再沒有了壓倒性優勢。順治審時度勢，果斷的祭出「以漢制漢」大招，讓歸順的前明炮灰更多的參與到對南明的戰事中，而滿八旗則充當監軍並「收割比賽」，不到關鍵時刻絕不出場，看漢人自相殘殺多有意思。

之前一度被雪藏的洪承疇和吳三桂，此時因禍得福，得到了一展抱負的機會。永曆七年（1653），順治將十三歲的妹妹和碩長公主，嫁給二十歲的吳三桂長子吳應熊為妻。不久之後，洪承疇以兵部尚書、都察院右副都御史的名義總督軍務，經略湖廣、廣東、廣西、雲南和貴州五省，主要任務當然是消滅永曆政權。

當然，清廷此舉也有相當的冒險性。要知道洪承疇是明朝重臣，他如果學李成棟反正，並與大西軍聯合起來搞事情，那順治真的要回東北老家打獵了。能讓老狐狸洪承疇死心塌地當奴才，足見順治的政治手腕之高明。

為對付鄭成功，順治又想起了洪承疇的一位老鄉。放眼全中國，恐怕也只有此人能約束不聽話的國姓爺了。閒著也是閒著，為什麼不榨取他的剩餘價值呢？

時光荏苒，鄭芝龍已經在北京白吃白住了七年，從四十出頭的油膩中年，更新為五十開外的糟老頭子，當然也會被很多人嘲笑為腦殘。

此時，陷害鄭芝龍的博洛已經死去，且被革去了王爵。而鄭芝龍本人，也似乎願意為清廷作點事情，以證明自己不是白痴，也不白吃。

順治認可了鄭芝龍的表現，為他恢復名譽，肯定了他在隆武二年（1646）降清時的功績，並將這幾年的囚徒待遇推給死去的多爾袞和博洛。

當年十月，順治給閩浙總督劉清泰下諭，提出了招撫鄭成功的大政方針：

近日海寇鄭成功等屢次騷擾沿海郡縣。本應剪除。但朕思昔年大兵下閩，伊父鄭芝龍首先歸順。其子弟何忍背棄父兄、甘蹈叛逆。此必地方官不體朕意。行事乖張。鄭成功等雖有心向化，無路上達。又見伊父歸順之後，墨勒根王（多爾袞）令人看守防範。又不計其在籍親人作何恩養安插，以致成功等疑懼反側。朕又思鄭芝龍既久經歸順。其子弟即朕赤子。何忍復加徵剿？若成功等來歸，即可用之海上。何必赴京？

今已令鄭芝龍作書，宣布朕之誠意。遣人往諭成功及伊弟鄭鴻逵等知悉。如執迷不悟、爾即進剿。如芝龍家人回信到閩，成功鴻逵等果發良心悔過，爾即一面奏報，一面遣才幹官一二員到彼審察歸順的實，許以赦罪授官。仍聽駐原住地方，不必赴京。凡浙、閩、廣東海寇、俱責成防剿。其往來洋船，俱著管理，稽察奸宄，輸納稅課。若能擒斬海中偽藩逆渠，不吝爵賞。

此朕厚待歸誠大臣至意，爾當開誠推心。令彼悅服。仍詳籌熟察，勿墮狡謀，故諭。

清廷甚至還打算追查當年進犯中左所、侵奪鄭家財產的張學聖、馬得功、黃澍和王應元等人。當然，這些人都不是省油的燈，有的是行賄的銀子，能令三法司的會審最後不了了之、但這也足以證明，順治是在向鄭成功傳遞招撫的「誠意」。

可見，只有你足夠強大，別人才會主動示好。你把他打得鼻青臉腫，他才會想到跟你做朋友。而鄭芝龍那種魯蛇跪舔女神式的巴結，只會讓女真人更加看不起。

清廷又讓鄭芝龍寫下長信，語重心長的要求鄭成功歸降，不要在荒唐的道路上越走越遠，在錯誤的泥潭裡越陷越深。

永曆七年（1653）正月，鄭芝龍派周繼武帶著親筆信前往中左，傳遞清廷的滿滿誠意。為了父親的安危，鄭成功不得不做出回應。但他強調，自己現在手下兄弟太多，不能說降就降，兵集難散。言外之意，就是讓順治多給點地盤。

此時，鄭成功的祖母黃氏依然健在。四月，劉清泰派人交給黃氏一封信，請她轉給孫子。信中一是吹捧皇帝的天恩，二是強調父子之情不能斷絕，希望鄭成功不要做個「不忠不孝」的逆子。鄭成功收到信後，沒有任何表示。

五月初十日，清廷正式發文，加封鄭成功為海澄公，鄭芝龍為同安侯，鄭鴻逵為奉化伯。這兩位長輩在隆武帝那會兒都是太師國公了，可見清廷對他們並不重視，在意的是鄭成功。

得知鄭芝龍派家人李德來中左招降的消息，鄭成功與部下商量了一番。最後他說：「清朝亦欲給我在乎？將計就計，權借糧餉，以裕兵食也。」

六月，眼見清軍暫時不會大舉入閩，鄭成功不失時機，親征歐汀寨。

歐汀寨在潮州府澄海縣西南二十里，扼守新港、南港和本港的水道要衝。當地海盜集結了一百多條戰艦，專事劫掠，鄭軍的船隊也沒少吃苦。

歐汀寨建在水田中，道路泥濘，易守難攻。有一天，鄭成功和幾位將領在寨子外面的樹下乘涼，並商量砍伐樹木，架炮攻打的事宜。附近的海盜聞訊，居然發起了突襲。鄭成功沒有防備，一顆子彈打中了他的左腳趾。如果海盜的槍法再準一些，國姓爺的人生就得 game over 了，這已經是他第六次逃過死神的親密接觸。

鄭軍打退了海盜這次進攻，但卻對歐汀寨很有力不從心之感。鄭成功決定暫時撤軍，到揭陽一帶徵糧。揭陽當時為郝尚久鎮守，此時他已再次反清歸明。鄭成功致信郝尚久，要求他堅守城池，萬不可再次降清。對於這道帶有命令口吻的信件，郝尚久當然置之不理。但鄭成功徵糧時，他也沒有出兵干預。

七月，回到中左鄭成功，熱情招待了從北京趕來的李德和周繼武，也仔細拜讀了父親的親筆信。信中主要內容是：朝廷處處以大局為重，為我們鄭家著想，準備慷慨的以一府之地供鄭軍安插，並由浙閩總督劉清泰擔保。你快點迷途知返，為新政權貢獻一點光和熱吧。

鄭成功可能接受招安嗎？想一想母親怎樣慘死，想一想她臨終時的憤怒與絕望，如果投降了，還配做她的兒子嗎？九泉之下如何面對？再說了，隆武帝的知遇之恩，鄭成功這輩子也是不敢忘記的。

但是，鄭軍剛剛在海澄保衛戰中元氣大傷，急需休整，鄭成功也想抓住難得的機會，擴充自身實力，以便日後更有效的打擊清軍。因此，經過慎重思考，他寫下一封長信，讓李德交給父親。當然，這信事實上是寫給清廷看的。

鄭成功先是擺出了劉邦式的混不吝，說既然老爹都不把自己當兒子了，自己也不敢以兒子自居。潛臺詞是你們想殺老鄭就殺吧，對我沒影響，也可以分我一杯羹。

違侍膝下，八年於茲矣。但吾父既不以兒為子，兒亦不敢以子自居。坐是問候闊絕，即一字亦不相通。總由時勢殊異，以致骨肉懸隔。蓋自古大義滅親，從治命不從亂命。

兒初識字，輒佩服《春秋》之義，自丙戌（1646，隆武元年）冬父駕入京時，兒既籌之熟，而行之決矣。忽承嚴諭，欲兒移忠作孝；仍傳清朝面諭，有原系侯伯，即與加銜等話。夫既失信於吾父，兒又安敢以父言為信耶？

然後，這位國姓爺又指責清廷對父親的言而無信，承諾三省總督，卻賞了七年牢飯。這樣的政權，怎能令人放心？而他鄭成功，這幾年卻發展得很好，甚至有了國際影響力：

當貝勒（博洛）入關之時，父早已退避在家。彼乃卑辭巧語，迎請之使，車馬不啻十往還，甚至啖父以三省王爵。始謂一到省便可還家，既又謂一入京便可出鎮。今已數年矣，王爵且勿論，出鎮且勿論，即欲一過故里亦不可得。彼言豈可信乎？父在本朝，豈非堂堂一平國公哉！即為清朝，豈在人後哉！夫歸之最早者且然，而況於最後者？又可笑者，兒先派遣五裕入說法，不過因有訛傳父信，聊差員探息，輒系之於獄，備極棰楚。夫一王裕，亦做得甚事？而吠聲射影若是，其他可知。

雖然，兒於己丑歲（1649，順治六年）亦已揚帆入粵屯田數載矣。不意乘兒遠出，妄啟干戈，襲破我中左，蹂躪我疆土，虔劉我士民，擄辱我婦女，掠我黃金九十餘萬、珠寶數百鎰、米粟數十萬斛；其餘將士之財帛，百姓之錢穀，何可勝計？彼聞兒將回，乞憐於四叔（鄭鴻逵），幸四叔姑存餘地，得以骸歸，乃歸又相貳啟釁！我將士痛念國恥家亡，咸怒髮指冠，是以為漳泉之師。陳錦之授首，楊名高之屢敗，固自出爾反爾之常。且不特此也，異國之兵，如日本、柬埔寨等諸夷兵，旦晚畢至，亦欲行春秋大義矣。信如父命及清諭，猶且兩難，而以父所傳之諭如此，乃抄到部院劉清泰所齎之敕若彼，前後之言，自相剌謬。

夫沿海地方，我所固有者也；東西洋餉，我所自生自殖者也。進戰退守，綽綽餘裕。其肯以坐享者反而受制於人乎？且以閩粵論之，利害明甚，何清朝莫有識者？蓋閩粵海邊也，離京師數千里，道途阻遠，人馬疲敝，兼之水土不諳，死亡殆盡。兵寡必難守，兵多則勢必召集，召集則糧食必至於難支，兵食不支則地方必不可守。虛耗錢糧而爭必不可守之土，此有害而無利者也。

如父在本朝時坐鎮閩粵，山海寧寧（謐？），朝廷不費一矢之勞，餉兵之外，尚有解京。朝廷享其利，而百姓受其福，此有利而無害者也。清朝不能效本朝之妙算，而勞師遠圖，年年空費無益之貲，將何以善其後乎？

最後，鄭成功強調，朝廷與其花費那麼多銀子，徵調那麼多漢奸征剿，不如將三省（浙江、福建和廣東）讓交給我領導，不用擔心地盤丟失，也不用從北京大老遠跑過來折騰，我的士兵也不會譁變，對大家肯定都有好處：

其或者將以三省之虛名，前啖父者，今轉而啖兒；兒非不信父言，而實其難信父言者。劉清泰果能承當，實以三省地方相許，則山海無竊發之虞，清朝無南顧之憂，彼誠厚幸。至於餉兵而外，亦當使清朝享其利。不亦愈於勞師遠圖，空費帑金萬萬者乎？

況時下我兵數十萬，勢亦難散。散之則各自嘯聚，地方不寧；聚之則師旅繁多，日費鉅萬。若無省會地方錢糧，是真如前者啖父故智也。父既誤於前，兒豈復再誤於後乎？兒在本朝，亦既賜姓矣，稱藩矣，人臣之位已極，豈復有加者乎？況兒功名之念素淡，若復作馮婦，更非本心。此可為智者道耳。不然，懸烏有之空名，蒙已然之實禍，而人心思奮，江南亦難久安也。專稟。

鄭成功一下子要三個省，算是獅子大張口嗎？這不過是當年博洛承諾給鄭芝龍的。當爹的沒要到的地盤，當兒子的要一下，也合情合理吧？

鄭成功當然知道，清廷不可能答應自己的要求。但作為那個時代最成功的海商領袖，他知道應該怎麼討價還價。

鄭成功的徵餉工作相當順利。八月，他又分派遣將官到漳州、泉州和興化三府下屬各縣徵糧，大縣十萬，小縣五萬。讓當地清廷官員壓力山大。他們既不甘心這麼吃虧，又不敢和鄭軍發生衝突，陷入了進退兩難的境地。而鄭軍則悠哉悠哉的運送糧食。

次年二月，秉持「膽子再大一點，步伐再快一點」的理念，鄭成功將徵糧區域又擴大到了省城福州。要知道福建八府中，只有沿海的福興泉漳有點平原，是主要產糧區。鄭軍的差官下到各府縣城外駐紮，但不進城。經過努力，他們徵得的糧食，居然高達四百萬石。這和談，真是談得太值了。

對於鄭成功借和談之機大肆搜刮資源的行為，大清好奴才、浙閩總督劉清泰看在眼裡，急在心頭。於是分別寫信給鄭成功和鄭鴻逵，苦口婆心勸兩人能「改邪歸正」，還用自己的人格擔保，在皇帝那裡為叔姪倆爭取權益。但鄭成功是不予答覆，鄭鴻逵則婉言謝絕。

那麼，清廷還有什麼高招呢？

二、虛實交鋒：各自為營的和談表演

鄭成功的家信送到北京之後，鄭芝龍為了洗脫嫌疑，當然要立即向朝廷彙報。順治看過信之後不免失落，指責鄭家老大「妄行索地，誇詐大言，其欲不可足也。」但經過議政王大會的深入討論，權衡得失，順治決定對鄭成功繼續做出讓步，封他為海澄公，以泉、漳、惠、潮四府安置士兵，並像當年的鄭芝龍一樣，擔負起防剿海上諸寇的任務。

轉眼到了永曆八年（1654），也就是農曆的甲午年。提這一年裡，鄭成功、李定國和張名振都以自己的特殊貢獻，在中國歷史上留下了特別精彩的一筆。

正月十三日，清廷特使鄭庫納、扎齊訥帶著封鄭成功為海澄公的敕印到達福州。隨後，福建巡撫佟國器派李德前往中左通知鄭成功。

在《海澄公敕諭》中，順治封鄭成功為為海澄公，給「靖海將軍」敕印，照例食俸。因鄭軍原駐在泉、漳、惠、潮四府，即命住此四府地方，只將四府水陸寨遊營兵餉撥給其部弁兵；不足，不另補。正額錢糧，仍行解部。其管民文官，俱聽部選。原轄武官，聽憑鄭成功酌量委用；姓名官銜，開冊送部。

在這段時間裡，清廷還釋放了被抵押的鄭軍高級將領林察。看到死敵一本正經的動真心，鄭成功覺得很有意思，也就想將遊戲繼續玩下去。二月初三日，鄭成功派中軍常壽寧、典仗所鄭奇逢同李德等一造成福州，迎接順治的使者。

為了老爹鄭芝龍的安危，鄭成功不得不對清使禮數有加。但他有著自己的底線，就算清廷真的把三省交給他管理，他也不會投降。鄭成功對常鄭二人仔細交待說：「議和之事，主意已定，不須你們細談，應對只是禮節要好看，不可失我朝體統。應抗應順，因時酌行，不辱命可耳。」

常壽寧來到大城市福州後，清使又要趁機打鬼主意，要求他們行參謁之禮。常壽寧根本不吃他們這一套，他輕描淡寫的說：「今天我是兩國命使，都掛印賜玉，我朝可沒有屈膝之禮，賓主抗禮足矣。」二使一聽，臉馬上黑了下來。執意要求對方行禮：「你這是破壞和談，後果自負！」

常壽寧不卑不亢，他說：「本省屬於明朝，那我就能作主。言和之事是你們提出，可不是我們藩主求著你們。要讓我行禮，那就是無意和談，我這就回去覆命！」最後，清使也只能不計較這些小節，雙方約定在安平會面。

常壽寧回到中左之後，鄭成功非常開心，誇他不辱使命。

二月初六日，鄭成功帶楊祖、周全斌和黃昌等親隨來到安平，屯兵東山書院。鄭庫納、扎齊訥兩位特使見到了鄭成功，將順治的印、敕交給了這位國姓爺，那意思是：自覺點，快剃髮歸順吧。

但讓他們費解的是，鄭成功即不剃髮，也不開讀敕書，這是什麼意思呢？

「您給我們個說法啊！」兩人著急了。但鄭成功卻一臉輕鬆。

「兵馬繁多，非數省不能安插，和則依朝鮮有例在焉。」乖乖，這又是臨時抬價。兩個特使哪能拍板呢，只能表示要回京請示。

「來人！」

鄭成功這一嗓子，把二位使者嚇得一哆嗦，以為自己要被捆起來祭天呢。不過，鄭成功只是讓人抬出了幾大箱子禮物，說是要酬謝使者。這樣毫不遮掩的行賄，兩人怎麼敢收。

三月，鄭成功給清廷回信，解釋了自己不肯受詔的原因，並繼續將責任推給清方，事實上就是在拖延時間，繼續趁機擴充實力。信的最後說道：

> 然則今日非不祗承，慎其事乃所以委其任也。而其宜慎者有三：敕書四府駐紮，而府（指泉州府）鎮守尚皆北來兵將，未奉明旨撤回，不獨粵平、靖二王未敢擅命，便則泉、漳鎮將誰敢交代，一也；前敕旨雲鎮守泉州等處，今只掛靖海空銜，不言鎮守事，則欲行事而文移不便，尤恐行事而畫餅竟成，二也；又敕印再加文聽部選、武聽遴選委用，今

泉州總鎮劉仲金見在刻日赴任，即一府尚屬虛懸，而三府安能取信，三也。是以俯拜對揚之際，實爾挈瓶負薪之恩，除將敕印祗委，奉安平公署，專委官齋盥看守以須後命，隆重付予而後即安焉。總之糧少則兵必散，則地方必危，朝廷欲安地方，當勿吝地方。今日之請非是利地，乃欲靖地方。見今數十萬之眾嗷嗷待給，區處經畫，安插繁雜，伏唯英明決斷而施行焉。

鄭成功說清軍沒有一點誠意，當然也不是事實。對福建的大規模進軍確實停止了。本著「給點陽光就燦爛」的精神，鄭成功趁機擴張勢力。一邊遙控張名振三入長江，一邊在各地繼續徵集糧餉。

當然，閩浙總督劉清泰也是不吃素的，對鄭軍在福建的動向高度戒備。鄭成功因此寫信給他，強調和談歸和談，自己的軍隊不能餓肚子等朝廷消息，該籌措（搶奪）還得籌措啊：「以數十萬之眾按甲待和，雖議可俟，而腹決不可木號。稍就各郡邑權宜措餉，以濟兵糧。」劉清泰看了之後，耐心的勸鄭成功早點歸降，為新政權做點貢獻（跟他爹一樣？）

鄭成功不予理會，反而離開中左，親自到各地視察徵糧情況。當時，海壇、松下和大小址等處土豪仗著有幾桿破槍，就想攔截鄭軍的徵糧船。鄭成功一聲令下，中提督甘輝、前鋒鎮赫文興、左衝鎮楊琦等由陸路進，鄭成功和戎旗鎮王秀奇等由水路進軍，將這些寨子一一剿平，財物都運到中左。

此時，援剿前鎮黃大振私吞軍糧的事情被揭發出來，鄭成功從海壇回師廈門途中，不動聲色的拘捕了他，並在中左公開處決。另一鎮將黃愷因侵吞軍糧，也被斬首。鄭成功的軍紀之嚴令軍官膽寒，卻讓各地百姓擁護。

鄭成功的手越伸越長，居然派前衝鎮萬禮到汀州的永定徵糧。永定不屬於清廷承諾的四府，因此汀州總兵王進攻也不怕得罪鄭成功，派數千兵馬攔住鄭軍。在得到鄭成功許諾之後，鄭軍黃廷部居然主動向清軍發起進攻。真是硬的怕橫的，橫的怕不要命的。清軍不是對手，只能退回城中，任由鄭軍在城外折騰。

鄭成功不肯剃髮歸降，京城之內人人喊殺。但他們要殺的並不是「海賊國姓」，搆不著啊。大傢伙覺得，應該（致敬李自成斬吳襄）把鄭芝龍殺了，讓鄭成功背上不忠不孝的罵名，眾叛親離，收拾他不就更容易了嗎？

進入知天命之年的鄭芝龍，當然也嗅到了死亡的味道，並表現出了極強的求生欲。六月，他上疏提出，讓次子鄭世忠、四子鄭世蔭同使臣一道趕赴福建。[24]

八月十三日，鄭世忠帶著鄭家親舊黃徵明、李德和周繼武等人，跟隨內院學士葉成格、理事官阿山來到福州。獲悉消息之後，鄭成功即安排周繼武前邀請。

二十四日，清使一行人到達泉州。葉阿二人指示鄭世忠、黃徵明前往中左所說降。

九月初七，鄭世忠、鄭世蔭兩兄弟來到了他們曾經無比熟悉，現在又相當陌生的安平，九年沒見鄭成功了，兄弟相見，自然涕淚交加，不勝惆悵。

鄭世忠知道自己責任重大，表演不誇張，眼淚不充分，根本就打動不了大哥。他撲通跪倒，放聲痛哭：「大哥啊，父親在京城麻煩很多，這次你不歸順，全家難保，求你就勉強受詔了吧。」

看著二弟哭得跟個淚人似的，鄭成功即使鐵石心腦，也好意思責備他的軟弱嗎？況且，弟弟一番話其實並不誇張。地球人都知道，李自成

---

[24] 鄭成功唯一的同母弟七左衛門，沒有算進鄭家世系。

因吳三桂跟自己做對，就殺了他全家三十八口。他鄭成功自己，不也因施琅的叛逃，殺掉了這員虎將的父親和弟弟嗎？

壓力，已經完全到了鄭成功這一邊。欲戴王冠，必承其重。鄭成功是鄭芝龍的兒子，可他也是廈門幾十萬將士和家眷的領袖，他們之中的很多人，已經被清廷忽悠過一次了，還能有第二次嗎？鄭成功扶起弟弟，平靜的說了一番話，登時讓對方啞口無言了。

「二弟啊，你一個平凡孩子，怎麼知道世事？從古至今，投降的貳臣的都沒有好下場，也就漢光武帝能善待俘虜吧。父親既然失誤於前，我豈能再蹈其覆轍？我一天不受詔，父親還能在朝享受一天榮耀，我如果苟且偷生，受詔剃髮，父子都得大難臨頭。你不要多說了，除非我不是人，否則怎麼忘記父親？個中事體，不容易，不容易！」

隨後，鄭成功安排好酒好菜招待兩個弟弟，但就是不提受詔的事情。

到了十一號，鄭成功讓兩個弟弟回泉州見使者，約他們到安平見面。但鄭成功強調，必須先開讀詔書，才能商量削髮的事情。

對啊，誰知道你詔書裡寫的什麼鬼？如果不能滿足事先的要求，那這頭髮一剃可就盡人皆知，國姓爺的面子還要不要？

十七日，葉阿二使如約來到安平。眼前的一幕，卻讓他們大開眼界，大吃一驚。

鄭軍上萬名官軍，列營數十里，旗幟鮮明，鼓樂喧天。士兵們個個精神飽滿，盔甲整齊，雖說沒有多少騎兵，照樣顯得軍威雄壯，勢不可擋。看鄭成功這架勢，不像來和談，倒更像是來搶地盤的。

鄭成功送上重禮，兩人可不敢收，怕留下把柄。鄭成功在報恩寺設定了豪華營帳，他倆也不敢入住，甘願找小地方棲身。鄭成功見二人心意不誠，還是不願意受詔。他「一云先要四府地方，前詔只有水路遊寨，未言陸路；二則不奉東西調遣；三則不受部撫節制；恐如姜瓖、金聲桓等俱以剃髮後激變，且未與張名振議妥，又比高麗不剃髮……」好嘛，真是貪得無厭，連張名振都搬出來當擋箭牌了。

葉阿二人只是來頒詔，又不是全權談判代表，他們面面相覷，謝絕了鄭成功的禮物，並於二十日返回泉州。

眼見和談要黃，第二天，鄭成功又派人攜帶書信挽留，二使臣要求鄭成功務必於二十五日之前給予答覆。否則，他們就回北京覆旨了。

可惜，鄭成功根本不鳥他們倆：愛走就走！這麼一來，反倒是葉阿二人覺得沒面子，就將鄭世忠、鄭世蔭、李德、周繼武和黃徵明全打發過來了，呼啦啦跪了一地，準備用苦肉計逼迫國姓爺就範。

「國姓爺啊，二使此番失意而回，要出大麻煩了啊。我們這麼回去覆命，肯定都活不成了，太師老爺也難逃一死啊……」

看著這一張張悲傷的臉龐，鄭成功真不知說什麼好了。哀其不幸，怒其不爭嗎？他真想抱住二弟，也大哭一場。他肩膀上扛著數萬金廈官兵和家屬的前程，甚至是整個大明的命運，能不累嗎？他又不像錢謙益，有個紅顏知己可以傾訴。

可越是這個時候，越不能感情用事。鄭成功冷冷的回答道：「各位用說了。我意已決，誓不剃髮！」

「大哥，如果剃髮歸順，可保一家平安啊！」世忠哭喊著勸說。

鄭成功看著二弟，似乎想到了一個成語：「哀其不幸，怒其不爭」。他輕輕扶起世忠：「我不剃髮就能保命父親的性命，我真剃髮了，父命休矣！」

「大哥啊，你就聽我這一回吧！」世蔭泣不成聲，還四下找東西。似乎想搶到一把劍來抹脖子，藉此威脅他哥。

此時的鄭成功，突然換了一付表情。他手持銀盅高喊道：「剃髮是身分大事，本藩自會定奪。誰人敢勸，哪個敢言？」看他這個架勢，所有人一時都不敢開口了。

周繼武過來幫腔道：「您剃髮了，老爺那邊才能過關啊。」鄭成功卻說：「讓朝廷先撤軍，我再思索剃不剃髮。」

這時候，鄭成功帳下的沈全期卻冷不丁的來了一句：「藩主剃髮為令尊大人。我等剃髮又是為誰呢，況且都在海上數年了……」言外之意，國姓爺您可不能因為自家的利益，把全中左十萬將士全都當成投名狀給賣了哇。

鄭世忠一行終究沒有說服鄭成功，只能擦乾眼淚，悻悻而去。但到了二十六日，鄭成功卻派旗鼓史讜、鄭奇逢去泉州，請使者來安平再議。這是玩什麼遊戲呢？緩兵之計，趁機接著到處搜刮？葉阿很不耐煩，下令將二人哄出去。

二十九日，清朝使團離開泉州回京。也許是應鄭芝龍的要求，也許是出於自願，鄭世忠的生母顏氏，也一同北上北京了。明知一去很可能面臨厄運，顏氏也毫不猶豫的和丈夫兒子站在一起，這樣的選擇讓人敬佩，這樣的真情令人動容。

如果換成董氏，會這麼堅定嗎？

既然談崩了，黃徵明擔心清廷加害鄭芝龍，希望長公子留下家書。鄭成功思考良久，終於寫下下一封超過兩千字的長信，可謂情真意切，字字泣血。

兒戊子年差王裕入京問候父親福履，以致父親被圍，王裕被楯，從此而後，隻字不敢相通，不特無差敢往，亦恐貽累也。

壬辰年杪，忽然周繼武等賚到父信，兒且駭且疑。繼而李業師等賚書踵至，疑信參半。乃差李德進京，實前傳聞父親已無其人，試往覘之果在與否，修稟聊述素志，和議實非初心。不然，豈有甘受招撫而詞意如彼？不待明言而可知矣。

不意清朝以海澄公一府之命突至，兒不得已按兵以示信。繼而四府之命又至，兒又不得已接詔以示信。至於請益地方，原為安插數十萬兵眾，固為善後之計，何以曰「詞語多乖，徼求無厭」？又不意地方無加增，而四府竟屬畫餅，欲效前口炎吾父故智，不出兒平日之所料。

遽然薙髮之詔一下，三軍為之衝冠。嗟嗟！自古英雄豪傑，以德服其心，利不得而動之，害亦不得而怵之。清朝之予地方，將以利餌乎？兒之請地方，將以利動乎？在清朝，羅人才以鞏封疆，當不吝土地；在兒，安兵將以綏民生，故必藉土地。今清朝斤斤以剃髮為辭，天下間豈有未受地而遽稱臣者乎？天下間豈有未稱臣而輕剃髮者乎？天下間豈有彼不以實求而此以實應者乎？天下間豈有不相信以心而期信以發者乎？天下間豈有事體未明而可以糊塗者乎？大丈夫作事，磊磊落落，毫無曖昧。清朝若能信兒言，則為清人，果不信兒言，則為明臣而已。

比八月十九日李德、周繼武等自京回至中左，道詔使抵省，渡弟、李德、周繼武等與葉、阿各面議，欲照前使鄭賈例，俟兒差人去請，然後下來。政欲差官往省，敦請，而詔使已於八月廿四日到泉矣。忽聞到泉的確，九月初四日辰時即差李德同差官呂太入泉送禮，渡弟九月初七日來見。九月十一日即回，兒囑其致意詔使，約期相面。而詔使忽於九月十七日遂到安平。盛設供帳於報恩寺安頓。乃詔使不敢住宿，哨馬四出，布帆山坡，舉動十分疑忌，以敕書委之草莽，成何體統。且奉敕堂堂正正而來，安用生疑？彼既生疑，兒能無疑乎？

九月十九日辰時，兒再差官林候賚書送禮往安平，請詔使訂九月二十五日的的相見。而詔使遂於九月二十日回泉。忽然而來，忽然而去，不知何解？亦真令人接應不暇矣。九月二十一日，林候不得已賚書同渡弟進城，再送程禮。而詔使回帖回書，卜期未定。九月二十四日夜，渡弟及周繼武再到中左來見得息(悉)。九月二十五日已時，先令周繼武回報詔使云：「欲接詔，欲剃髮。先接詔，安在安平署中。其剃髮萬分大事，非突然苟且之事，須與詔使面議，十分妥當，奉旨命下，然後放心剃髮」。猶恐周繼武傳述失實，故書一稿為據。九月二十六日辰時，渡弟自中左回，又差旗鼓史讜、鄭奇逢等同渡弟進城，再請詔使來安平議接詔、剃頭事。九月二十九日辰時，詔使逐史讜等回。又接李德、周繼武來稟：「德等廿九早見二大人，被他兜留，仍差撥雜庫催迫起身，不容刻緩。廿九下午，二大人先出西門，立待德等齊行。德等稱說夫馬未便，限三十早起身」。九月三十日酉時，李春、吳文榜等來報，詔使已於九月廿九日午後回省去矣。

蓋葉、阿身為大臣，奉敕入閩，不唯傳宣德意，亦將以奠安兆民。今百姓困苦，兒將士如此繁多，在泉月餘，目睹悅巾情形，未聞與兒商量官兵如何安插，糧餉如何設處，輒以「剃髮」二字相來逼挾。兒一身剃髮，即令諸將剃髮乎？即令一日數十萬俱剃髮乎？未安其心，即落其形，能保不激變乎？葉、阿不為始終之圖，僅出輕率之語；不為國家虛心相商，而徒躁氣相加。即李德亦兒差也，與詔使一路同來，動輒凌厲。李德何罪？彼非欲挾李德，實欲挾兒也。

夫觀人者不於其所勉，而於其所忽。未接詔之前，猶致殷懃；才接詔之後，輒肆逼挾。使臣尚如此，朝廷可知矣。能令人無危乎？能令人無悟乎？況兒名聞華夷，若使苟且從事，不特不見重於清朝，亦貽笑於天下矣。

大抵清朝外以禮貌待吾父，內實以奇貨視吾父。今此番之敕書，與詔使之動舉，明明欲借父以挾子，一挾則無所不挾。而兒豈可挾之人哉？且吾父往見貝勒之時，已入彀中，其得全至今者，亦大幸也。萬一吾父不幸，天也！命也！兒只有縞素復仇，以結忠孝之局耳。

又據報，督撫行文各府辦馬料，策應大兵。李德、周繼武等來稟，孟兵部領大兵已到關外，此即是前日劉部院與金固山一和一攻，今日葉、阿與清兵一剃一挾，前後同一轍也。兒此時唯有抹厲以待，他何言哉？他何言哉？

兒本不敢回稟，緣黃六表痛哭流涕，必欲得兒一字回稟。姑詳悉顛末，統唯尊慈垂照。

鄭成功回顧了這兩年與清和談的細節，說明自己不願意剃髮降清的理由，並繼續將責任推給清方，同時也做了最壞的打算。不得不說，這封信文采飛揚，力透紙背，不輸《古文觀止》中的一些作品。同時，鄭成功還給二弟世忠寫了信，算是最後的告別，其中說道：

兄弟隔別數載，聚首幾日，忽然被挾而去，天也！命也！弟之多方勸諫，繼以痛哭，可謂無所不至矣。而兄之堅貞自持，不特利害不能以動其心，即斧刃加吾頸，亦不能移吾志。何則？決之已早而籌之已熟矣。今兄之心緒，盡在父親復稟中，弟聞之亦可以瞭然矣。大抵清朝若信兄言，則為清人；若不信兄言，則為明臣而已。他何言哉！……夫虎豹生於深山，百物懼焉；一入檻阱之中，搖尾而乞憐者，自知其不足以制之也。夫鳳凰翱翔於千仞之上，悠悠乎宇宙之間，任其縱橫而所之者，超超然脫乎世俗之外者也。兄名聞華夷久矣，用兵老矣，豈有舍鳳凰而就虎豹者哉？唯吾弟善事父母，厥盡孝道，從此之後，勿以兄為念。噫，漢有子瑜而有孔明，楚有伍尚而有子胥，兄弟之間，各行其志，各盡其職焉。兄不敢勉，弟其勉之！因便賦別，不盡願言……

持續近兩年的和談，就這樣正式結束了。鄭成功充分兌現了自己的表演才華，讓清廷一度信以為真，幾次派遣使者南下授詔。鄭成功也利用這寶貴的間歇期，積極在清戰區搶奪糧草資源，有效擴充自己的實力。

到了永曆八年(1654)底，鄭成功鞏固了中左基地，擁有了超過十萬兵力，讓自己真正可以擔負起東南抗清的領袖重任。我們甚至可以斷言，如果沒有這兩年的和談，就沒有鄭成功之後的三次北伐與兵臨南京。當然也有學者指出，清廷成功干擾了鄭成功與李定國的會師行動，才是真正的贏家。

就在這一年，鄭成功還在永曆朝收穫了一份大禮。

三、延平王冊封：功過之間的褒與貶

在南明各派勢力之中，鄭成功可謂獨一無二。他本就是「福建王」的鄭成功長子和繼承人，又是隆武親封的「國姓爺」，事實上的先帝養子，地位肯定是不弱於各地藩王的，孫可望、李定國這些「流寇」出身的異姓王就不用說了。

如果不是鄭芝龍的騷操作，鄭成功很可能會像後周郭榮一樣成為太子，進而繼承大位。可惜，父親的不戰而降，讓他的人生增添了太多變數及危機，但也激發出了他的潛力和血性，催生了更多傳奇與輝煌。

但在永曆朝，孫可望是天字第一號的秦王，李定國是西寧郡王，而鄭成功永曆七年（1653）七月才被封為漳國公，級別比孫李差了很多。這樣的爵位，顯然不能令心高氣傲的鄭成功滿意，他依然使用「國姓、招討大將軍」頭銜進行活動，似乎對永曆是一種無聲的抗議。

不過話說回來，鄭成功的基本盤只有廈門、金門、南澳和銅山四島，軍隊只有幾萬，實力與孫可望、李定國根本無法相比。得不到王爵其實也有合理之處。

今天，「國姓爺」與「延平王」成為了鄭成功兩個最為重要的標籤。延平府見證了他與隆武皇帝的濃厚情誼，見證了他由一名書生逐步向將軍蛻變的過程，更重要的是，見證了他向皇帝呈上「延平條陳」的忠誠與睿智。

因此，永曆朝封鄭成功為延平王，無疑打出了漂亮的一張感情牌。

但是，朝廷究竟是什麼時候冊封的，一直是史學界反覆爭論，卻沒有得出標準答案的問題。

在《南明史綱史料》中，柳亞子認為，永曆三年（1649）正月，永曆皇帝還在肇慶時，就進封忠孝伯朱成功為延平郡王。此時，孫可望大西南還沒有「投靠」南明。這種說法顯然不可靠。永曆不可能如此封賞對朝廷幾乎沒有貢獻、又離得天遠地遠的鄭成功。

而清鄭和談伊始，清廷打算封鄭成功為海澄公。如果鄭成功已經封王，那清廷此舉毫無吸引力。因此，鄭成功封延平王，必然是鄭清和談開始之後。

永曆九年（1655）二月，鄭成功在中左所設立六官，建立起了自己的政權體系，這一點史學界沒有爭議。但按常識推斷，如果此時鄭成功還沒有王爵，就不好意思做出這樣的制度安排。

這麼看來，鄭成功獲封延平王，只能在永曆八年（1654）了。按毛佩琦教授的說法，當年七月，兵部主事萬年英攜帶永曆敕書來到中左，正式冊封鄭成功為延平王。

明時的王爵制度相當規範。一字為親王，二字為郡王。而我大清的王爵體系就比較混亂了，一字可以是郡王，如之後我們要講到的某位叛徒；二字也可以是親王，如大名鼎鼎的敬謹親王尼堪。吳三桂起初是平西郡王，後來因戰功晉封為平西親王。

在顧誠《南明史》中，顧誠先生認為：

> 直到永曆十一年（1657）九月，朱由榔已遷入雲南昆明之後，才決定進封鄭成功為延平王……周金湯等到達廈門已經是永曆十二年。

請注意上述這個時點，正是李定國在交水之戰中大勝孫可望，整合西南抗清勢力之後不久。要知道在此之前，李定國已晉封晉王，劉文秀當上了蜀王。之後不久，永曆表彰交水之戰的功臣，白文選由鞏國公晉封為鞏昌王，馬進忠由鄂國公晉封為漢陽王，馮雙禮由興國侯晉封為慶陽王。

就算永曆智商再欠費，他也知道頂著國姓爺光環的鄭成功，與這三位孫可望的部將並不在一個級別。這個時候才給鄭成功封二字群王，無疑是對這位東南抗清領袖的羞辱。

因此，鄭成功絕不可能這麼晚才晉封延平王，賜封一字親王（比如潮王）才更合適，才能展現他的重要性，顯示他與南明三將的區別。但鄭成功肯定是推辭了。

那麼，還在與清廷和談的鄭成功，得到延平王的爵位，是實至名歸，還是受之有愧呢？

都說永曆皇帝除了嗅覺敏捷（感到危險就收拾東西）與奔跑能力出眾（多次讓清軍逮不著）之外，好像沒有別的優點了。但能夠審時度勢，策封鄭成功為二字郡王，正是這位皇帝的高明之處。

別小瞧這個延平王。大明在南北二京二百七十七年，並沒有冊封異姓活人為王的紀錄。南明政權到了山窮水盡之時，終於將大西軍首領的孫可望封為秦王。幾年之後，又封李定國為西寧王，劉文秀為南康王。而鄭成功則是非大西軍系統第一位在世封王的將領。

清廷已經有四個漢王了，順治卻只願意封鄭成功為海澄公，永曆封這位國姓爺為郡王，無疑有拉攏他的考慮，防止他真的倒向清廷——我更重視你。同時，這也是對鄭成功過往一系列抗清貢獻的嘉獎，再加上國姓爺本身就相當於隆武皇帝養子，完全配得上王爵。再說，既然魯王已經退休了，東南抗清需要一位無可爭議的領袖，唯有鄭成功能扛起這個重任。

《敕封延平王誥》文辭優美，情感真摯，充分展現了文言文的特殊魅力，翻譯成白話就意境全完了，轉錄於下：

克敘彝倫，首重君臣之義。有功世道，在嚴夷夏之防。蓋天地之常經，實邦家之良翰。爾漳國公賜姓忠猷愷掣，壯略沉雄。方閩浙之飛塵，痛長汀之鳴鏑，登舟灑泣，聯袍澤以同仇，誓臂盟心，謝辰昏於異域。而乃戈船浪泊，轉戰十年，蠟表興元，間行萬里，絕燕山之偽款，覆虎穴之名酋，作砥柱於東南，繫遺民以弁冕，弘勳有奕，苦節彌貞，唯移忠以作孝，斯為大孝，蓋忘家而許國，乃克承家銘。具金石之誠，式重河山之誓。是用錫以冊封為延平王，其矢志股肱，砥修茅戟。丕建犁庭之業，永承胙土之庥。尚敬之哉！

鄭成功自隆武元年（1645）參與戎事，到永曆八年（1654）正好十年。「絕燕山之偽款」顯然指拒絕北京清廷的招降，「覆虎穴之名酋」，很可能指擊敗閩浙總督陳瑾並使之喪命，並不是消滅阿格商或者韓尚亮這樣低階別的將領。由敕書也可以看出，永曆策封的時間，不可能遲至永曆十一年。[25]

在鄭成功獲封延平王的這一年裡，張名振與李定國，也在為反清復明做著不懈努力。

[25] 按今日的演算法是九年。

第九章
東西謎團：三入長江的歷史迷霧

一、江上逐浪：與國姓爺的傳聞無關？

永曆七年（1653）三月，在鄭成功兵敗古縣的危急時刻，張名振卻自告奮勇，要帶兵北上浙直，雖號稱是趁敵空虛搗其心腹，但怎麼看怎麼有跑路的嫌疑。

鄭成功部下屢屢彈劾揭發張名振，當老大的難道看不出來？當然不可能。但是，憑著寬廣的胸襟與強烈的自信，他才能維持與張名振、張煌言的長期合作。

在鄭成功的鼎力支持之下，張名振和張煌言率領兩萬士兵、六百艘戰船駛離中左，開始了北上遠征。能支撐起這麼大陣打仗，張名振統轄的肯定不只是自己的魯系班底，也有一部分鄭軍水師。

船隊北上江南省，必定要經過舟山群島。永曆五年（1651）八月，清軍在陳瑾、金礪率領下占領舟山，魯監國政權遭到致命打擊，多位重臣以身殉國，書寫了南明抗清史上最為慘烈的篇章之一。張名振的母親、妻兒都在舟山遇難。

張名振、張煌言遙望故地，悲從心起。他們設酒祭奠亡靈，發誓一定要為死者報仇。船隊駛過舟山之後，張軍攻打金塘山（今屬舟山市定海區），活捉了魯軍叛將金允彥，並將這傢伙凌遲處死，一時聲威大振。平原將軍姚志卓、誠意伯劉孔昭等慕名來投。而一些魯王舊部與浙東義師也紛紛響應，張名振從此可以打富裕的仗了。

九月，船隊行駛到了到蘇州府崇明縣，令當地清軍日夜膽寒。但張名振只是嘗試進攻了一次，還未能攻克。隨後，龐大的船隊就在附近駐紮下來，一住就是四個月，白白浪費了太多糧食，實在有些掉漆？

當然，張名振絕對不會閒著，他致敬諸葛亮的五丈原屯田，指揮站部下在三尖沙、稗沙和平洋沙等地開荒種地，擺出一付來了就不想走的架勢。並積極聯繫江南反清勢力，為接下來的大舉措累積能量。

區區崇明，根本不是張名振的菜。克服金陵，光復河山，才是這位老將軍的理想。同時，張名振肯定也有藉機徹底擺脫鄭成功制約，重新立起魯王山頭的意願。

這一點鄭成功豈能不知道，鄭軍將領的告狀信能出一本厚厚的文集，自然離不開這一主題。但被後世一些史家說成沒有胸襟的國姓爺，卻能一直包容張名振。

轉過年就是農曆甲午年。在這一年裡，能夠決定中國前程與命運的各方勢力，都在緊鑼密鼓的推進自己的事業。順治皇帝忙著選妃和生孩子（康熙就是這一年出生的），鄭成功忙著和清廷談判搞錢，孫可望忙著為篡位做準備活動，李定國忙著二入廣東，永曆忙著找人拯救自己。

但如果只能挑選一人做為年度人物，筆者個人認為應是張名振。這位與清軍浴血奮戰多年的老英雄，終於迎來了自己最高光的時期。

這年正月，當別人還在舒舒服服的過新年吃餃子之時，張名振、張煌言與誠意伯劉孔昭率領上百艘戰船，從長江口一氣兒殺到了瓜州。沿途的清軍除了遠遠發炮，也只能望船興嘆：咱的戰船不匹配啊。

二十一日，張名振、張煌言與劉孔昭在金山上岸，還奪下了清軍數十門江防大砲和大量物資。隨後，他們率領五百護衛，白衣方巾登上金山，來到著名的金山寺。

「施主，請留香火錢！」寺裡和尚並不計較你留不留辮子，只要你留銀子。張名振不覺好笑：「大兵到此秋毫不犯，你們得福多了，還要化緣？」和尚陪著笑臉說：「貧僧這裡可是名山啊。」張名振哈哈大笑，讓士兵抬來米十石，鹽十擔，整整齊齊的堆在廚房，可把和尚高興壞了。

張名振一行再次上山，向東南遙望南京城。秀麗巍峨的紫金山隱約可見，大明開國皇帝朱元璋的孝陵正在山下。張名振一行鄭重的下拜行禮，眼見山河破碎，神州陸沉，所有人不覺得潸然淚下。按說，文思如泉湧的本應是文人張煌言，但留下詩作的，卻是老粗張名振：

予以接濟秦藩，師泊金山，遙拜孝陵，有感而賦。

十年橫海一孤臣，佳氣鐘山望裡真。

鶉首義旗方出楚，燕雲羽檄已通閩。

王師桴鼓心肝噎，父老壺漿涕淚親。

南望孝陵兵縞素，會看大纛禡龍津。

甲午年孟春月，定西侯張名振同誠意伯題並書。

但是，張名振左等右等，上看下看，也沒有等到「秦藩」的消息。清江南和江西總督馬國柱急令提督管效忠由浦口、阿思哈哈番尼堪由龍潭救援鎮江。收到情報之後，張名振無意於硬拚，而是及時撤走。三月初六日，張軍在呂四場擊敗清國，還繳獲了一枚大河營守備印。

三月二十九日，張名振一行捲土重來了。他們乘著順風溯流而上，繞過了京口，於四月初七日抵達了揚州府下轄的儀真縣。這裡離南京近在咫尺。江南清軍得到消息之後惶惶不可終日，四處拼湊戰船準備迎戰。

但張名振也有自己的煩惱：物資短缺。為了解決糧餉問題，老將軍向當地鹽商徵稅。在受到堅決抵制之後，張名振命人燒毀了六百多艘鹽船，也算狠狠破壞了清統區的經濟。清朝地方當局自然是非常恐慌，又加緊調兵堵截。但張名振想走，那是誰也攔不住的，他將船隊撤到崇明一帶的沙嶼稗沙、平洋等處。就這樣，二入長江宣告結束。

為了讓士兵們吃好，張名振親自趕赴溫州買米七船，但依然不能滿足每天龐大的開銷。沒有辦法，還得去求財大氣粗的國姓爺。

鄭成功欣賞張名振的魄力，也理解他的難處。經過一番交談，國姓爺爽快地提供了糧草、火藥及物資。鄭成功還讓忠靖伯陳輝率領水軍五千、陸軍一萬，大船近百隻，統一歸張名振調配，讓這位老英雄非常開心。

張名振等人率領著龐大的艦隊，浩浩蕩蕩一路向北。九月初六日，大軍抵達了一個當時很不起眼、今天世界聞名的地方 —— 上海。縣城之內一時譁然，百姓爭傳「王者之師」，做出要把知縣綁了當投名狀的架勢。暗藏的各種反清勢力都急不可耐的出來刷存感。他們換上明朝衣冠，追打公職人員。

江寧巡撫周國柱心急火燎的領兵趕來，眼見反抗之火難以遏制，在手下師爺的建議下，他很快處決了幾個刺頭，並讓人放出話來，說是打算學習揚州和嘉定的先進經驗，搞一次全城大清洗。

上海的局勢總算平定了，周國柱還沒來得及開香檳慶祝，卻被一條突如其來的噩耗差點給嚇死：明軍開到南京城下了！

原來，張名振擺出圍攻上海的架勢，是醉翁之意不在酒，只為轉移清軍的視線。十二月十八日，四百餘艘戰船擺脫了沿途清軍（裝模作樣）的圍追堵截之後，來到了南京郊外的燕子磯，距觀音門僅一步之遙。

自打九年前鄭鴻逵率領的江防軍從從燕子磯狼狽撤走之後，明軍船隊再次開到了這個要塞。此次行動不管最終結果如何，能走到這一步，已經非常了不起。

永曆八年是為農曆甲午年，是明清對抗極為關鍵的一年。聯想到太平天國從湖南進軍武昌、直下金陵的壯舉，就知道孫可望與鄭成功的東西會師，完全具有可操作性，並不算紙上談兵。

張名振、張煌言水師三入長江，深入內地水域如入無人之境，一定程度上打擊了清廷在江南的統治，給了在絕境中苦苦掙扎的反清義士以堅持的信心。但這絕不是三入長江的真正目的。而張名振登金山的詩作〈予以接濟秦藩，師泊金山，遙拜孝陵，有感而賦〉，不經意間洩露了這次長江之行的目的。

「秦藩」並非正宗的明朝秦王宗室——他們已經被李自成給滅了，而是南明的秦國國主孫可望。張名振想與孫國主會師金陵，飲馬長江。然而，這個計畫有可行性嗎？

鑒於孫可望後來的不堪經歷，傳統史書對他難免會有不同程度的醜化。但不可否認的是，孫國主是明末漢人群雄之中，能力與性格最接近曹操與朱元璋的，其策略眼光與政治手腕，絕不輸鄭成功。

而在江南，一大批愛國志士聯合起來，為了能實現東西會師而反覆奪走。他們之中，名氣最大的屬鄭成功的老師錢謙益夫妻，此外還有魯監國的仁武伯姚志卓、左都御史加督師大學士李之椿、兵部侍郎張仲符、明宗室朱周鎮，以及原兵部職方司主事賀王盛、生員眭本等人。

因「水太涼」和跪迎大清而留名青史的錢謙益，其實也有著我們並不熟知的另一面。他和如夫人柳如是，長期冒著被殺頭的危險，利用自己的聲望與家資進行聯繫各地義師的工作，也很自然的成為了反清義士的領袖。錢謙益將復明策略比作下棋，他如是說：

難得而易失者，時也，計定而集事者，局也。人之當局如弈棋然，楸枰小技，可以喻大。在今日有全著，有急著，善弈者視勢之所急而善救之。今之急著，即要著也；今之要著，即全著也。夫天下要害必爭之地，不過數四。中原根本自在江南。長、淮、汴、京，莫非都會，則宣移楚南諸勳重兵全力以恢荊襄、上扼漢沔，下撼武昌，大江以南在吾指顧之間。江南既定，財賦浙充，根本已固，然後移荊、汴之鋒掃清河朔。高皇帝定鼎金陵，大兵北指。庚申帝國遁歸江北，此已事之成效也。

錢謙益將這個以收復江南為重心的復興策略，稱為「楸枰三局」。永曆七年（1653）十一月，姚志卓從貴州返回，帶回了永曆朝廷及孫可望的敕書、孫可望札付、檄文、大學士雷躍龍五封回信，以及孫可望任命賀王勝為兵部侍郎的敕諭。儘管這些檔案的細節史書未載，但顯然是以東西會師、光復金陵為核心內容的。

姚志卓將檔案交給了賀王盛，而後者又透過一位茅山道士張仲甫祕密轉交給了張名振。

看到這些檔案的老張，當然是喜出望外。

永曆八年（1654）正月，孫可望任命劉文秀為大招討，都督諸軍，出師東伐。顯然，這正是秦王在為東西會師布局。但遺憾的是，孫可望此時顯現了出愈發強烈的篡位自立心理，不光讓安龍小朝廷惶恐不安，也使得兩位昔日好兄弟李定國與劉文秀日益不滿。

誠然，永曆皇帝已是如假包換的傀儡，但面對占據了大半個中國，無論財力還是軍備都占絕對優勢的清廷面前，只有暫時繼續打明朝的旗號，才能更好的團結更方面的勢力，更有效的整合資源。

孫可望想當朱元璋 2.0 並沒有錯，但也得看時候。固然，朱元璋在北伐元朝之前先大打內戰，連續消滅了陳友諒和張士誠，但他生活的時代，元朝統治已經走向衰落、無力對南方進行大規模征討。而孫可望勢力的巔峰期，也撞上了滿清最為強盛的歲月，雙方的差距實在過於明顯，根本不給你折騰的空間。

如果孫可望能克服整個華南，並與清廷實現了較長時間的南北對峙，那他做個劉裕第二沒有問題，贏得的只會是一片掌聲。可現在僅僅擁有了雲貴兩省及四川、湖南的一部分，就急吼吼的想當皇帝，只能說政治智慧欠費。

「周文王自己沒有稱王，魏武帝自己沒有稱帝。」有這樣的楷模在前，孫可望就是不知道學。

這年五六月期間，據說孫可望曾由貴陽前往昆明，試圖廢掉永曆，正式登基，甚至還留下了一篇敗人品的〈望水亭記〉(不排除後人杜撰)。鑒於對孫可望篡位自立的抵制，劉文秀在湖南晃了一圈之後，居然又在七月跑回貴陽。

孫可望並沒有處分劉文秀，顯然是忌憚他的實力。在已經與李定國鬧翻的情況下，劉文秀還是得爭取一下的。

為了給孫可望大軍東出、鄭成功之後的援助打好基礎，張名振這才不辭辛苦的三入長江，一次次深入清統治區的核心，而且一次比一次離南京更近。那麼問題來了，鄭成功知道這事嗎？

鄭成功還在與滿清和談，雖說有上萬鄭軍事實上參與了三入長江，但只能打張名振的旗號。但既然是鄭成功出錢出人，又是事實上的統帥，張名振顯然不可能向鄭成功隱瞞這麼重要的事情。那以鄭成功的脾氣，真的不能容忍。

顧誠先生認為：「張名振、張煌言「三入長江」之役幾乎同鄭成功沒有多大關係。」但這顯然並不是事實。[26]

---

[26] 見《顧誠明清史文集：中》第 263 頁。

首先，別說張名振了，連魯王都要靠鄭成功接濟並去除了監國名號，這就等於承認了鄭成功在整個東南沿海的領導地位。沒有鄭成功點頭，張名振根本沒法離開廈門；沒有鄭成功的兵船和糧餉，張名振根本到不了長江口；更何況，張名振帶的兩萬人中，不可能沒有一點兒鄭軍。

其次，錢謙益要策劃東西會師，更信任的人顯然是鄭成功，而不可能是張名振。一來鄭成功的實力要強的多，張名振只是在人家地頭上混飯吃而已。抱男人的大腿，一定要抱更粗的那一條。二來鄭成功是錢謙益的學生，「大木」兩個字可不是白叫的，彼此信任度要高得多。因此，筆者可以大推斷，張名振的三入長江，幕後指揮正是鄭成功。他此時正與清廷談判，需要掩人耳目，因此讓張名振在長江活動，比派遣鄭軍大將更為方便。一旦東西會師真的能夠實現，國姓爺也就不需要再演戲了，他必然會親自率領主力北上浙直，書寫反清復明的精彩篇章。

張名振三入長江，勇氣絕倫，不愧為明清之際出類拔萃的英雄。但完全無視鄭成功的統籌全域性與大力協助，恐怕並不是客觀的態度。

而在廣東，也有一個人翹首期盼鄭成功的支援。

二、廣東折返：一場陰差陽錯的遠征

鄭成功與李定國年齡僅相差三歲。但他們一個來自東南的福建，是官二代；一個出生於西北的陝西，是窮 N 代。兩人的童年生活與成長歷程自然有天壤之別，但時代的車輪，還是將他們送到了一個平臺之上。

在與孫可望鬧翻之後，李定國決定開闢「第二戰場」，打下兩廣大作為基地。永曆七年 (1653) 二月，李定國占領廣西梧州，廣東就在眼前了。三月二十五日，大軍開到了肇慶城下。

肇慶是永曆皇帝登基的地方，其政治意義不言而喻。如果拿下該城，李定國的威望會更加突出。三年前的廣州大屠殺，依舊是南粵百姓的噩夢，無數仁人義士依然心繫明朝。聽說戰神李定國入粵，各地抗清力量紛紛自發響應。

更重要的是，鄭成功的老朋友郝尚久，居然再次反清歸明了。

明清易代期間，武將之中湧現了一大批玩「折返跑」的高手，在剃髮與留髮、歸明與降清之間跳來跳去。郝尚久之所以重新反正，主要原因是清廷派劉伯祿擔任潮州總兵，想改派他為廣東水師副將，明升暗貶，削其軍權。

這年三月，郝尚久剪辮起義，自封新泰侯，並與李定國和鄭成功聯繫，希望一起在廣東做些事情。受到鼓舞的李定國率軍猛攻肇慶，火炮轟炸不停，城內一時風聲鶴唳。肇慶總兵許爾顯一邊咬牙支撐，一邊向老領導、平南王尚可喜求救。

尚可喜率平南、靖南兩藩軍隊援助肇慶。事實證明，他老人家的軍事才能，也許要勝過被李定國搞死的孔有德。老尚不光分兵消滅了李定國派往潮州聯繫的軍兵，並指揮清軍鑿開側門突襲明軍，粉碎了李定國挖地道炸開城池的圖謀，最終迫使這位戰神退出廣東。

李定國一走，郝尚久立即嗅到了死亡的味道，於是趕緊向鄭成功救援。但此時鄭成功正忙著與清廷和談，確實方便公開支持郝尚久。當年六月，鄭成功親自領兵攻打海鷗汀寨，但塞子建在水田中，鄭軍的火器施展不開，未能得手。八月，鄭成功在籌集到一批軍糧之後，返回了中左。可惜，他走得確實太早了。

八月十三日，靖南王耿繼茂、靖南將軍喀喀木在占領潮州各縣之後，包圍了府城。鄭成功對郝尚久素無好感，此時似乎樂得看他的笑話，但手下人紛紛陳述「唇亡齒寒」的道理，鄭成功也就順應民意，悄悄派陳六御率船隊南下。

但陳六御還在半路時，九月十四日，潮州城就被破，郝尚久父子可能想到再投降也沒有好下場，雙雙選擇自殺。

李定國一入廣東之役，就這樣慘淡收場，還連累郝尚久成為炮灰。後世學者往往責備鄭成功不能全力配合李定國，解救郝尚久，卻無人質疑李定國選擇進軍廣東的時間。當時，鄭軍在海澄保衛戰中損耗巨大，急需休養生息。這一次他不出兵，似乎也說得過去。

一次挫折，當然不會打跨意志堅定的李定國。到了甲午年，他準備二入廣東。這一次，他集中的兵馬更多，意志也更堅決。而且，他更加希望鄭成功能夠出兵，分擔他的軍事壓力。

二月，李定國在柳州誓師，開始了他的偉大征程。在很短時間內，明軍連續攻克了橫州、廉州和高州等地，勢如破竹，給了在逆境中堅持抗清的兩廣軍民以極大信心。就在李定國信心滿滿的準備劍指新會，威脅羊城時，一件意外發生了。

四月，李定國突然得了重病，直到八月才痊癒。在此之前，明軍先頭部隊吳子聖已經向新會發動了試探性進攻，但後來的事情證明，這真是打草驚蛇。

八月，李定國寫下親筆信，由鄭成功差官李景送到中左，約鄭成功夾攻新會。以李王爺的文字功底，這信八成是幕僚代筆：

孟夏遣使，帆海詣鈴閣，悉機務，並候興居。擬閱月可得旋，不圖至今尚棲遲貴壁。今差員李景至，始知前此籧使林祚者，固不知所下落也。

不穀駐師高涼，秣勵養銳，唯候貴爵芳信，即會轡長驅，以成合擊。蓋不欲俾虜有隻蹄侵進耳。乃七月中旬，又接皇上敕書，切切以恢東為計。君命不俟駕，寧敢遲遲吾行哉！爰遣水陸二師，齊發新、肇，託祉有初，兩見成績。蓋殄虜於長洋，敗李酋於端水。而會城兩虜，恃海攖城，尚稽戎索。

茲不穀已駐興邑，刻日直擣五羊。然逆虜以新會為鎖鑰樞牖，儲糗攸資，是用悉所精神，援餉不絕。不穀之意，欲就其地以芟除，庶省城可不勞而下。故亦合力於斯。在彼望風屏息，遵陸知難，遂恃長舸艦，堵我舟師。非藉貴爵星言發夕，其誰收此一捷也？企慕甚殷，宜有關切。

至於粵東水師官義、抗虜降虜者，莫不密遣告勞。然詳所舉止，多倫觀望，不思羊城底定後，雖頻年抗節，而不千里勤王，亦何夙績之足道哉？唯貴爵為此宣意，以聳恿各部，則五等上□□□國恩只報在茲，而不謂不穀之功罪可混也。[27]

至援虜之來，向亦略聞其概，然□□□虜，再無敬謹之強且精者，今安在哉？誠來當盡縛以報知己。其楚豫之間，偵使頗繁，大略粵事諧而閩浙直爭傳一檄，所謂張侯爵鼓楫而前，要知亦緩於今日發粵之舉。時乘其所急，名高於易收，執事寧忍置之？

差員稱貴爵從潮惠脂車，則當以初冬為的，其水部必以速臨新邑為限，均希相要旦旦，足仞至誠。雲臺虛左，不穀實厚冀於公也。暫復不備』。

最後，李定國語重心長的開導道：

聖蹕艱危，不可言喻。敕中愴怛之語，不穀讀之痛心。五月至今，所待貴爵相應耳。倘確不能來，即示以的，不穀便另議舟師，以圖進取。甚勿然諾浮沉，致貽耽閣。要知十月望後，恐無濟於機宜矣。

雖說鄭成功沒有及時趕到，但廣東義軍首領陳奇策卻完全發揮了鄭成功水軍就有的作用。他們占領了江門，築起炮臺，堵截了清軍從海上可能的增援。並殲滅了清水師提督蓋一鵬。

十月初三日，新會攻城戰正式打響，李定國指揮號稱二十萬的大軍，對這座廣州的門戶進行狂攻。為了守住新會，清軍使出了令人嘆為

[27] 原文缺失。見郭影秋編：《李定國紀年》第125頁。

觀止的絕招：把城內漢族平民推到守城最前沿當「人盾」，你李定國有本事就去殺吧！

果然，李定國下令停止發炮，給了清軍以喘息之機。而清軍表現得異常頑強，並善於從史書中學習先進經驗。城內糧食吃光了，他們就學張巡吃人。但李定國也擺出勢在必得的架勢，一定要拿下新會。

可惜，清軍的幫手實在太多。十二月初十日，清靖南將軍朱馬喇與尚可喜、耿繼茂軍一道向明軍發起總攻。李定國軍寡不敵眾，吃到了抗清以來最為慘痛的一次敗仗，十二月十八日，他下令全軍撤退。

二十四日，李定國軍主力退回廣西，只剩下了六千兵馬。從此以後，他再也未能重新踏入廣東的土地。李定國決定先將永曆從孫可望的軟禁之下解救出來，再圖謀大事。

而鄭成功的援軍，始終也沒有與李定國會師。那麼，其間究竟發生了什麼？

到了九月，李景從廣西返回。跟隨他的還有李定國的下屬，並帶上了這位西寧王的信件。

當時，清方的談判代表葉成格、阿山還在泉州，鄭成功不得不將使者先送到金門，一時無法給李定國答覆。十月十九日，當與清廷談判正式破裂之後，鄭成功立即安排了與李定國會師廣東的作戰計畫。

赴粵水軍陣容相當豪華。鄭軍二號人物輔明侯林察擔任水陸都督，全權負責南下之事。閩安侯周瑞為水師統領，戎旗勳鎮王秀奇為陸師左統領，左先鋒鎮功蘇茂為右統領，統一指揮殿兵營林文燦，游擊兵營黃元，正兵鎮陳勳，護衛左鎮杜輝，後勁鎮楊正、信武營陳澤等部，合計約二萬人，戰船三百艘，開往廣東。[28]

[28]　《臺灣外記》認為是共計五鎮兵力，五十只戰船。《先王實錄》上載是官兵數萬，戰船百隻。

鄭成功還派忠振伯洪旭先行到銅山，與陳霸商量調拔物資，戶科楊英拔發了十月糧草。可見，鄭成功是要讓林察他們做長期準備，完不成任務就別回中左。

同時，鄭成功寫了一封信給李定國，表達了對西寧王的衷心尊重及合作願望，並希望將自己的姪女許配給李定國的公子：

季秋幸接尊使，讀翰教諄諄，修矛戟而奏膚公（功），大符夙願。又重以婚姻之約，情誼綢繆，雖隔在一方，而神交不啻面談矣。

竊聞方召並駕而玁狁於襄，秦晉締盟而周邦鹹賴，古人美績，何多讓歟？弟十年京（經）營，十年攻戰，正欲得一同袍同氣者，共滅醜類而朝夕茲疊承大教，寧忍濡滯以自失事機？奈尊使到敝營時，值南風盛發，利於北伐而未利於南征，故再發舟師，令定西侯張名振、忠靖伯陳輝等復出長江，水陸並進，規取金陵，使彼胸腹受創，則手足自亂。即欲遣師南下，與貴部共取五羊，緣風信非時，未便發師，尤恐久懸尊慮，先遣敝員林祚、李景等賫小函奉復，諒達臺覽矣。

茲居孟冬，北風揚起，即令輔明侯林察、閩安侯周瑞等統領，揚帆東指，雖媿非順昌旗幟，然勉效一臂之力，水師攻其三面，陸師盡其一網，則粵酋可不戰而擒矣。

至於連（聯）姻一議，聞命欣愜，唯有隻承。弟小女長者已先許人，茲有兄弟之女，欲以託蔦蘿。弟性篤天倫，雖兄弟之女，不殊已女，但事須光明，不敢不以實告，唯在裁擇焉。未訂朱陳之諾，本未敢遽附姻稱，但尊誼山重，意氣之雅，猶金石也，敬託姻末，諒無唐突之誚否？

辱承厚貺，如捧瓊瑤，對使拜登玲瓏金頂蝙㲒大帽、碧鞋帶、蜜蠟、金珠四色，銘謝曷既！另附芰芰，匪雲抒報，聊申谿毛之薦，翼達明信之忱。伏唯崇慈，附垂監茹。餘情縷縷，恨未能奮飛促膝面罄。尊使回日，自能代悉。

然而，十二月十五日，南援艦隊才來到距虎門二百餘里的佛門堂水域。此時，新會戰役已經以李定國的慘敗而告終。既然帶足了糧食，林察就下令艦隊在附近等待，希望李定國部能重新殺回廣東。但左等右等，西寧王始終沒有「王者歸來」。不得已，永曆九年（1655）五月，林察軍回到廈門（當時已改叫思明）覆命。

南征大軍折騰了七個月毫無結果，讓鄭成功大為光火。他立即召集文武商議處理辦法，並痛心的說：「勤王入援，君命原無俟駕，逗留觀望而回，朝典何在？爾等合心畏避開，當盡正罪。」

以鄭成功一貫的作風，他非砍幾個人示眾不可。林察及出征的大多數將領眾口一詞，說是右軍周瑞（前魯軍將領）耽誤戰機。鄭成功於是決定處斬周瑞 —— 也太不近人情了。但周瑞平日人緣不錯，為他求情的人不少。鄭成功最後沒有殺周瑞，只是削奪了他的爵位，解除兵權，永不敘用。

後世史家也就有了指責鄭成功的把柄。畢竟周瑞是永曆所封的閩安侯，理論上講，鄭成功別說殺他了，連免職的權力都沒有。你敢殺周瑞，就是致敬袁崇煥殺毛文龍，很敗人品的。林察等人也沒有逃過處罰。他和右提督王秀奇、左先鋒蘇茂都被記責並連降三級，其餘軍官被降兩級。

當時，信武營陳澤、遊兵鎮黃元和殿兵鎮林文燦都向林察建議繼續向廣州前進，急爭取和李定國會師，但林察沒有同意。鄭成功給三人各升一級，賞銀一百兩。同時，他又給李定國去信表示歉意，希望他不要灰心，在粵東繼續發力，摧枯拉朽，會師南京：

客歲蓬使遙來，同仇同袍之訂，甚符夙心。用是敵幹敹冑，大集樓船，方刻程期，而敝員李景復以臺命至，展讀再四，知殿下內急君父之憂，外切仇讎之痛；不佞恨不能征帆悠忽，直掃珠江，同挈故土以迎乘輿。詎意船師未到，而大師已先班回數日。有貴部官兵自粵來投者，細訊其故，蓋以驕兵致挫。勝負兵家之常，不足深憂。但敝船逗遛，既不能先期會師，又不能奮圖後援，實與有罪焉。已將水陸各將，審定功罪，乃知依違不前者，閩安侯周瑞，已重行捆責，革職閒住，乃念其有功，不然已正法矣。尚有貴水師汪都督孫泊大鵬，甚非久計，不佞現遣特員，令其乘薰抵鷺，待殿下捷音重至，跟我舟師齊發，甚為兩便。

爾時腥氣，在在而然，所恃血性男子，堅乃心腸。不佞於客冬十二月，一鼓而下漳、泉、興各郡邑，虜束手莫措，竟無敢逆我言行者。茲已萃奪( )滿漢，悉其精銳，傾國面來，復移援粵兩酋之師，以天下全力來攻我土地。不佞秣馬厲兵，靜以破之，綽綽有餘。此一戰了，虜力既挫，必一敗而不可收，不唯江南半壁在吾目中，即天下大勢亦約略可省，此不佞所可自信者。今援廣之精銳，已悉來閩，則粵東勢必空虛，乘機襲取，正其時也。殿下幸迅師入粵，或取五羊，或取高、雷、廉，定有摧枯拉朽之勢！從此長驅破竹，共抵金陵，聚首策勛，深所願也。

由此可見，鄭成功非但不擔心與李定國會師，反而熱心的為他出主意。可惜的是，李定國經此一敗，再也不願進軍廣東，而是調頭向西發展。

鄭成功兩次錯失與李定國會師廣東的機會，讓自己成為了後世史家口誅筆伐的對象。私心自用、擁兵自重、不顧大局和故意拖延等，都成了國姓爺的著名標籤。

但就事論事，在東西會師的問題上，我恐怕不能處處站在李定國的立場上，對鄭成功過於苛求。

很顯然，李定國明知鄭成功正在與清廷談判，明知此舉可以讓鄭軍獲得寶貴的休整時間與極大的財力補充，明知這種機會可遇而不可求，如果當鄭成功是朋友，為什麼不成人之美，非要急不可耐的發動新會攻勢，還要一定要拉人家下水呢？再多等幾個月不行嗎？

要知道新會和廣州什麼時候都能打，但和談卻不是什麼時候都能談的。作為一名有格局有眼光的統帥，李定國此舉並不明智，缺少換位思考的智慧。而遭至太多批評的國姓爺，已經擔起起「問心無愧」四字了。

再說了，廣東會戰是李定國主導的，鄭軍水師只是助戰。就算鄭軍不來，廣東義軍已經阻截了海面上的清廷援軍，完全可以取代鄭軍的作用。李定國最後的慘敗，主要責任顯然在自己而不在鄭成功。就像荷蘭軍隊在熱蘭遮慘敗，能把鍋甩給劉香嗎？

鄭成功是個心高氣傲的人，如果他真心看不上李定國，真心不想跟他會師，完全可以不派艦隊南下。

林察水軍十月十九日由中左出發，十二月十五日才趕到佛門堂（今香港新界西貢區東南）。看起來確實像慢吞吞。但水上行軍非比陸地，受洋流與風向影響太大。永曆四年，鄭成功從南澳行軍到大星所，也用時一個半月。永曆八年洪旭北征，從中左到舟山用了三個月。因此，一口咬定林察拖延時間，甚至說是受鄭成功指使，顯然並不客觀。

如果說鄭成功為了應付李定國，就派出上百艘戰船，上萬名官兵，十個月口糧奔赴廣東，只是為了表演一下，這作秀是不是做得也太誇張了。

而且，林察和周瑞並非普通將領，而是鄭軍中僅有的兩位侯爵。其他如王秀奇、蘇茂、黃元、陳勳和杜輝等，都是鄭軍的骨幹。這些人就算不帶一兵一卒離開中左所，對鄭成功的抗清事業都是嚴重打擊，何況他們還帶領著兩萬精銳，十個月糧草。如果有什麼閃失，鄭成功哭都沒地方哭去。

在中左本身隨時可能遭遇清軍圍攻的情況下，鄭成功派出如此數量的軍兵，這樣級別的將官，其用心不可謂不真誠，其操作不可謂不大膽，其格局不可謂不宏大，當然，其效果不可謂不怎麼樣。

顧誠先生認為，鄭成功之所以不願意出兵廣東，是擔心閩粵兵連一體，地成一片，遙相呼應的局面就要改觀。這種說法似乎相當牽強。當初魯王和唐王的地盤也連在一起了，魯王並沒有乖乖屈服於唐王，而是自行其事，甚至還想分化拉攏隆武朝官員。李定國的地盤和孫可望控制區也連在一起，也沒見西寧王乖乖任人擺布啊。

鄭成功偏居福建，面臨的不光有本省的清軍，還有浙江、江西和廣東清軍的三面合圍，壓力之大，困難之多，外人恐怕難以想像。如果李定國真的能光復兩廣，鄭成功的日子必然會好過太多，對清作戰就有了更多迴旋餘地，這一點他豈能看不出來？

因此，在證據不充分的情況下，就斷定鄭成功「虛與委蛇」，恐怕並不客觀。當然，鄭成功肯定不是十全十美的道德標兵，他也會有自己的通盤考慮。鄭氏集團更像是一個「企業集團」，重要將領都是有股份的，也有自己的訴求，鄭成功必須考慮他們的利益。

更何況，在處理了林察等人一個月之後，鄭成功就派前提督黃廷、後提督萬禮統十三鎮兵力（約兩萬至三萬人）由漳浦、詔安南下潮州。《從征實錄》認為是「駐兵徵餉」，但難道就沒有為李定國分擔軍事壓力、甚至實現會師的圖謀嗎？八月，南征軍就先後攻陷了揭陽、普寧和澄海三縣，對清軍形成了很大壓力。如果李定國能第三次入粵，形勢也許會大有不同。

但李定國退回廣西時，部下僅有六千餘人。孫可望命高有才率四萬人駐兵田州，準備消滅西寧王。李定國並非一蹶不振，他派高文貴、李永爵和李先芳等東下潯州（今廣西貴港市桂平市）、橫州（今廣西南寧市橫州市），試圖再入廣東，直到年末才退回南寧，未能與黃廷軍取得聯繫。但這個責任，恐怕也不能由鄭成功來承擔。

隨著和談的結束，鄭軍面臨的軍事壓力空前嚴峻，但取得的戰績也是前所未有。

第十章
南北征伐：失敗與榮耀並存

一、天降大禮：不戰而勝的大邑之得

永曆八年（1654）十二月初一夜裡，漳州城外的寒風呼呼作響，時阜門（南門）城牆上的幾個清軍，無精打采的提著兵器，應付差事的轉來轉去。不多久，幾個換班的趕了過來，說是和他們換班的。這個點時間不對，但誰不想早點回去呢。

這幾個夥計剛交出兵器，對方卻突然翻臉，乾脆俐落的將他們通通制服，並堵住嘴不讓發聲。一位年輕軍官也上了城，他先是擺擺手，讓手下殺人滅口，隨後將幾盞燈籠高高舉起。

不一會功夫，一隊軍兵開了過來。他們架起雲梯，很快就爬上了城牆。這些人沒有留辮子，其中一個領隊的軍官，上前發問：「哪位是劉國軒，劉將軍？」

年輕軍官聞名一抱拳：「正是在下，您是？」

「忠振伯洪旭，奉國姓爺之命來與你接洽。」

「久仰大名。洪將軍您放心，這邊我已經安排好，就等您接收呢。」

洪旭安排鄭軍接管漳州各個城門，並在劉國軒陪同下來到府衙。天亮以後，漳州總鎮張世耀、協將魏標、樸世用，知府房星燁、龍溪知縣邢虞建都來拜見劉國軒，並很自覺的交出了官印圖冊。

「各位能棄暗投明，令洪某非常佩服！」洪旭站起身來，向眾人行禮。但他堅毅的眼神中，視乎包藏著殺機，那意思很明顯：不要給我玩陰的！

眾人趕緊還禮說：「我等都願為驅逐韃子盡份薄力！」洪旭拿出準備好的銀子，對眾人分別封賞。隨後，他安排部下到各處貼出告示，說明國姓爺秋毫不犯，一切照舊。在洪旭的安撫之下，漳州城市民完全沒有緊張惶恐，該做什麼還做什麼。只是這座城池從此之後，就正式歸入鄭成功名下了。

這到底是怎麼一回事呢？

有道是，踏破鐵鞋無覓處，得來全不費工夫。永曆六年 (1652)，鄭成功圍困漳州長達半年時間，非但沒有攻下，反而導致了城內數萬平民餓死。清廷趁機開動宣傳機器猛黑國姓爺，希望能動搖鄭軍的反清信心。

漳州，成了鄭成功心中長久的痛。但由於劉國軒的投誠，鄭軍兵不血刃，不費一兵一卒就接收了這座繁華大邑。

與南明作戰的多數漢人軍官，都是先加入明軍然後降清的，但劉國軒是個異類。他生長於汀州府長汀縣，沒錯，就是隆武皇帝遇害的地方。隆武二年 (1646)，當博洛大軍蹂躪八閩大地時，十八歲的劉國軒非但沒有參加南明軍，卻毅然剃掉頭髮加入綠營，幫助滿清侵略者屠殺自己的父老鄉親。

後來，劉國軒長期駐紮在漳州。想必鄭成功圍城之時，他也在城裡慘淡度日，死裡逃生，並充分領教了國姓爺的作戰指揮藝術、人格魅力與民族氣節，從而產生了投誠的念頭，並將鄭成功未能成功打下的漳州作為「投名狀」。當時，漳州總鎮張世耀剛剛上任，根本不熟悉業務，也讓劉國軒有機可趁。

劉國軒派母舅江振曦、江振暉帶著自己的信件，喬裝打扮來到了中左，經過一番周折，他們終於見到了劉成功，並呈上自己的信件。

鄭成功熱情的接待了兩人。看完信後，立即找來了忠振伯洪旭，並把密信並給他看。

「國軒，不過是漳州一位小將，焉能成此大事？況且清軍新的總鎮剛剛上任，豈能有這樣的疏漏？莫非其中有詐？」顯然，鄭成功對此事表示懷疑。但是，他又捨不得這樣拿下漳州的機會，畢竟兩年前的圍城太苦了。

洪旭剛想回答。鄭成功又說：

「我想親自走一趟。就算真的有詐，我們也將計就計，讓他們的詐術無法施展。你怎麼看呢？」

洪旭一番話，把鄭成功給說樂了：「就按你說的辦。」

洪旭說：「藩主您何必親自出馬呢？（不是有我這個炮灰嗎？）不管是真是詐，您密授機宜，安排數鎮兵馬讓我調遣，按劉國軒約定的日期來到城下，隨機應變，一定能拿下漳州，向您覆命！」

洪旭果然不辱使命，劉國軒也真的棄暗投明，給鄭成功送上了一份沉甸甸的大禮。順便劇透一下，劉國軒日後將成為鄭軍的重要將領，甚至改變了鄭氏家族的前程與命運。

十二月初四日，鄭成功打馬風光入城，接受全城百姓的夾道歡迎。劉國軒被任命為都督僉事，領護衛後鎮。而鎮守漳州的職責交給了援剿前鎮戴捷。因府城反正，漳州十縣大都主動來投。鄭成功下令向投清的官員徵餉，籌得餉銀高達一百零八萬兩。

收取漳泉一直是鄭成功的努力目標。就在當月，赫文興攻克同安，林生占領南安，陳六御收下惠安，安溪、永春與德化都主動歸附。除了泉州府城晉江，鄭成功把漳泉兩州悉數收在名下。地盤達到了起兵以來的最大規模。

相比之下，清廷的反應實在慢半拍。直到永曆八年（1654）十二月十六日，順治才任命鄭親王世子濟度為定遠大將軍，與多羅貝勒多爾處渾（次年初病故，未隨軍出征）、固山貝子吳達海、固山額真噶達渾等率領三萬（可能是號稱）滿洲八旗精兵，由京師開往福建，收拾鄭成功。

這個濟度年方二十二，卻有著不凡的出身。爺爺是努爾哈赤的同母弟舒爾哈齊；父親是曾與多爾袞一同輔政的鄭親王濟爾哈朗。濟度本人也非常勇武，且有智謀，儼然有一丟丟多爾袞當年的影子。

清軍來勢洶洶，但鄭清和談的大門並未完全關死，濟度也就軟硬兼施，寫了一封親筆信給鄭成功。這位親王以投降清廷並享受高官厚祿的祖大壽、洪承疇為例，說明大清宅心仁厚，重用賢良，跟腐敗無能的明朝完全不是一回事。如果你國姓能棄暗投明，不，投清，本王也會在堂弟跟前替你說好話。

愛民如子的好大清，把鄭芝龍一家關起來，是怕抗清義士暗殺嗎？還真是體貼。鄭成功收到信時，已經是永曆九年五月了，他當然不會招安，反而對濟度多了一分蔑視。

軍事上的節節勝利，也讓鄭成功有條件對內部管理機構進行調整。

二、思明設州：廈門基地的穩固基石

都說二十一世紀最珍貴的是人才，十七世紀是何嘗不是呢？正是有了劉基、李善長這樣的江東菁英，「開局一個碗」的朱元璋，才締造了可以比盛唐的另一個漢人王朝；正是吸納了范文程、寧完我這樣的漢族名士，剛走出奴隸社會的滿清，才能建立起一個制霸東亞的龐大帝國；而正是缺少一流文官加盟，僅有宋獻策、牛金星這樣的平庸謀士，李自成才會在與多爾袞的較量中被全面碾壓，進而讓上億炎黃子孫為之買單。

要是真有個李巖輔佐，李自成恐怕也不會蠢到在京城搞「追贓助餉」，更不會連吳三桂都搞不定。

而鄭成功自起兵以來，投入麾下的文臣武將也是越來越多。確實應該給他們一定的「名份」，讓他們有繼續提著腦袋跟滿清對抗的信心與底氣了。也正是在這樣的大背景下，鄭成功在著力於團隊組織的建設。

永曆八年（1654），鄭成功在中左建立了育胄館和儲賢館，為鄭氏集團選拔和培養人才。育胄館招納的是陣亡忠臣的子弟，如柯平、洪蔭和林鴻猷等，以及重要將領的親屬。而儲賢館則海納百川，挑選全國各地慕名投奔到中左的年輕才俊。著名的有洪初闢、楊京和陳昌言等。這種作法，似乎致敬了當年南京國子監的「民生」與「官生」。

永曆九年二月，為了將主要精力從瑣事中擺脫出來，集中領導東南抗清，可能是得到了永曆朝廷許可之後，鄭成功下令在中左所設立六官和司務。後來又陸續設立了察言、承宣和審理等官職。顯然，六官模仿的是明朝的六部。只是大明六部長官為尚書，鄭成功的「六官」負責人直接就叫官。

能夠擔任六官的，當然都是跟隨鄭成功多年，經過戰火與危機考驗的忠誠之士。明朝的六部尚書全部由文官出任，武將不得染指，連兵部尚書都當不了，這在歷朝歷代都是如此。但鄭成功並不能機械的遵守這個原則，他手下的人才沒這麼寬裕。首批的六官是：

吏官：參軍舉人潘庚鍾。

戶官：忠振伯洪旭。

禮官：參軍舉人鄭擎柱。

兵官：指揮都督張光啟。

刑官：都督程應王番。

工官：參軍舉人馮澄世。

察言司：掛印常壽寧；承宣司：興人鄧愈；承宣知事：葉亨；正副審理：興會鄧會、恩生張一彬。

鄭成功只是二字郡王，按理說不能和孫可望一樣「開府」，但一來中左距離安龍有三千多裡，往來消息特別不方便；二來鄭成功的軍隊擴充到了十幾萬，肯定是南明朝廷和孫可望都想大力爭取的勢力；三來鄭成功有國姓爺的金字招牌，他設立六官，永曆皇帝當然也不好意思指責。

原本依照隆武慣例，鄭成功任用武將可以到一品，文官只能到六品的六部主事。但六品官實在難以服眾，更無法讓沒文化的武將信服。在鄭成功上疏建議之後，永曆允許中左所設立的六部主事，官階可以與侍郎相同，也即達到了正三品。

當年三月，鄭成功又設定六察官，用來監視六官的工作，並直接向自己彙報。顯然，鄭成功借鑑了大明的六科給事中和十三道監視御史，但將科道職能合而為一 —— 人手少嘛。

鄭成功非常注重禮節，對上門蹭飯的魯王和其他宗室禮數都相當周到。套用現在的說法，他非常注重儀式感。據說國姓爺每次任命官員時，都要畢恭畢敬穿上朝服，向北遙拜永曆，讓在場的明朝藩王挑不出毛病，只會由衷讚嘆。

相比之下，永曆在安龍的日子相當委屈。他雖說不用看孫可望臉色行事（人家又不在場），但無論生活待遇還是活動自由，都受到嚴格限制，甚至有些類似在北京當人質的鄭芝龍。早知今日，還不如當初渡海投奔中左，好歹還能過上富足和體面的生活。

今天廈門的很多地點和地標建築，都和鄭成功息息相關：皓月園、成功大道、演武大橋……而中心城區思明區，同樣也因鄭成功而得名。

永曆九年（1655）三月，六察官周素、葉茂時等向鄭成功呈上一份條陳，令這位國姓爺非常開心。

二人認為，中左雖是彈丸之地，卻是國姓爺事業復興的地方，也是中興明廷的希望所在。數十萬將士及其親人，無不日夜思念大明。因此，建議將中左所改為思明州。

如此赤誠之心，鄭成功又豈能不答應呢？也不用永曆請旨了，他頒下命令，正式將中左所改名為思明州，以證明自己和鄭軍將士對大明朝廷的思念之情。以大明的傳統，巴掌大的廈門，只能算個鎮，但因十餘萬鄭軍的存在，這個小島在明清易代期間，卻創造了太多的輝煌，也讓「思明」成為了永遠的文化符號。

好消息總是接踵而來。當年四月，永曆欽差剿撫伯周金湯、太監劉國柱來到思明，為鄭軍多位將領加官進爵。顯然，這個機會是國姓爺為他們爭取的。忠振伯洪旭加封為少師，甘輝被封為崇明伯，王秀奇為慶都伯，赫文興為祥符伯，萬禮為建安伯，貢廷為永安伯，參軍馮舉人升為監軍御史。[29]

鄭成功也趁此機會，提拔赫文興為左提督，萬禮為後提督，王秀奇為右提督。他們與中提督甘輝，前提督黃廷一起，就構成了鄭軍的五大主將。但是，別看他們官階很高，在日常的訓練中也不敢有絲毫懈怠，不然，後果是相當嚴重！

據說，大明軍神戚繼光在臺州調教戚家軍時，在軍營內專門開闢出一塊平地，由他還對士兵進行「場操」訓練。這塊場地後來就被命令為

[29] 按《從征實錄》的說法，使者此行最重要的目的，是晉封鄭成功為潮王，但鄭成功認為自己沒什麼貢獻，堅決推辭了。

「操場」，也就是今天各種操場的鼻祖。

鄭成功與清軍作戰屢吃敗仗，戰績和戚繼光不在一個層面，但後者顯然是他有意無意模仿的對象。國姓爺指示工官馮澄世，在澳仔操場修建了一座演武亭樓臺，以便自己隨時可以檢查士兵們的訓練情況。他甚至晚上可以不用回府，直睡住在樓臺裡，以住第二天接著給手下挑毛病。

戚繼光發明的鴛鴦陣，在剿滅倭寇的戰役中大放異彩。但對付以騎兵為主的清軍，這種陣法並不實用。孫可望就是鴛鴦陣的腦殘粉。在永曆（1653）三月的岔路口之戰中，孫可望迎戰尼堪部將屯齊。之前，李定國用誘敵深入之計擊斃了尼堪。為了證明自己也能打仗，孫可望居然讓親軍擺出鴛鴦陣迎戰清軍騎兵，結果被人家打得大敗，輸得很沒面子。

而鄭成功則結合鄭軍水陸兩棲作戰的實情，在過往陣法的基礎上，創造出了一種「五梅花操法」，並將其作為各軍的基本陣法。鄭成功親力親為，親自為士兵做輔導、示範，一連調教了半個月，各鎮的操法才算有了些進步。

鄭成功軍紀之嚴，別說剛加入的新兵叫苦不迭，就連投降過來的綠營兵都壓力山大。赫文興是獻出海澄歸降的大功臣，很快由前鋒鎮升為左提督，成為鄭軍五大主將之一，正因如此，這位老兄可能有點飄飄然了。但有一次，鄭成功突然突擊閱兵，並發現赫文興部下隊形散漫，不由得大為光火。

鄭成功把赫文興叫到陣前，讓傳令官當眾宣布他的失職之罪，並予以四十軍棍的處罰。此令一出，全場譁然——一個左提督、祥符伯，當著一眾手下捱打，這以後威信何在？本著「兔死狐悲」、相互幫襯的精神，眾將領齊齊跪下求情。鄭成功可能也是「良心發現」。他免除了赫文興的皮肉之苦，但將他由提督降為普通鎮將。

但讓人痛心的是，赫文興不久之後就大病了一場，當年九月就去世了，鄭成功嚴格治軍的惡果，也顯露得相當殘酷。

具體負責操練的督操官陳武，喜提三個月休假 —— 捆責一百二十軍棍，當場打得走不了路，上不了床。此外，戎旗鎮林勝捱了二十軍棍；護衛前鎮陳堯策因操練不合規，被解除兵權，發配到琅琦做閒職，左先鋒鎮副將蔡飛被提升被護衛前鎮。別以為升官是好事，不久之後，蔡飛就跟自己的腦袋說再見了。

蔡飛受命鎮守同安馬厝巷。不久之後，清軍馬得功突然趁夜來襲。護衛前鎮猝不及防，死傷慘重。老實人蔡飛逃回去向鄭成功彙報工作，結果國姓爺話還沒聽完，就下令將他拖了出去。估計蔡飛在腦袋落地之前，很可能會後悔為什麼不投降了。

為了提升軍紀，鄭成功在各鎮設立監營、監陣官，以監督將領的作戰。監軍都帶著一面鐵竿紅旗，上書「軍前不用命者斬，臨陣退縮者斬，副將以下先斬後報。」如果有人覺得這是開玩笑，那他大可臨陣親自試驗一下，看腦袋還能不能保得住。

鄭成功是一個非常自信的人，但對鄭軍與清軍之間的巨大差距，他也有著清醒的認識。既然沒有條件組建一支龐大的騎兵隊伍，就必須用步兵的血肉之軀去硬扛滿族鐵騎。想要戰勝不可一世的敵人，就要付出比對手大得多的辛苦。通俗的講，就是「平時多流汗，戰時少流血。」平日的嚴格，事實上是對士兵的關愛。可惜，很多老粗理解不了。

在鞏固思明內政的同時，鄭成功繼續對外擴大戰果。

三、廈門再衛：第二次保衛戰的勝果

永曆九年（1655）正月，原本是闔家團圓的好日子，但興化府仙遊縣的守軍，卻是全世界最辛苦的。鄭成功的軍隊打過來了。興化府是全福建最小的一個府，僅有莆田和仙遊兩縣。如果占領興化，那鄭成功就能乘勝攻打省府福州了。

仰仗著堅城重炮，基本上都是漢人的清軍，給鄭軍造成了重大損失，守將也拒絕了鄭成功的招降，這讓國姓爺很不高興，漳州府我都打下來了（噢是人家劉國軒獻城），還能拿一個小縣城沒辦法？

鄭成功頒布了嚴格的軍令，讓士兵不敢再有後退的想法。援剿左鎮林勝擔任主攻任務，為了不被當成反面典型處分，他找來工程專家洪善，將道地一直挖到城裡，然後用炸藥炸城。最終，鄭軍在付出了慘烈的代價，才拿下了這座小縣城。

然而，這座小城卻引發了可怕的蝴蝶效應。隆武朝兵部尚書唐顯悅的兒子在攻城戰中犧牲了，為安撫老爺子，鄭成功自作聰明的決定，卻直接害了他自己，甚至影響了中國歷史的走向。

別以為我吹牛。國姓爺讓唐顯悅的孫女，做了鄭經的正妻。不難看出，這又是場政治聯姻。鄭成功與董友姑的結合就是悲劇，兩人貌合神離。但鄭成功拒絕吸引教訓，又讓兒子走自己的老路，甚至引發了誰也不願意看到的惡果。

占領了仙遊，泉州府城晉江就被鄭軍的地盤三面包圍，提督韓尚亮成了「甕中之鱉」。這夥計是名臣史可法的部下。人家史督師可是誓死不降的民族英雄，韓尚亮卻心安理得的為滿清充當鷹犬。鄭成功似乎有收集清廷降將的癖好，放著晉江孤城不打，卻要耐心的寫信勸降。

鄭成功發去了一封熱情洋溢的親筆信，其中說道：「文則依舊任事，武則從重擢用，仍予從原轄兵馬，另行優賞，引推心置腹，所可肝膽相照者也。」

但韓尚亮不為所動，還寫了一封「外交辭令」十足的回信，說自己

「第食人之食，事人之事，枕戈待旦，盡其所職而已，成敗利鈍，豈敢問哉？」鄭成功很不甘心，又寫了第二封信，搬出史可法來教育他：「勞徵苦戰，九載功勳，仍舊參將，今日欲為清朝一死，固不免有傷勇之譏，尤不知何面目於九泉見貴恩相？」

信發出之後，如同一把沙子灑進了九龍江，鄭成功非常失落。不久之後，林察水軍無功而還，又給鄭成功的傷口灑了一把鹽。

隨後，更大的打擊又來了。五月，濟度的三萬鐵騎雖遲但到，終於慢悠悠的開進了福建，準備與當地清軍整合在一起，對鄭軍實施泰山壓頂式的攻勢。

鄭成功本打算攻占泉州，教韓尚亮做人。但眼前的形勢，已經容不得他繼續發動攻勢了。他下令將派往福州、興化和泉州的軍隊，通通都撤回漳州。

這是要以漳州為基地固定了嗎？鄭成功回到漳州之後，在巖亭埔舉辦了聲勢浩大的閱兵。鄭軍鎧甲鮮明，佇列嚴整，進退有序，顯然是在向濟度隔空示威。

連續三天的閱兵很成功，鄭成功也下令擺宴犒賞三軍。就在大家喝得興味盎然之時，卻被一則消息驚呆了，嚇傻了。

不可能吧！

鄭成功下令拆毀漳州府城，將石料木材運到海澄。雖說接收漳州沒有費什麼勁，可是這麼放棄了，想再拿回來不知道得猴年馬月？顯然，大部分清將都願意做韓尚亮，而不可能做劉國軒。再說了，你問過劉國軒的感受了嗎？

軍令難違。鄭成功繼續他的「迷之操作」，當起了拆遷大隊長。六到九月間，他不光拆了漳州府城，還將漳浦、南靖、長泰、平和、詔安、永春、同安等縣都拆了個乾淨，只有海澄倖免於難。拆下來的石頭木料，都渡海運到廈門、金門、白沙和下店等地，以加固防禦工整。

漳泉二府，是鄭成功九年前起兵時就心心念的福地，說丟就丟，鄭成功真的不心疼嗎？

偉人與凡人的一個重大區別，在於其氣魄和想像力。剛剛焚衣起兵的鄭成功，眼裡可能只有漳泉，而裝不了天下。但現在，扔掉了福建最富庶的兩府，他的目光，已然可以望向江南，甚至望向了北京。

鄭成功並非只退縮，也有前進，而且極其大膽。

他在南北兩面都安排重兵，展開了猛烈攻勢。在南方，他安排前提督黃廷、後提督萬禮率十三鎮兵馬南下潮州，一邊徵收糧餉，一邊打探李定國軍的消息，試圖再次會師羊城。

而北征，才是鄭成功用兵的重中之重。時值七月，他對眾將說：「和局不就，宜分兵與定西侯並忠靖伯等於會師進入長江，直搗建奴心腹之地。」

鄭成功任命洪旭為總督，負責水軍排程，北鎮陳六御為總制五軍戎政，統領水軍。而鄭軍第一猛將甘輝則擔任陸師總督，王秀奇為副總督，統轄後衝鎮周全斌、中衝鎮蕭拱宸、援剿前鎮戴捷等十二鎮精銳，擇期北上，進入長江。

剛到湄洲島時，甘輝突然找到陳六御，一本正經要求對方處罰自己。陳六御被搞得莫名其妙：除了國姓爺，不就你老人家最大嗎，我還敢打你？等甘輝說明了事情的原委，陳六御就更發愁了：這，打還是不打呢？

原來，甘輝一個部下上岸取水，搶了住戶一隻雞。按說這和甘輝沒什麼關係。可是跟著鄭成功混久了，老實人甘輝似乎也熱愛表演，他覺得自己有統御失職之罪，應該重重責罰。

「來吧，快點！」甘輝邊說邊脫去外衣，獻出滿是傷疤的脊背。這誰下得了手啊？一隻雞引發的血案。大傢伙兒你看我，我看你，都不忍心。

「你們今天不處罰我，是想回去讓藩主處決我嗎？惡戰就在眼前，連軍令都不能執行，還怎麼打勝仗？」甘輝生氣了。

陳六御無奈之下，只好拿出令箭，將甘輝結結實實的打了十軍棍，隨後將犯案士兵斬首示眾。這麼一來，全軍秩序井然，所到之處秋毫不犯——都不想掉腦袋。

由於遇到逆風阻擋，北征大軍被迫停留在了溫州、臺州一帶。臺州守將馬信一直仰慕國姓爺的威名，想要獻城投軍。洪旭派人聯繫馬信未果，大軍離開臺州前往舟山。

十月二十三日，鄭軍包圍了舟山城。之前，洪旭曾聯繫張名振，希望能合兵夾攻舟山。但鄭軍多位驍將對張名振很不服氣，甘輝想必也不願意讓他分割勝利果實，於是急不可耐的發動了攻勢。清將把成功出戰被擊敗，士氣低落。陳六御派李化龍入城，成功的把把成功勸降了。

過了幾天，張名振才姍姍來遲，定海關守將張鴻德也慕名來降——比韓尚亮有覺悟多了。鄭軍北征可以說成果斐然，併為之後更大規模的北伐鋪平了道路。雖說鄭成功沒有親征，但在甘輝等一干名將指揮之下，鄭軍作戰英雄果敢，入城秋毫不犯，軍紀堪比當年戚家軍，給反清情緒嚴重的浙江沿海百姓留下了極好印象。

到了十一月，國姓爺的任用狀傳到舟山。雖說張名振是個外人，舟山之戰也沒有任何貢獻，鄭成功還是決定由他鎮守舟山城，陳六御和阮駿輔佐。可見無論何時何地，鄭成功對張名振的信任都一如既往。

北征軍主力勝利返回廈門，把成功和張魁也隨軍南下。十二月十三日，鄭成功對將士各有封賞，但把成功得到的賞金最多 —— 白銀五千兩。不能不說，國姓爺找錢的本事真是強，賞錢的手筆真是大。但由於與自己同名，鄭成功將這位降將改名為把臣興，並授驍騎將軍印，希望能他為鄭軍多培養騎兵。

忠振伯洪旭部走得慢些，元旦都是在船上過的。路過臺州時，馬信在城裡玩了一把大的。他先是將臺州知府、臨海知縣等官員通通抓了起來，然後控制全城，等候洪旭入城。

鑒於浙江清軍很快就要趕來報復，洪旭和馬信並不打算守衛臺州。他們將府內的糧食物資和火砲彈藥悉數裝船，乘風向南駛去。清廷援軍趕過來時，鄭軍已經跑遠了。留給他們的，是一座殘破不堪的臺州。

正月十四，洪旭一行到達思明。鄭成功賞馬信二千兩白銀，讓他統領中權鎮。明末清初的戰爭舞臺上，陝西人搶足了風頭。但鄭成功的班底以閩南人為主，輕易不會有陝西將領的位置。馬信這位長安漢子的到來，無疑增補了這項空白。

而且，馬信不知道有什麼魔力，讓治軍嚴苛、六親不認的國姓爺總能另眼相看。

舟山丟失、臺州被劫的消息傳到北京，順治一下子整個人都不好了。浙江巡撫秦世禎被彈劾下課，多位大臣建議殺鄭芝龍一家作為報復。

此時，鄭芝龍已經從家裡搬出，住到監獄去了。他只能連夜寫下長信，希望能勸說逆子棄暗投明，效忠我大清。清使將信件送到思明之後，鄭成功裝出一付若無其事的樣子。也許盡量淡化父子之情，才不至於讓清廷牽著鼻子走吧。

此時，鄭成功的各項事業，也算得上順風順水了，他肯定不想因父親的事，耽誤抗清大計。

濟度大軍入閩，思明所內難免人心惶惶。但鄭成功跟沒事人一樣，反而在南北兩路安排重兵，島內只剩下後提督、奇兵鎮和左衝鎮等少量兵力，將士家眷則被安置到了金門、浯州等地。這位國姓爺對諸葛亮的推崇是路人皆知的，這一次，他真的要學人家擺空城計嗎？

乖乖！空城計的故事，只是羅貫中在《三國演義》中虛構的，正經史書《三國志》裡可沒有。滿州人別的書可以不看，《三國演義》是必讀的，濟度能上這個當嗎？九月，引禮舍人許靖、李從直非常擔心。他們向鄭成功上條陳，希望開導一下這位執迷不悟的老大，建議將在外的主力軍隊盡快撤回到思明。

可是鄭成功看過之後勃然大怒，據說要將二人斬首（也許是後世文人添油加醋），在從兄鄭泰勸說之下，鄭成功將二人責打八十軍棍。這也太狠了吧，兩個文弱書生，哪裡經得起這種折騰？再說了，言者無罪，聞者足戒。讓人說話，天塌不下來。鄭成功你可以對二人如此動怒呢？

原來，二人只是指出了清空思明有「十不便」—— 這確實有數落老大的嫌疑。並建議將南北兩路兵馬都調回思明，與清軍決一死戰。一向自負、以劉伯溫和諸葛亮自居的鄭成功，最見不得別人輕視他的智慧。鄭成功對鄭泰等人說：「清朝豈無宿將。派遣此乳臭姱子，豈意在戰耶？不過藉兵再逼我和耳。我若調回大軍，就被他看小了。所以要騰空思明，用以迷惑他們。」

果然，濟度被鄭成功這種「孔明城上操琴退魏兵」的作派嚇住了。遲遲不敢進兵。在他猶豫期間，鄭軍北征主力已經返回，思明州已經嚴陣以待了。

永曆十年（1656）三月，一則噩耗從舟山傳來，定西侯前軍總督張名振在上年十一月二十八日病故了。鄭成功遂令陳六御統領水師前軍，英義伯阮駿守舟山。這麼一來，等於是將魯監國餘部給完全整合了。

當時清軍在定海造船五百隻，準備收覆舟山，阮駿向思明求援，鄭成功就將熟悉當地地形的降將張鴻德和馬信派往舟山。

當年三月十六日，第二次廈門保衛戰終於打響。濟度與韓尚亮接著拼湊了數百艘戰船，準備趁鄭成功不備之機，在南北兩路發起大規模攻勢。

濟度自己想攻打白沙，問候老朋友鄭鴻逵。而韓尚亮則率領主力船隊攻打思明。自從在揚州投降之後，韓尚亮已經為大清整整賣了十年命，但承擔如此重要的使命，還是生平第一次。

清軍船隊從泉州開出，駛到圍頭（在晉江金井鄉南海角）時，鄭軍十餘艘大熕船突然之間冒了出來。這些船的體積遠比清軍的船隻大，火器也更強。援剿左鎮王明一炮打去，當場就把一條清船給擊沉了，沒辦法，降維打擊嘛。王明與信武營陳澤乘勝猛衝，清軍招抵不上，很快又有幾條船被擊沉。

清軍的進攻，原本就是試探性的，見勢頭不對，韓尚亮果斷下令後退，保存實力要緊！鄭軍則乘勝追擊。沒過多久，突然狂風大作，濃霧驟起，一丈開外就看不清人。對付突發情況，顯然鄭軍更有經驗。他們很快就躲進了圍頭港。而清船反應不及時，想回到泉州港已經力不從心，在海上隨風漂流，狼狽不堪，有在風浪之下沉沒的，有飄到外洋迷路的，更有被吹到圍頭，讓鄭軍當場俘獲的。

最終，清軍有十多隻大船被鄭軍繳獲，三十餘隻擱淺或被焚毀，逃回泉州港的，只剩下了十餘隻。更糟糕的是，主將韓尚亮的座船都沒能回來，永遠葬身在大海中了。想當初，鄭成功一次次放低身段親自招降，韓尚亮一回回的志得意滿拒絕合作，早知今日，何必當初呢？

此次廈門保衛戰，清軍其實根本沒能攻到廈門，更準確的叫法是圍頭海戰。突如其來的狂風固然讓鄭軍受益，但鄭成功部署得當，全體將士進退有握，鬥志飽滿，得勢不饒人，更是獲勝的關鍵。

鄭成功按照《大敵賞格》獎勵官兵，信武營、援剿左鎮、內司鎮左協王明為頭功，其他將士依次封賞。對於俘獲的清軍，鄭成功也相當優待：將他們的耳朵、鼻子割下留念，然後通通放回，以提醒濟度不要輕啟戰端。

殘疾清軍回到泉州之後，濟度見了大怒，決意報復，但他根本不敢再打廈門，只敢發兵白沙。總兵王進擔任此次戰役的總指揮，他擺酒慰勞官兵，並慷慨承諾：「此次大家都須奮勇爭先，如果得寨，子女玉帛隨意搶奪，如果不聽指揮，殺無赦！」

清軍走到半道，就遇到了洪旭的哨船，雙方激戰在一起。鄭成功收到探報，擔心叔父安危，一口氣派了八鎮水軍出海，將清軍殺得幾乎片甲不留。王進攻僥倖逃脫。自此之後，濟度再也不敢出戰，天天守在泉州生悶氣。

難道，他要成為陳瑾 2.0？

四、重鎮失守：痛失要地的隱患與反思

清軍進攻廈門和白沙的兩場海戰都以慘敗告終，讓統帥濟度壓力山大，擔心順治降罪。但萬萬沒想到的是，天上忽然降下大禮包，把他從噩夢中當場砸醒。

鄭軍在大陸唯一的據點海澄，清軍不費一槍一彈就接收了！

三年前，金礪率數萬八旗軍狂攻海澄，動用的紅衣大砲，甚至可以

和多鐸攻打潼關時媲美。鄭軍絕地求生，付出了極大代價之後才取得了海澄保衛戰的勝利，鄭成功本人甚至一度遭遇死神的親吻。

海澄位於九龍江口，可以透過水道直通思明，是保護金、廈的絕佳屏障。鄭成功在打敗金礪之後，不光繼續花大力氣加固城牆，使之能抵禦紅衣大砲轟擊，更在城記憶體放了可供鄭軍支用三十年的糧食，鐵甲十萬副，藤牌、戰被、銃炮和火藥都是數以萬計。

海澄一丟，清軍進攻思明無疑要方便很多。更可悲的是，鄭成功辛辛苦苦累積的物資，都將為清軍的作戰提供有力支持。

但這麼重要的據點，鄭成功居然安排一個差點被自己處死的將領鎮守，為海澄丟失埋下了禍端。不能不說，這實在是人生一大敗筆。

這位叛徒從此也路人皆知，他叫黃梧。

永曆九年（1655）六月，黃廷、萬禮、蘇茂、林盛和黃梧等率領十三鎮兵馬南下揭陽，試圖打開與西南李定國聯繫的通道。起初，南征進展相當順利，連續攻占了揭陽、普寧和澄海等縣，形勢一片大好，還得到了鄭成功的獎勵。

平南王尚可喜、靖南王耿繼茂和兩廣總督李率泰協調之後，抽調平藩下左翼總兵許爾顯、靖藩下左翼總兵徐成功與總督標下兵馬一萬餘，加上潮州總後劉伯祿、饒平總兵吳六奇等部七千餘人，在次年二月，主動向鄭軍發起進攻。

按理說，清軍三大廠並沒有親自指揮，鄭軍又有兵員優勢，打退敵人應該並不困難。但由於蘇茂立功心切而提前進攻，打亂了整體部署，導致黃勝、林文燦陣亡，鄭軍損失五千多人，被迫放棄占領的三縣，退到思明。

黃廷等回到基地之後，一向以治軍嚴格聞名的鄭成功，此時又展現了其冷血的一面。他指出，蘇茂輕敵致敗、黃梧、杜輝應援不及時還臨陣退卻，都應該處斬。杜輝可是焚衣起兵時就跟隨鄭成功的元老，還殺了鄭聯替老大背鍋，鄭成功卻完全不想網開一面。考慮到這三人的重要性和軍中將領的日益凋零，眾將紛紛求情。之後，鄭成功只將蘇茂斬首，杜輝捆打六十軍棍，黃梧寄責，要求戴罪立功。以儆效尤。

蘇茂一向作戰勇敢，對鄭成功忠心耿耿，這樣的下場，無疑讓一些官兵心寒。無論從什麼角度來講，蘇茂都罪不致死。江日昇在《臺灣外記》中認為，鄭成功是因獲悉蘇茂曾經放跑了施琅，此次是借題發揮。但這種說法顯得過於主觀。

轉過頭來，鄭成功居然安排黃梧和蘇明（蘇茂族弟）鎮守海澄。這如此重要的一個城池，鄭軍在大陸上唯一一處穩固的地盤，國姓居然慷慨的交給了一個不久前還想處決的敗軍之將，實在讓人佩服他的腦洞之大。

當年鄭成功讓族叔鄭芝莞留守思明，導致無數財寶被清軍劫掠，教訓不可謂不深刻，學費不可謂不昂貴，可這才過了幾年，好了傷疤忘了疼，他居然就想不起來了？

黃梧差點被鄭成功砍了腦袋，鎮守海澄之後更是戰戰兢兢，生怕有一點風吹草動，藩主又得收拾自己。為了自保，黃梧派心腹賴玉去聯繫清漳南道參議吳執忠，打算獻出海澄。濟度得知黃梧的意思之後，就派得力幹將王進前去接應。而黃梧則說服了蘇明一起行動。

當年六月二十四日夜，黃梧、蘇明率領八十餘名官員和一千七百多名軍兵叛變，打開大門喜迎清軍改編。

得知消息之後，鄭成功居然非常吃驚。他第一時間派出甘輝、林勝和洪旭趕往海澄，試圖重新奪回這座重鎮。但清軍主力已入城據守，以甘輝之勇也無可奈何。鄭成功將海澄修得固若金湯，如今卻成了鄭軍無法攻克的堡壘。這真是一個天大的諷刺。

鄭成功嘆息道：「我以為海澄是關中河內，所以把物資都堆積在那裡。豈料黃梧、王士元如此背負，此後將如何用人？」

其實自起兵以來，清軍有不少將官降鄭，鄭軍中也有一些人降清，這都是很自然的事情。雖說「慈不將兵」，想戰勝強大的清軍，沒有鐵的紀律，一切無從談起。但鄭成功治軍過於嚴苛，讓很多將官生活在隨時腦袋不保的憂慮之中，絕對不是什麼好事。

再說了，此時鄭軍將領依然有數十位，能力比黃梧強、品行比他可靠的將領多得是，鄭成功偏偏把海澄澄交給黃梧，這個鍋，只能他自己來背了。

別看海澄只是區區一縣，把遠在北京的順治都驚動了。開心之餘，他決定給投誠者以重賞，這個禮包大得有些嚇人。黃梧做夢也不會想到，自己不過是當了一回叛徒，就從鄭軍的一個普通軍官，晉級為大清的公爵 —— 海澄公。

這個爵位，原本是清廷用來招降鄭成功的籌碼。此時的順治，充分展現了他頑皮的一面，就是想好好噁心一下自己的對手。此外，如此高規格的封賞黃梧，無疑對鄭軍中其他不安分的將領，能造成絕佳的激勵效果。

黃梧高興之餘，還向濟度極力推薦施琅，說他精通水務，文武全才云云。濟度大喜，提拔施琅為同安副將，之後又擢升為總兵。

原本施琅降清之後，一直被當成小透明。現在託黃梧的福，他終於有了施展抱負的機會。激動之餘，可能為了表示重新做人。

話說回來。海澄一失，鄭成功的北進計畫也就遭受了重大打擊，他會有補救措施嗎？

五、海商帝國：鄭軍經營的經濟奇蹟

黃梧的叛降，讓鄭成功丟失了大陸上最重要的據點海澄，更令他龐大的商貿網路浮出了水面。

在基本上接手了父親鄭芝龍龐大的產業之後，鄭成功再接再厲，終於建立起了中國歷史上規模最大的海商集團。說鄭成功是一位成功的企業領袖，其實並不誇張。但我們更多記住的，當然是他的民族英雄人設。

鄭成功不光是東南抗清的絕對領袖，是管轄十餘萬水陸軍隊的統帥，更是一位精明的商業大廠。他以金廈南銅為中心，不光練兵打仗，還營運著一個龐大的商業網路，每年的淨利潤，甚至不亞於大名鼎鼎的東印度公司。

一名西班牙傳教士記載到：「鄭氏家族是海上君主和統治者，在中國從未有如此眾多和龐大的船隊，僅在廈門水域的水師就多達13,000艘帆船，成千上萬分布在整個沿海線上的其他船隻，也聽命於這個『帝國』。」

這種說法相當誇張。究其一生，鄭成功都是明朝的忠臣，並沒有自立為王的意願。他只是憑藉父輩的基礎和自己的努力，在東南沿海建立起了一個軍政合一的海商集團。

鄭氏貿易集團分為陸地與海洋兩大板塊。陸上企業按金木水火土五行安排，又稱為山路五商，主要業務是採購絲綢、瓷器和其他附加價值高的產品並銷往思明。

山路五商的總部設在杭州，負責人為曾定老（似乎是化名），其他四家分別開在蘇州、南京和北京。顯然，在清占區開展業務要承擔很大的風險，工作人員也需要極高的素質與應變能力。東南沿海一帶將陸地稱為「山」。「唐山」並非河北唐山，而是和「唐人街」一樣，指華人聚居地。

既然都把生意做到清廷統治的核心區域了，再前進一步，開展情報工作也是合情合理的事情了。鄭成功的父親鄭芝龍早年在日本時，就有參與祕密組織的經驗，而山路五商的組織工作無疑更加嚴密，他們有一整套以旗幟和銅牌為暗號的交接系統，在隨時可能被緝拿的危險之中，無所畏懼的向思明輸送著珍貴的軍事情報。

有鑒於此，後世一些學者認為，著名的反清組織天地會，正是由鄭成功一手創辦的。也只有鄭氏集團的財力與網路，才支撐得起這樣一個龐大的組織。當然就目前而言，這種說法並沒有足夠的史料支撐。

比較之下，海路五商的工作還是要安全一些，但並不意味著輕鬆愉快。它的主要任務，是將山路五商採購的貨品銷售到海外，作為鄭軍的重要軍費來源之一。

海路五商總部設在泉州，下有仁、義、禮、智、信五常。每常有十二艘商船，總計六十艘，分為東洋艦隊和西洋船隊。前者的目的地，包括日本、荷蘭占據的臺灣及西班牙占據的菲律賓；後者的客戶，來自暹羅、巴達維亞、真臘和其他一些東南亞港口。海路五商的領袖，有曾定老、伍乞娘、龔孫觀、龔妹娘等。

可以看出，其中有兩人為女性，說明泉漳一帶，女性在經商方面是巾幗不讓鬚眉。儘管缺乏數據，我們也不妨大膽假設一下，鄭成功的妻子董氏及其家族，也很難不參與到對外貿易中來。

山海五商作為鄭氏集團的直屬企業，由戶官直接管理，戶官之下設立了裕國、利民兩個公庫，負責船本、利息的收繳與各行的收支管理。察官則負責稽查各庫的收支，每天都要列冊，並向藩主彙報。鄭成功審閱之後標註日期並蓋印，以表示對結果的認可。

這麼一來，鄭氏集團就建立起了涵蓋海外貿易商、內地採購商、國庫、借貸、租賃、稽查、專人負責（戶官）及最高稽核等在內的一整套外貿制度。

有文獻估計，鄭氏集團對日本貿易的利潤年均約 141 萬兩，對東南亞貿易年均 93 萬到 128 萬兩。兩項相加，年平均利潤高達白銀 234 萬到 269 萬兩之多。鄭成功擁有十多萬軍隊，龐大的軍費開支，很大一部分需要透過海外貿易解決，由此也使鄭軍成為了中國三千年歷史上最大規模的一支私人武裝。順便說一句，南明朝廷從來不會給思明發放任何餉銀。

值得強調的是，鄭氏集團的存在，並不會以強制手段限制民間商人從事對外貿易。無論有沒有加入山海五商，福建沿海的經營者都可以從戶官或公庫裡中借取資金，以支付貨物採辦和遠洋貿易的開銷，交易完成之後需交還本息。如果商人自身實力雄厚，業務繁多，每次交易只需要支付利息，而不必償還本金。

顯然，鄭氏集團的操作方式，具備了近代銀行業的雛形。

鄭軍的骨幹，都在「集團」中擁有股份，每年有豐厚的分紅。鄭成功也允許他們有自己的產業，像洪旭、劉國軒等將領，都擁有自己的艦隊。雖說跟鄭成功反清風險很大，但回報也高得嚇人，這是他們願意提著腦袋跟隨國姓爺的重要原因，也是鄭軍能從小變大，從弱變強的重要理由。

由於黃梧的叛變告密，鄭成功在內地的商行自然會受到嚴重衝擊，並令他的貿易收入蒙受不小損失。但鄭成功也是個愈挫愈奮的領袖，他也努力保護了一部分商行。特別是杭州一帶的鄭氏產業，受到的影響相對較小，這很可能得益於當地反清勢力之幫助。

話說回來，鄭成功丟失了海澄，以他睚眥必報的性格，難道不展開報復行動嗎？

六、閩安之役：包圍福州的壓迫感

永曆十年（1656）七月，一支鄭軍的龐大艦隊，突然出現在了閩江入海口。省會福州從此進入了戰備狀態。

鄭成功攻打福州，是為了紀念起兵十年嗎？當年不是。是為了報復清軍占領海澄嗎？很有可能。你做初一，我就做十五。鄭成功此舉，無疑是在向清軍亮肌肉。

這一次，鄭成功雖未親征，卻派出了自己最信任的中提督甘輝，統轄十五鎮精兵出征。船到料羅灣，甘輝折開密信，眾將才知道自己要去哪兒。

福州，福建的省城！

對於一直在閩南粵東打轉轉的甘輝來說，此次行動也可以視為「北伐」了。

但是，攻城從來不是鄭軍的強項。盤點過去十年，鄭成功居然未能打下一座府城，漳州都是靠劉國軒做內應拿下的。此次攻打福州，更沒有那麼容易了。

在閩江入海口，有一座千年古鎮閩安，是為省城的門戶。永曆二年（1648），魯王曾經占領此地。鄭軍戰船出其不意的出現在了閩江口，從船上用紅衣大砲向城內猛攻。清軍無力招架，龜縮在城裡不敢還擊。

甘輝一聲令下，敢死隊員扛著雲梯衝向城牆。不大功夫，這座「安鎮閩疆」的重鎮，就落到了甘輝手中。說鄭軍攻城能力欠佳，那也不能一概而論。占領閩安之後，鄭軍一路向前，由閩江開抵南臺洪塘。

甘輝開始置辦攻城器械，準備為老大攻下首個省城。南臺附近有座烏樓炮臺，憑藉地形優勢對鄭軍造成了很大威脅。鄭軍集中火炮，經過一番殊死較量，終於攻破這座炮臺，並乘勝占領了羅星山。

甘輝與手下登上羅星塔，省城的街巷坊寺、亭臺樓閣盡收眼底，不愧是八閩福地，有福之州。鄭軍乘勝開到福州城下，紮下營寨準備強攻。不過，省府畢竟不是閩安鎮，不光比鄭軍占領過的漳州府城大得多，城防也更加穩固，強攻必然要付出極大代價。甘輝與部將商量之後，準備採取圍困戰術。

當時，福建清軍的主力大都在泉州，福建巡撫佟國器趕緊向濟度求援。清軍主力連夜北上。在福州城下，清軍先頭部隊被殺了個大敗，丟棄了大批武器裝備。鄭軍趁機在福州周邊徵收糧餉，將戰船裝得滿滿，隨後從容撤到羅星塔和閩安，準備長期固守。

既然海澄暫時奪不回來了，鄭成功希望將閩安建設成為鄭軍在大陸上的重要據點，退可以作為金廈屏障，進可以從此北伐浙江，還能隨時威脅省會福州。因此，他令工官馮澄世主持，對閩安鎮城牆進行了大力加固，羅星塔也修建土城，並在閩清永福港的蕭家渡派駐水軍扼守。

鄭成功令後提督萬禮守閩安鎮，左戎旗鎮林勝守羅星塔，左戎旗中協張斐德守蕭家渡，互為犄角。三人都是鄭軍中的悍將。這麼一來，清軍大有望城興嘆的架勢，心有餘而力不足了。

在黃梧的強烈建議之下，清廷終於實行了「殺敵一千，自損八百」的禁海令。六月十六日，朝廷敕浙江、福建、廣東、江南、山東和天津各督、撫、鎮：

嚴禁商民船隻私自出海；有將一切糧食貨物與賊貿易者，貿易之人不論官民俱行正法；貨物入官，本犯家產盡給告發之人。該管文武各官不行盤詰擒緝，皆革職，從重治罪。地方保甲，通同容隱不行舉首皆論死。沿海地方可容灣泊登岸口子，相度形勢，設法攔阻。或築土壩，或樹木柵，處處嚴防，不許片帆入品。一賊登岸，如仍前防守怠玩致有疏虞，專汛各官即以軍法從事。

與此同時，清廷還對鄭軍實行了更加寬大的招撫政策，「大開生路，許其自新。」並且按攜帶人口等給予相應的升遷。黃梧不就是個活典型嗎？他不費什麼力氣獻了海澄，就當上了自個兒做夢都不敢想像的海澄公。誰要是把思明州給獻出來，順帶把國姓爺給綁了，那不得給個親王噹噹？

鄭成功占領了閩安，對省會福州形成了嚴重威脅。但鄭成功沒來得及高興，更大的麻煩又來了。

永曆十年（1656）七月二十六日，清寧海大將軍宜爾德、提督田雄趁鄭軍主力圍困福州之時，對舟山發動了突然襲擊。阮俊、陳六御等出島迎敵。清軍戰船無論體量還是火力，都遠不及鄭軍，因此甫一交戰，清軍損失慘重，根本不是對手。

二十七日，兩軍再次交戰，清軍且戰且退，將鄭軍引進了定海關。由於這裡水淺，鄭軍的大船操作很不方便。而清軍則憑藉船隻數量優勢，對鄭軍實施合圍。阮俊、陳六御和張洪德等多名將領壯烈犧牲。定海關水戰，也成為了鄭軍對清水戰罕見的慘敗。

清軍乘勝占領了舟山城。為了防止鄭軍反撲，清軍乾脆將島上城郭房屋通通拆毀，居民趕回大陸，讓舟山成為荒島。十月，清軍還試圖攻打銅山，被後衝鎮華棟、護衛右鎮貢元等領兵擊敗。

舟山的失陷，是鄭軍繼海澄丟失的又一大損失，更是對鄭成功北進計畫的重大打擊。但此時的鄭成功，經歷了太多風雨，一場一地的得失，並不會影響他的長遠目標。

七、護國嶺大捷：伏擊戰的驚人神話

鄭成功起兵十年，當然也打了不少勝仗，消滅的大都是漢八旗和綠林兵，很少有機會與最精銳的女真八旗對壘。清軍中最能打的那部分菁英，大都開往西南，對付孫可望與李定國了。

永曆十年十二月，鄭成功率領舟師離開閩安，在梅溪登岸，由飛鸞、白鶴嶺一帶進入羅源縣內。他此行的目的，當然主要是為了徵收糧米。濟度收到探報之後，馬上做出了強硬對策。

俗話說，三個臭皮匠，合成一個諸葛亮。濟度不知道怎麼想的，一下子安排了三個女真梅勒章京（副都統）阿格商、巴都和柯如良，統領數千滿漢騎兵尾隨鄭軍。鄭成功率軍進入寧德縣，阿格商們又跟了上來。

眼看清軍來者不善，鄭成功把甘輝、周全斌和陳魁等重要將領召集到一起商量對策。眾將紛紛請戰，要教阿格商怎麼做人。可鄭成功卻說：「明日甘將軍斷後與建奴交鋒，只許敗，不許勝。」說話的口氣，宛如諸葛孔明附體。甘輝知道，老大肯定是想好破敵之策了。

果然，鄭成功將大家帶到地圖前，指著一處地方說：「明天，一定要把滿酋引到這裡，然後……」

鄭成功從容排程，眾將無不心悅誠服：「藩主神機妙算！」各自領命而去。可是，計策是死的，人是活的，面對滿清精銳騎兵，到底能有多大勝算呢？別看鄭成功一貫的自信，他栽的跟頭並不少。

時間來到了二十九日。眼看明天就是除夕了，可是清鄭雙方應該打還得打啊。甘輝率領本部人馬與阿格商剛一交手，就明顯感覺對方的強悍，是過往那些綠營兵無法比擬的。這還用得著什麼詐敗？根本就是打不過，趕緊跑吧。

鄭軍在前面逃，清軍完全不怕埋伏，在後面緊緊追趕，很快就來到了護國嶺前。只聽一聲號炮響起，左先鋒周全斌從左側殺出，右先鋒余新從右側現身，準備與甘輝一起對清軍進行合圍。阿格商仗著自己兵多，壓根就不慌張，安排巴都和柯如良分頭迎敵。

清軍以騎兵為主，鄭軍通常是要吃虧的。不過沒多久，清軍的奇招，把對面的對手全看呆了：不可能吧！只見阿格商一聲令下，辮子軍們居然紛紛跳下馬來，揮著兵器殺向鄭軍。而它們的戰馬，則停留在了不遠處，隨時等候主人的召喚。

騎兵對付步兵，不是有天然的優勢嗎？阿格商是要尋求公平競爭？當然不是。其實很多人不太清楚的是，女真人是漁獵民族，他們正是靠步兵起家的。在薩爾滸大戰中，清軍正是靠精銳的步兵大敗明軍，馬匹只是更多的造成運輸士兵的作用。

甘輝猛然間看明白了，這支清軍全身披掛的是結實的鐵甲，刀砍不破，箭射不穿，堪稱「鐵人軍」。既然鄭軍以步兵為主，人家清軍下馬作戰，反而能更加得心應手，能夠把盔甲和武器的優勢充分發揮出來。

眼見鄭軍技不如人，很多士兵被當場殺死，甘輝、周全斌和余新都非常焦慮。鄭成功安排的三面合圍，此時已經失去了效果。三路兵馬合在一起，也根本擋不住阿格商的攻勢。

怎麼辦呢，現場也不能打電話請示啊。越是這樣的危急時刻，越能展現出將官的水平。甘輝讓手下揮動令旗，把周全斌和余新叫到跟前，向他們說出了自己的想法。

鄭軍賣個破綻，突然向後撤去。阿格商殺得興起，可能是覺得騎馬砍人不方便，乾脆帶著手下跑步追趕。眼看他們追到跟前，鄭軍迎上抵抗一陣，隨後又跑，清軍跟在後面又追，搞得簡直像草原上的小夥子追姑娘。

這麼來來回回搞了三次，清軍突然開竅：自己上當了。

鄭軍穿的是輕便鎧甲，而清軍披的是重甲，跑同樣的路，消耗卻要大得多。等到他們明白過來，想召喚自己的戰馬時，卻發現已經遲了。一直示弱的鄭軍，此刻猛然間像吃了大補丸一樣，揮舞兵器瘋狂的撲向敵人，專向要害部位下手。而清軍此時的體力已近乎透支，意志力也猛然間崩潰。

陳魁認出了阿格商，一手持藤牌一手揮刀撲了過來，想搶立頭功。可惜頭功沒立上，頭上卻捱了一刀，身上還中了兩箭。阿格商正想結束對手，卻見眼前寒光一閃，鮮血從脖梗上噴湧而出。

陳蟒及時趕了過來，一擊得手。隨後，他又狠狠的補了幾刀，這個過往幾乎從無敗績的女真勇士，就這麼見多爾袞去了。眼見主將被殺，正在潰敗的清軍，不得不衝過來搶奪屍體（否則要受軍法處置），結果自然是付出了更多死傷。

俗話說「趁你病，要你命」。鄭軍右提督部又及時趕到，與甘輝等前後截殺，勢不可擋，護國嶺前滿是清軍的屍首，僥倖活著的只能拚命逃竄。得勢不饒人的鄭軍乘勝追趕，奪取了大批馬匹軍械，清軍最終只有數百人僥倖逃出，堪稱一場史詩級的慘敗。

甘輝率軍凱旋。聽說陳魁負傷，鄭成功親自上門看望，贈白銀三百兩做醫藥費，並對相關將領和士兵進行賞賜。鄭軍乘勝包圍了寧德縣城，清軍龜縮在城中不敢出戰。但鄭成功的目標並不是攻城，而是在境內收取軍糧。

由於沒有清軍干擾，鄭成功很快籌足了三個月的軍糧，多少彌補了失去海澄的損失。於是他下令，回軍駐紮三都。此時，他們又獲得了一個好消息。

原來在護國嶺一戰中，清軍另外兩個梅勒章京巴都和柯如良，也都死在亂軍之中了。濟度脆弱的心靈，又受到了嚴重傷害。他沒有什麼文化，當然不會知道「不要把雞蛋放進同一個籃子」理論，但讓人這麼給一鍋端，絕對是丟人現眼的事情。

濟度沒有辦法，又把兩個大殺器放了出來。他們是鄭芝龍的家人謝表和小八。兩人來到鄭軍大營，見到鄭成功之後就開始表演了。先是哭，然後是大哭，繼而是哭得像個淚人。

兩人泣不成聲的哀求：「公子啊，我們兩人奉太師命，特來向您稟告和談的事情。我們來福建久了，擔心太師在京城度日如年，等我們回去，他老人家……」

這意思太明顯了，你鄭成功敢在這邊殺清軍，人家就敢在那邊殺你爹！而且，你這邊的戰果越多，你爹那邊日子就越難受。但鄭成功要是一直吃敗仗呢，他爹的處境也未必會改善。清廷之所以一直不殺鄭芝龍，無非是對和談還抱有希望。如果真到了沒法談的地步，那鄭芝龍肯定也就沒法活了。

但鄭成功怎麼可能答應和談，真和談了就是投降，怎麼對得起被清軍害死的母親，給自己賜姓的隆武？但是，父親的安危他也不能不考慮。手下文官不少，但沒有人能寫好給鄭芝龍的回信，鄭成功不得不自己寫了一封，以表示與清廷血戰到底的堅強決心：

嗟嗟！曾不思往見貝勒之時，許多好言竟爾不聽，自投虎口，毋怪乎其有今日也！吾父禍福存亡，兒料之熟矣。見其待投誠之人有始無終，天下共曉。先以禮貌，後遂魚肉，總是「挾」之一字；兒豈可挾之人哉！固已言之於先而決於早矣。今又以不入耳之談再相勸勉，前言已盡，回之何益！

但謝表日夜跪哭，謂無可以回覆為憂；不得不因前言而詳明之。蓋自古治天下，唯德可以服人。三代無論矣。漢光武恢復大度，推誠竇融；唐太宗於尉遲敬德，朝為仇敵，一見而待以腹心；宋太祖時越王俶全家來朝，二月遣還，群臣乞留章疏，封固賜之：皆有豁達規模，故英雄感德，榮為之用。若專用詐力，縱可服人，而人未必心服；況詐力之必不能行乎！自入閩以來，喪許多人馬、費許多錢糧，百姓塗炭，赤地千里；已驗於往時。

茲世子頃國來已三載，殊無奇謀異能，只是補葺破城、建造煙墩而已。一弄兵於白沙，而船隻覆沒；再弄兵於銅山，而全軍殲滅；揚帆所到，而閩安便得；羅源殿後，而格商授首。此果有損耶、益耶？此不析而明矣。今欲別順逆，而不知順逆在於心、不在於形。試觀姜壞、金聲桓、海時行，豈非薙髮之人哉？

大丈夫磊磊落落，光明正大，皎如日月；肯效詐偽之所為，苟就機局，取笑當時？試思今日之域中，竟是誰家之天下！損無數之兵馬、費無稽之錢糧、死億萬之生靈，區區爭頭上數根之發，大為失策；且亦量之不廣也！誠能略其小而計其大，益地足食，插我弁將，何難罷兵息民；彼無詐，我無疑。如此，則奉滿州正朔，無非為民生計、為吾父屈也；文官聽部選、錢糧照前約，又無非為民生計、為吾父屈也。將兵安插得宜，則滿人無內顧之憂；海外別一天地，兒效巢、由、嚴光優遊山林，高尚其志耳。兒志已堅而言尤實，毋煩再役；乞赦不孝之罪！

話說到這份上，清廷也看出跟鄭成功是談不到一塊，只能武力解決了。永曆十一年(1657)三月，鄭成功正準備揮師北上，進到澳下鎮時，卻傳來了一則讓他震驚的消息，北進計畫也被迫暫時停止。

第十一章
北伐大業：從江南到南京的巔峰

一、首征臺州：向戚繼光致敬的突破

不知不覺之間，鄭成功已經起兵十年了。十年之間，他參與的大小戰事有四十餘起，大部分居然是鄭軍主動發起的，總體上上勝多負少，這其實非常不容易了。以戰養戰，以弱制強，用戰爭保持士氣，本是諸葛亮五次北伐時的策略，如今被鄭成功完美的致敬了。

清廷的統治越發鞏固，其他反清勢力幾乎都不斷萎縮。在如此淒涼的大背景下，鄭成功麾下的兵力，卻能從起兵時的數百人，一路擴張到了十萬以上，可以說已做得足夠好。他的軍事才華和統御能力，長期以來一直都被低估。

三月，一則噩耗從思明傳來，令鄭成功非常難過。最關心他的鄭鴻逵去世了。鄭成功趕往白沙為四叔送行，想起他這些年來對自己的幫助與鼓勵，鄭成功怎能不難過？

鄭成功擔心清軍趁喪事攻打思明，因而加強了島上的防禦。這十年來，他幾乎都是在福建和粵東打轉，離清廷「腹心之地」相當遙遠。這樣一年一年的消耗下去，強弱之勢的對比只會更加鮮明。鄭成功絕不甘心只控制巴掌大的思明，絕不會止步於福建的一畝三分地，在他的潛意識中，諸葛亮、岳飛和朱元璋，才是自己的榜樣，而僅僅滿足於當個閩王的親爹鄭芝龍並不是。

鄭成功召集文武，商量未來策略大計。這位在刀尖上打滾的國姓爺感慨道：「本藩起兵十年，地方頻得頻失，終無了局，何時得望中興？」

「國姓爺，您應當揚帆北上，立不世之功！」吏官潘庚鍾慷慨陳詞。鄭成功一聽非常高興：「說下去！」

「就算占領全閩，我們就能號令天下豪傑嗎？能嗎？（眾人面面相覷）昔日太祖起兵濠州，如不是得到俞通海、廖永忠等水軍，怎麼可能奪取采石、克服金陵，成就一統基業？以鍾淺見（不聽你後悔一輩子），漳泉二州就是邊地，連年爭戰，百姓也是苦不堪言。不如率領百號戰船，自瓜洲、鎮江而入金陵，占領江南。只要南京一得，閩、粵、浙，以及楚、黔、蜀的豪傑志士，自然都會群起響應，大事可成！」

一番話說得鄭成功非常開心，正想補充點什麼。突然有人說：「不可！」鄭成功一看有些吃驚：他此時怎麼就慫了呢？

提出異議的，居然是一向以作戰勇敢聞名的甘輝。「藩主啊，」老甘面帶憂慮的說：「江浙地方廣闊，沒有數十萬軍隊，根本就別想打下來。如果大軍北上，濟度偵知之後集結水軍攻打金廈，我們的基地豈不危險？不如穩固後方，防止清狗趁虛攻取。進可戰，退可守。」

對這種說法，潘庚鍾顯然很不待見。他爭辯道：「甘將軍所說的，無非是眼前常見，非長久之計。（你老兄鼠目寸光）現在不取，就是自老其師。倘若清廷有一天集結天下兵馬來犯，兩島豈能獨全？清軍之所以未能以全軍攻我，只因有滇、黔、粵西的孫可望、李定國等牽制，對吧？」

見甘輝一時無話可說（武將的刀子揮得快，腦子轉得慢），潘庚鍾自然相當得意，繼續他的演講：「眼下藩主只要統帥貔貅之眾入據長江，截斷清廷糧道，則江南半壁悉數都歸我們了。他們自顧不暇，哪有精力攻打金廈？」

「好！」工官馮澄世平日很少發言，此時也被感染了：「潘參軍的高見，正是舍末而就本啊！如果我們坐老其師，不取江南，清廷也不會忘記攻打兩島的，所謂臥榻之下，豈容他人酣睡！這也是形勢使然。」

「不可不可！」甘輝依然堅持自己的立場：「我們才多少兵馬，不要邯鄲學步，反失根本。」參軍陳永華見此情景，趕緊上來幫腔：「如果我們只在閩地爭野爭城而指望中興大明，這也太難了吧。今天潘、馮二位參軍建議進軍江南，號令天下，見解甚高。如果占領江南，兩島自安。如果偷安歲月（甘輝：我？），一旦清軍三面合攻，就算孔明再生，恐怕也難以招架啊。」

甘輝大為不滿，正想說點什麼，卻見國姓爺發話了，他只好乖乖閉嘴。鄭成功說：本藩有此意很久了。正如武侯所言漢賊不兩立，清帝每飯怎能忘記消滅我們？應先派人從間道抵昆明請旨，令孫可望、李定國集合滇、黔、粵、楚之師出洞庭而會江南，以分清軍之勢，使天下英雄紛紛響應。

見鄭成功拿定了主意，潘庚鍾非常開心，他說：「藩主所見最明。但恐孫李二人不和睦，耽誤時間無法進兵。可以派遣能員請旨，並以忠君愛國之大義勸說孫李，請他們忘私憤而伸大義，分道出兵，立大攻者可以封王，這樣才可動搖清廷，庶得萬全。」

「好！」鄭成功猛的一拍桌子：「此論最好。但誰能做使者呢？」陳永華回答道：「楊廷世極有口才，派他去肯定能成事。」於是，鄭成功寫下奏章，派楊廷世和劉九皋乘船連夜趕往粵西。

此時，李定國已將永曆迎至昆明，自己也得以晉封晉王，成為南明政權的真正決策者。被「架空」的孫可望當然不甘心，磨刀霍霍試圖進攻滇京。鄭成功此時指望他倆出兵配合，顯然很有自作多情的味道了。不過由此可以看出，說鄭成功一味割據自雄，害怕地盤與大西軍連在一起的說法，並不是事實。之前新會之戰林察的誤期，確實是事出有因，而非「虛與委蛇」。

諸葛亮六出祁山，每次都折騰得曹魏狼狽不堪，但終因雙方國力的巨大差異，最終積勞成疾，遺恨五丈原。

岳飛四次北伐，屢次重創偽齊和金軍。特別是第四次北伐中，他連續取得了郾城與潁昌大捷，逼得老對手完顏宗弼準備放棄東京北還。只是在宋高宗與秦檜的干預之下，岳飛被迫退兵。

而鄭成功的北伐，面臨的困難要比他們大得多。因此，他也相當謹慎。

在準備北伐的間隙，鄭成功忙裡偷閒，對鄭軍的軍紀軍容進行了一番大檢查。一看水陸官兵中有沒有老弱病殘吃空餉，二看士兵的盔甲、火箭、銃器、被牌、火龍、彈子、斧頭和船隻等是否齊備，並責令各鎮長官逐項填報清楚上交。

鄭成功出了名的六親不認，從嚴治軍，軍官被抓住把柄很容易挨棍子。不過這一次，他對下屬的表現還是比較滿意。

援剿左鎮、護衛左鎮和後勁鎮等三鎮，官兵驍勇，軍械船隻齊備。其中又以援剿左鎮黃昌最優，賞銀一百兩，其餘二鎮各賞銀八十兩。

禮武鎮軍容不算盡美，比後勁鎮等三鎮稍差，鄭成功責令繼續整頓，陳輝水軍的軍容、器械還是老樣子，比禮武鎮還稍差。

右軍下陳明、陳昇和劉星等七大船，都新整齊備，可以很好的駕駛使用。鄭成功以為，這是因為右軍忠振伯洪旭排陣有方。銃船方面，蘇青、林太等六船都堅固無患。鄭成功命令兵官，依照等級給予相應獎賞。

周風的銃船、陳榮武、蕭梓的二烏尾船，與司總朱玉等船，只適合在內港裝兵運糧，不能夠在外海作戰航行。鄭成功令協理船務林參予以評估修理，並作出報告。

前提督所部官兵軍器非常齊備，鄭成功認為黃廷排程得益，賞銀一百五十兩。張光啟帶罪圖贖，能夠做到能自勉自立，與黃廷密切配合料理軍機，保證地方安全，准贖前罪，照舊督理兵官事。兵都事黃璋也被赦免，照舊供職辦事。

此外，鄭成功還讓六察官常壽寧核查戶官鄭泰的帳目，對於裕國庫張恢、利民庫林義的往來東西二洋船本息，也安排專人對帳。即使對從兄鄭泰，鄭成功也不講情面。但在常壽寧與鄭泰發生矛盾時，鄭成功卻發現問題在常壽寧處，因此將其革職。

永曆十一年（1657）七月初十日，一個值得載入史冊的日子。思明港外，數百條熕船排列整齊，蓄勢待發；數千面戰旗鮮豔醒目，迎風飄揚，十數萬戰士衣甲整齊，精神飽滿。

起兵十一年之後，鄭成功終於艱難的「走出舒適區」，正式開始了生平首次北伐之旅，去追趕他的前輩。但具體的進軍目標，鄭成功並沒有事先公布，以防間諜走漏了消息。

出征之前，鄭成功安排護衛右鎮陳漢在興化府的涵頭、黃石等地徵取糧米。當地清軍根本不敢干預，事情進行得相當順利，未來數月，鄭軍也不會出現糧食危機。

八月十二，大軍駛入臺州西南九十里的海門衛。嘉靖三十八年（1559），時任臺金嚴（臺州、金華和嚴州）參將的抗倭寇英雄戚繼光，就將他的大本營設在這裡。也正是在臺州，鄭成功將四千名義烏漢子，訓練成了讓倭寇聞風喪膽的戚家軍。

從嘉靖四十年（1561）四月開始，戚繼光在臺州七戰七捷，加上其他將領的配合，用半年時間就基本上消滅了浙江倭寇。這一年的戚繼光，僅有三十四歲。

也許是上天故意安排，也許是手氣實在太壞，不，太好，永曆十一年的鄭成功，正好也是三十四。臺州，就這樣將兩位英雄關聯在一起。不過，戚繼光是固守臺州，收拾來犯的倭寇；而鄭成功，似乎借鑑了倭寇的戰法，長途奔襲想占領臺州。

論軍事指揮才能，鄭成功似乎和戚繼光不是一個級別的。前者是名叫成功，但留下了不少失敗紀錄。戚繼光打了一輩子打仗，居然一次都沒敗過，更應該叫「戚成功」。

不過，三十四歲時的戚繼光，不過只是正三品的寧紹臺參將，頂多與六部侍郎平級；而三十四歲的鄭成功，早已是延平郡王了。當時戚家軍組建不久，只有四千人；而鄭成功、麾下的鄭軍，已經超過了十萬人。

而且很多時候，戚繼光並不是決策者，而只是執行人，他的直接領導，是浙直總督胡宗憲這個大 boss。戚繼光只管打仗，從不用為軍餉和糧草擔憂，那都是朝廷考慮的事情。而鄭成功雖說奉永曆為正碩，但天高皇帝遠，他這個「國姓爺」就是東南抗清的最高領袖。他不光要領導鄭軍與清廷抗爭，還要充當鄭氏企業集團的負責人，以籌措資本來維持龐大的軍隊消耗。

鄭成功與戚繼光兩年齡相差近百，兩人面臨的環境，承受的壓力，對付的敵人，性質都有很大區別。相比之下，鄭成功要困難得多，確實不能對他有太多苛責。

得知鄭軍到來，海門衛守將張捷、劉宗賢立即下令向鄭軍船隊開炮。由於射程關係，岸上的火炮根本傷不到鄭軍。但這二位也不傻，知道怎麼應付上級。

被人用砲彈歡迎當然不是什麼好事。當手下將士摩拳擦掌準備拿海門衛開刀時，鄭成功的決策，讓僅他們摸不著頭緒。

「繞開海門，直奔黃岩縣城。」

放著要隘不打直接深入腹地，這合適嗎？鄭成功就知道大家不明白，他笑著說：「如果把臺州打了下來，那這個門戶還有威脅嗎？如果先攻門戶，那臺州各縣就會合力來援，我們就被動了。」

是啊，好像還真是這個理。十四日，鄭軍登岸攻打黃岩。清將王戎也許是立功心切，居然蠢到開城出擊，誠心給自己找不痛快。鄭軍左戎旗鎮領命迎戰，剛一交手，清軍就死傷數十人。王戎見勢不妙，只能倉皇逃進城裡，再不敢出來了。鄭軍隨即將黃岩團團包圍，旌旗招展，衣甲鮮明。王戎看這架勢，本打算寫遺書，突然又靈機一動，直接在西門豎起了白旗。

鄭成功收到探報，遂令馬提督張五軍前去招降——還是擔心有詐。結果證明，王戎是個實誠人，他爽快的交出了城內兵權。鄭成功讓水武營進城鎮守，五軍中軍毛恆代理知縣。鄭軍進城之後紀律嚴明，令當地百姓非常開心。

黃岩就這麼輕鬆被接收了，按理說是皆大歡喜。但援剿後鎮林明卻被鄭成功捆責六十軍棍，仍領本鎮。他犯了什麼錯呢？原來，林明駐紮在南門。他看城上無人，沒有得到鄭成功的命令，就擅自登上城樓，把鄭軍旗幟插了上去，還以為自己立了大功，能得到獎賞呢。

鄭成功軍紀之嚴，實在令人咂舌，但戰爭的殘酷，讓他不得不如此。換戚繼光，當然不會這麼做，也沒有必要這麼做。

十八日，鄭軍水師開到了臺州府城臨海。鄭成功駐紮在西南門（鎮寧門）外，其他各鎮依次依紮營。

臨海城周長達到了十二里，用條石築成，共有七個門。外觀宏偉，而且相當堅固，被後人譽為「江南長城」。它最近的一次大規模整修，主持人正是戚繼光。他精心修築了十三座空心敵臺，裡面安置大量火炮鳥銃，讓臺州成為了倭寇望城興嘆的銅牆鐵壁。

在這樣的堅城面前，鄭軍如果強攻，肯定要付出很大代價，還未必能得手。鄭成功真的要苦笑了，當年戚繼光的發明創造，如今卻成為對明軍最大的威脅了。國姓爺下令不要著急攻城，而是讓士兵在城下鼓譟示威，給清軍製造心理壓力。

鄭成功站在高處，舉著望遠鏡看了一會，不覺笑出聲來。隨後，他叫來了身邊的馬信，吩咐一番。馬信一聽神色大變：「國姓爺，我這上有老下有小的……」

上年丟失舟山時，別人都戰死了，馬信跑回思明卻沒受處分，在鄭軍中實屬罕見。難道這一次，國姓爺要借刀殺人嗎？也罷，大不了，明年的今天，就是我的忌日……

時間來到了二十六日。臺州總鎮李必打開城門，恭請國姓爺接收。馬信站在他的身邊，笑得合不攏嘴。見到鄭成功時，李必急忙叩頭請罪，鄭成功則親手扶起，好生撫慰，但還是剝奪了他的軍權。並令姚國泰、賀世明、康邦彥和魏騰等分守各門。

臺州知府齊維藩、臨海知縣黎嶽詹也前來拜見，並獻上戶口帳冊。鄭成功非常高興，讓他們繼續留任。戶官都事楊英進城核查倉庫圖冊，並將三千多兩白銀解運到軍船上。

我們把鏡頭切回三天前。鄭成功對身邊的將領說：「城上旗幟參差不齊，軍容混亂，看這架勢，虜將要麼逃跑，要麼投降，斷不可能死守。」馬信看老大這麼樂觀，似乎覺得不可理解：人家就不能故意示個弱，給你下個套嗎？正思考間，鄭成功突然叫住了他：「你前年不就守臺州嗎，你過去招降李必，他一定會投降的。」

這話一出，馬信猛然明白了「五雷轟頂」的含義。可是鄭成功的軍令，也不是他敢違抗的。於是，馬信抱著必死的決心，敲開了自己熟悉的臺州大門。可令他沒想到是，之後的一切，完全按照鄭成功寫好的劇本進行，自己的擔心實在即多餘又可笑，李必的投降實在即實誠又果斷。而他馬信，這次說降之旅實在太輕鬆又寫意。

從此，馬信對鄭成功的忠誠，就更加死心塌地了。

不過盤點一下，臺州居然是鄭成功起兵整整十一年之後，打下的第二座府城，上一座是兩年前占領的漳州。更讓人尷尬的是，兩座城池都不是強攻得手，而是守將投誠的結果。相比水戰的天下無敵，鄭軍的攻城戰還真讓人想誇也不好下嘴。

鄭軍攻城能力不行，守城水平也難說優秀。此時的鄭成功，又有了新的擔憂。

主力都被自己帶出了。閩安的守衛自然就成了大問題。鄭成功先是派護衛左鎮杜輝、援剿後鎮林明回援，但他依然不放心，乾脆把甘輝也打發回去了。鄭成功希望，思明、閩安和臺州能夠在閩浙沿海形成一條穩固的防線，彼此呼應，相互配合。

鄭軍占領臺州府城之後，屬下各縣也是望風而動。太平守將高綿祖帶兵來歸，天臺守將韓文盛也帶家屬獻城投降。仙居守將則是棄城跑路，讓鄭軍輕鬆接收。鄭成功嚴令秋毫不犯，一切照舊，

北征之役如此順利，讓鄭成功非常開心。此時的他，早已不在乎一城一地之得失，而是注重消滅清軍的有生力量。如果孫可望和李定國能從湖廣東下，與鄭軍會師江南，無疑是更為理想的選擇。畢竟鄭成功缺乏騎兵，想在陸地上打敗八旗軍相當吃力。可誰又敢想像，這對二十多年的好弟兄，此時卻大打出手？

八月，孫可望率領十四萬大軍討伐昆明，在交水與李定國軍激戰，結果被打得慘敗。大西軍從此重新整合在了李定國領導之下，南明抗清的形勢，似乎在朝著好的方向發展。

然而好景不長，孫可望隨後投降了清軍，並且甘願充當進攻西南的嚮導。而李定國在掌握了南明政權之後，卻在處理孫可望餘部及與劉文秀的關係上失分不少，一時半會兒肯定幫不上鄭成功的忙。

九月初，一則消息從福建傳來，令鄭成功非常吃驚。而他的舉措，令後人更加吃驚。

二、二次北伐：紀律軍隊與民心所向

永曆十一年(1657)九月，鄭成功放棄了輕鬆打下的臺州府城及諸縣，可能讓很多讀者覺得不可思議。到底出了什麼事情？

原來，新到任的閩浙總督李率泰，趁鄭成功北上玩出了大手筆：他統領提督馬得功、固山額真朗賽和海澄公黃梧等將領，集結全省兵力攻打閩安。光運輸物資的民工，就徵調了十萬多人，自鼓山開路由溪頭而下。

風帆戰船受天氣影響很大，鄭成功即便再著急，終究未能及時趕到。九月十四日，經過四天四夜激戰，閩安被攻破，鄭軍守將陳斌和盧謙投降。但李率泰對兩人不放心，將他們及五百降兵全部殺害。

鄭軍到達琅琦時，從閩安撤來的陳五軍、前提督黃廷拜見，述說了閩安失守的經過。鄭成功長嘆一聲：「不必多說，徒亂人意耳，是我欺敵失援之過也。」十月，鄭成功率軍返回思明。

因為一個閩安鎮，鄭成功就放棄了整個臺州，似乎在為「抓住芝麻丟了西瓜」做了活註解。更可悲的是，芝麻他終究也沒抓住，閩安鎮還是被清軍收復了。

但我們也應該看到，如果鄭成功保住閩安，他隨時可以威脅福建省會。相比之下，臺州的策略地位就要差不少了。況且，閩安扼守閩江入海口，也可以充當保護金廈的屏障，閩安一失，清軍艦隊確實可以更方便的攻擊思明。

儘管遭遇了重大挫折，鄭成功北伐的信心並沒有受到影響。為了掃清北上的障礙，鄭成功親自統軍南下，剷除了歐汀寨。阿格商雖說被甘輝消滅了，但鄭成功對他「下馬打死打仗」的勇氣相當欣賞，而看著繳獲來的鐵甲時，他的一個念頭就冒出來了。

「我們能不能也組建一支這樣的鐵人軍呢？」

「那不行吧，」王秀奇大搖其頭：「建奴騎兵一人可以配幾匹馬。他們平時並不穿，而是讓馬駝著，戰時才穿。我們馬匹太少，如果是身材高大的，穿三十斤的重甲不難，但矮小的就不行了……」

王秀奇似乎忘記了，中提督甘輝就是個小個子。這位爺當然不愛聽了：「難不難，不在身材，而在於能力！當年岳家軍戚家軍都在腿上綁沙袋，日積月累，才有後來的成就。」

實踐出真知，到底行不行，也得找個人試一下。鄭成功就叫來了戎旗鎮的候缺將王大雄，讓他在演武場上演示一下。

王大雄穿上沉重的鐵甲，戴上頭盔，舉著長刀，模仿與清軍作戰時的場景，前進，後退，快走，揮刀……只見他身形依舊矯健，動作依然幹練，這三十來斤對他似乎就沒有影響似的。鄭成功不覺大喜：「鐵人軍一定能讓建奴吃盡苦頭。」

於是，鄭成功責令式官馮澄世等人連夜督造鐵甲，規模比阿格商的還要上等。包括鐵盔、鐵鎧、兩臂、裙圍、鐵鞋。頭盔也是特製的，只露出眼睛、鼻孔和嘴巴。這身行頭穿起來，就跟四百年後的機器人差不多了。

鐵人軍的選拔，比當年的戚家軍還苛刻。演武亭前立有一塊三百斤的大石，初試的合格者，必須抱著石頭繞場轉三圈不停歇，才有資格被最終錄取。他們被編入鄭成功的親軍「虎衛鎮」，由左先鋒陳魁、援剿後鎮陳鵬統領。

既然是千里挑一的鐵人，待遇當然也是極好的，夥食和餉銀比普通士兵高得多。他們每人都配有專職挑夫（馬匹不足）挑著鐵甲，作戰時才穿。每名鐵人配兩把雲南斬馬刀，以及弓箭盾牌等兵器。

永曆十二年（1658）三月，鄭成功安排陳鵬南下攻打許龍。顯然，這是想檢驗一下鐵人軍成色。事實證明，在這些鐵人面前，海盜軍根本沒有招架之力，被殺得慘不忍睹。

即便這樣，鄭成功對鐵人軍團的訓練還是特別上心。當年的岳飛，曾經用步兵大敗金兀朮重灌騎兵鐵浮屠。這支鐵人軍，能對付窮凶極惡的滿族騎兵嗎？

到了五月，鄭成功決定再次出師。前提督黃廷全權負責思明守防禦，忠振伯洪旭、戶官鄭泰等協助。除此之外，鄭軍幾乎是傾巢而出：

中提督、崇明伯甘輝為前鋒，統領左虎衛鎮、右虎衛鎮鐵人軍，以及宣毅前鎮、宣毅後鎮、前衝鎮、左虎衛鎮、後勁鎮、左衝鎮、後衝鎮和水武鎮等，共計兩萬人為第一程；右提督建威伯馬信，統領右先鋒鎮、援剿左鎮、殿後鎮、親兵鎮、智武鎮、木武鎮、正兵鎮、火武鎮，共計二萬人為第二程；後提督建安伯萬禮，統領援剿右鎮、右衝鎮、宣毅中鎮、神器鎮、援剿中鎮、宣毅左鎮、宣毅右鎮、奇兵陣，共計二萬人為第三程；鄭成功和五軍都督張英、五軍戎政王秀奇，監軍張煌言，統領左武衛鎮、右武衛鎮、親兵鎮、中權鎮、援剿前鎮、援剿後鎮、護衛右鎮，以及水師前鎮、水師一陣到五陣等，統兵四萬為後合，合計十萬大軍，一路向北。

初七日，為了嚴肅紀律，向江南百姓中樹立鄭軍的良好形象，鄭成功頒布了嚴格的禁令，要求全軍必須遵守：

照得恢復伊始，信義為先。故逆者剿之，順者撫之。剿撫分明，所以示大信、伸大義於天下，此誠今日之要著。如嚴禁姦淫、焚毀、擄掠、宰殺耕牛等項，本藩已刻板頒行，諒諄不啻再三，爾提督、統領、陣營，勞徵苦戰十有餘年，所為何事？總從報國救民起見，亦為勳名富貴、後來子孫計，況姦淫、焚掠等項，皆犯造物所忌，為將者積陰德於冥冥之中，以為子孫長久之計，不特為救民地，又是自家分內事耳。雖兵丁繁眾，紛紛不一，然在上之戒緝必嚴，則在下之奉行唯謹。

如提督用心禁緝，各提督循而行之，各陣營又從而效之，以至副翼及大小將領，莫不整頓遵依，且互相告誡，互相結獲。如是而令無不行，禁無不止，四方聞風向化，百姓壺漿迎師，仁義何嘗不利乎？若泛視悠忽，以致兵丁違犯，歸罪於上，累及家身，明有王法，幽有鬼責，由此觀彼，果孰得而孰失？從今之後，爾提督、統領、陣營，凡經過及屯紮地方，務要尊依明禁，翕然畫一，以共奉恢復之大業，而享無疆之福澤，今將歷頒條禁開列於左，本藩令重如山，有犯無赦！各宜著實凜遵守，勿得扭為故套也。

計開：

就地方取糧，亦不得已役。官兵只准取糧，不准姦淫，擄掠婦女。如有故違，本犯立即梟示，大小將領一起從重連罪，不論陣營官兵役夥人等，有能拿報首名者，賞銀五十兩。

一、攻剿地方，有附虜十分頑抗負固者，攻破之後，明令准掠婦女，以鼓用命，以示懲創，不在禁內。如系虜據不服，百姓罪有可矜，如無發明令擄婦女者，不准擄婦女在營在船。如有故違，本犯梟示，大小將領從重一起連罪。不論官兵役夥，拿解首明者，賞銀三十兩。

擄掠婦女在營，必難難瞞同寫鋪之人。如致察出，本犯梟示，同班同隊連罪，盡行梟示，若班隊中能攻擊首舉，不但免罪，仍照格給賞。

一、發剿搶地方，非奉明令焚毀一切，嚴禁不許擅毀居室，敢有故違，本犯梟示，大小將領一併連罪，不論官兵役夥，拿報首明，賞銀二十兩。

出征船隻，各舵梢具要請給號布，以防混冒。如無號布，將船沒官。舵梢梟示，家屬發配，有能拿報首明者，賞銀十兩。

發剿地方，非奉明令，不准擄掠男子為火兵，如有故違，本犯梟示，將領連罪。有拿報首明者，賞銀二十兩。

嚴禁混搶。沿海地方，多系效順百姓。官兵登岸之時，不准混搶，致玉石俱焚，須明聽號令。如有未令，敢有擅動民間一草一木者，本犯梟示，大小將領連罪不貸。

禁宰牛。農業民生大本，牛畜耕穡重資。若肆牽宰，民將失業，不唯百姓俯仰無資，而且軍糈重賴，自今以後，不許牽取宰殺。敢有故違，本犯梟示，將領連罪。

官兵出征，派有船隻載運，各官兵不許借坐給牌商船，或奉本藩吊借。公事完畢，立即收回，不得刁難。如違，致船戶稟報，本官兵梟示，將領連罪不貸。

以上禁條，如荒淫、擄掠、焚毀、假冒等項，誠恐巡緝官兵耳目不周，另懸賞格。至於混搶、宰殺等項，已著各鎮營輪流巡緝，難以漏網。但有能拿報稟明名者，亦分別錄賞。各項禁條犯，斷斷無赦，但官兵不識字，著副翼、司哨、書記逐隊解說曉諭遵守！

這道禁令有些殺氣騰騰，矯枉過正。但鄭軍很多士兵是海盜出身，想要在江南站穩腳跟，士兵紀律特別重要。鄭成功也許是想讓自己的軍隊，與清軍形成鮮明的反差，讓江南百姓口口相傳南明軍隊威武之師、仁義之師的風采。

五月十三日，鄭成功主持了莊嚴的出征儀式，向十萬官兵傳達了不搗金陵絕不罷休的目標，此時，張煌言被永曆任命為兵部左侍郎，成為北伐大軍名義上的監軍。張煌言無意於監督國姓爺（肯定也監督不了），他將魯王系餘部盡數召集在一起，與鄭軍一起北上。[30]

六月初四日，鄭軍經分水關到達了溫州府平陽縣。士兵們在城下忙活不停，砍伐樹木製造雲梯。但清軍即沒有開炮干擾，也沒有出城攔截。鄭成功於是告訴眾將：「此城不用攻打了，只要派人招撫，守將必降。」張英和馬信前去招降，守將車仁暹果然誠心歸降。鄭成功又令他去瑞安遊說。十三日，守將艾誠詳也很識趣的投降了。

不過此時，驍將把臣興不幸去世，讓正值用人之際的鄭成功非常遺憾。黑祥雲接管了宣毅右鎮。

從瑞安向北，就到了溫州府城永嘉了。府城建在甌江邊上，鄭軍船隻可以開到城下。但溫州並不是鄭成功的進攻目標。在順利徵集到足夠七個月的糧食之後，大軍繼續北上。

七月初二日，龐大的艦隊駛到舟山群島。清軍早已將舟山城拆除，就是不想留給鄭軍作為抗清基地。想起陳六御、阮俊的慘死，鄭成功不免悲從心來。他主持了隆重的祭奠儀式，祭奠舟山之戰中死難者的亡魂。

鄭成功眼含熱淚，一字一句的宣布：「此番北伐，定要直搗南京，告慰在這裡死難的弟兄！」

現場的官兵們也群情激昂，紛紛請戰。鑒於風向不好，鄭成功就在舟山進行操練，不久又移住食鹽澳。

從食鹽澳往北，就將到達羊山（今屬浙江省舟山市）。鄭成功叫來了引港官李順，詢問羊山的風土。不過，後者的一番話，卻令國姓爺非常生氣。

---

[30] 為了行文方便，本書中將這支北伐大軍依舊稱為鄭軍。

三、羊山危局：險象環生中的不屈精神

在食鹽澳，鄭成功徵求李順的意見。後者居然說：「島上有很多羊，故稱羊山。山上無人居住，但有一座廟，要在這裡祭祀羊山神，非常靈驗。」對於這套說辭，鄭成功不以為意。沒想到李順又繼續說：「海中有條獨眼龍，是孫真人醫治的。凡過往船隻，都得獻上紙錢，並且不得放炮鳴鑼。否則驚動了此龍，那注定翻江倒海，無法收拾啊。」

「胡說，」鄭成功火了：「本藩提師望復神京，以為社稷，百神都要聽我的，還害怕這麼一條孽龍？」平時，鄭成功只祭拜他母親，任何神都不拜，這也是一種強烈的自信心。

八月初九日一早雞鳴時分，鄭成功下令開船北上。一路之上波瀾不驚，相當順利。到了中午，艦隊順利抵達羊山。看來，李順的說法完全不可靠嘛。

鄭成功令船隊停泊在羊山腳下。第二天，諸多將領陸續過來參見。鄭想起李順的話，國姓爺似乎要搞個惡作劇，就下令奏樂擊鼓，讓士兵樂呵樂呵。

不久之後，鄭成功來到六中軍船上，與幾個屬下下商量軍事。大家更聊得開心時，有人無意中朝窗外望了一眼，卻不禁大吃一驚：「壞了！」

剛才還豔陽高照的晴天，已經是黑雲密布，眼看一場大暴雨就要來了。鄭成功遂下令小船擱山，大船寄碇停泊。過往十多年，大風大浪見得多了，他並不慌張。

突然之間，一道驚雷打破了寧靜。接著，黃豆大的雨點劈里啪啦瘋狂的落下來。天色一片昏黑，幾尺之外都看不到人。這可是大白天啊！

呼嘯的狂風掀起巨大的海浪，毫不客氣的傾瀉在風帆、甲板和船舷

上。不大功夫，就有數十隻戰船劈里啪啦的撞在一起，導致龍骨開裂，風帆折斷，甚至原地沉沒。多少在與清軍作戰時都毫不畏懼的戰士，就這樣被無情的巨浪吞沒，永遠的沉入了水底。更多倖存的人，昔日的勇氣和耐心也蕩然無存，在風浪中哭喊著四處逃命，踉踉蹌蹌，連滾帶爬。怎一個慘字了得！

六中軍船上的幾十名水手，都知道事情重大，拚命想保持船隻的平衡，以保護國姓爺的安全。鄭成功倒是非常鎮定，他不在乎個人安危，甚至還想帶領士兵拯救落水者。但面對如此惡劣的天氣，能自保已經不容易了。

「藩主您上應天星，請火速上拜天神，拯救數萬官軍的性命！」管船都督陳德費力的挪到鄭成功身邊，用盡全力哀求。沒想到鄭成功一聽卻勃然大怒：「天意有在，豈是人所能求的？」擺出一付寧肯葬身大海餵魚，也不願向老天爺服軟的架勢，讓陳德當場自殺的心都有了。

狂風仍然不止，巨浪依舊肆虐，一艘又一艘戰船龍骨斷裂，沉入海底。見此情景，太監張忠和船上還活著的其他人，都幾乎是跪爬著來到鄭成功身邊。所有人一把鼻涕一把淚的哀求：「國姓爺，您再不祭天，所有人可都活不成了啊！」

看著一雙雙絕望的眼睛，一張張卑微的面孔，一個個無助的生命，鄭成功縱然鐵石心腸，也不忍繼續強硬下去了。這位國姓爺跪下身來，向天拜了四拜，一字一句的說：「成功統帥三軍，恢復中原。果天命有在，登時將諸船沉滅；如果中興有日，祈即浪恬風靜。」整個過程相當認真，絲毫沒有敷衍的意味。這麼一來，總算是滿足了眾人的心願。但老天真的能聽到嗎？

鄭成功已經做好了離開人間的準備，當然，這麼走實在太不甘心。他才三十五歲啊，他還有太多的理想，太多的期盼，太多的目標。可是，之後發生的事情，卻讓國姓爺哭笑不得。不到一個時辰功夫，暴風雨居然慢慢停歇，太陽也從雲層裡鑽了出來，海上也不再有巨浪翻騰，一切都恢復了寧靜。這麼一來，作為主帥死活不肯祭天的鄭成功，頓時有了被人當場狠狠打臉的感覺。

更大的打擊還在後面。中軍船上的士兵跑來彙報，有二百三十一人喪生，其中有鄭成功的六位妃嬪，以及四子鄭睿（六歲），七子鄭裕（五歲）、八子鄭溫（一歲）。

六位如花似玉的女性，就這樣告別了人間，令鄭成功非常難過。他特意帶三位小王子出來見識世界，還指望他們開闊眼界，未來能能夠成為抗清復明的勇士，可孩子們就這樣遇難了。鄭成功不覺心如刀割，但他的反應，居然是發出一聲慘笑，隨後下令收屍埋葬。顯然，很多人的屍體肯定是找不到了。

這已經是鄭成功第七次死裡逃生了，他知道現在根本不是悲傷的時候。作為主帥，他必須把喪子之痛放在了一邊，而首先關注將士們的安危。到了第二天，天光放晴，各船將領都陸續趕了過來，請國姓爺節哀。鄭成功鎮定的說：「此乃天意，本藩也無能為力，唯有希望與諸位一起直搗金陵，恢復大明。」

他下令，給南方將領每人賞銀二錠，北方將領則每人三錠。將領們都深受感動，但紛紛建議返回思明：遭受這樣的打擊，五六千人死難，近萬人受傷，幾百條船都需要修理，繼續北上肯定是不行了。鄭成功雖說很不甘心，但也知道蠻幹肯定要付出更為慘重的代價。

此時，清朝三路大軍在西南已是節節勝利，貴陽、遵義先後失守，滇都昆明面臨巨大壓力。蜀王劉文秀之死，對南明政權又是雪上加霜的打擊。很多後世史家總喜歡指責鄭成功擁兵自重，不為南明朝廷分憂，卻選擇性的忽視了鄭成功為幫助永曆朝分擔壓力而大舉北上，本人差點在羊山遇難，還搭上三個兒子和六位妃嬪的代價。

十四日，鄭成功率軍回舟山休整。既然已經出來了，他不想再回思明，他要給部下以強烈的訊號：一定要將北伐進行到底。

鄭成功安排士兵修理戰船、整理軍械、並在溫州、臺州一帶收取糧餉，為下一次北伐有條不紊的做著準備。他本人則在磐石衛（今屬浙江省溫州市樂清市）和沙關（今屬福建省寧德市神鼎市）之間往來活動。其間，鄭軍也曾攻占了清軍一些衛所，並與老朋友、此時已升任浙江總督的趙國祚有過對峙。

總體來說，浙江局勢是相當太平的，但西南那邊卻是烽火連天。

孫可望降清之後，獻上了雲南、貴州和四川的詳細布防圖，讓南明軍隊在對手面前從此幾乎沒有了祕密。在平西王吳三桂、固山額真趙布泰和固山額真宗室羅託三路夾攻之下，南明軍節節敗退，夔東十三家反攻重慶的戰役也以失敗告終，李定國與永曆皇帝放棄昆明，次年正月初七日來到達永昌。

這還不是最糟糕的。永曆十三年（1659）閏正月，在手下人慫恿之下，做別的事優柔寡斷，逃跑時卻乾脆俐落的永曆，居然丟下了靠山李定國，「果斷」的跑向緬甸。後來發生的一切證明，這樣的抉擇蠢不可及。

二月二十一日，李定國精心布局了磨盤山戰役，期望一舉消滅吳三桂，扭轉西南抗清的局勢。但由於叛徒告密，清軍提前發動攻勢，令南明軍損失慘重。自此一戰，李定國徹底失去了在雲南戰場上翻盤的機會。

三月七日，永曆帝一行來到了緬甸首都阿瓦（今曼德勒）。不過，曾經的大明下屬緬甸國王，如今也全無人臣之禮，居然安排永曆住在郊外，生活待遇連安龍時代都不如。

造化弄人。如果不是羊山遇險，如果這一年鄭軍能順利開進長江口，明末清初的格局肯定就會重新書寫了。鄭成功也不會被後世一些學者指責為「私心自用」「按兵不動」，甚至將他和帶路黨孫可望劃歸為一類。不能不說，鄭成功失去了一次走向成功的最好機會，清廷的運氣顯然更好一些。

當然，鄭成功從來都是愈挫愈奮。在新的一年，他將會在南明抗清的紀錄中，留下自己濃墨重彩的一筆。

四、定海大捷：打通長江進軍路

當永曆十三年(1659)的新年鐘聲敲響，隨著西南局勢的惡化，鄭成功北伐變得更加刻不容緩了。

時移世易，當年鄭成功起兵時多次交手的泉州總兵趙國祚，不但頑強的活了下來，還一路當到了浙江總督，成為封疆大吏了。在明朝，武將是不可能擔任總督巡撫，戚繼光只能當到薊鎮總兵，文官出身的袁崇煥才能當上薊遼督師。相比之下，清朝的用人制度要靈活得多。

聽說鄭成功駐紮在沙關，趙國祚知道，自己再不做點事情，對上面就不好交待了。於是他拼湊了幾千步騎兵，開往平陽沙園所，擺出一付要為國捐軀的架勢。鄭成功知道老趙只是虛張聲勢，就下令官兵加強戒備。果然不久，趙國祚就撤軍了。

時值初春，溫州海面多霧。趙國祚熟悉鄭成功的用兵特點，就集結了多艘小哨船，上面裝滿易燃物品，準備乘濃霧掩護衝進鄭軍船隊之中，玩一把大的。鄭成功很快偵知了趙總督的意圖，就令戰船在七都近樂清一帶拋泊，加強水面巡邏，令清軍小船無法靠近。

鄭成功原本準備打下溫州城，讓趙國祚的工作報告不好寫。但考慮到溫州城池堅固，擔心久攻不下影響士氣，干擾進攻南都的大計，因此在周全斌的建議下，鄭成功決定盡快北上。

二月二十日，鄭軍艦隊來到了樂清縣西南端的磐石衛，為北上做最後準備。他下令各提督、統領、總鎮準備好船隻與糧草，下月在磐石衛集結。同時，又要求官兵將家眷從思明帶到船上，隨軍出征。

戰爭是生與死的較量，血與火的搏殺。戰士帶著家眷出征難免分心。唐朝大詩人杜甫在〈新婚別〉中寫道：

勿為新婚念，努力事戎行。

婦人在軍中，兵氣恐不揚。

鄭成功當然不可能不明白這一點，但他為什麼要這麼做呢？個人分析，理由恐怕有三：

一、此次鄭軍主力盡出。將家眷留在思明，如果清軍來襲，少量守軍難以保護他們。一旦出事，將會嚴重影響北伐將士的士氣。

二、此次北伐很可能要耗費很長時間。將家眷帶在身邊，讓官兵避免相思之苦，可以心無旁貸的投入戰鬥中。

三、鄭成功對打下金陵胸有成竹。到時可以直接讓軍人家眷入住南都。這是一種「不達目的絕不罷休」的氣概。

鄭成功派水師一鎮忠靖伯陳輝、宣毅前鎮陳澤保護女眷，跟在大軍後面。但是，這樣的安排也會留下一些隱患，我們後面會講到。

到了三月底，各提督統領都陸續趕到了磐石衛。十幾萬人集中在一個小小衛所，也是過往幾乎沒有的事情。鄭成功遂令前鋒鎮、左先鋒鎮駐大門澳，思明二提督駐小門澳，親軍駐七都外嶼，鄭成功本部則屯兵小門澳，奇兵鎮黃應駐南日。

因要等等候信風，艦隊一時還不能出發，鄭成功就令各部檢視船隻，訓練陣法。當時，禮官都事製作了一些銀牌，懸掛在百步之外，讓各協將、正副領班比試。誰射中了，銀牌當然就歸誰。鄭成功還下令製作了金牌，由自己與提督統領比試，誰獲勝了，就將金牌賞給誰。這麼一來，官兵們的士氣高昂，情緒熱烈。

四月十九日，鄭成功下令啟航。大軍繞過臺州一路向北，二十八日開到了寧波府的梅山港，鄭成功下令登陸攻擊。

清軍在此設立了定海關炮城，架設有數十門火炮，但守衛士兵僅五百人。清軍還設定了「滾江龍」，即用鐵鎖捆縛大船，橫於甬江水面，阻礙鄭軍大船透過。

見到鄭軍到來，清軍立即發炮攻擊。鄭軍早有準備，用虎尊炮、行營炮一類的中小型火炮還擊。但沒過多久，清軍炮臺下居然燃起了熊熊大火，漫天的塵煙，燻得士兵睜不開眼。

原來，鄭成功安排了一支突擊隊，在炮火掩護之下，他們每人帶了一捆木柴到城下，隨後很快點著。眼看炮城要變成一片火海，清軍紛紛往外逃竄，很多人被候在外面的鄭軍逮個正著，當場殺死。守將泅水逃跑，而在馬信的勸說之下，有近三百名清軍放下武器投降。

數十名鄭軍勇士身背鐵斧，潛水到鐵索之下一頓狂砍，伴隨著「嘩啦啦」的巨響，滾江龍被解開了。鄭軍大大船乘勝開進了寧波港，與清軍定海艦隊相遇了。

三年前的八月，陳六御、阮俊就是在定海關中了清軍這支艦隊的埋伏，全軍覆沒。仇人相見，分外眼紅。鄭軍的火炮密集開火，煙塵遮天蔽日。清軍戰船無論體量還是火力，都遠不是鄭軍的對手。不多時，就有好幾艘戰船被打沉，其餘的只能向港內深處逃去。

鄭軍緊緊追趕，最終將清船團團圍住。來不及逃跑的清軍，通通做了俘虜。此次戰役，鄭軍兵不血刃，就摧毀清軍主力戰船一百餘艘，從而牢牢掌握了江浙一帶的制海權。此後，再沒有清軍戰船可以對鄭軍構成威脅。

那個年代，天上不可能有飛機轟炸，水下也不會有魚雷和潛艇突襲，最多海岸上有紅衣大砲可以威脅，但射程終歸有限。因此鄭軍艦隊行駛海上，安全得如同在自家花園燒烤。

攻打定海關的戰術，是早鄭成功在磐石衛時就已經制定好的。他說：「大師進取南都，定海關沿有虜船數百隻，萬一出沒，阻我船隻往來，或擁集尾後，使我不能放手進取，也未能保證全勝。如今我想先奪定海關，奪其船隻，一則可雪前日陳總制戰沒之恨，二則引浙、直（江南省）來援之兵，待其來援，我卻揚帆直取金陵，使虜兵疲於奔命。以逸待勞，百戰百勝之道也。」種種結果均被鄭成功準確預判，眾將當然非常佩服。

鄭成功讓人放出消息，說是要乘勝攻打寧波府城。清廷江南與浙江兩省的兵力，果然大舉向寧波集中，正中了鄭成功的圈套。而鄭軍則從容北上，經過舟山到達羊山——還是無法繞開。

這一次，羊山港風平浪靜，溫順得如同等候夫君回歸的東洋少婦，與上一年的巨浪翻滾形成了鮮明反差。此時鄭成功心裡一定五味雜陳，後人看到這裡，一定也會感慨不已：時也，命也！

鄭成功將十餘萬鄭軍分為三部。甘輝統前部，鄭成功率主力居中，總兵陳文達殿後。穿過羊山，鄭軍就來到了崇明沙洲。崇明島是僅次於臺灣與海南的中國第三大島，當時還屬於蘇州府管轄。當時，駐守崇明的是蘇松總兵梁化鳳。

梁化鳳是西安府長安縣人，馬信的老鄉。梁化鳳文武全才，在平定姜瓖的戰事中表現突出。張煌言曾與張名振三入長江，熟悉地形，他建議說：「應先占領崇明，作為老營。」工官馮澄世也說：「欲進軍瓜州，必當先取崇明，這樣才好流通蓄積以為外援。」

那麼，一向很有主見的鄭成功，會聽他倆的建議嗎？

五、瓜州突破：連破重重封鎖

張煌言和馮澄世建議鄭成功先取崇明，但鄭成功卻有自己的考慮。他說：「崇明雖小，城堅，攻打必然延遲日月，反使瓜州有備（當年張名振圍了八個月，不是也沒攻下嗎？）。不如先取瓜州，然後乘勢占領江南，崇明還不是不攻自破嗎？」

鄭成功說的當然也有道理。但是，事情會按他估計的路徑發展嗎？

永曆十三年（1659）五月十九日，鄭軍來到吳淞口。蘇松提督馬逢知很早就和鄭成功聯繫過，並表達了歸降的願望。馬逢知有鄭軍缺少的騎兵，鄭成功非常希望他能馬上反正，和自己一道進兵瓜州。但馬逢知還在觀望中，不想馬上就做決定。鄭成功相當失落，只能下令船隊前行。

二十三日，鄭軍進駐永勝洲。因天氣不好，大軍在此停留了四天。二十七日，船到江洲。到泰興等地取糧。一路之上，鄭成功多次強調軍紀，似乎可以證明，之前鄭軍的軍紀不怎麼樣、

六月初一，鄭軍順利駛入江陰。清國堅守不出，鄭軍嘗試著攻了一陣，就「虛晃一槍」，繼續西進。

六月十四，龐大的船隊終於駛過焦山塔。到達鎮江府地頭上了。但鎮江府並不能橫跨長江兩岸，北邊是名氣更大的揚州府。

鎮江府城丹徒縣就建在長江邊上，與揚州府江都縣瓜州鎮隔江相望。王安石的〈泊船瓜洲〉，寫道：

京口瓜洲一水間，鐘山只隔數重山。
春風又綠江南岸，明月何時照我還？

瓜洲和京口，一北一南扼守著南都。頂著國姓爺招牌的鄭成功努力了整整十三年，終於第一次打進江南省。對當地清軍來說，鄭成功是他

們相當熟悉，又非常陌生的名字。熟悉是因為閩浙同行飽受其苦，陌生是自己鮮有與其交手的機會。但鄭成功這麼多年未能打下一座省城，效率相比大西軍確實差了不少，滿清八旗軍難免會產生輕敵情緒。

但是，即使再無能的官員，也知道南京對清廷的重大意義。這不光是一座有著巨大城垣的城市，更是無數復明勢力念念不忘的聖地。清廷沒有強大的水軍，在江面上是無法與鄭軍抗衡的。但他們也有自己的絕招。

炮臺。清軍根據地勢，精心建構了丹徒譚家洲炮臺和瓜洲柳堤炮臺，配置的是一水兒的紅衣大砲。兩座炮臺彼此呼應，相互配合，就像一把巨大無緣的鉗子，可以對江面形成密集的火力封鎖。

滾江龍。又稱攔江船，系以粗鐵索與大船相連，兩端固定在江岸上，鐵索橫於江面，大船則沉於水底，形成「路障」，讓鄭軍的巨大戰船難以通行。

木浮城，又稱木浮營。系用木排做成巨大木筏，上面再用木板圍釘成巨大隔間，能同時容納五百人，安置大砲四十門，同時還配備大量的火藥與火罐，完全是一座可以漂動的水上炮樓。由於清軍占據上游，木浮城順江而下，甚至能將鄭軍大船直接撞毀。

大敵當前，鄭成功依然鎮定自若。三十六歲的他，精力體力正處於一生中的最佳時候。國姓爺告誡諭眾將道：「此番我們孤軍深入陌生之地，應當有死中求生的氣概，勝了這一陣，直克其城，就能形成破竹之勢，功名富貴就在各位的眼前。」他的眼睛在眾人身上掃過：「進生退死，本藩當先衝鋒陷陣，以為表率，爾等其勉之！」

自從臺州反正以來，馬信沒有多少貢獻。但奇怪的是，鄭成功對他非常欣賞，讓他擔任了右提督並晉封建威伯，成為和甘輝、萬禮這些大佬平起平坐的高級將領——憑什麼啊？

因此，馬信覺得再不做點貢獻就不好意思了。瓜州之戰，馬信自告奮勇要打先鋒，拿下至為關鍵的譚家洲炮臺。鄭成功欣然應允，並讓張煌言、陳文達率銃船掩護。

鄭成功下令，五鼓造飯，辰時（早上七到九點）進兵。這一天，正值盛夏，天氣晴朗，湛藍的天空點綴著少許雲彩。更讓將士們開心的是，當時颳起了東南風，很適合船隻逆流而上。這是老天也不給清虜機會嗎？

十年戎馬生涯，書生張煌言和他的前輩袁崇煥一樣，已經進階為一位出色的將領。他指揮銃船猛轟譚家洲，讓清軍疲於應付，卻想不到會有神兵天降。馬信率領的敢死隊員們手持藤牌在淺灘登陸，從三面包圍了炮臺，對裡面的活人格殺勿論。面對這些有如神兵天降一般的對手，清軍根本抵擋不住，很快地面上就滿是屍體。不到半個時辰功夫，馬信就完全占領了譚家洲炮臺，五百名清軍非死即降。

當時，操江軍門朱衣佐和游擊左雲龍率滿漢騎兵數千在瓜州鎮外屯守。他們以為，有橫江鐵索在，鄭軍還能插上翅膀飛過去不成？哪裡想到，伴隨著嘩啦嘩啦的巨響，滾江龍居然給斷開了！

當時，左武衛鎮周全斌駕船順風疾進，並讓四十名勇士揹著特製的大斧潛入水中。經過一通操作，滾江龍終於被解開了。周全斌非常開心，率軍浮水上岸，向著清軍發起了進攻。

右協楊富身先士卒，持刀直衝敵陣。清軍騎兵抵擋不住，很快被斬殺數十人。不久，中提督、左先鋒鎮在左、左提督、五軍居右，一齊掩殺過來。清軍寡不敵眾，只能向鎮城裡逃跑。周全斌親自舉起藤牌，命令士兵攻城。

此時，馬信部在控制譚家洲炮臺之後，也向瓜州鎮趕來。但令他倆沒想到的是，城上已經插上鄭軍大旗了，兩人都相當失落，為沒有搶到頭功而上火。原來，正兵鎮韓英、左先鋒楊祖已捷足先登了。

瓜州只是一鎮，哪經得起幾萬軍隊這麼折騰，很快就失陷了。鄭軍衝進城中，分頭剿殺，河溝水井裡都滿是清軍屍體。眼看呆在鎮上是活不成了，一些清軍就打開城門，向揚州方向逃去。可他們哪裡想到，後提督萬禮已在此恭候多時，攔住又是一通砍殺。

張煌言部乘船向上游挺進，與清軍木浮城相遇。這些龐然大物看著嚇人，但移動緩慢，遠不如船隻靈活。沒辦法，誰讓清廷造船技術落後呢，才整出這麼個四不像的玩藝出來。張煌言一邊下令下炮。一邊派出十幾條小哨船，上面裝滿易燃物，順風駛到木浮城跟前，鄭軍的勇士們點燃哨船，不一會兒木浮城都給燒著了，上面的清軍哭著喊著四處逃命，有燒死的，有淹死的，更有被隊友擠死的，場面真是慘不忍睹。

當天巳時（上午九點到十一點），這場戰鬥就以鄭軍占領瓜州鎮而結束，耗時不超過一個時辰。鄭成功登岸進入瓜州，發諭安民。當時，朱衣佐與數十名滿兵躲在官署內，被鄭軍搜出，滿兵全部被殺，朱衣佐卻機智的請降，被鄭成功留在了身邊。看來，講一口流利的漢語，關鍵時刻用處真是不小。

取得大勝，鄭軍上下都非常開心，張煌言卻十分冷靜。他向鄭成功建議道：「瓜州雖敗，仍有水師退入蕪湖，如果偵知我軍上岸所營，順流直下，還是挺麻煩的。應當速率水師直搗蕪湖，一是劫殺虜船，二是聲稱要攻取南都，以分其勢，使虜不敢來援。這麼一來，陸師就沒有了後顧之憂，可以安心攻城了。」

鄭成功向來喜歡表現自己的高明，但這一次，他對張煌言的看法相當欣賞。於是，鄭成功派楊戎政總督水師前鎮，與羅蘊章、袁起震等人，都歸張煌言調遣，兵發蕪湖；又命各鎮派撥船隻，由總督營鄭德監督押，支援張軍。

鄭成功自己，則將鎮江府城丹徒縣作為必須拿下的目標。他胸有成竹的告誡將官們說：「兵貴神速。瓜洲已經拿下，水師遣進南都，虜兵無暇顧及鎮江了。我們乘勝攻打城池，如果建奴自不量力，出城迎戰，那我們一鼓作氣就能擊敗他們，鎮江城也只能投降了。爾等必須傳傳諭官兵，這次要是遇到虜兵，必須拿出百倍勇氣。如果再勝一陣，狡虜必會破膽，南都不攻自下！」

鄭成功說的頭頭是道，但清軍真的會按他寫的劇本演戲嗎？

六、鎮江高光：最偉大的一場陸戰

永曆十三年(1659)六月十九日，鄭成功率軍進入鎮江南岸的七里港。鎮江府急忙向南京求援。江南總督郎廷佐派江寧提督管效忠及原洪承疇部下羅將軍，率數千鐵騎趕往丹徒。

但是，郎廷佐也知道鎮江很可能守不住，必須未雨綢繆。他第一時間向北京上疏，懇求盡快派遣滿八旗主力南下支援。

過往這些年，清軍中一直傳言鄭成功水戰無敵，陸戰弱雞，不管別人信不信，這位姓羅的肯定信了。他放出話來：「這些海寇敢來，我就殺他們個片甲不留！」當時，蘇州、松江和常熟各府的清軍援軍雲集鎮江，但大傢伙都畏鄭如虎，巴不得有拎不清形勢的去當炮灰呢。

管效忠拼湊了一萬五千餘人，大部分為騎兵。他將士兵分為九隊，羅將軍為第一隊，他自己為第二隊，蘇松常的雜牌軍抓鬮安排，分列三到九隊。羅將軍急於立功，率領鐵騎在岸邊巡邏，就等著鄭軍上岸，可鄭成功那是什麼人，能聽他的安排嗎？

此時正值盛夏。白天，太陽火辣辣的燒烤著大地。間或有一場雷陣雨，涼快不了多少，倒淋得人滿臉是泥。鄭成功也許誠心要逗羅將軍玩。鄭軍大船一會兒向西，裝出要登陸的樣子，清軍騎兵急忙往過趕。但他們滿頭大汗趕過去時，鄭軍又虛晃一槍，將船開往東面了，對手明知有詐，卻也不能不尾隨。就這樣折騰了三天三夜，清軍騎兵一個個苦不堪言，恨不得躺到地上永遠不起來。

見到清軍這邊士氣低落，鄭軍中軍船升起了七星大旗，繼而又有三聲炮響，這是登陸的訊號。鄭軍船隻紛紛靠岸，憋了三天的勇士如下山猛虎一般衝向岸邊，排出整齊的佇列。羅將軍一見，立即來了精神，下令立即放箭，想給鄭軍來個下馬威。

霎時間，密密麻麻的箭雨遮蔽了天空，呼嘯著射向河邊。羅將軍自以為得計，睜大眼睛想看看「海寇」怎麼變成刺蝟。可眼前的一幕，完全讓他沒有心理準備。鄭軍前鋒攤開大棉被，建構起了嚴密的陣型，箭矢噗呲噗呲的紮在棉被上，幾乎傷不到任何人。

雖說放箭沒有收穫，清軍也有高興的事：你們沒有騎兵、那不等於送人頭嗎？鄭軍用戰被開道，擺出嚴整的佇列勇敢向前，要用他們的血肉之軀，去對抗清軍的鐵騎。按照鄭成功的安排，前鋒分成了五隊：五色旗隊、蜈蚣旗隊、狼煙隊、火銃隊和大刀隊。每隊都有一個鼓手，頭上插著令旗，鼓聲慢隊伍的行軍就慢，鼓聲急隊伍就加快速度。

清軍稍稍後退，然後加速衝鋒。數千匹戰馬揚起漫天的塵土，誰要站旁邊觀戰都能給嗆昏倒。鄭軍卻無所畏懼的擺起了藤牌陣。他們三人一組，中間的士兵用藤牌掩護，兩邊的隊友一砍馬腿一砍人。清軍連續衝擊了三次，居然都沒占到在便宜，反而陣亡了不少，讓羅將軍非常失望。

清軍再次稍稍後退，準備發起第四次衝擊。而鄭軍陣中的鼓聲突然提速，士兵們加快步伐，狂奔著衝向清軍馬前，兩軍殺在了一起。鄭軍的斬馬刀非常鋒利，江湖傳言，（兩人）一刀下去，連人帶馬能砍成六段。面對如此強悍的步兵，清軍也不免膽怯了。

岳家軍鉤鐮槍大破金兀朮鐵浮屠的段子。只是《說岳》的虛構，但鄭軍以血肉之軀硬扛八旗騎兵的場景，卻是歷史真實。不難想像，為了能夠戰勝可怕的對手，鄭軍平時的訓練多麼嚴酷。

不過，鄭軍攻勢再猛，清軍也是個個拚死向前，沒人後退。原來，管效忠早就下了死命令。他抄鄭成功的作業，規定調轉馬頭的一律斬殺。兩邊正殺得難解難分之時，鄭軍陣中卻搖起一面白旗。這是玩哪出？要投降了嗎？

鄭軍呼拉拉的向後退去，然後像表演團體操一般散到兩邊，在中間留出了一片空地。清軍沒有想太多，立即打馬向前衝刺，想給對手來個迎頭痛擊。正得意間，伴隨著一陣陣轟隆隆的巨響，數十名清軍當場被炸上天。原來鄭軍撤向兩邊，只是為了騰地方，讓後隊用火炮攻擊。不一會功夫，上千名清軍不死即傷。管效忠在後方看得小心肝亂顫，只能趕緊下達撤退命令。

見清軍要逃，原先撤向兩邊的鄭軍，又撲過來一頓砍殺。清軍一氣跑了十里，才在銀山紮營。

六月二十二日二更（21：00-23：00）時分，在銀山下值勤的清軍，突然被眼前的景象驚呆了。

一群體型魁梧的士兵，從頭到腳都包裹著鐵甲，在月光下反射出滲人的亮光。清軍急忙放箭，可箭鏃根本射不透鐵甲，丁零噹啷的又掉在地上。上千雙鐵靴踏在地面上，震得清軍耳朵發麻。這些人來到木柵前，三下五除二就將工事給推平，然後殺向清軍營帳。清軍使出吃奶的力氣奮力招架，無奈這些鐵人過於生猛，武器也特別銳利，清軍根本不是對手，只能四散潰逃。

銀山就這樣被鄭軍占領。原來，鄭成功認為銀山地勢險峻，白天奪營風險不小，如果晚上突襲，清軍很可能就準備不足。因此他安排了最為精銳的鐵人軍出擊，果然輕鬆的拿下了陣地。

天亮之後，管效忠才得知消息。鑒於銀山的重要程度，他下令立即組織進攻。鄭成功知道，決戰就要開始了。他將隊伍分為三疊，以迎戰清軍的五路軍兵。

管效忠以八百騎進攻鄭軍頭疊，鄭成功親自督率右武衛周全斌、左虎衛陳魁迎戰。周全斌率領二百鐵人軍與清軍頭疊交戰。這位狠人讓部將在陣後拉一長繩，並警告士兵說：「退到繩子處即斬。」這麼一來，所有人無不拚死向前，雪亮的鋼刀在陽光下熠熠生輝，一個又一個清兵成了刀下之鬼。鄭軍一直衝到清軍三疊處，清軍稍稍後退，然後居然紛紛下馬！

下馬打死打仗，是清軍的看家本領。四十年前的薩爾滸，他們的先輩正是靠這一招大敗明軍，馬匹事實上更多起交通工具作用。滿軍弓箭齊發，漢軍則抬出虎尊炮和鳥銃向鄭軍射擊。鄭軍同樣用火槍和行營炮回擊，霎時間，戰場上硝煙瀰漫，鉛彈橫飛，成為了四百年前的一場非典型戰爭。

槍炮對轟畢竟不是長久之計，之後雙方又開始了冷兵器的血拼。當清軍體力有所下降之時，鐵人軍的武器優勢被充分展現出來，清軍招抵不上，紛紛上馬逃跑，鄭軍則在後面緊追不捨。山路狹窄，河溝眾多，清軍免不了互相衝撞擠壓。有些人被馬匹活活踩死，有些人被擠到河裡淹死，更有腿腳不俐落的，被後面狂追的鄭軍殺死。鮮血從銀山一直流到河溝裡，地上滿是留著小辮子的清軍屍體。

管效忠依然不甘心失敗。他安排一千騎兵抵擋鄭軍其他各鎮，自己集中三路人馬，準備對國姓爺來個「斬首行動」。

鄭成功一向親力親為，到了這個時刻，他豈能退卻？鄭軍將士看主帥都衝殺在一線，無不精神振奮，以一當十。鄭成功親率左武衛林勝、五軍正中軍張英，以銃炮猛攻對方。清軍不敢前衝，又下馬準備拚命。

此時，沒有套路，沒有陰謀，沒有陷阱，雙方純粹是在拼戰力，更是在拼意志。已到正午，天地之間如同一個巨大的蒸籠，要把一切烤焦。這個天氣，本應是哪涼快哪待著去的兩兩拔人，卻殺了個刺刀見紅。他們忘記了三十多度的高溫，忘記了身上的傷口正在流血，更忘記了吃午飯，只是憑意思在頑強拚殺，憑本能在苦苦支撐。

平衡遲早會被打破，總有一方會露出破綻。在嚴重的體力透支之下，清軍的意志終於崩潰了，陣型也被衝擊得完全不成樣子。只能向鎮江府城方向逃去。而同樣累得掄兵器都費力的鄭軍，卻因敵人的崩盤而精神倍增，他們的目光更加凶狠，他們的步伐更加迅捷，他們手中的武器，也揮舞得更加有力了。太多的清軍屍體堆在河溝中，河水都無法流動了。鄭軍一氣又追出去了十餘里，清軍為了搶奪馬匹逃命相互拉扯，甚至拔刀相見，又有不少人被踐踏而死。

清軍主力被打跨，留下的那一路也跟著崩盤，被殺得幾乎無人生還。鄭成功下令搜山，遇到建奴格殺勿論。之後，又有大批清軍領了便當。鄭軍則獲得了大量馬馬匹、駱駝、盔甲、弓箭、火銃和行營炮。

到了未時（下午一點到三點），戰鬥終於停歇下來。銀山之戰耗時三個時辰，就殲滅清軍過萬。管效忠部的四千鐵騎，最終只剩下了一百四十人。這位資深漢奸無奈的感慨：「我自入中原身經十七戰，還沒有敗得這麼慘過！」

而鄭軍這邊，死傷還不過百。更何況，這場大捷並非靠偷襲贏得，而是與敵軍硬碰硬取得的。鄭軍一向被詬病陸戰不行、沒有成建制的騎兵，孤軍深入陌生環境，以血肉之軀硬扛江南省最精銳滿漢鐵騎，卻打出了起兵十三年來最為漂亮的一戰，戰損比可以媲美戰神戚繼光。不管之後還會發生什麼，銀山之戰作為鄭軍陸戰最為高光的紀錄，永遠值得在南明史上占據重要一頁。

鎮江守將高謙、知府戴可進等人在城上觀摩了整個戰爭過程，越看越絕望，越看越震驚，越看也越堅定了自己的選擇。鄭軍乘勝包圍了丹徒城，並派人進城招降。高戴二人當然樂得借坡下驢，果斷的獻城投降了。周全斌在戰鬥中受傷，鄭成功讓他鎮守鎮江，高謙和戴可進協助處理軍政。

盤點下來，鎮江只是鄭成功占領的第三個府城，依然不是強攻打下來的。但因鎮江緊靠南都，其意義不容低估。馮澄世進言道：「城守貴乎嚴肅，寧民必以堅定。鎮江首先歸順。乃為恢復之如，當十分加意撫字，以為天下榜樣。」

鄭成功於是頒出命令：「宜嚴束官兵，日夜住宿窩鋪，不許混落城下，擅入民家，致行騷擾。」他告誡眾軍官：「此處騷擾，即四方望風而遁，天下事自爾等壞對矣，慎之，慎之！」由於鄭軍軍紀嚴明，城內一切照舊，很多人根本就不知道城池易主。

鄭軍占領了鎮江，江南震動。句容、儀真、浦口、太平、蕪湖、當塗和繁昌等地都望風歸附。江南淪陷十四年，但無數仁人志士心向大明，反抗清廷壓迫的鬥爭從未停止。鄭成功不願錯失這樣的大好局面，不願意辜負萬千父老的期望。

現在，他眼中只有一個目標。

第十二章
金陵挫敗：北伐的終章與遺憾

一、南京抉擇：一念之間的命運分叉

盤點中國歷史，唯一一個由南向北統一全國的王朝，正是朱元璋建立的明朝。唯一一個位於江南的大一統王朝京師，正是南京。

僅此兩點，就讓南京在中國的地位，無可代替。南京，不僅僅是一座城市，而是一種象徵，一個圖騰。

每當中原大地慘遭屠戮、中華文明面臨滅頂之災時，南京總是當仁不讓地承擔起了「驅逐胡虜，恢復中華」的重任，讓中原志士在這裡休養生息，迸發出更加堅韌不屈的能量；讓華夏文明在這裡浴火重生，閃耀著更為絢爛奪目的光芒。這裡既是中華血脈最後的維繫之所，又是北伐中原、光復河山的反攻基地。

每一個能率軍打到南京城下的將領，肯定都能在史書上占據一個位置。但唯有率領正義之師，為拯救華夏民族命運而來的統帥，才能資格稱為英雄。而由南方率領水軍北上包圍南京的，鄭成功是毫無爭議的歷史第一人。

此時的南直隸，早已被滿清改為江南布政司，首府南京則被改名為江寧（江南安寧）之意。不過，在廣大市民的眼中，這裡是永遠的南京。「三萬里河東入海，五千仞嶽上摩天。遺民淚盡胡塵裡，南望王師又一年。」十四年來，他們朝夕盼望南明軍隊的到來，很多人更是冒著殺頭之險，為光復留都不停奔走。

鄭成功的故鄉在南安石井，但南京才是他的精神故鄉。

早在甲申年，二十一歲的他就以廩膳生的身分，入住南京國子監。南明小朝廷的危局，徹底改變了他的人生。

十四年前，在留都陷落之前，帶著屈辱，帶著惆悵，帶著不甘，很可能是因為父親的召喚，他中止了學業，提前返回了福州；

十四年後，於萬眾期待之下，充滿信心，充滿渴望，充滿鬥志，他率領著十萬精兵，上百名將領，上千艘戰船，再度劍指南京。

十四年前，他還是隻一介書生，面對山河破碎、生靈塗炭，他無能為力；

十四年後，他已是令清軍談虎色變的延平王，壓上自己幾乎全部籌碼，就是為了完成對清廷的致命一擊。

六月二十七日，鄭成功召集眾將商議攻取南京。沒想到，有人會給他的大業潑冷水。

潘庚鍾認為：「藩主啊，不能貿進。我們不如暫駐瓜鎮，派將分據淮揚諸州，扼其咽喉，收拾人心，等待機會，然後大舉用兵。在北京的滿漢人等不下百萬，一旦糧道斷絕，供應不足，兩月之內，兵必潰，民必亂。這樣就能不勞而定，當年曹操就是這樣打贏官渡之戰的。」

工官馮澄世附和道：「江南城池廣闊，進攻不易。不如聽庚鍾之言，駐紮瓜鎮，扼其險要，斷其糧道。一邊收拾人心，一邊派人從小路向朝廷報捷請旨，命李定國前來會師，這才是上策。」

聽起來很有道理的樣子，但鄭成功並不贊成他倆的建議：「不對。時代不同了。當年後漢國祚已改，群雄割據，曹操才能有勝算。我明朝立國已三百年，德澤已久，不幸有甲申之變，建奴鼠竊烏合，狐假虎威。

今我大兵一至，他們自然瓦解。若不進兵恢復舊業，號令天下豪傑，是自老其師。倘徵各省兵馬齊至，首尾合擊，我們豈不自孤？」

為了讓發言更有說服力，國姓爺又把朱元璋搬了出來：「何況太祖昔日得到廖永忠、俞通海等水師，乘勢奪取采石而占據金陵，勢如破竹。摧枯拉朽，靠的正是兵貴神速！」

鄭成功看到的，是南京作為江南首府的標竿意義與示範效應，大老遠跑來，不打如何甘心？如果占據金陵，南方各省很可能就傳檄而定。不過，南京能否迅速攻克呢？鄭成功本人非常自信，又加上瓜州和銀山兩場大捷加持，他覺得勝利就在前方，何必主動示弱？

但潘庚鐘的斷糧道方略也很「毒辣」。他認為，南京既然不能迅速攻下，暫時就不要打，而是「釜底抽薪」，搞亂大清。但此舉的問題是，鄭軍深入敵戰區，很可能會被四面援軍包圍，非但不能切斷糧道，還就此喪失了進軍南京的機會。

至於請李定國來援，當然是很沒譜的事情。鄭成功此時還不知道永曆已經逃入緬甸，但很清楚，晉王早就無暇幫助自己了。

那麼，鄭軍能不能同時即斷糧道又打南京呢？答案是：兵力實在不允許。權衡之下，鄭成功否定了潘馮二人的建議，決定兵發南京。如此一來，新的選擇題又來了。

鄭成功詢問手下，水陸哪個更方便？甘輝似乎是打仗沒打過癮，慷慨陳詞：「兵貴神速，乘此大勝，狡虜亡魂喪膽，無暇預備。由陸長驅，晝夜背道，兼程而進，逼取南都。倘敢迎戰，破竹之勢，一鼓而收，不則圍攻其城，以以絕援兵，先破其郡，則孤城不攻自下。若由水而進，則此時風氣不順，時日猶遲，彼必呈號集援兵，攖城固守，相對為戰，我們就要多費一番功夫了。」

甘輝分析得頭頭是道。鄭成功也認同他的想法。但大多數將然認為。大軍遠來。不服水土，此時天氣炎熱，時不時又來場大雨，步行難走，不如乘船。

一向很有主見的鄭成功。沒有聽甘輝的，卻認同了大多數人的觀點。孰對孰錯呢？七月初一，鄭軍從鎮江逆水而上，大船在江中行駛緩慢，甚至需要縴夫拉縴。但根據《從征實錄》記載，大軍在初七就到達了觀音門。今天我們看來，這個速度其實已經不慢了。[31]

高大巍峨的城垣就在眼前，光復江南的偉業就在眼前，青史留名的榮耀就在眼前，鄭成功難掩興奮與激動。他提起筆來，一蹴而就：

縞素臨江誓滅胡，雄師十萬氣吞吳。

試看天塹投鞭渡，不信中原不姓朱！

這就是著名的〈出師討滿夷自瓜洲至金陵〉。今天我們看來，走水路反而是更合理的選擇。鎮江離南京一百五十里，騎兵是只需要兩天，問題是鄭軍才多少匹馬？步兵需要三四天，還把自己累得夠嗆，到地方了再歇兩天，時間和乘船也差不多了。

而且，鄭軍來到陌生的江南省，可以說是孤軍深入。如果派一兩萬步兵急行軍，要是中途中了埋伏，後果非常嚴重。乘船前進，慢是慢了點，一來官兵確實能休息得更好，養精蓄銳，二來鄭軍水軍有絕對優勢，根本不用擔心清軍沿途襲擊，不會造成無謂損失。

因此，被後世一些史家批評的走水路逆行耽誤速度，其實並沒有多大問題。問題在於抵達南京之後的一系列操作。

在對南京實施包圍之前，鄭成功需要保證水師的安全。雖說宣毅後鎮吳豪和正兵鎮韓英自告奮勇，鄭成功還是將江防重任交給了左衝鎮黃

[31]　顧誠《南明史》認為初九才到。

安，讓他屯兵在三交叉河口，日夜嚴加提防。

鄭成功一再重申行軍紀律，強調按《搶劫姦淫軍令》嚴格執行。七月初九，鄭軍船隻集結在了儀鳳門下。自打元至正二十年（1360）閏五月陳友諒率水軍開到龍灣之後近三百年，這是殺到南京城下規模最大的一支水軍。

更讓人敬佩的是，這是南京失陷十四年來，一直苦苦支撐、被動挨打的南明勢力，首次以王者之師的風範回重留都，再一次用雙腳踏上這片土地。這個戰績，李成棟沒有做到，李定國沒有做到，張名振同樣也沒有做到。這個標竿性意義，再怎麼稱讚也不過分。

鄭成功就算沒有之後收復臺灣的壯舉，依然也可以作為偉大的民族英雄載入史冊。而鄭軍的每一位將士，都永遠值得後人景仰。

讓我們把時間線再拉長一些。終明一世，在鄭成功之前只有兩位統帥帶兵殺到了南京城下。一是建文四年（1402）的朱棣，二是弘光二年（1645）的多鐸。這兩次，南京城都選擇了開城投降，讓百姓避免了兵戈之苦。而鄭軍，會複製他們的過往嗎？

南京內城周長超過七十里，面積達到了五十五平方公里，僅比北京城略小一些。鄭成功七年前圍困半年也沒打下來的漳州府城，面積僅有南京的二十分之一。這麼大的一座前明京都，鄭成功的五六萬陸軍，根本無法實施有效包圍。[32]

鄭軍最好的戰術，恐怕只能是將兵馬分配到十三門附近，憑藉「聲東擊西」戰術，讓清軍疲於奔命，透過心理戰瓦解對方的士氣，爭取讓部分漢族官兵充當內應。

將近兩百年後的清咸豐三年（1853）二月，五十萬太平軍將南京圍得

[32] 北京內城加外城接近六十平方公里。

水洩不通。起義者在儀鳳門外的靜海寺挖掘道地，直通牆根。隨著三聲巨響，城牆被炸出了一個巨大的缺口，讓數萬農民軍蜂擁而入。

太平軍畢竟是生活在清朝的起義軍，對朱元璋和明皇室沒有多少感情。而鄭成功作為隆武皇帝冊封的國姓爺，斷不敢用紅衣大砲轟炸南京城牆，就像朱棣不敢在濟南城下炮轟朱元璋靈位一樣，這無形中就大大增加了攻城難度。

那麼，他會採取什麼戰術呢？

二、圍城不攻：智謀還是誤判？

永曆十三年（1659）七月初十，龐大的鄭軍船隊在儀鳳門登岸。鄭成功將陸軍分成了十程。一程右提督；二程前鋒鎮；三程後提督；四程右虎衛；五程：六程左虎衛；七程左提督；八程五軍；九程中提督；十程左先鋒。看似兵員充足，但靠這麼點人，根本不可能把南京內城圍住。

而鄭成功之後的行動，說好聽的是不慌不忙，遊刃有餘；說不好聽，就是放虎歸山，貽誤戰機。到底哪個對呢？我們真的不能站在「上帝視角」，苛責這位已經創造了奇蹟的民族英雄。

七月十一日，鄭成功帶著甘輝、馬信等數十位將領，數百名親隨，繞觀鐘山，考察地形。十四年前，他還只是一名國子監的普通學子，現在，他已經是光復華夏河山的唯一希望，兩億炎黃子孫的最終依靠。他，真的已經輸不起了。

長江浩浩蕩蕩，城牆蔚為壯觀，鐘山巍峨雄偉，面對如此大好河山，潘庚鍾不由得感慨道：「如此山川形勢，龍盤虎踞，真是帝王之邦，太祖所以一得而興。現在，天助藩主克服瓜鎮，神速進兵。如果能一舉而下，迎駕（永曆）西來，中興指日可待！」

這麼看來，老潘是承認自己之前的想法錯了，鄭成功非常開心：「對啊。我如果依有些人的主張，從早到晚和清虜在海邊爭來爭去，什麼時候能看到中興的希望呢？各位齊心協力，眼前的功業千載難逢！占領南京，居中排程，便可號令天下英傑，正所謂不入虎穴，焉得虎子！」

鄭成功一向重視儀式感。多年之後再回南京，孝陵他豈能不拜？七月十二日，鄭成功率領重要文武官員，全身縞素，浩浩蕩蕩的來到了孝陵前。想到太祖當年南征北戰的雄姿，再造華夏的榮耀，再看如今的山河破碎、生靈塗炭，加上父親兄弟的身陷囹圄，鄭成功豈能不動容，豈能不悲不自勝？他眼含熱淚，恭恭敬敬的行四拜之禮，又致酒祭奠。觸景生情之下，所有人不禁放聲痛哭，誓要與滿賊不共戴天，一定要光臨太祖埋骨之地。[33]

隨後，鄭成功對布防進行了重新安排。甘輝、余新駐獅子山，萬禮、楊祖扎第二大橋山上。翁天佑為應援，守儀鳳門要路；馬信、郭義、黃昭和蕭拱宸屯漢西門，連林陰、林勝、黃昌、魏雄、楊世德諸營。陳鵬、藍衍、陳魁、蔡祿、楊好屯東南角，依水紮營；劉巧、黃應、楊正、戴捷、劉國軒屯西北角，依山結營，連周瑞、林察等營。張英、陳堯策、林習山屯獄廟山，連線各宿鎮護衛鄭成功中軍營。

看來，鄭成功對布陣很有心得。他下令各鎮據險開壕，設定鹿角瞭望、深溝木柵，做好攻城的準備工作。潘庚鍾一直表現得非常熱心，他建議道：「我看城內必然空虛。可以四面攻擊，廣立雲梯，虜兵捉襟見肘，必然露出破綻，我們就可一舉而下。

鄭成功也覺得非常有道理，於是他下令，準備雲梯、木牌、布袋等工具，盡快攻城。

那麼，潘庚鐘的分析正確嗎？答案是肯定的。

---

[33] 一說鄭成功並未到孝陵，只是遙祭。

鄭成功的行動奏效了嗎？答案是否定的。更準確的說，他根本就沒有行動。

大好局面之下，國姓爺突然下令暫停攻城。這玩的是哪齣啊。

據說，在這個決定南京城易主與否的關鍵時候，王秀奇送了一個人來見鄭成功。[34]

按理說，鄭成功根本就不需要理他。可不是知道為什麼，國姓爺還是接見了來使。

此人是江南及江西總督郎廷佐派來的。這哥們一見鄭成功就跪倒在地，嚎啕大哭起來，顯得演技相當拙劣。鄭成功可能想逗逗他，就問：「你們要負隅頑抗嗎？」

「國姓爺啊，您的大軍開到，我們肯定得開門投降啊。」來人一把鼻涕一把淚的哀求道：「怎奈我朝有例，守城者過三十日，城陷罪不及妻兒。現在各官的家眷都在京城，乞藩主寬限三十天，期限一到，我們立即開門投降。」

鄭成功一向六親不認，此時居然變成了慈祥和善的老大爺。這還不算，他讓手下拿出銀子賞賜來使，並警告說：「本藩攻打這座孤城，不過是腳尖一踢的功夫。既然你們總督要投降，那就寬限爾等這段時間，也是為了取信於天下。如果到時候不降的話……」他的語氣猛然嚴肅起來：「大軍殺入之時，必將片甲不留！」

「國姓爺英明！」使者叩頭行禮，然後飛快的離開了。不走等死嗎？

鄭成功端直茶杯剛想喝一口，有人突然高叫起來：「這是緩兵之計，不可輕信，趕緊攻城！」

鄭成功一看樂了，果然又是潘庚鍾。看來，這位爺真是把自己當劉

[34]　根據《臺灣外紀》記載。

伯溫使了。鄭成功微微一笑：「大軍從舟山一路打到南京，戰必勝，攻必取，他們怎麼敢玩緩兵之計呢？既然他們確實有如此定例，你就別多疑了嘛。」

聽鄭成功這麼一說，老潘更是急火攻心，把名人名言都搬出來了：「孫子有云：辭卑者，詐也；無約而請和者，謀也。（這幫漢奸）要降早就降了，還顧得上老婆孩子？肯定是城中空虛。國姓爺，趕緊發兵進攻，是為上策！」

潘庚鍾分析得頭頭是道，老大怎麼就不聽呢？看來，兵書讀得太多，可能還真不是什麼好事。鄭成功也會引經據典，他說：「孫子也說過，攻城為下，攻心為上。今天既然他們來投降，我也准了。如果驟然進攻，他們不會心服口服。不如等他們不履行承諾之時，再發兵急攻。這麼一來，不用說城內人心悅服，全天下都知道我們是仁義之師。」

潘庚鍾越聽越迷糊，剛想反駁，鄭成功又說了一句，這場辯論賽就以他的勝利結束了。什麼話這麼厲害？

「而且太祖祖陵在此，也不應驚動！」看來，還是拿朱元璋當擋箭牌好使，誰也不敢造次。

郎廷佐在府上坐立不安，焦急的等待消息。確實如潘庚鍾所說，他要降早降了，老婆孩子有什麼好珍惜的。但國姓爺是人精，能輕易這麼上當嗎？當使者把鄭成功的一席話轉告他時，郎廷佐樂得真拍大腿：「這真是我朝之福啊！」

還記得在鎮江被鄭軍俘虜的朱衣佐嗎？鄭成功將他放回南京，希望他能勸說郎亭佐投降。可小朱卻向總督提供了鄭軍不少細節，更獻上了「卑辭寬限」之計。

郎廷佐、管效忠四處求援。東南各處趕過來的清軍援軍確實也不少。由於鄭軍在東、南兩面未能派重兵，這些援軍可以一路通暢的進城休整。而他們中的一支，日後會成為鄭成功的噩夢。

六月二十八日，崇明總兵梁化鳳率領四千步騎從轄地出發。他首先趕到蘇州，在這裡與江南巡撫蔣國柱的撫標兵會合。隨後，他們七月十四到丹陽，七月十五到句容，七月十六趕到南京，真可謂兵貴神速。

梁化鳳是馬信的長安縣老鄉，後者成為了鄭軍的右提督，前者卻堅決徹底的站在了鄭成功對立面上。來到句容地界時，因縣城已經向鄭成功請降，梁化鳳見到草木茂密，丘陵崎嶇，不覺驚出了一身冷汗。他下令士兵高度戒備，搜尋前行。結果一路之上，連個鄭軍的哨兵也沒有遇到。梁化鳳開心的說：「這些海賊太無知了。只要派數千人蔽林扼險，我們這些人不得全都被打蒙啊？」

此後，進入南京的清軍援軍，還有蘇松提督標下游擊徐登第的馬步兵三百人，金山營張國俊率領的馬步兵一千人，水師右營守備王大成部一百五十人，駐防杭州協領牙他裡所轄五百人；趙國祚和駐防杭州昂邦章京柯魁派鑲黃旗固山額真大雅大裡、甲喇章京佟浩年率滿洲兵五百人、浙江巡撫佟國器派撫標游擊劉承蔭領兵五百名，都先後順利進入南京城，多少增加了清軍的防守力量。

鄭成功為什麼沒有在句容設防？這也是後世史家看不明白的問題。這位國姓爺將兵力主要布置在西面和北面，卻對東南面疏於戒備。雖說孫子兵法上有「圍師必闕」的講究，但也得靈活運用，不能過於拘泥。兵書上也講「圍城打援」，將敵軍有生力量消滅在城下，可鄭成功似乎更想讓援軍都擠進城裡，然後搞得吃不飽飯，自然就軍心大亂。但他似乎忘記了，南京城裡物資儲存豐富，一兩個月都不大可能有糧食短缺。

當瓜鎮失守，南京被圍的消息傳入京城，文藝小青年順治十五年來第一次嗅到了危險。此時，他最寵愛的董鄂妃（跟董小婉沒有關係）正因喪子一病不起，本來就夠鬧心的了，鄭成功又成功的給他添堵。

南京要是一丟，運河要是被切斷，北京就得鬧糧荒，京城的八旗子弟就沒飯吃了，能不著急上火嗎？據德高望重的德國傳教士湯若望回憶，二十二歲的順治完全失去了往日的鎮定，打算收拾東西回滿洲避風頭，被老媽孝莊太后及時制止。之後，順治想御駕親征教鄭成功做人，但又被湯若望勸止。

今天看來，這段記錄很可能是被後世誇大。南北二京畢竟有兩千里的路程。就算鄭成功水軍可以開到塘沽，順治也用不著這麼早收拾東西，等天津失守之後再跑路也來得及。至於親征倒是有一定可能，順治可以趁機遊覽一下董鄂妃常年生活的江南。（致敬明武宗朱厚照？）但很可能由於太后制止，皇帝只能留在北京。

七月初八日，在與滿漢大臣商議之後，順治任命內大臣達素為安南大將軍，同固山額真索洪、護軍統領賴達等率領數萬（估計就是一兩萬）滿蒙八旗騎兵，趕赴江寧征剿鄭成功。達素完全算不上名將，清廷派他領軍也是沒有辦法。清軍主力依然在西南前線沒有返回，京師也不可能不留重兵駐守，只能派出這點兵力，死馬當活馬醫了。

話說回來。鄭成功久經戰陣，熟讀兵書，真的會相信郎廷佐的詐降嗎？聯想到他平日作戰的雷厲風行，南京城下的無所作為顯得非常詭異，也給後世學者留下了太多猜測空間。

正值酷暑。鄭成功令大軍屯兵城下卻不攻城，士兵難免產生懈怠心理。特別是前鋒鎮余新部的士兵，居然開始在江邊撒網捕魚了。

據《從征實錄》記載，七月十六日，一隊清軍突然由儀鳳門殺出，直撲余新大營。鄭軍也不是吃素的，一頓操作將清軍趕了回去。但這支奇兵撤退時，卻燒毀了城外的民居。

郎廷佐不是號稱要投降嗎？如果突襲屬實，那等於是不打自招了。因此，楊英很可能是記述有誤，這次襲擊不存在的。

但清軍確實利用了鄭軍的放鬆，緊鑼密鼓的做著反攻準備。當鄭成功聽說余新部捕魚的事情之後，下令左提督翁天佑率本部與之合兵。但自由慣了的余新，可不想多個領導，更不有人來分擔功勞。他向鄭成功立下軍令狀，並聲稱自己設定了三重火炮，嚴密如鐵桶，清軍如果敢來，肯定會讓他們損失慘重。鄭成功派五軍張英過去檢查，看到余新部果然陣型嚴整，可獨當一面，就取消了讓翁天佑增援的命令。

諸將紛紛請戰，希望能早日占領南京。甘輝過去是北伐的最堅定反對者，現在卻整天催促老大攻城。他說：「大軍久屯城下，師老無功，別搞得人家援軍都來了，多費一番功夫。請國姓爺速速攻城，別圖進取。」但鄭成功不為所動。還一本正經的解釋道：「自古攻城抗掠邑，殺傷必多。本藩之所以立即攻城，只是希望援虜齊集，將他們一網打盡。管效忠知道我的手段，要麼投降，要麼逃走。況且，各屬縣次第歸降，南京已是孤城無援，他們不投降，還等什麼呢？」

鄭成功看來真是非常自信。但他其實也有顧慮：「而且銃炮沒有準備到位，松江馬提督合約未到，攻城也得緩一緩。」

鄭成功一直在等候馬進寶的援軍，等來等去，等來的是寂寞。二十日，鄭成功似乎終於不耐煩了。他傳下命令，各提督統領在二十二日安炮攻城。至於為什麼要選擇這一天，也真是個未解之迷。

有種說法，稱七月二十三是鄭成功生日。這位國姓爺想在頭一天打下南京城，次日就可以開個大爬梯慶祝了。但這顯然不正確，鄭成功的生日是七月十四，早已經過了。

那麼，清軍會不會配合，會讓他如願嗎？

三、至暗時刻：歷史性的崩盤

永曆十三年（1659）七月二十二日，是鄭成功決定總攻的日子。

凌晨時分，儀鳳門外的前鋒鎮營地上，幾個哨兵懶洋洋的打著哈欠，一副沒有睡醒的樣子。突然間，一隊清軍騎兵如天神下凡一般衝了過來，雪亮的馬刀揮起，這幾個鄭軍瞬間變成了屍體。隨後，清軍向著營地發起了猛攻。

大部分鄭軍還在睡夢中，完全沒有準備，被憋足了勁的清軍殺得很慘。有些人還沒來得及睜開眼，就永遠睜不開眼了；有些人被喊殺聲驚醒，來不及披掛就被當場殺死；更多人則向江邊逃去，希望能躲到船上。

很快，清軍就殺到了余新大營前，並擺上大砲猛轟。原來，他們趁著夜色，居然徵召了數千民夫，將數十門重炮抬出了城。

余新精心構築的三重火炮沒有掩體的保護，火力也不如清軍，不大功夫就全部被擊毀。清軍隨後就呼嘯著殺了過來。余新率領部下頑強抵抗。但清軍實在過於驍勇，得勢不饒人，缺少馬匹的鄭軍抵擋不住，只能向蕭拱宸營地逃竄，清軍則在後面緊緊追趕。

清軍衝進蕭營，先是密密麻麻的射出一通箭矢，造成了大面積的殺傷，隨後乘勝向前，勢不可擋。余新倉皇抵抗，很丟人的成為了清軍首個高級俘虜。蕭拱宸則及時跳入浪濤湍急的長江中，憑藉利害的游泳技術僥倖逃生。

橋頭山上的萬禮見狀，火速趕過來支援。但得了便宜的清軍，得意洋洋的又撤回了城裡。站在高大的城牆之下，萬禮當然不敢強攻了。

「梁將軍真乃英雄，佩服佩服！」管效忠對領頭的清將拱手致謝。

「管帥過獎，都是為國出力，豈敢不拚死一搏！」這位爺趕緊還禮。他正是在這場突襲中出盡風頭的梁化鳳。

南京城原本有十三座城門。不知什麼原因，鄭成功兵圍金陵時，神策門已被堵上，從外邊甚至看不出城門痕跡，鄭軍也疏於防範。可就在三更時分，梁化鳳帶著一隊人馬悄悄趕過來，用大斧挖開了城門，並以迅雷不及掩耳盜鈴之勢殺了出去，直奔余新大營，演出了前面，所說的一齣好戲。

這場勝利，無疑令清軍士氣大振，鄭軍的應對卻顯得過於保守。鄭成功下令，取消攻城，並令左先鋒鎮楊祖、統援剿左鎮姚國泰、前衝鎮藍衍和後勁鎮楊正駐於觀音山上；甘輝、張英埋伏在山內；左武衛林勝、左虎衛陳魁率領鐵人軍在山下迎敵；鄭成功本人則統領右虎衛陳鵬、右衝鎮萬祿在觀音門往來接應；後提督萬禮、宣毅左鎮等堵防禦大橋路東；右提督馬信、宣毅後鎮和正兵鎮由水路抄襲敵後。

千里迢迢跑到南京城下，居然要這麼龜縮防守，自然會令後人相當詬病。但不是正好說明，鄭成功相當實務，對清軍此時的實力是相當忌憚的，但他似乎忘記了，自己才是應該主動進攻的一方，不對嗎？怎麼能等著被人主動來打你呢？

而且，倉促移營，軍心混亂，往往會引發災難性後果。

鄭成功猜對了開頭，卻沒有猜中結果。七月二十三日，清軍果然「不出意料」的大舉來攻了。但他們的進攻路線，卻是鄭成功並未全盤考慮的。

凌晨五鼓時分(3：00-5：00)，清軍主力皆出。昂邦章京喀喀木、梅勒章京噶褚哈、馬爾賽、阿都賴等率領八旗兵及副將袁誠、姜騰蛟等部綠營兵出金川門，梁化鳳率綠營兵出神策門，神不知鬼不覺的繞到了觀音山下楊祖、姚國泰、藍衍和楊正軍背後。

清軍知道，能不能擊潰這四鎮士兵，是決定南京能否解圍的關鍵。正因如此，清軍幾乎梭哈上了全部賭本。而鄭軍探報居然沒有發現清軍如此大規模的異動，顯然是很不稱職的。

按理說鄭軍占領山頂，清軍要從下往上進攻，很容易處於被動挨打的態勢。但一來鄭軍缺少騎兵（這個確實太致命了），沒有足夠強勁的衝擊力；二來清軍的戰鬥力確實驚人。他們先是向山上發出遮天蔽日的箭雨，隨後紛紛跳下馬背，舉著兵器瘋狂的向山上衝殺。這一場景，完美的致敬了四十年前，薩爾滸大戰中不要命的女真勇士。

鄭軍剛剛移營，立足未穩，就突然遭此打擊，很難抵擋得住。不得不說，鄭成功的連夜移營舉措，確實引發了可怕的後果。在清軍的凌厲攻勢之下，一個個鄭軍將士被當場殺死，場面極其悽慘。屍體很快就堆滿了觀音山，鮮血一直流到了山下。當然，清軍的損失也並不小。

因鎮江戰役中周全斌與馬信爭功，鄭成功一怒之下頒布了極其苛刻的命令：擅自進兵者，斬之。因此，即便早已招抵不上，楊祖等人依然不敢擅自撤退，還想等候鄭成功的命令，可他們能等到的，只剩下了無情的殺戮。曾經戰功卓著、對國姓爺無比忠誠的藍衍，一直殺到渾身是傷，被幾個清軍活活砍死。眼看就要全軍覆沒，楊祖和姚國泰也實在顧不上什麼命令了，帶著少數隨從突圍出去。

可是對留在觀音山上的鄭軍來說，噩夢才剛剛開始。鄭成功讓中提督甘輝和五軍戎政張英就駐紮在山內作為應援，他們部下只有兩千士兵。而此時的清軍已經重新上馬，藉助巨大的勢能直衝而下，對鄭軍來了個泰山壓頂式的衝擊。

甘輝和張英率部奮力抵抗。這兩千人是鄭軍中的精銳，危難之間，他們展現出了可貴的血性，抱著必死之心浴血拚殺，沒有一個投降。無奈眾寡過於懸殊，兩千漢子全部壯烈犧牲，在南京城下書寫了無比慘烈的篇章。

張英被密集的箭雨射穿，當場魂歸思明。甘輝持刀左衝右突，接連殺死了數十名清兵。眼看身邊的護衛全部陣亡，無數弓箭對準了他。甘輝已然做好了必死的準備，但被人認出來了。對清軍來說，生擒這員猛將遠比殺掉他更有意義。他們一擁齊上，將甘輝牢牢捆了起來。

時間已近正午，清軍絲毫沒有停下來的意思，很快就與林勝和陳魁部相遇了。這兩將統領的是鄭軍的王牌戰隊鐵人軍，刀破不動，箭射不透，鎮江戰役中，他們讓清軍吃足了苦頭。可這一次，也許是經過朱衣佐指點，清軍安排了很多手持擁有長長搖桿的開山斧和狼牙棒的敢死隊員，當然都是綠營兵，衝上去與鐵人軍「兌子」。

在這些兵器的反覆敲擊之下，鐵人軍一個個因頭昏腦脹，體力不支而倒下，被後面蜂擁而來的清軍殺死。他們的統領林勝和陳魁，也都力戰犧牲，為國捐軀。

在大橋頭的萬禮部，也被上萬清軍包圍。萬禮被俘，部下幾乎全部犧牲，萬義等個別人跳入江中逃跑。梁化鳳與管效忠合兵，猛攻位於獄廟山的鄭成功大營，準備對鄭軍主帥來個「斬首行動」。如果國姓爺真的就這樣死在南京城下，那歷史對英雄未免太刻薄了。此時，又一個千古疑案產生了。

據《臺灣外紀》記載，鄭成功眼見兵敗如山倒，就把之前出力頗多的潘庚鍾叫到跟前：「你站在我的黃蓋下，代我指揮，不要移走黃蓋。我下山調水軍從後面抄殺。」後者明知道是坑但欣然領命。面對潮水一般湧上來的清軍，潘庚鍾率領少數兵將血戰到底，全部犧牲。

而鄭成功來到水軍營，正準備催船加入戰局時，卻不幸趕上了退潮，大船根本開不動。而且鄭軍崩盤之勢已經無法逆轉。無奈之下，鄭成功居然不管岸上將士的死活，下令順流開往鎮江。因此，水軍的損失可以說微不足道。

每每作戰時身先士卒、不懼生死，甚至多次遭遇殺身之禍的鄭成功，真的以這樣的姿態退出南京了嗎？《臺灣外紀》的記述被後世很多史家採用，自然也被當成了國姓爺的黑材料。但我們只要略加分析，就知道此事絕無可能。

潘庚鍾只是吏官，他自告奮勇的屢獻奇招，想當在世劉伯溫，可鄭成功並不怎麼信任他，也絕不可能在如此重要的決戰中，把指揮權交給一個連監軍都沒做過的文官，這麼拙劣的甩鍋，根本不是國姓爺的風格。

因此，鄭成功坑死潘庚鐘的說法，很可能是清廷為詆毀這位民族英雄而製造的謠言；也可能如「害死張名振」「毒殺朱以海」一樣，是親魯王的文人杜撰出來的段子。

但無論如何，潘庚鍾確實是犧牲了，而鄭成功確實也從岸上的指揮所逃到了戰船上。二十五日，鄭軍就全部退到了鎮江。順流就是快，來的時候居然用了整整七天。

余新、甘輝和萬禮等人被押到郎廷佐面前。之前戰戰兢兢的各路南京官員，此時不光是揚眉吐氣，簡直是心花怒放了。余新打算歸降，就拉著萬禮一起下跪。甘輝一見兩人這麼沒有骨氣，不覺大怒，狠狠踢了余新一腳：「你這痴漢，還想活命嗎？」

郎廷佐倒是很想收降甘輝，讓他去回去跟鄭成功火併多有意思啊。但甘輝罵不絕口，一心求死，郎廷佐只好成全了他。至於積極求生的余新和萬禮，都讓清軍吃過不少苦頭，很多清將都建議不留活口，於是這兩人也被處決。

甘輝是鄭成功麾下第一猛將，二人的關係，相當於朱元璋與徐達，朱棣與張玉，李自成與劉宗敏，都是過命的交情，毫無嫌隙的信任。保衛海澄、占領閩安和消滅阿格商等戰役中，甘輝都發揮了無可替代的作用，出力最多，貢獻最大。他的死，對鄭成功的事業是無法估量的損失。

盤點起來，這場觀音山之戰，清軍以一場酣暢淋漓的完勝，完美致敬了四十年前的薩爾滸大戰。而自視甚高的鄭成功，則不幸淪為了背景看板。

兩場戰役，清軍都在總兵力上占絕對劣勢。薩爾滸時是六萬對十一萬，觀音山大約是兩萬對六萬。不過，激戰薩爾滸的是女真全部最精銳的家底，攻打觀音山的，只是二線滿洲兵和很大一部分綠營兵。

但無論薩爾滸還是觀音山，清軍都完美的執行了集中優勢兵力以多打少的策略，對明軍各個擊破，造成的殺傷都是斬草除根級別的。無論是下馬向山上仰攻，還是騎兵從山上衝鋒，亦或使用密集的箭雨清場，清軍表現出的戰術素養與求勝心態都遠勝過明軍，而將官的作戰指揮水平和臨場反應能力，同樣也高出一籌。

儘管過去了四十年，清軍依然以冷兵器為主，重炮使用不多，火器更多的明軍和鄭軍，反而成了被壓制得喘不過氣來的一方。

鄭成功的崩盤，很多人歸結於鄭成功中了郎廷佐的緩兵之計，在城下白白浪費戰機。等各地援軍一到，鄭成功就根本沒有機會了。

但筆者認為，鄭成功熟讀兵書，不可能相信清軍的所謂「一月之期」。他表面上裝做深信不疑的架勢，甚至讓潘庚鍾和甘輝等人都急得跳腳，就是為了布置一盤很大的棋。

自打明南京城建好之後，近三百年裡只有兩支軍隊開到了城下，並且都「不戰而屈人之兵」，輕鬆占領了這座天底下規模最大的城池。而鄭成功，確實想做第三個。如果強攻，以鄭軍攻城技術的水準，就算打下南京，也要付出極其沉重的代價。招降當然是上上之選。

但郎廷佐的所謂「一月之期」，完全就是小學生作文水平。鄭成功與清軍較量了十四年，也收降了不少清軍，怎麼可能不知道這規定是瞎編的？

他故意裝出輕信的架勢，故意讓手下將領跟自己急，就是做給郎廷佐看的：我上當啦！

他要的就是將計就計，讓你覺得我是被是矇騙了，反而讓你放鬆警惕。然後我冷不丁在你意想不到的時候，突然搞你這麼一下下，打你個措手不及，以最小的代價拿下城池。

然而，陰差陽錯之下，鄭成功最終收穫的，幾乎是最糟糕的局面。如果清軍不在二十二日突然發起反攻，如果不是余新部輕易的崩盤，那南京一戰的格局，可能會完全不同。鄭成功的歷史地位，也會大大提高。鄭軍內部很可能出了奸細，而清軍的運氣也實在太好。不管怎麼說，敗了就是敗了。

接下來，鄭成功將何去何從？

四、崇明受阻：北伐的黯然終結

永曆十三年（1659）七月二十八日，一個令後人嘆息與遺憾的日子。鄭成功決定放棄瓜洲和鎮江這兩處透過血戰才奪取的要塞，撤出長江。八月初一日，船隊行駛至狼山上沙，初四日抵達吳淞港。鄭成功一直在等候蔡政的議和消息，可惜始終沒有等到。

一向充滿自信、意志堅定的國姓爺，沒有留在鎮江與清軍硬碰硬，反而率領依舊龐大的船隊撤退了，這當然免不了被後人反覆詬病。不過，經過了觀音山崩盤式的慘敗，鄭軍中多數將士已經畏清如虎，自身守城能力又非常羸弱，產生退卻念頭也相當合理。

當年濟度大軍南下時，鄭成功不就放棄了泉州府城和周邊十幾縣嗎？不過，當時他是主動放棄的，是以退為進；此次的形勢遠比上次為糟，鄭成功很可能擔心被下游清軍斷了歸路，故而做出主動撤退的命令。

如此一來，深入長江中游的張煌言，可就變成了一支孤軍，處境比鄭軍要危險得多。儘管後世一些史家詆毀鄭成功不管張煌言的死活，但個人認為，鄭成功肯定會通知張煌言撤軍的，只是在清軍的重重封鎖之下，信使想把信送到實在是太難了。

此時，張煌言已經占據了太平、寧國、池州和徽州四府，和州、廣德及無為三州，以及屬下當塗、無為等二十二縣，地盤接近一省。如果他是鄭成功的部下，國姓爺大可進駐蕪湖以為基地。但張煌言也不可能沒有自己的考慮。

他派出一僧，由間道尋找鄭成功行營。信上說：「兵家勝負何常，今日所恃者民心耳。況上游諸郡邑，俱為我守。若能益百舟相助，天下事尚可圖也。倘驟舍之而去，如百萬生靈何？」[35]

如果這封信屬實，那張煌言真的是無意迎接鄭成功會師，無意將控制的地盤拱手交出，而是向鄭成功要船要兵，來擴張自己的實力。

但平心而論，這些州縣大部分都是望風歸降，又不是靠張煌言率領的魯軍餘部血戰打下的。在江南百姓心目中，國姓爺鄭成功的威名，顯然遠勝張煌言，這是沒有必要討論的問題。

再說，張軍中也有鄭成功支援的部分船隻與士兵。

當時，張煌言的最佳選擇，肯定應該是請鄭成功過來主政，以蕪湖為中心建設反清根據地。但一向注重大局的張煌言，並沒有這麼做。而在鄭成功撤離之後，這些地盤也逐一丟失。

在探討張煌言與鄭成功關係時，後世學者大都批評鄭成功私心自用，而稱讚張煌言顧全大局。但僅就長江之戰來看，人無完人，張煌言並非完美無缺，也在打著自己的算盤，或者說在為魯王謀取好處，並不

[35]　見張煌言《北征錄》。

是真心實意為國姓爺著想。

當然，鄭成功的尷尬處境，相當程度上是他在南京城下的一系列失誤造成的，怨不了別人。在鄭軍撤出長江之後，張煌言部在清軍的兩面合圍之下，原有地盤全部丟失。

張煌言棄船上岸，途經安慶、建德、祁門、休寧、衢口、淳安、遂安、義烏、天臺、寧海等地，行程二千餘里，終於重返浙江沿海，繼續開展抗清鬥爭。

八月初八日，鄭軍水師退到崇明，這是當初放棄攻打的地方。鄭成功並不甘心就這樣撤回思明。他對眾將說：

「師雖少挫，全軍猶在。我欲攻克崇明縣，以作老營，然後行思明調換前提督等一枝，再圖進取。一則逼其和局速成，二則尋訪甘提督等諸將生死消息，三則使虜知我師雖敗，尚可全力攻城，不敢南下襲我。諸將以為如何？」

眾將都認為可行。此時，梁化鳳還沒有從南京返回。崇明守防禦力量極其薄弱，最多不超過五千。而鄭軍至少還有五萬，這樣的實力差距讓鄭成功認為，崇明不可能打不下來。

八月十一日辰時（7：00-9：00），鄭軍對崇明縣城發起了猛攻。右武衛周全斌堵攻西門，並保護大砲，宣毅後鎮吳豪攻北門，正兵鎮韓英攻東北角，後衝鎮堵攻西南門，右提督馬信為各路應援，左提督翁天佑扎土堡為老營，接應北門。

鄭成功身披鎧甲站在城下，親自監督士兵攻城，看得出，他急於找回面子。梁化鳳沒有回來，但幾名副將劉國玉、全光英、王龍和陳定非常驍勇，他們指揮這麼點綠營兵負隅頑抗，以死相拚，似乎順治在後面督戰一樣。這些漢奸當年打清軍時，連現在十分之一的血性都沒有。鄭軍火炮密集發射，城牆西北角被轟塌了數尺，磚石把河溝都填滿了。但清軍很快搬來木柵堵住缺口，就是不讓鄭軍闖進來。

雙方都損失慘重，城頭上堆滿了屍體。作為正兵鎮老大，韓英帶頭從雲梯上直衝城牆，卻被城上的火銃打傷左腿，一下子跌了下去。監督王起俸也流彈被擊傷。清軍士氣大振，愈發凶狠，用火銃、弓箭和巨石滾木組成密集的防線，給鄭軍造成了極大殺傷。而剛剛經歷南京慘敗的鄭軍，卻失去了以往向死而生的勇氣，場面相當被動。

鄭成功見這樣下去，只會造成更多的無謂犧牲，就果斷的下令收兵。

幾天之後，韓英和王起俸都因傷重而不幸離世，給鄭成功傷口上再撒了一把鹽。他召集眾將，準備繼續攻打，為死難將士復仇。

但所有人都目光呆滯，眼神絕望。小小的崇明，居然成了他們難以擺脫的夢魘。這時候才看出，當時士氣旺盛時，放掉崇明沒打是多麼大的錯誤。

眾將已經沒有了繼續戰鬥的勇氣，但都知道國姓爺的脾氣，誰也不敢先開口，生怕自己被當成動搖軍心的替罪羊。可有些責任，總得有人來擔吧；總有些人，鄭成功是捨不得殺的吧。

果然，此人還是開口了：「藩主，此城深溝高壘，梁化鳳請加守援，短期內很難攻下。況官兵被創之餘，昨天韓英、王起俸受傷，軍兵聽說了無不心寒，都無意戀戰。況且就算打下這個孤城絕島，也沒有多大用處。不如暫回思明休養，號召精銳，候明年再進長江，以圖大舉，未為晚也。請您裁決。」

此人正是鄭軍元老周全斌。

鄭成功的性格，往好裡說是強硬自信，往壞裡說是剛愎自用，不太願意別人的意見。但這一次，眼見形勢難以收拾，他也只能長嘆一聲：

「也只能這樣，撤軍回思明吧！」

鄭成功留陳輝守衛已經殘破的舟山，主力悉數撤回廈門，轟轟烈烈的北伐之役，就這樣以失敗告終，給鄭成功留下了無窮遺憾，也給後人留下了太多談資。

五、功過覆盤：縱然失敗亦見偉大

鄭成功在南京功敗垂成，令無數江南百姓傷心，更令他自己成為了悲情英雄。

南明二十年中最大規模的一場反擊戰，唯一一次可以占領南京、甚至光復整個江南的機會，就這麼被鄭成功葬送了，留給後人無窮的遺憾、無邊的惆悵和無盡的反思。而戰爭的總指揮鄭成功，如果不是有後來的「將功贖罪」，恐怕真的到了身敗名裂的地步。

當得知鄭成功發兵即將進入南京時，七十八歲高齡的錢謙益，興奮的寫下了〈金陵秋興八首次草堂韻（己亥七月初一作）〉，其中第一首吟道：

龍虎新軍舊羽林，八公草木氣森森。
樓船蕩日三江湧，石馬嘶風九域陰。
掃穴金陵還地肺，埋胡紫塞慰天心。
長乾女唱平遼曲，萬戶秋聲息擣砧。

興奮之情躍然紙上，老詩人為大木的茁壯成長而興奮不已。可惜的是，就在七月，鄭成功卻遭受了人生中最為慘痛的一次失利，

這一年，他已經三十六，獨立領兵作戰已經十年，正好是體力精力、人生閱歷的巔峰期，確實有機會書寫最為華彩的篇章。可是呢？

性格決定命運。鄭成功的自信果敢、藐視困難，在很多時候當然是好事。但在南京城下，卻成了壓倒駱駝的最後一根稻草。

鄭成功的很多作法，似乎都在致敬三國丞相諸葛亮。但是，世間不會有第二個孔明。鄭成功真正應該學習的，其實應該是朱元璋。他應該讓手下謀士多獻計獻策，由他來拍板定奪，殺伐決斷；而不是身兼朱元璋與劉伯溫雙重角色，這樣自己累，謀士們也沒有了積極性。

他完全可以做朱元璋，卻偏偏一直想做諸葛亮。他堅持走潘庚鐘的路，讓潘庚鍾無路可走。對下屬的意見，他每每有一種「反抗心理」，總想證明自己比他們聰明。這種思維是非常致命的。

鄭成功的戰術錯誤，首先恐怕是攜帶家眷出征。與清軍相比，鄭軍的人數本來就不占優勢，又分了一部分給張煌言，還要安排不少軍兵保護家眷的安全，這樣就讓排兵布陣更加捉襟見肘。

二是繞開崇明不打，讓梁化鳳軍保存了實力，成為觀音山下打敗鄭軍的奇兵。如果一開始就攻打崇明，即使打不下來，對梁化鳳也是極大的消耗，他在南京之戰中就不可能有那樣精彩的發揮；

三是鄭軍開到南京城下之後，只在西面和北面屯兵，沒有在東南方向，對清廷援軍進行圍點打援，使得大量援軍無需多大代價就進入城中，並整合成了一支極具戰鬥力的騎兵隊伍，對以步兵為主的鄭軍形成了降維打擊；

四是鄭成功太迷戀於跟南京清軍玩「將計就計」，沒有在兵力占據絕對優勢時就發動強攻，坐失大好戰機。本想減少傷亡，卻造成了大得多的傷亡；

五是初戰失利之後，鄭成功下令全軍倉促移營，導致士兵對地形缺乏了解，各部之間溝通不暢，讓清軍的突然襲擊產生了極大破壞作用；

六是過於僵化的戰術指揮和嚴苛的作戰紀律，不能讓將官們根據戰況的變化進行靈活調整，並背上了沉重的心理包袱，最終導致了觀音山一戰的崩盤。

當然，人無完人，鄭成功敗筆不少，清軍的應對也並非無懈可擊，但運氣確實站在了他們一邊。鄭成功的北伐，注定是一場不可能成功的賭博嗎？

我們可以拿這次北伐與明成祖朱棣的靖難相比。兩人都屬於千里奔襲式的冒險，都遠離了自己的大本營，都以不太多的兵力挑戰強大的對手。

相比之下，鄭成功有十餘萬水陸軍隊（可能要加上水手和後勤），能披甲出戰的陸軍有五六萬；南京城裡起初兵不滿萬，後來才勉強湊到了兩萬左右，可以說占據明顯優勢。順治派達素率八旗軍南征，但畢竟得有個過程。清軍主力被困在雲南，一時半會兒也指望不上。

而朱棣的軍兵不到十萬人，南京城裡卻有至少二十萬軍隊，四面勤王之師也隨時可能增援，給朱老四來個裡應外合。但在朱棣的恐嚇攻勢下，李景隆打開了金川門，讓他表叔以最輕鬆的方式殺進城來，占領皇宮，並就此登上了皇位。

因此，我們絕對不能倒果為因，說鄭成功的北伐是一場注定失敗的冒險。我們完全可以將之類比為諸葛亮殺到長安城下，縱然失敗，也值得後人永久緬懷。

這個世界上，總有一些代價需要有人來承受，總有一些犧牲需要有人來完成，總有一些冒險需要有人來實現，總有一些英雄，敢為他人不敢為這事，敢當他人不敢當之責，江陰城中用棍棒反抗滿清鐵騎的平民如此，為反清復明反覆奔走的弱女子柳如是如此，而率領孤軍開到金陵城下的鄭成功，當然也是如此。

盤點一下，在南明政權存續的二十年時間裡，先後出現了三次反清高潮，讓無數炎黃子孫看到了光復華夏的希望。

永曆二年（1648）的金聲桓、李成棟和姜瓖反正，等於是給幾乎山窮水盡的南明強行續命，也為大西軍和鄭成功能夠登上歷史舞臺，創造出了難得的歷史機遇。這是第一次反清高潮。

金李姜三人都出自陝北，或者參加過農民軍，或者歸順過李自成，之前都有過投降清廷的紀錄，這應該並不是簡單的巧合。三人的迅速敗亡，除了清軍的強大與自身的策略失誤之外，顯然與永曆朝廷的支持不夠有很大關係。

當時，鄭成功在福建剛剛起步，孫可望、李定國忙於平定雲貴，他們並沒有表現的機會。

到了永曆六年（1652）正月，永曆皇帝行幸安龍所，孫可望掌握了南明軍政大權，隨即開始了轟轟烈烈的湘桂川大反攻。李定國先後取得了靖州、桂陽與衡陽三場大捷，殺死三順王之首孔有德及滿清敬謹親王尼堪，兩蹶名王，威震華夏。而入川的劉文秀也攻取了重慶和敘州等地，此為第二次反清高潮。

遺憾的是，由於孫可望對李定國和劉文秀並不能充分信任。李定國遠走廣西，劉文秀保寧慘敗被解除兵權，明清之間展開了近五年的拉鋸。

但很多學者卻有意無意忽略了，這一年率先對清廷正規軍造成重大殺傷的，反而是大眾印象中不會打陸戰的鄭成功。三月，在江東橋一戰中，鄭軍大敗閩浙總督陳錦的滿漢八旗軍，甚至造成了陳錦的被殺，這比桂林大捷還要早三個月。次年五月，鄭成功又贏下了無比慘烈又有無盡榮的海澄保衛戰，迫使清廷不得不開啟招降模式。

時間來到永曆十三年（1659），前大西軍在雲貴被清軍按在地下摩擦，全面崩盤已經不可逆轉。偏偏在這個時候，一直沒有得到清廷足夠重視的鄭成功，卻用定海、瓜州與鎮江三場酣暢淋漓的大捷，讓一向高傲的八旗軍聞風喪膽，讓遠在北京的順治慌了手腳，更讓千千萬萬的江南百姓，看到了恢復華夏衣冠和漢家禮儀的希望。

如果我們再想一想，取得這些成就的鄭軍，基本盤只是鄭芝龍組織起來的「海寇」，他們缺少陸戰經驗，更缺少至關重要的馬匹，千里奔襲深入敵戰區，以血肉之軀硬扛女真鐵騎，就更應該為這樣的成就獻上掌聲與敬意了。

鄭軍的創始人鄭芝龍，是一個「精緻的利己主義者」，是「識時務者為俊傑」理論的忠實門徒。可他「好漢不吃眼前虧」的思維，卻讓自己吃盡了苦頭，也嚴重拖累了兒子鄭成功。

而接受了系統儒家教育，又深受日本武士道精神影響的鄭成功，卻有「明知不可為而為之」的勇氣，有「寧為玉碎，不為瓦全」的氣魄，更有難能可貴的大局觀與作戰指揮藝術。李成棟與金聲桓、孫可望與李定國，他們坐擁數萬騎兵卻做不到的事情，楞是讓缺少馬匹的鄭成功及鄭軍將士做到了。

李定國攻打新會，鄭軍沒有援助被後人吐槽，而南京之戰，原本只能在東西會師中充當助手的鄭軍，卻獨自挑起了大梁，書寫了二十年南明史中最為高光的紀錄。即便最後失敗了，其勇氣與毅力，膽略和格局，也永遠值得後人尊重。

話說回來。退出長江的鄭成功，還要經歷哪些磨難呢？

第十三章
海戰突圍：第三次廈門保衛戰

一、笑對暗殺：敵人的陰謀與笑容

永曆十三年（1659）九月初七，鄭成功率領敗軍回到思明。當初出征時有多麼自信和樂觀，此時就有多麼痛心與悔恨。甘輝、萬禮、潘庚鍾和張英等曾經無比熟悉的名字，此時與他已天人永隔；曾經引以為豪的近十萬陸軍，此時已折損大半。

鄭成功與部將檢討南京之戰的功罪。毫無疑問，此次慘敗的最大責任人，就是國姓爺本尊。但鄭成功總不能處決自己吧，他上表向永曆請罪，只保留隆武帝當初封的「招討大將軍」一職，此舉致敬了失街亭之後的諸葛亮。不難看出，鄭成功很多時候都在模仿這位曠世奇才。

諸葛亮可以說完美的融合了蕭何與李善長的統籌經營水準、張良和劉伯溫的出謀劃策能力，韓信及徐達的作戰指揮藝術，從而成為政治領袖的最佳典範。當然，無數人（包括皇太極和鄭成功）都是透過歷史小說《三國演義》認識諸葛亮的，真實的蜀漢丞相，還真沒厲害到那個程度。他畢竟是人不是神，既然是人，就一定存在著短板。

而鄭成功本人，在這三個領域的發揮，肯定也稱得上優秀。相比李定國，他要全面得多。但作為鄭氏集團的最高決策者，他的模板應該是劉邦或者朱元璋，而不是劉邦加張良，朱元璋加劉伯溫。

自信與自負、自大之間，很多時候並沒有清晰的邊界。既然有了眾多謀士，就應該人盡其材，鄭成功卻總是試圖證明自己比他們更聰明，這無疑是統帥的大忌。他總以為自己可以像諸葛亮一樣掌控全域性，不太聽得進別人的意見，這往往不是什麼好事。

事實證明，曾經有一位「當世劉伯溫」矗在鄭成功眼前，可他沒有珍惜，直到失去之後才後悔不已。塵世間最痛苦的事情莫過於此。如果上天再給他重來一次的機會，他一次會對潘庚鍾說「我要你」，如果非要對這份承諾加個期限，那還不得是一萬年？

可惜，事已至此，說什麼都沒有用了。當時，一位陳姓吏部官員來到思明，向鄭成功訴說了永曆逃往緬甸，生活悽苦的事情。令這位國姓爺非常慚愧，覺得自己不配擁有延平王爵；又想到遠在北京的父親，更感慨忠孝兩難全。傷心之餘，他揮筆寫下了兩首詩：

陳吏部逃難南來，始知今上幸緬甸，不勝悲憤；成功僻在一隅，勢不及救，抱罪千古矣。

聞道吾皇賦式微，哀哀二子首陽薇。

（痛惜瞿、何二督師前已殉節；使有一人在，今日必不至此）

頻年海島無消息，四顧蒼茫淚自揮。

天以艱危付吾儕，一心一德賦同仇。

最憐忠孝兩難盡，每憶庭闈涕泗流。

（太師為滿酋誘執，迫成功降，再四思量，終無兩全之美，痛憤幾不欲生；唯有血戰，直渡黃龍痛飲，或可迎歸終養耳，屈節汙身不為也）

這年年底，鄭成功派往北京議和的蔡政回到了思明，向老大彙報了兩個消息。好消息是：馬進寶被逮捕入京。這個首鼠兩端的傢伙，終於兩頭都不受待見了，壞消息是：清廷非但拒絕議和，還準備對廈門發動攻勢。

轉過年來，就是永曆十四年（1660）正月，到了鄭成功的本命年。都說流年不利，應該穿條紅內褲避避邪之類的，可在南京大敗虧輸的鄭成功，將面臨他起兵十四年來最大的危機。幸運的是，清軍的攻勢並沒有馬上開始，他們也要修造戰艦和火炮，訓練士卒以適應海戰。

因此，鄭成功也獲得了寶貴的喘息之機。他先是馳檄南澳的陳霸準備戰船，提防許龍、蘇利的來犯；又去信給銅山的張進，出熕船於宮仔前遊弋，應援南澳。

在思明，鄭成功令馮澄世修整戰船，並將駐紮在浙江和廣東的各鎮都召回廈門，增加防禦力量。

南京之戰的輝煌戰果，令郎廷佐、管效忠和梁化鳳等參與者興奮不已。但另有一些人卻非常不高興，特別是頂著大太陽從北京趕往江寧的達素。他人還沒到金陵呢，就聽說鄭成功被打跑了。那我算什麼，背景看板嗎？

整整一百四十年前，即正德十四年（1519年）六月，寧王朱宸濠在南昌發動叛亂。當政的武宗皇帝朱厚照非常開心，點齊十萬御林軍開往江西，準備致敬老祖宗朱元璋，再現鄱陽湖大戰的精彩。

可是這位皇帝哪裡想到，剛走到半道，南贛巡撫王陽明就把生擒朱宸濠的捷報送來了。年輕的正德帥都氣炸了，為這個書呆子的多管閒事感到由衷的憤怒與絕望。

當然，如今達素的尷尬程度比正德還要好一些，畢竟鄭成功還沒逮著嘛，我老人家還有大把發揮的空間。而且，既然以漢兵為主的南京守軍就能把鄭成功打得滿地找牙，那這一萬多正牌的滿族鐵騎，踏平中左所不跟玩似的？

達素並非胸無點墨的粗人，他知道元朝張弘範在崖山海戰中全殲南宋水師的風光。眼下的鄭成功，在南京城下折損了大半主力，肯定不如當初的張世傑了。那本將軍集結四省兵力，還不得把廈門變成第二個崖山？永曆已經跑到緬甸蹭飯去了，國姓就是我大清最大的威脅。只要我打下了廈門，在海邊也立塊石碑，上書「清安南大將軍達素滅明於此」，呵呵！

永曆十四年三月，達素到達泉州，會同福建總督李率泰、提督馬得功、叛徒黃梧等人，會商攻打金廈大計。又令兩廣總督李棲鳳，以及海盜蘇利、許龍和吳六奇等配合，同時調浙江水師南下，會剿鄭成功。

打仗總是有風險的。之前清軍水師兩次試圖攻打廈門，都在半道上慘敗，連思明州長什麼樣都沒看到。李率泰尋思著，何必大動干戈，搭進太多人命？只要把鄭成功成功的弄死，其他人還不得成功的投降？他安排手下旗牌官張應熊，讓他攜帶一枚劇毒的孔雀膽前往思明。

廈門是鄭成功的大本營，這個張應熊怎麼能混進去呢？只因他有個弟弟張德在島上。

張德身分低微，卻比周全斌等人能更方便的見到國姓爺，厲害吧。小張是一名廚師，專門幫鄭成功做麵點的。

當年又沒有鏡頭，張德只要不動聲色的將毒藥加進點心裡，端給鄭成功，看著他吃下去，不就萬事大吉了嗎？

獻出海澄的黃梧，都能封個海澄公。那毒死鄭成功本尊，會是什麼獎賞呢？一切皆有可能！每每想到即將唾手可得的榮華富貴，張德就激動的無法自持。可是，一想到鄭成功的威嚴與精明，張德居然害怕起來。

每次在廚房製作點心給鄭成功時，張德都有下毒的機會。每每到關鍵時刻，他就緊張得渾身哆嗦，臉色蒼白，就差當場昏倒。哎，心理素質不行啊，這個殺手不太冷靜。

張德有一個徒弟王四，平時辦事穩重可靠。張德思前想後，就把王四叫來，讓他代替自己去下毒。

「師父放心，這事包在我身上了！」看著王四拍著胸脯承諾，張德一顆懸在嗓子眼的心，算是放下來了。於是他向鄭成功請了病假，呆在家裡繼續哆嗦。

兩天……張德苦苦的等待國姓爺的死訊，如同今天的魯蛇等候女神的回覆。可死訊沒等到，卻等來了幾個提著武器的士兵。

張德被押到了鄭成功面前。一邊還跪著滿臉諂媚的王四。張德算是明白，自己被出賣了。

「張德，本藩平生待你不薄，你為何要加害本藩？」

張德嚇得渾身哆嗦，連連叩頭：「小人該死！」隨後，他將張應熊交待自己的事情和盤托出，顯然是想爭取寬大處理嘛。

鄭成功一向不受別人擺布，這一次，他卻聽從了張德的安排。隨著一聲令下，數十隻羽箭呼嘯而來，把張德射成了刺蝟。當鄭軍捉拿張應熊時，發現他早已逃跑了。

殺人，確實是門技術活。張德不敢下毒，他教出的徒弟又能好到哪裡呢？一樣是緊張得要命，渾身跟篩糠似的。王四思前想後，將事情告訴了父親王耀。

「兒啊，你好糊塗。我馬上帶你自首，讓國姓爺處置！」隨後不由分說，就把兒子帶到了鄭成功大營。

鄭成功平日因一點小過失，就能誅殺大將，一個王四算什麼呢。可當他聽了王耀的交待之後，卻哈哈大笑起來，笑得這對父子相當懵圈。

「我乃天生，豈人能害？」鄭成功此後的舉動，讓這對父子更加懵圈。他非但沒有治王四的罪，還賞了不少銀子。只能說，有錢任性。

暗殺計畫徹底失敗了。張應熊連夜逃回泉州，向老大請罪。李率泰當然非常失望：「謀事在人，成事在天，看來國姓的陽壽還未完啊。」隨後他的舉動，卻讓張應熊吃驚壞了。

他居然讓人端出一盤銀子，重賞了沒完成任務的張應熊。隨後，李率泰責令各港準備船隻，做好開戰的準備。

當然，什麼時候開打，他這個福建總督並不能做主。

二、絕地求生（上）：廈門海戰的反擊序曲

清鄭之間，一共進行了四次金廈保衛戰。但規模最大，最為經典，也最能展現鄭成功指揮藝術的的一次，肯定要屬永曆十四年（1660）五月的第三次戰事。

這一戰，足以進入中國海戰史的經典，也注定深深打上鄭成功的烙印。僅憑這一場戰爭，就值得廈門為他修建雕像。

大戰一觸即發。盤點一下，這是自南宋祥興二年（1279）二月崖山海戰之後，將近四百年間最大規模的一場海戰。崖山之戰以宋軍的慘敗而告終，並代表著南宋政權的徹底終結。十餘萬人蹈海殉國，寫下了兩宋三百二十年間最為悲壯的謝幕篇章。

而即將到來的廈門海戰，會讓南明政權從此成為歷史嗎？

達素野心勃勃，一心想將鄭成功部全殲於思明，李率泰也樂於配合。兩位昔日的鄭軍降將施琅和黃梧，更將此戰看作展現才華、升官發財的大好機會。國姓在南京已經給揍得滿地找牙了，我們四面張網，看他還能上天？

鄭成功承受著前所未有的壓力，他下令將軍兵家屬全部遷往相對安全的金門，由英兵鎮陳瑞保護。

經過與部下討論磋商，鄭成功決定：右虎衛鎮陳鵬守五通、高崎東一帶；援勦前鎮戴捷守高崎寨；殿兵鎮萬宏、前衝鎮翁升和信武鎮何正守蟹仔寨、赤山坪；遊兵鎮張華守東渡寨；五軍戎政王秀奇督守高崎；協理戎政楊朝棟守東渡；仁武營康邦彥守崎尾，兼管神前；宣毅後鎮吳豪、後衝鎮洪羽、援勦後鎮裘德、左衝鎮蔡旻等應援堵御。

此外，輔明侯林察、中衝鎮蕭拱宸率本部及援勦左鎮康熊、奇兵鎮顏進、宣毅前鎮陳澤和宣毅右鎮湯忠前往崇武，防禦泉州港及所有從上流開來的清軍水師。

鑒於南京一役後鄭軍官兵普遍士氣低落，對這次守衛思明信心不足，鄭成功不得不再給他們大灌雞湯：

照得狡虜有必敗之機，在我益當決必勝之算。去歲我師數千里直抵長江，登岸殺虜，瓜鎮之滿漢精銳，殲滅殆盡。何況虜欲捨弓馬長技，與我爭橫於舟楫波濤之間，以寥寥船隻，驅叛兵殘卒而嘗試之。主客之形既不相如，水陸之勢又甚懸絕，其勝敗故已瞭若指掌矣。此天奪虜監而假手於我將士。我將士鼓勇用命，何難滅此朝夕？

且虜數十年來，戰守伎倆已不遺餘力，今之狡焉一逞，是所謂不到黃河心不休也。此番大破虜鋒，則虜計無復施，束手以聽命。自茲而中興大事已定，我將士之勳名富貴在此一舉，我將士數十年風波鋒鏑從徵之苦從此而發舒。是役也，精神意氣尤當百倍。今本藩與將士約：除退縮軍令另行申飭外，特懸一賞格開列於左，不論大小將領官兵，勳次一一如格旅行。本藩信賞必罰，眾所共知。勉之哉！

鄭成功無疑是一位膽氣絕倫的統帥，能一下子抓住問題的核心。都到了生死存亡的關口了，他卻說清軍此番是以短擊長，勝敗之勢必將逆轉，中興大業一定會成功。主帥的超強自信，多少會感染這些將領，但實戰中到底能起多大作用呢，真不好說。如果思明失守，鄭成功還有銅山南澳作為退路，但顯然，丟掉了大本營，失去了貿易線路，難道真的要和許龍、蘇利一樣當海盜？高傲的鄭成功，絕對低不下這個頭。

五月初八日，鄭成功收到情報，清軍將在初十日對思明發動總攻。

這一次，福建總督李率泰和達素分進合擊，哪一邊是主力，應該在哪邊重點防禦呢？這對鄭成功來說，無疑是必須當機立斷的事宜。否則，帶給思明的很可能就是滅頂之災了。

初十日辰時（上午七至九點），李率泰和海澄公黃梧率領大小戰船四百餘隻，由漳州港向圭嶼（又名龜嶼，位於廈門、海澄交界處）殺來。憑藉黃梧對思明的熟悉，清軍可以順著海潮進攻，而鄭軍只能逆潮防守。

一直密切觀察戰局的鄭成功，命令令官陳堯策前往海門傳令：「不得起碇。泊定一條鞭，與之打仗。候潮平風順，有令方准駕駛衝殺。」也就是說，所有戰船都拴在港內，不能隨便移動。顯然，鄭成功知道己方處在逆潮位置，如果船隻隨意起碇，很容易造成相互撞擊，形成連鎖反應，導致全面崩盤。

這簡直是不讓人活啊！南京一戰，鄭軍之所以敗得那麼慘，與鄭成功「無令不得出戰」的教條命令有很大關係。十個月過去了，國姓爺這是好了傷疤忘了疼了嗎？

頂在鄭軍最前面的，是忠靖伯陳輝、閩安侯周瑞的座船。周瑞原本已永不敘用，是陳輝向鄭成功說了一堆好話，老大才答應他參戰的。此外，還有援剿右鎮下楊元標和前提督下方左榮所領船隻。

清軍占據潮向優勢，因而各個爭先。數十條船順潮而下，對著這三船瘋狂開火，並有士兵跳了過來，舉著冷兵器砍殺。三船上的士兵也用火炮和弓弩奮勇還擊。憑藉鄭軍戰船的火炮優勢，給敵人還是造成了不少殺傷。

但是，清軍船隻實在太多，自然能彌補火器上的劣勢。鄭軍其他船隻只能遠遠的開炮支援，不敢上前協助。不大功夫，楊元標就戰死了，他的銃船也被清軍奪走。陳堯策未能及時離開，留在周瑞的船上，在清軍密集的炮火轟擊之下，兩人都不幸犧牲。之後，多條清軍戰船似乎得到情報似的，都逼近了陳輝座船。有兩百多名清軍都跳將過來，準備活捉這位忠靖伯領賞。

此時，陳輝座船上的士兵已經全部戰死，甲板上到處是犧牲者的屍體。作為見證過無數大風大浪、好幾回死裡逃生的名將，陳輝雖說難過但毫不慌張。他平靜的坐在官廳的坐椅上，手裡不知道握著什麼東西。清軍呼拉拉的圍了上來，眼睛裡放出貪婪的光芒，似乎他們看到的不是一個人，而是一堆白花花的銀子。

那麼，曾經令清軍聞風喪膽的陳輝，就此壯烈殉國了嗎？

三、絕地求生（下）：力挽狂瀾的偉大勝利

眼看清軍將陳輝圍得裡三層外三層，他就算插上翅膀也跑不掉了。這位叱吒海疆的老將軍，忽然大笑著站了起來，笑得清軍渾身發麻，笑得自己渾身哆嗦，差點沒喘過氣來。說時遲那時快，眼看好多清兵的戰刀高高舉起，陳輝手裡的物件突然呲呲呲的冒起了白煙，把大傢伙嚇了一跳。

原來是個火鐮啊。

陳輝猛的把火鐮摔丟在地下，片刻之間，船艙裡就響起了震耳欲聾的爆炸聲。沖天的火光之下，船隻被炸了個粉碎，兩百多名清軍都排著隊去見多爾袞了。陳輝則使出洪荒之力跳出艙外，不可思議的活了下來。這真是天助自助者。

讓陳輝這麼一折騰，清軍被嚇得不輕，再也不敢玩接舷戰，只能遠遠的發炮進攻，自然沒有多大效果。到了巳時（上午九點至十一點），海水退潮，鄭成功苦苦等候的時機終於來了，他豈能放棄？

鄭成功立即下令，所有船隻解碇出擊。清軍也仗著船多，推陣衝來。鄭軍稍稍後退，來到了圭嶼後方。清軍勢大，令鄭軍相當忌憚。鄭成功親自乘著一艘八槳板船，與官兵們奮戰在一起。主帥的勇敢，大大激勵了所有人的士氣。由此不難看出，南京之役鄭成功用鍋潘庚鐘的說法，純粹就是謠言。

此時的周全斌，傷勢已經養好，恢復了惡漢本色。他率領正、副熕船衝進了清艦之中，憑藉占優勢的火炮，連續擊中了多艘敵船。之前，李率泰煞費苦心的將滿八旗的船隻漆成紅色，漢八旗及綠營的戰船漆成烏黑色，為的正是不讓漢人奴才和滿人老爺搶功，腳踏實地當炮灰，看老爺有危險了就捨命救援。不幸的是，這情報被鄭軍截獲了。

鄭軍專挑紅船猛攻，不習水戰的滿兵根本不是對手，很多人當場被炸上了天，更多的在四處冒煙的甲板上奮力逃竄。左衝鎮冒著漫天炮火衝入敵陣，奪下了清軍前鋒昂拜章眼紅（音譯）的坐船，船上的所有滿軍都被當場殺死。此外，鄭軍還生擒了清將哈喇土心等十餘人，多艘敵船被衝散。

鄭軍一旦處在順風向，更加得勢不饒人。他們要一雪南京城下的屈辱，要為死去的弟兄復仇，更想賺國姓爺的豐厚獎金。前提督左鎮翁求多、忠靖伯下王錫、正兵驍翊顏奇等與右武衛一道奮勇衝殺，戰士們的血水與汗水一道從臉上流下，喊殺聲與怒吼聲交織在一起。他們太需要這樣的宣洩了。

一艘接一艘的滿船不是被擊沉，就是被接舷過來的鄭軍奪走。而漢軍船的下場也好不到哪裡去。馬勒、石山虎等將領被抓獲。劇透一下，他倆後來還加入了鄭軍。楊元標的銃船也被重新奪回。

李率泰和黃梧不知道達素那邊的戰果，還想著打腫臉也得撐下去。可就在下行時分，海上突然颳起了猛烈的南風。藉助風力，宣毅右鎮、左先鋒鎮從鼓浪嶼後面殺來，戶官鄭泰所部五十隻鳥船從浯嶼趕到，三面合擊清軍艦隊。到了這時候，李率泰就算再不甘心，也得下達撤退命令了。

當然，不是你想走，別人就給你開門。鄭軍火炮齊發，濃濃的煙霧遮住了藍天，清軍像沒頭的蒼蠅亂撞，死傷者的鮮血染紅了海水，被擊沉的船隻充斥海面，到處可見雙方士兵的屍體。不過有辮子的占十之七八，長頭髮的不到十之二三。

鄭軍一路追殺到圭嶼，發現島上居然有不少辮子兵。原來，這些人逃跑途中，船在這裡出事了，只能上島躲避。馬信精通滿語，嘰哩哇啦說了一通繳槍不殺的漂亮話，滿以為人家能放下武器，結果清軍的答覆是：我們寧死不降。

到了第二天，鄭成功親自趕過來了。他見這些韃子確實很有骨氣，就有心成全他們。隨著一聲令下，三百滿兵通通被亂箭射死在海灘上。想一想過往十幾年投降的上百萬前明官兵，讓人不由得感慨，差距是全方位的！

鄭成功把水軍主力擺在南面，讓達素和施琅開心不已，只差開香檳慶祝了。就在南邊還在激戰時，他倆統帥的滿漢精兵，以優勢火力突破了鄭軍的防守，從赤山坪登岸。達素可沒李率泰那麼蠢，他命令福建漢軍衝在前面當炮灰兒子，自己從北京帶來的八旗兵跟在後面「收比賽」。

鄭軍士兵作戰時經常光著腳，當然不是買不起鞋，而是為了行動方便。赤山坪有點類似戚繼光當年攻克過的橫嶼，潮間帶淤泥很多。戚繼光當時是讓士兵每人帶一大捆稻草鋪路，施琅這次卻沒有算計得這麼細，以至於不時有士兵陷在泥中，大大影響了登陸速度。

鄭軍以前衝鎮黃麟為頭疊，試圖擋住清軍。但清軍人數占據明顯優勢，黃麟軍死傷慘重，不得不向後撤退。殿兵部陳璋及時趕到，與清軍展開殊死搏鬥，右虎衛王戎政、領旗協劉雄等部也趕來支援。但即使這樣，面對以滿八旗為主的清軍，鄭軍依然難以招架，越來越多的士兵倒在血泊中，隨時有被全面擊潰的可能。

未能趕上南京之戰的達素，憋著勁想在廈門玩一票大的。他心裡清楚得跟鏡子一樣，一旦把水戰變成陸戰，南京慘敗 2.0 就要在廈門上演，一旦讓先鋒部隊占領赤山坪，把騎兵送上島，鄭成功就只能收拾東西逃往銅山了。

情況似乎不可逆轉。突然之間，雙方士兵都被強烈的反光刺得眼不開眼，一隊機器人模樣的隊伍，邁著威武卻顯笨拙的步伐衝過來了。這是外星人過來拯救國姓爺？沒有。他們手中拿的可不是衝鋒槍，而是明晃晃的鋼刀。曾在銀山之戰中大顯身手的鐵人軍趕過來了。鄭軍將士一見，無疑就像沙漠中迷路的揹包客發現了 SUV，不由得非常開心。

奇怪的是，清軍也表現得更加興奮，有人還向鐵人軍招手，示意他們跟大傢伙一塊幹票大的。越來越多的滿軍也從船上下來，準備摘取勝利果實。不過，他們來還不如不來呢。

「殺！」隨著一個年輕軍官的命令，鐵人軍猛的殺向了清軍，如同秋風掃落葉一般，轉瞬間就把很多活人變成了屍體。鐵人軍只有兩大剋星，一是狼牙棒，二是紅衣大砲。可這兩樣清軍暫時都沒帶來，那又怎麼能擋得住呢。原本苦苦支撐的鄭軍，此時也猛的來了精神，無所畏懼的撲向敵人。

勝負形勢很快發生了逆轉，之前還想著白天怎麼搶功、晚上去哪娛樂的清軍，現在都只敢奢望逃命了。可他們記吃不記打，忘了來的時候怎麼踩進泥裡，現在還得怎麼陷進去。而赤腳追殺的幾路鄭軍，無疑占盡了優勢。不大功夫，潮間帶上就倒下了無數辮子男。

這時候，鄭軍水師宣毅後鎮吳豪趕了過來，對停在港灣的清軍船隊發起了攻勢。也讓他們騰不出手搭救從島上逃回的同夥。越來越多的清軍要麼被殺死在泥潭中，要麼被淹死在海水裡。後衝鎮從高崎、左衝鎮從新城港、林察率中衝鎮和宣毅前鎮從劉五店分別趕來，合圍清軍水師。

看著一艘艘戰船被擊沉，施琅急得能哭出來。有鄭成功在，他還真的撲騰不起多大水花。說好的自己人，怎麼也不見出來表現呢？達素更加上火：我這還敢回北京交差嗎？但這時豈能意氣用事，達素馬上下令，留下潯尾水師斷後，全軍撤回同安。至於還沒從岸上跑回來的，自己想辦法吧。

南北兩線都取得了大勝，鄭成功自然要留犒賞三軍。在一片喜慶之聲中，鄭成功叫來右虎衛鎮陳鵬，親切的詢問：「你想得到什麼獎勵啊？」

「都是國姓爺指揮有方，末將不能貪功。」

「好，來人啊！」鄭成功一揮手，幾名衛兵衝進來把陳鵬給綁了。現場氣氛驟然緊張起來，所有人都不明就裡。

鄭成功令殿後鎮陳璋與刑官陳應璠出來宣布陳鵬的罪狀，所有人這才恍然大悟，並暗自慶幸自己命真好。

原來，陳鵬事前已經與施琅約好，要率全鎮最精銳的鐵人軍歸降，並放清軍登陸。但左營陳蟒卻不願意歸降，反而率領自己的部眾跟清軍幹開了。再加上五軍戎政王秀奇趕過來監督，陳鵬不敢造次，只能讓手下人也參與進攻。他以為自己這次可以矇混過關，哪裡知道，鄭成功已經收到了情報，並決定給他送上一份大禮。

陳鵬投降未遂，落了個凌遲的下場，妻兒也被處決。鄭成功此舉當然殘忍，但在一定程度上震懾了那些打算投降的動搖派，對維護軍心有著積極作用。陳蟒被提升為右虎衛鎮。左虎衛鎮也重新組建，由何義統領。

對於俘虜的清軍，鄭成功下令全部放還，只是留下他們的左手和鼻子作為紀念，並讓他們向達素和李率泰帶個好。

鄭成功是諸葛亮的鐵粉。他給達素和李率泰發去了熱情洋溢的感謝信，表彰他們幫自己弄死了好幾千名正宗的滿八旗，一定會讓順治非常開心。同時，鄭成功隨信送去了兩件女性服裝，約他倆再戰一場。如果不敢戰，就穿上巾幗好了。

達素和李率泰看了信之後也不生氣，還一本正經的回了信，表示打肯定是要打，但什麼時候打，我們又不聽你的，對不對？潛臺詞就是：先讓你多活幾年。

達素揚言要在七月再攻思明，可遲遲不見先去。十月，清廷召達素進京。據《閩海紀要》等書記載，這位爺擔心禍及親屬，果斷的在福建吞金自殺了。但事實上，由於在朝中朋友多，達素非但沒有被殺頭，反而待遇不變。

廈門水戰直接造成了上萬（一說六千）餘名滿洲八旗官兵的陣亡。這也是自打清軍入關以來死傷最為嚴重的一次。如果這樣的戰役再多來幾次，清廷就在關內別呆了。慘敗的消息傳到北京，順治整個人都不好了。八月，他最愛的董鄂妃撒手人寰，生無可戀的順治決定出家，但被太后和湯若望等人阻止。

轉過年的正月初七，在本應該歡度新年的幸福時刻，年僅二十四（按今天的算法是 22 週歲）的順治皇帝卻帶著深重的遺憾離開了人間，似乎是在為滿清的種種暴行贖罪。

今天的史學家大都認為，順治死於天花。但他的死與第三次廈門保衛戰只相隔了八個月「順治死於廈門海戰」的段子，就如同「努爾哈赤死於寧遠」一樣，很自然的就被炮製出來，讓老百姓得到了宣洩的出口。

在第三次廈門保衛戰中，鄭成功以壯士斷腕的巨大勇氣，向死而生，以弱勝強，創造了自薩爾滸以來漢人軍隊對女真作戰的最佳戰績，也奠定了他「水戰之神」的江湖地位。

廈門海戰不如李定國衡州大捷有名，但對滿洲兵的殺傷，卻是後者無法比擬的。鄭成功在自己的主場，以自己最為擅長的方式，打出了起兵以來最為酣暢淋漓的一場大勝。

更難能可貴的是，這是鄭成功在剛剛經歷了南京慘敗，軍力損失過半的情況下的絕地反擊，滿血歸來。相比李自成敗走山海關之後，被清軍一路按在地上摩擦最終滅亡的悽慘，鄭成功卻能強勢反彈，以一場暢快淋漓的大勝，令清廷顏面盡失，也讓自己的官兵重新找回自信，看到了與清軍繼續對抗的前景。放眼南明二十年，甚至華夏三千年，這樣的翻盤都是極其罕見的。

在世界進入鐵甲戰艦之前，鄭軍的戰力不光制霸東亞，相比英國與荷蘭艦隊也差別不大。更可以說是人類歷史上戰力最強的私人水軍（截止當時）。這一戰不光徹底奪回了制海權，更將清廷打出了心理陰影。只要鄭成功還在，廈門就是他們永遠克服不了的堡壘。

而正是廈門海戰的偉大勝利，才使得鄭成功心無旁騖，可以實現一項偉大策略。

第十四章
光復臺灣：華夏榮耀的最終章

一、收復臺灣：從被迫開始的偉大冒險

鄭成功最為我們熟悉的事蹟，一定是收復臺灣了。多數人對他十五年英勇抗清的歷史幾乎一無所知，卻津津樂道於他進攻臺灣的勇氣與智慧。如果國姓爺在天有靈，知道後世不少人對他有如此刻板印象，想必也不會開心。

對這位雄才大略的國姓爺來說，進攻臺灣絕對不是目的，只是手段；絕對不是終點，只是跳板。

在贏得第三次金廈保衛戰之後，鄭成功終於下定了進攻臺灣的決心。經過南京之敗和廈門之戰的消耗，鄭軍短期內根本不可能再北伐江南，需要一個更容易得到的根據地，來供養近十萬軍隊及其家屬。而臺灣，就是一個非常理想的「備胎」。

臺灣的寶島稱號當之無愧。它的面積相當於三百多個廈門，小半個浙江，近三分之一的福建。但福建是「八山一水一分田」，山地、丘陵占比高達十分之九，平原面積僅十分之一。就平原面積來講，臺灣只比整個福建略小，比漳泉二州那是大多了。

臺灣不光有大片的土地可以開發，可以提供足夠的軍糧，栽種多種熱帶水果，養殖多種水產，也可以為騎兵提供理想的訓練場地，更能在東西洋貿易中扮演核心角色。

在今天很多人看來，鄭成功來到人間，似乎就是為了硬槓荷蘭人，進攻臺灣。但是，攻臺的過程，絕非想像中的一帆風順。

永曆十四年（1660）七月，鄭成功派兵官張光啟前往日本，再次向幕府借兵。之前，幕府曾派過少數士兵參與了鄭成功對清作戰，但損失太大，又鑒於滿清統一中國的趨勢已不可避免，幕府將軍婉言謝絕了國姓爺的發兵約請，但答應資助一些銅熕、鹿銃和倭刀，讓張光啟回去向國姓爺交差。

鄭成功之所以有從容攻臺的機會，也與順治去世有很大關係。由於要給皇帝辦國喪，清軍短期內不會再打思明，這就讓鄭成功心無旁騖，可以專注於臺灣問題。

鄭成功之所以下定征臺的決心，與何斌也有很大關係。

何斌是福建南安人，鄭成功的老鄉，也是鄭芝龍的舊部。後來，他在臺灣一直做到通事職務，很受荷蘭當局信任。

料羅灣一戰之後，鄭何兩家的關係再也回不到從前了。鄭氏家族以思明為中心進行的海上貿易，對在臺灣的荷蘭殖民者影響不小，雙方一直明裡明裡較勁。

永曆十一年（1657）五月，鄭成功在思明接見了何斌。後者傳達了東印度公司與鄭氏集團改善關係的「良好願望」，允許鄭氏船隻到南洋各港口開展貿易，並每年向鄭成功繳納白銀五千兩，箭桿十萬隻，硫磺一千擔，換取國姓爺不發兵攻打臺灣的保證。

當時，鄭成功正準備進軍江南，小小的臺灣他自然看不上，因此也爽快的答應了。但荷蘭人的承諾，也從來沒有兌現。

到了永曆十四年，因南京之戰的慘敗，鄭成功攻打臺灣的傳聞，已經在荷蘭駐臺官兵內部不脛而走，一時人心惶惶。當年六月，東印度公司巴達維亞總部派出燕·奧德朗為司令官，率領十二艘戰船、士兵六百人援助臺灣。荷蘭人的如意算盤是：如果國姓爺不來，他們就順道打下澳門，反正不能白跑一趟。

臺灣總督派使者前往思明，探聽鄭成功的動靜。鄭成功已然下了攻打臺灣的決心，但怎能讓對手看破心思呢。他好酒好菜招待來使，還讓後者帶回了一封長信，表示絕無攻臺之意，讓揆一把心放在肚子裡。但老謀深算的揆一似乎研讀過《孫子兵法》，反而加強了島上的戒備。

何斌位高權重，來錢容易，但手腳不乾淨，偷偷截留了十萬銀子的公款。揆一準備調查何斌，後者也聽到風聲了。西曆 1661 年的新年，何斌設法逃離臺灣，來到廈門拜見鄭成功。

何斌不想浪費時間，參拜之後就直接上主菜。他說：「臺灣沃野數千里，實霸王之區。若得此地，可以雄其國，使人耕種，可以足其食。上至雞籠、淡水，硝磺有焉。且臺灣橫絕大海，肆通外國，置船興販，桅舵銅鐵不憂乏用。移諸鎮兵士眷其間，十年生聚，十年教養，而國可富，兵可強，進攻退守，真足以與中國（指滿清）抗衡也。」

不愧是跟著荷蘭人混了很多年的菁英，何斌分析問題高屋建瓴，鄭成功覺得很有道理。何斌又拿出一張自己繪製的臺灣地圖，讓國姓爺看了更加開心。地圖上不光有街巷房屋，館驛倉庫，更是將港灣方位，炮臺大小等種種細節，都交待得非常清楚，專業程度跟當年孫可望獻給大清的西南地圖有一拼。憑著這一地圖，鄭軍攻臺就能減少很多損失。

這還不算，何斌唾沫橫飛，痛陳荷蘭人壓迫之殘酷，華人生活之艱辛，讓嫉惡如仇的國姓爺沒法不動容。似乎這次他再不對荷蘭人動手，簡直就不配當炎黃子孫了。何斌大灌心靈雞湯，說什麼「天威一指，唾手可得」，但他的真正目的，當然是「禍水東引」，想讓鄭成功趕走荷蘭人，從而保住自己侵吞的銀子。

鄭成功聽著何斌貌似懇切的乞求，看著他精心繪製的地圖，感覺就像六月中暑之後，喝了一碗涼茶，這滋味真爽！這位國姓爺站起身來，撫著何斌的背說：「這是老天把先生送到我這裡啊！本藩自當重報，你切勿揚聲，我自有成算。」

鄭成功是個極有主見的人，一旦決定的事情，他就會義無反顧的執行下去。但是，為了表示對手下文武的尊敬，還是要把他們召集起來討論一下。

鄭成功說：「自攻打江南一敗，建奴欺負我們孤軍勢窮，安排南北舟師合攻。幸虧各位齊心趕走清妖。現在他們雖敗，但始終不忘攻打思明。本藩因此每天徘徊籌劃（當老大很辛苦的！），知道附近沒有什麼可依靠的，唯有臺灣一地，離此不遠，暫時占據，可以連金廈而撫諸島，然後廣通外國，訓練士卒，進則可戰而恢復中原之地，退則可守而無後顧之憂。各位意下如何啊？」

鄭成功的邏輯，跟何斌也差不了太多，聽起來很有道理。但沒有想到的時，反對的聲音卻相當強烈。宣毅後鎮吳豪起身向鄭成功一拱手說：昨天藩主曾問在下臺灣的事，我已經詳實稟告了，不是我不聽命令怎奈（荷蘭人）炮臺利害，水路險惡，縱有奇謀也派不上用場，將士即便奮勇也無法施展，白費功夫啊！」

吳豪是個務實的人，他去過臺灣，也見識過荷蘭人的夾板船和紅夷大砲，這番話其實也不算誇張。鄭成功不開心了：「這些不過是平常之見，用到今天不合適，我希望大家都能佐我一臂之力。」

黃廷對鄭成功一向忠心，此時卻不解風情的開口了：「臺灣地方，我聽說相當廣闊，但沒有去過，不知詳情。如果吳豪說的紅毛火炮真是那樣，船隻又沒有別的海道可達，必須經過炮臺前進，那我們可就損失不起了。」黃廷當然不知道何斌獻上地圖的事情，這樣的顧慮也是人之常情。鄭成功不悅的說：「你這也是平常之見！」

就在這時，鄭軍高級將領中資歷幾乎最淺、最不會打水打仗的馬信發言了，一番話說得鄭成功非常開心，你看人家這覺悟！

馬信侃侃而談：「藩主考慮的，是諸島難以久拒清朝，欲先固其根本，而後壯其枝葉，這就是始終萬全之計。信是北人，委實不知（臺灣情況）。但以人事而論，蜀國有高山峻嶺，（鄧艾）尚可攀藤而上，卷氈而下；吳國有鐵纜橫江，尚可以火燒斷。紅毛雖說狡黠，布置周密，難道就沒有別計可破嗎？現在乘將士閒暇（清軍沒打來），不如統一旅前往探視，倘可進取，則併力而攻；如果厲害，再做相商，亦未為晚。這就是信的一點淺見。」

所謂士別三日，當刮目相看。但筆者依然很難相信，老粗馬信自己能想出這樣一套說辭。此時，這位長安漢子已是鄭成功最為信任的少數將領之一，這番話沒準就是藩主教的。要不然，鄭成功也不會開心的說：「好，這就是因時制宜，見機而動。」

可吳豪真是個耿直人，他立即反駁道：「我去過臺灣好幾次了，怎能不知道詳情？（你馬信會開船嗎？）既然知道實情了卻不勸諫，只是附和別人的說法，誤了藩主的大事，那我不成罪人了嗎？」想當初，鄭成功準備攻打南京時，甘輝也是堅決反對，並不是刻意唱對臺戲。但是，不是所有人都是甘輝。

參軍陳永華是個老江湖，他不失時機跟出來和稀泥：「凡事必先盡之人，而後聽之天。吳將軍所說，是身經其地，細陳利害，乃守經之見；馬將軍所說，大舉舟師前去，審勢度時，乘虛覷便，這是行權將略。兩種意見都可以試行之以盡人力，全憑藩主裁決。」拐彎抹角說了半天，他是要鄭成功自己作主。楊朝棟也表示，可以試著派兵進取臺灣。

一看這兩人的表態，鄭成功非常開心：「朝棟這麼說，可以破解千古疑惑了。禮官這就去挑選日期，令世子鄭經監守各島。攻打臺灣，本藩一定要親征！」

這算是一錘定音了。事實上，反對攻臺的聲音，自始至終都沒有停止。而鄭成功卻以自己的鐵腕，將反對的聲音暫時壓制了下去，並將紙上的藍圖，轉換成現實中的偉大成就。但向來鐵板一塊的鄭軍，卻因征臺產生了不小的裂痕。

既然決定了要遠征，無法估計要離開多久，金廈南銅的守備也絲毫不容馬虎了。每每想起海澄之失，鄭成功依然心痛不已。

長子鄭經這年二十，並已經娶妻。鄭成功讓鄭經留守，這是模仿歷代皇帝巡幸時，留太子在京師監國的慣例。自打「焚衣起兵」以來，鄭成功一直忙於征戰，顯然沒有太多精力管教老大，這個重擔基本上由妻子董氏承擔。

這一年，鄭成功與董氏成親已將近二十年，當初迎娶董氏時，鄭成功也就鄭經這般歲數。夫妻二人屬於典型的政治聯姻，他們之間的感情，也只能靠兒子維繫。鄭成功後來接二連三的納側室，隔三差五的生孩子，無疑是對董氏的精神傷害。

準備攻臺時，鄭成功已經有七個小王子（另有三個死於洋山），但鄭經是無可爭議的嫡長子，理所當然的延平世子。如果不出特別大的意外，鄭氏龐大的產業與軍隊，終究是要交到鄭經手中的。

但是，鄭成功自己，已經經歷了一次尷尬。當年因父親鄭芝龍投降後被拘，鄭氏家業沒有及時移交給老大，從而導致家業四分五裂，分崩離析。好在鄭成功以超人的膽略果斷出手，殺鄭聯逐鄭彩，整合鄭鴻逵勢力，最終將鄭家產業做得比鄭芝龍當年還要成功。

鄭成功指定洪旭之子洪磊、馮澄世之子馮錫範和陳永華之子陳繩武三人，共同輔佐鄭經。「陪太子讀書」。

洪旭跟隨鄭芝龍、鄭成功父子征戰多年，屢立戰功，聲名遠播。鄭成功北伐江南時，留守金廈的重任就交給了這位大將。此次東征臺灣，洪旭依然是守衛後方的不二人選。鄭成功留下黃廷、王秀奇、林習山、杜輝、林順、蕭泗、鄭擎柱、鄧會、薛聯桂、陳永華、葉亨、柯平等將官，供洪旭調遣。這些人中不乏久經戰陣的名將，辦事幹練的文官，因此，別說清廷短期內沒有力量入侵思明，就算再來個三省會剿，洪旭也能應付好一陣子。

忠勇侯陳霸鎮守南澳十七年，清軍一直無可奈何。鄭成功去信叮囑他提防許龍、蘇利的偷襲，又讓郭義、蔡祿帶本部兵馬，協助張進守銅山。鄭泰與參軍蔡協吉守金門，洪天祐、楊富、楊來嘉、何義、陳輝守南日、圍頭和湄州一帶，與金門相互響應，防備清軍，做好思明的屏障。

跟隨鄭成功東征的，依然有很多名將。他們是馬信、周全斌、蕭拱宸、陳蟒、黃昭、林明、張志、朱堯、羅蘊章、陳澤、楊祥、薛思進、陳瑞、戴捷、黃昌、劉國軒、洪暄、林福、張在、何祐、吳豪、蔡鳴雷、楊英、謝賢、李胤，以及鄭成功四弟鄭襲。

在思明的寧靖王朱術桂、魯王世子朱弘桓、瀘溪王、巴東王，以及兵部尚書唐顯悅、兵部侍郎王忠孝、浙江軍門盧若騰、吏部給事中辜朝薦、右副都御史沈全期，御史徐孚遠、光祿寺卿諸葛倬、監紀許國等文官，也隨軍出征，以便鄭成功隨時諮詢。

那麼，鄭成功的出師，會有什麼意外嗎？

二、奇襲登陸：以出其不意取勝

永曆十五年（1661）三月初一日，鄭成功在思明舉辦了祭江興師儀式。相比三年前北伐金陵的出征儀式，此次活動顯得簡單一些。臺灣的分量，當然和南京是無法相比的。鄭成功依然自信滿滿，他依然相信，自己還有機會北伐金陵，飲馬秦淮。

三月初十日，鄭軍在料羅灣集結。二十八年前，鄭芝龍就曾與荷蘭殖民者展開了一場場面相當慘烈的海戰。當時，他只有三十歲，還處在最為意氣風發的年齡。如今，鄭芝龍已垂垂老矣，非但失去了進取精神，更失去了人身自由，被清廷軟禁在北京，隨時有被殺害的危險。

有人說，鄭芝龍的尷尬處境，都是他那個自以為是的老大害的。但有一說一，就算鄭成功也跟著投降了，他爹一定就能當上三省總督，坐享榮華富貴嗎？

此時的鄭成功已經三十八歲，起兵反清十五年了。當初焚衣起兵之時，大陸還存在各路反清勢力，他們的兵力加起來，毫無疑問還是要超過清軍的。但由於這樣那樣的問題，各支義軍被逐一消滅，永曆皇帝也被迫流亡緬甸。

而當初實力極其有限、無人看好的官二代鄭成功，眼下幾乎成為了光復神州的唯一希望。

偉人之所以成為偉人，正是在於他們有鋼鐵一般的意志，不達目的絕不罷休的氣概，而不像我們凡人這樣患得患失，為了芝麻綠豆大點事情反覆糾結。

鄭成功攻臺的決心無可動搖，但他的很多部下並不支持。荷蘭人豪華的戰船，強大的火器與堅固的城堡，讓鄭軍普遍有恐懼心理。即便是鄭成功親自挑選的精兵中，居然也出現了不少逃兵，這在過去是不可想像的。鄭成功毫不客氣的處決了少數帶頭逃跑的，及時一穩定了士兵情緒。

三月二十三日，隨著鄭成功一聲令下，二百餘艘戰艦載著一萬一千七百餘名士兵及船員，浩浩蕩蕩的開出金門，在海上拖起了長長的隊形，向著澎湖駛去。[36]

無獨有偶，二百五十六年前，明朝另一位鄭姓偉人，同樣率領著二百多艘戰船的兩萬七千多名麾下（人家船大），從蘇州劉家港出發，駛向南洋。

鄭和的遠航，為十五、十六世紀轟轟烈烈的大航海運動吹響了前奏；而鄭成功的遠征，是中國人對過往近二百年西方海洋勢力不斷擴張的回應與遏制。

鄭和的龐大船隊，由明朝政府提供一切開支，並以強大的國威保證船隊安全；而鄭成功的船隊呢，每一兩銀子甚至每一碗米飯都得自己去賺。大明已經奄奄一息，還需要他們來維繫最後的血脈。

三月二十四日，鄭軍船隊抵達澎湖，臺灣就在眼前了，航行之順讓鄭成功非常開心。但到了二十七日，大軍在柑桔嶼遇到逆風，不得不退回澎湖。此次東進，因鄭成功輕信何斌之言，鄭軍並沒有像北伐南京時一樣準備數月的口糧。因而在澎湖停留時，士兵們很快就要面對糧食短缺。

難道要退回思明？鄭成功的詞典裡，可從來沒有害怕兩字。有條件要上，沒有條件創造條件也要上。他下令士兵就地籌糧。澎湖是個火山島群，有三十座小島嶼。鄭軍挨家挨戶向原住民購買糧食。

兩天過去了，士兵們只籌集到了少數稻米，以及一些蕃薯、大麥等

[36] 毛佩琦《鄭成功評傳》、楊友庭《明鄭四世衰史》等認為鄭成功親征兵力為四百餘艘戰船，兩萬五千人，很可能是將前後兩期兵力合併算在一起了。

雜糧，不夠大軍吃一頓的。沒辦法，鄭成功只有帶頭喝粥，並下令在三十號晚上出發。

當天夜裡，澎湖水域狂風呼號，大雨如注，並伴隨著大霧。鄭成功戎馬一生，多次在敵人的炮火下幸運脫險，也多次在狂風巨浪中勉強逃生。他根本不把惡劣的天氣當回事，依然準備下令開船，可把管中軍船蔡翼和陳廣等人嚇壞了：您老人家不顧個人安危沒關係，這要是上演個羊山 2.0 怎麼辦啊？他們跪在鄭成功面前，一把鼻涕一把淚的苦苦哀求：「藩主啊，等天晴了再開船也不遲啊！」

還天晴？鄭成功不想等了。偉人與凡人的一個重要區別，就在於捨我其誰的氣概，知難而進的魄力，向死而生的果決。鄭成功鎮定的說：「堅冰可渡，天意有在。天意若付我平定臺灣，今晚開船之後，自然就風閏浪靜了。不然，大軍豈能坐困斷島，忍饑挨餓？」二人都知道國姓爺治軍之嚴，也就不敢勸了。

二更 (21：00-23：00) 時分，隨著傳令官發出的訊號，二百艘船依次開出了澎湖，向著鹿耳門方向挺進。此時，雨已經減弱了一些，但風浪並沒有停歇，船工們努力調整著航向，避免被潮流傾覆。當然，經歷過羊山大海難的人，看這樣的風暴簡直就像玩具了。三更之後，雨慢慢停了，船工們也個個精神大振，奮力駕駛。

東方露出了魚肚白，四月初一到來了。鄭成功站在中軍船上，透過千里鏡已經可以看到外沙線，目的地就在眼前。各船的官兵都不由自主的歡呼起來，簡直有一種劫後餘生的愉悅感。辰時 (7：00-9：00) 天光大亮，船隊靠近了鹿耳門。鄭成功隨即命令小校登島偵探地形，確認沒有伏兵之後，鄭軍船隊魚貫而入。[37]

臺灣，我們來了！

---

[37]　荷方資料記錄的時間一般為陽曆 4 月 30 日，即農曆三月三十日，比《從征實錄》記錄早一天。

鄭成功為什麼要冒著危險出航，而荷蘭人卻「今夜不設防」呢？原來，國姓爺選擇的這條航道，是平時根本無法通航大船的。但根據何斌的說法，每逢初一和十六漲潮，大船就能順利通過了。如果錯過這一天，全軍就得再等半個月。因此，鄭成功才決定冒險開拔。事實證明，何斌沒有說謊。他老人家也隨軍出征，豈能拿一萬多條人命開玩笑？

風雨天對航行是不利，但雨水有效提升了水位，反而讓鄭軍的通行有了保證。荷蘭人早就知道了鄭成功有「入侵」的可能，就在北線尾與一鯤身之間的南航道加強戒備，並將一些報廢的船隻沉入港內，以阻截鄭軍可能的登陸。但他們沒有想到的是，國姓爺會玩這樣的大冒險。

鄭軍開進臺江內海之後，選擇在和寮港停泊。當地居民早就當國姓爺當成了臺灣的解放者，他們自發組織起來，開出數十輛運貨車，幫助大軍順利登陸。當荷蘭人還沒有做好戰爭準備之時，鄭軍已經占領了赤嵌城外的糧倉，從而順利的解決了補給問題，也讓士兵的情緒得以穩定。隨後，鄭軍就神兵天降一般包圍了熱蘭遮和赤嵌城。

荷蘭在臺兵力僅有兩千兩百人，也就相當於鄭軍一鎮。但他們仗著武器的精良，加上鎮壓郭懷一起義的輕鬆，一向不把大明軍隊放在眼裡。「二十五個中國人加在一起，也抵不上一個荷蘭士兵。」這就是荷蘭人的普遍認識 —— 料羅灣海戰畢竟過去太久了，誰還記得，誰願意記？當然，總督弗雷德里克 · 揆一 (Frederik Coyett) 要謹慎得多。

當天晚上，在度過了起初的慌亂之後，赤嵌城司令官雅各布 · 貓難實叮 (Jacobus Valentyn) 居然下令炮轟鄭軍營寨。鄭軍並沒有料到對方有這樣的陰招，一些糧倉、馬廄很快起火。鄭成功擔心當地民眾跟著遭殃，遂安排戶都事楊英持令箭與楊朝棟督援剿後鎮張志前去守衛，嚴令官兵不得搶掠百姓，否則格殺勿論 —— 有膽可以試試。

楊英將米粟分發到各鎮，發現只能維持半月。鄭成功意識到，戰爭應速戰速決，否則越拖越被動。他命令宣毅前鎮陳漢鎮守北線尾，堵截可能到來的荷蘭船。而他自己，也要為即將到來的交鋒做準備。

那麼，荷蘭人會有什麼反擊呢？

三、雙線作戰：用血與火捍衛尊嚴

鄭軍的「從天而降」，並未讓荷蘭殖民者慌了手腳。其實，熱蘭遮的荷蘭總督揆一，此時已經被撤職。但新總督並未到任 —— 看這架勢也到任不了了，他於是繼續履行總督職責，叫囂要為共和國流盡最後一滴血。而湯瑪斯．貝德爾（Thomas Pedel，中國史書稱為拔鬼仔）上尉得知自己的兒子被登陸鄭軍打傷後怒不可遏，一定要教國姓爺做人。

永曆十五年（1661）四月初三日，揆一在城樓上望見鄭軍北線尾官兵陣型不整，不覺心裡樂開了花。他下令貝德爾率領二百四十名火槍兵出城，攻擊北線尾，給遠道而來的中國朋友上一堂近代軍事課。同時，揆一又派阿爾多普[38]（Joan van Aeldorp）上尉率領二百名士兵，渡海去赤嵌城阻擊鄭軍。

當時，荷蘭軍隊的火繩槍裝備率已達到百分之百，士兵們人手至少一支。而鄭軍中最精銳的戎旗鎮，也只是有一個神器營而已，大部分士兵依然使用冷兵器。幸運的是，當時的燧發槍並沒有量產，不然肯定夠鄭軍喝一壺的。

貝德爾的作戰經驗，還停留在永曆六年（1652）鎮壓郭懷一起義之時。上尉堅定認為：「中國人受不了火藥的氣味和槍炮的聲音。只要放一陣排槍，打中其中幾個人，他們就便會嚇得四散逃跑，全部瓦解。」

那麼，貝德爾的預言應驗了嗎？駐守北線尾沙洲的，是宣毅前鎮陳

[38]　荷方記錄為 5 月 1 日即四月初一，比楊英等人的記錄早兩天。

澤。他令黃昭帶二百名火銃手在前邊阻擊，手持藤牌大刀的士兵則跟在後面。荷蘭士兵排列成非常整齊的方陣，十二人為一排，無所畏懼的向前推進，並連續放了三排槍。像是在致敬成祖朱棣的三疊陣法。

沒過多久，上尉期待的崩潰確實發生了，不過逃跑的卻是他們自己。鄭軍的火槍效能遜色一些，開始確實是吃了一些虧。但並沒有人逃跑，軍紀不容許啊。不過，趁荷軍裝填子彈的間隙，鄭軍後隊射出了密密麻訂的箭雨，給了對手不小的殺傷。

隨後，藤牌兵踩著戰友的屍體瘋狂的衝了上來。當時，刺刀還沒發明出來，一旦進入了肉搏戰環節，荷蘭人還真不是對手。他們裝備的西洋劍，更適合表演而不是和中國人硬碰硬。

更糟糕的是，楊祥率領一隊藤牌兵從後面包抄過來了。這種分進合擊，不過是鄭成功屢試不爽的常規操作。揆一在城堡上一見就知道大事不好，可他又沒有手機，沒法通知貝爾德撤退。在鄭軍的前後夾攻之下，荷蘭人完全被打蒙了。

泮鬼子們紛紛扔掉手裡的長劍，使出洪荒之力逃向熱蘭遮城。可憐的上尉被一個小兵當頭劈死，帶領他的一百一十七名下屬一起見上帝了。看到這樣的結局，站在城上瑟瑟發抖的揆一，肯定對「衝動是魔鬼」有了更痛的領悟。後世的歷史學家歐陽泰先生也感慨：「十七世紀，是一個（中國與西方）並駕齊驅的時代。」

與此同時，在臺江內海，鄭荷兩軍也展開了激戰。當時，荷軍僅有赫克托號和斯·格拉弗蘭號兩艘風帆戰列艦，每船都有三十門以上的側舷重炮。此外就是小帆船白鷺號和快艇瑪麗亞號了，跟料羅灣海戰時的九艘夾板船無法相比。就這四艘船，再要號稱艦隊就未免讓人恥笑了。

而鄭軍在廈門海戰中消耗甚大，為了防備清軍可能的入侵，鄭成功將最好的大福船幾乎留在了思明，東征船隻大多由商船改裝，每船僅有前後兩門重型火炮，砲彈重量和射程也都明顯不如荷方，但勝在數量。得知荷蘭水軍出動之後，鄭成功派陳廣和陳沖率六十艘戰船迎戰，數量上達到了十五比一。

鄭軍戰船與赫克托號相比，差距就如卡丁車和大卡車。因此，船上的荷蘭人特別興奮，主動向鄭軍發起攻擊。鄭軍則採用「群狼戰術」，用多艘戰船對敵人進行合圍。荷軍紅夷大砲發出震耳的吼聲，幾艘鄭軍戰船很快就被擊沉。

但很快，荷蘭人就發現自己高興得太早了。赫克托號居然燃起了熊熊大火，以當年的原始消防水準只能乾瞪眼。接著，伴隨著能亮瞎人眼的白光，以及震耳欲聾的爆炸聲，這艘不可一世的夾板船就沉入了海底。來不及跳船逃生的一百多名船員，都成了它的陪葬。

原來，經歷過廈門海戰考驗的鄭軍，並未被這艘巨無霸嚇倒，而是搬出了他們的土法大殺器。五六艘裝滿硫磺、焰硝等易燃品的小船，在火炮的掩護之下，不顧一切的衝到赫克托號跟前，然後點燃小船，船員們則跳水逃生。要說赫克托號也真是夠不幸，火藥庫給點著了，那能不被炸上天嗎？

斯·格拉弗蘭號見勢不妙，趕緊撤向深海區，希望利用火炮射程的優勢壓制鄭軍。奈何中國有句老話，雙手不敵四拳。多艘鄭軍戰船還是頂著炮火衝了過來，並伸出鐵鉤試圖鉤住荷船。經過一番苦苦掙扎，斯·格拉弗蘭號終於擺脫了鄭軍的糾纏，與白鷺號一道駛向日本。瑪麗亞號則逃往巴達維亞。

就這樣，臺江海戰以荷蘭人的慘敗而告終，鄭軍從此牢牢掌握了制海權。阿爾普多上尉對赤嵌城的解圍也宣告失敗，被迫又逃回熱蘭遮。鄭軍遂將赤嵌城團團包圍，切斷了它與外部的一切聯絡。

都到這時候了，有些人還真是心大。當天，貓難實叮的弟弟和弟媳，還興致勃勃的外出遊玩，當然是做了鄭軍的俘虜，並被押送到了鄭成功面前。

這對夫妻，不就是最好的人質和籌碼嗎？不過，鄭成功卻慷慨的將二人放回去，並希望他們能勸說貓難實叮投降，並保證城內居民的人身安全。

揆一先生可是號稱要為臺灣流盡最後一滴血的，自己吹出來的牛，含著眼淚也得吹完。他派出兩名使者，前往赤嵌城外拜會國姓爺。其中一人正是陣亡上尉貝德爾的公子，他充當翻譯。

使者態度極其誠懇，言語特別卑微，言辭也是特別的小心，向鄭成功傳遞了希望通好（撤兵）的強烈願望。最後，他們說：「我等懇求殿下告訴我們對本公司不滿的理由和動機。以及要求滿足的事項，以便經過研究後可以達成協定，使雙方舊日友誼得以迅速恢復，因此懇求殿下賜予明確答覆，以便回報長官。」

鄭成功看著這兩位使者，不覺發出一聲冷笑。他一字一句的說：「我沒有義務說明自己行動的理由，但也沒有必要隱瞞如下的事實：為了順利的與韃靼人作戰，我認為應該收復臺灣。該島是屬於中國的。在中國人不需要時，可以允許荷蘭人暫時借居；現在中國人需要這塊土地，來自遠方的荷蘭客人，自應把它歸還原主，這是理所當然的事情。」

在鄭成功咄咄逼人的氣勢之下，使者不知道說什麼好了。他們也怕一旦觸怒了這位國姓爺，自己就會躺著回到熱蘭遮了。

荷蘭人畢竟不是清妖，國姓爺還想著以後和他們做生意呢，因此不會把事情做絕。鄭成功慷慨的說：「你們可以帶走自己全部的財物和軍火，就算把城堡拆了運到巴達維亞也沒關係，本藩與東印度公司會保持友好關係。但你們必須立即行動，不得拖延，否則，」這位國姓爺如同川劇變臉一般嚴肅起來：「我的健兒將會將你們的城堡夷為平地，大軍一動，天翻地覆，所向無敵。爾等好好考慮一下！」

鄭成功限荷蘭人次日上午八時做出決定，是頑抗到底，還是乖乖投降。兩位使者回去向總督大人覆命。揆一和評議會成員反覆商量之後，在城頭持起了大血旗，這是血戰到底的代表，沒得商量。不過這麼一來，他們也就無法解救赤嵌城了。

鑒於荷軍大部分都集中在熱蘭遮，鄭成功下令先解決赤嵌城。數千名士兵一人背起一捆柴草堆在城下。城中的水源也被切斷了。眼看大禍臨頭，赤嵌城裡的荷蘭人只能絕望的抱在一起，無助的向上帝祈禱。但鄭成功只是做做樣子，他才捨不得火燒赤嵌呢，而是派人進城勸降。

之前，鄭軍釋放了貓難實叮的弟弟與弟媳，讓這位司令官深受感動，現在，揆一也不管他了，上帝也不發威了，還能怎麼著？四月初六日，貓難實叮下令在城頭掛起白旗，四百名士兵放下武器，迎接鄭軍入城。

伴隨著喜慶的鼓樂，以及一陣高過一陣的歡呼聲，鄭成功和馬信等將領騎著高頭大馬，順利進入了赤嵌城，代表著攻臺行動取得了初步勝利。城內的二十八門重炮，從此也歸鄭軍所有。

在四天時間裡，鄭軍先後取得了北線尾島陸戰、大員灣海戰與赤嵌圍城戰的勝利，三戰三捷，進展之順利出乎了所有人的意料。鑒於荷蘭殖民者被困在了熱蘭遮，鄭軍幾乎已經控制了臺灣全境。

那麼，打下這座孤城，鄭成功需要幾天呢？

四、策略轉變：失利中的智慧抉擇

既然荷蘭人不肯投降，鄭成功就只能武力解決了。四月初七日，他將主力移師到一鯤身，準備包圍熱蘭遮城。

熱蘭遮又名臺灣城，建築在大員沙丘上，三面環海，正面城牆厚六英呎，側面牆厚四英呎，是一座典型的「文藝復興稜堡」，四角都有炮臺，各安置紅夷大砲至少二十門，比袁崇煥當年守衛的寧遠城可堅固太多了。[39]

四月二十六日，鄭成功命令將二十八門紅夷大砲運到城外的空地上，並設定木柵作為掩護。當時，熱蘭遮城裡僅有一千一百名士兵，而鄭成功集中的兵力大約一萬人，對比過於懸殊。

二十八日卯時（5：00-7：00），初夏的清晨依舊悶熱，但空氣中已經滿是火藥的味道了。震天動地的爆炸聲在熱蘭遮城外響起，揚起的塵煙遮蔽了原本湛藍的天空。鄭成功擺出多鐸十六年前轟開潼關城的架勢，準備用火炮解決問題，避免士兵的大量傷亡。一排排的鉛彈砸在城堡的胸牆上，很快就留下了重重的痕跡。荷蘭士兵們龜縮在城裡，似乎根本不敢對轟。

戰鬥就這樣結束了，荷蘭人是要出來投降了嗎？興奮不已的鄭軍官兵，紛紛走出防禦工事，甚至開始歡呼。顯然，經過之前北線尾之戰、大員灣海戰和攻占赤嵌城的一系列勝利，無論是鄭成功及其將領，還是千千萬萬的普通士卒，都覺得荷蘭人已經沒有還手之力，唯一的選擇就是跪地求饒。

可就在所有鄭軍士兵都放鬆警惕之時，熱蘭遮城堡的胸牆上，伴隨著刺耳的轟鳴聲，突然發射出了一排排砲彈。鄭軍猝不及防，很多人被當場炸死，永遠回不去家鄉了。還有不少人失去了手臂腿，場面相當淒慘。

原來，荷蘭人先前的隱忍，只是為了此刻的爆發。原來，真正的紅夷大砲發起威來，比當年金礪的仿製品厲害多了。勇敢的鄭軍士兵試圖發炮還擊，卻發現自己根本不是對手。鄭軍的簡易堡壘，在荷蘭人密集

[39] 1 英尺 =0.3048 公尺。

的火炮攻擊面前，簡直就像紙片一樣無用。

鄭成功見勢頭不對，急令士兵丟下火炮後撤，轉移到荷蘭重炮的射程之外：惹不起你，還躲不起嗎？但荷蘭人的表現，實在出乎了鄭成功的預料。

就在晚上，一隊荷蘭敢死隊員突然從城內衝出，直撲鄭軍丟棄的大砲，並用能做到的最快速度，將大砲的火門釘死。鄭軍將領發現之後，立即組織士兵過來干擾，併發射火銃和弓箭。但荷蘭的反應特別敏捷，他們很快又撤回了城裡，僅有少數人被擊斃。

之前順風順水的鄭成功，吃到了進入臺灣以後的第一場敗仗，也交出了高昂的學費，士兵損失超過了一千人。顯然，鄭軍炮陣存在著致命的缺點，沒有足夠的掩體保護，很容易成為紅夷大砲的活靶子。鄭成功是一位相當自負的統帥，但他絕非一味蠻幹的阿格商，知道及時止損。而且，鄭荷士兵之比達到了十比一，有什麼可怕的！

既然強攻攻不下來，火炮對轟占不到便宜，鄭成功決定，對熱蘭遮進行全面圍困，讓荷蘭人「糧儘自降」。

隨著馬信的一聲令下，鄭軍在所有通向熱蘭遮城堡的街道上築起防柵，並挖掘了非常深的壕溝，以保證士兵的安全。壕溝內還安置了火炮，以防止荷軍可能的突襲。最大的一門，可以發射六磅砲彈。

沒有參與圍城的大部分士兵，則被分批組織起來，開始在臺灣各地屯田。都說得道多助，臺灣百姓將鄭軍當成了自己的子弟兵，想盡一切辦法支援國姓爺打贏這場戰爭。鄭成功派楊英與何斌到各鄉徵糧。他倆很快籌集到了六千石米，三千石糧，大大緩解了士兵的糧餉壓力。

五月初，黃安、劉俊、陳瑞、胡靖、顏望忠和陳璋六鎮軍兵，乘二百艘戰船趕到臺灣。兩批軍隊會合之後，總兵力達到兩萬五千餘人，但也帶來了新的麻煩。[40]

鄭成功征臺，並未帶足軍糧。當初何斌信心滿滿的說什麼「天威一指，唾手可得」，讓鄭成功錯誤的以為，戰事可以在短期內結束。但荷蘭守軍的頑強，卻讓鄭軍陷入了供應短缺的窘境。

由於缺少糧食，鄭成功只能下令民間交納蕃薯作為軍糧。不久之後，激變大肚鄉（今臺中大肚鄉）的原住民，還與援剿後鎮、右虎衛、英兵鎮及智武鎮在當地的駐軍發生了衝突，令鄭軍的形象受到了一定損害。而猛戰楊祖也在衝突中受傷，不久去世。

幸好鄭成功及時處理了暴動，並將相關部隊調離。思明距臺灣大約公有六百里，但在帆船時代，遇到季風與洋流阻隔，兩個月到不了都有可能。鄭成功一直催促鄭泰運送糧食到臺灣，但左等右等，只等來了寂寞。

鄭成功非常憤怒，在座前寫下五個大字：「戶失先定罪！」他派戎政與戶都事楊英在魯爾門一帶守候運糧船，凡有思明的糧船到來，無論公私，都優先發放給士兵。他們已經實在等不起了。

當鄭成功圍困熱蘭遮時，永曆在緬甸愈發艱難，張煌言在浙江也支撐不下去了。

為了斬草除根，吳三桂一再向朝廷上疏，要求進軍緬甸捉拿永曆。永曆十四年（1660），清廷批准了這個提議。

永曆十五（16611）年五月，緬甸國王莽達的弟弟莽白殺莽達自立為王。因永曆拒絕承認新王，七月，莽白發動了「咒水之變」，借邀請永曆君臣飲咒水盟誓的契機，將永曆身邊的大臣和親隨幾乎全部屠殺，從此，尊貴的大明天子，成為了緬甸篡位者莽達的囚犯。

---

[40] 六鎮兵馬通常會達到一江日昇《臺灣外紀》認為是二十艘，很可能是筆誤。

李定國與白文選曾多次試圖營救皇帝，卻因各種原因未能成功。

永曆這一生，原本有兩次投奔鄭成功的機會，他都沒有把握住，怪誰呢？

對於鄭成功的攻臺舉動，張煌言完全不贊成。他擔心的是，人走上坡路難，走下坡路容易。一旦鄭成功離開金廈去了臺灣，就不會再有光復華夏的勇氣。

所謂愛之深才責之切，張煌言洋洋灑灑寫下了一封長信，派人帶給正在臺灣埋頭種田、圍困熱蘭遮的國姓爺。

張煌言認為，臺灣為枝葉，思明為根本。鄭成功捨思明而就臺灣，是個嚴重的錯誤。臺灣是化外之地，如果鄭成功長駐臺灣，內地的人心就會散了。其中說道：

> 況普天之下，止思明州一塊乾淨土，四海所屬望，萬代所瞻仰者，何啻桐江一絲，系漢九鼎。故虜之虎視，匪朝伊夕，而今守禦單弱，兼聞紅夷構虜乞師，萬一乘虛窺伺，勝敗未可知也。夫思明者，根柢也；臺灣者，枝葉也。無思明，是無根柢矣，安能有枝葉乎？此時進退失據，噬臍何及？古人云：「寧進一寸死，毋退一尺生」，使殿下奄有臺灣，亦不免為退步，孰若早返思明，別圖所以進步哉！

張煌言越認真，越說明他依然鄭成功抱有希望，依然將他視為最重要的合作夥伴。各種史書上並沒有明確交待，這封長信到底有沒有交到鄭成功手中。但以這位國姓爺不撞南牆不回頭的個性，即便看到了，他也不會改變自己的主意。

當然，張煌言的擔憂絕非多餘。因鄭成功去了臺灣，鄭經威望不足，一些鄭軍將領就蠢蠢欲動，打算降清。鄭成功召銅山守將郭義、蔡祿前往臺灣。當年六月，二人擔心自己與清廷勾結的事被揭發，於是想煽動忠匡伯張進一起降清。

張進表面答應，悄悄埋置炸藥，並邀二人前來議事，想把倆傢伙給收拾了。可這兩人事先得到消息，不肯前往，只是催張進出發。而張進的選擇，卻有些讓人看不明白。

他居然引燃炸藥，自焚殉國了。郭蔡二人遂引清軍占據銅山。鎮守南澳的忠勇侯陳霸率水師前來救援，清軍大肆搶掠一番揚長而去，給鄭軍留下了一座荒島。

銅山之變，拉開了鄭氏集團日後連環內訌的序幕，而清廷對沿海的封鎖也更加變本加厲。

僅僅獻一座縣城，就由普通鎮將升為海澄公，黃梧堪稱一步登天的典型。但他也知道，自己沒有寸功，肯定遭人忌憚。想要得到主子的欣賞，就得拿出看家本領。

黃梧別的本事沒有，但拼的就是底線，再損的招數都能想出來。在反覆思考（可能還看了些參考書）之後，他鄭重的向清廷呈上了臭名昭彰的《平海五策》，主要內容包括：

一、金廈兩島彈丸之區，得延至今日而抗拒者，實由沿海人民走險。糧餉、油、鐵、桅船之外，靡不接濟。若從山東、江、浙、閩、粵沿海居民盡徙入內地，設立邊界，布置防守，不攻自滅也。

二、將所有沿海船隻悉行拆除，寸板不許下水，凡溪河，豎樁柵，貨物不許越界，時刻瞭望，違者死無赦。如此半載，海賊船隻無可修葺，自然朽爛；敵眾雖多，糧食不繼，自然瓦解。此所謂不用戰而坐看其死也。

三、其父鄭芝龍羈押在京。鄭成功賄商賈，南北興販，時通消息。宜速追此輩，嚴加懲治，貨物入官，使交通可絕矣。

四、鄭氏墳塋現在東南各地，叛臣賊子，誅及九族，況其祖乎？悉一概掘毀，俾其命脈斷，則種類不待誅而自滅也。

五、投誠官兵散住各州府縣，虛糜錢糧，倘有作祟，又貽害地方不淺。請將其移往各省，分墾荒地，不但可散其黨，以絕後患，且可蕃眾以足國也。

顯然，這「平海五策」堪稱缺德，缺德到家了，都是斷子絕孫的陰招。特別是第一條「遷海」，更是「殺敵一千，自損八百」。但清廷為了消滅鄭成功，也顧不上這麼多了，家大業大，折騰得起，再說家業本來也不是自己的。

當然，想用這種辦法封鎖鄭氏集團的人，絕不止黃梧一個。漢官房星燁、房星煥兄弟、戶科給事中王啟祚等也是積極鼓吹者。從永曆十五年九月開始，直隸、山東、江南、浙江、福建和廣東六省開始立界禁海，至少內遷三十里，數以百萬計的沿海居民被迫內遷，日常生活遭受了極大干擾。

閔粵浙沿海是鄭軍糧食的主要供給區。清廷的劃界遷海，對金廈的物資供應堪稱毀滅性打擊，並令金廈與臺灣之間的矛盾日益加深。

自從鄭成功發動南京戰役，並在廈門海戰中痛擊達素之後，清廷文武官員要求處決鄭芝龍的聲音就此起彼伏。黃梧的再次強調，無疑加速了鄭氏一門的不歸路。

挖掘別人祖墳，是一件極其缺德的事情。拉弓沒有回頭箭，黃梧反正也不在乎什麼後世罵名了，他這種小嘍囉，當然只顧眼前。對鄭成功越刻薄，他的海澄公當得才能越穩。

清廷經過認真考慮，實施了黃梧的前四策，而否定了第五策。對於還在忙於與荷蘭軍隊作戰的鄭成功來說，這些措施都觸及了他的底線，是絕對無法容忍的。如果上天再給他重來一次的機會，他一定會把黃梧拉出去殺頭，不，凌遲，以洩心頭之恨。可惜，世界上沒有後悔藥可買。

現在，他還必須盡快解決臺灣問題。

五、荷軍來襲：鄭軍力抗強敵

鄭荷兩軍已經在臺灣開打了，東印度公司任命的新總督赫爾曼·克倫克（Herman Klenk），還在慢慢悠悠的由巴達維亞駛向熱蘭遮。等來到目的地，看到城頭的大血旗時，克倫克完全嚇傻了。他沒有想到，自己要接手的是這麼一塊燙手的山芋。那還搞什麼搞，不如讓揆一繼續折騰呢。

於是，這傢伙乾脆連熱蘭遮城都不進，連招呼都不打，連辭職報告都不寫，就將座船開往日本，逃命去了。

克倫克的行為，對一直在城內苦苦支撐的荷蘭軍人來說，無疑是傷害滿滿。他們感覺自己被巴達維亞給拋棄了，給這樣的公司賣命真不值得。於是，城內不斷出現逃亡和投誠的。跑到國姓爺這邊，別的不好說，生活待遇肯定會有明顯改善。

在臺江海戰中，馬利亞號幸運的逃脫了鄭軍的圍堵，逃回了巴達維亞。東印度公司董事會緊急討論救援臺灣的方案。但苦於人手有限，最終只能派出一支由十艘戰船、七百士兵組成的艦隊，裝載大量的軍用物資開往臺灣。出任艦隊司令的，居然不是職業軍人，而是一位律師兼檢查官雅科布·考烏（Jacob Caeuw），這確定不是在開玩笑嗎？

在《被忽略的福摩薩》中，揆一熱情的吹捧了這位司令：「根據他自己承認，除了在萊登學院做學生時，常常用劍劈刺街上的石塊或者善良人家的玻璃窗之外，沒有別的作戰經驗。」

巴達維亞距離熱蘭遮差不多有五千里，但荷蘭夾板船確實航速優異。救援艦隊用了不到四十天時間，就在七月十八日駛到了大員灣。但因季風不順，只能又退到澎湖避風，二十八天後，才終於抵達熱蘭遮。

此時，城內的荷蘭守軍已經死傷大半，活著的人也只能苦苦支撐，處境比當年漳州城中的清軍好不了多少。荷蘭援軍躲開了鄭軍戰船的干擾，成功的將兩千兩百磅火藥和大量生活用品運進熱蘭遮，無疑令揆一等人精神大振 —— 組織還沒有拋棄我們！考烏可能打仗不行，幹別的還是很是心得的。他在澎湖搶了不少雞鴨，可以讓同胞們好好改善一下生活，而隨船帶來的糧食，也能讓他們再多支撐幾個月。

儘管援軍只有七百人和十艘戰艦，一向樂觀進取的揆一居然覺得，是到了反攻的時候了，要讓國姓爺付出更大的代價。

閏七月二十一日，經過反覆的「腦力激盪」，揆一和考烏等人制定了一個看似相當嚴密的計畫，打算一舉打破鄭軍的封鎖，將他們趕回廈門。

用兩艘戰艦繞到熱蘭遮市集的背後，用火炮攻擊鄭軍的砲兵營地，摧毀他們的所有重武器；

以三艘夾板船為主力，兩艘雙桅船及十五隻快艇做掩護，攻擊停泊在附近的鄭軍船隊（有十二艘戰船）；

在用戰艦壓制鄭軍火力的前提下，出動四百名士兵，向熱蘭遮市集內的鄭軍軍營發起進攻，給他們以毀滅性的打擊。

儘管雙方兵力之比不到一比十，荷軍居然還敢這麼主動進攻。不得不說，他們的戰術水準還是非常高的，勇氣也著實可嘉。

兩天之後，勇敢的荷蘭人開始實施他們野心勃勃的計畫。他們中的很多人自然也知道，這是打破鄭軍封鎖最後的機會了，只許勝不許敗。

五艘船都是順風順潮，特別順利。老天這是有意成全荷蘭人？他們還是高興得太早了。剛行駛到一半時，風向突然改變，龐大的夾板船迎著大風，根本無法前進。

原本準備攻打市集的兩艘戰艦，由於無法趕到目的地，行動被迫暫停。而另一支艦隊的三艘大船，同樣乾著急毫無辦法。荷軍軍官貝斯也是夠拼的，他下令能開動的安克汶號及十三艘小艇，依然按照原計畫，向鄭軍戰船衝去。

荷軍小艇上也有一兩門火炮，貝斯覺得對付國姓爺的小破船足夠了。鄭成功派出宣毅前鎮陳澤、戎旗左右鎮、水師陳繼美、朱堯和羅蘊章等拔錨迎戰。伴隨著轟隆隆的發炮聲，鐵彈紛紛落在了荷軍小艇上，造成很多士兵非死即傷。隨後，鄭軍戰船頂著炮火開到近前，士兵們紛紛舉著藤牌跳上荷船，將火炮對轟變成了最原始的近身肉搏。

不大功夫，三條荷蘭小艇就被鄭軍繳獲，其他船隻只能努力逃跑，向夾板船靠攏以求得保護。

海風已然停歇，打算炮擊熱蘭遮街區的兩艘夾板船，終於趕到了目的地。但它們去，還不如不去呢、

之前在圍攻熱蘭遮城堡時，鄭軍吃了大虧。但鄭成功已經從失利中學到了很多，他下令修建了非常堅固的戰壕和掩體，將本方的大砲及士兵保護得好好的，夾板船的上紅夷大砲轟炸了半天，並沒有造成多大損傷。

鄭軍很快開炮還擊。幾發鐵彈重重砸了科克倫號的甲板上，打得船體東倒西歪。更不幸的是，船上的一門大砲突然炸膛，當場將九名士兵送上了天堂，另有三人受傷。但荷軍很快從慌亂中恢復過來，頑強的同鄭軍對轟。

天色漸漸暗了下來，猛烈的西北風又不給面子的颳起，潮水將科克倫號一氣兒吹到到淺灘。此時，船上已經有三十九人喪命，四十人受傷。船長弗羅杜羅普留下十五人看船，其他人搭乘小艇逃跑。

船長應該慶幸自己的果斷，還沒等他們跑遠，大船就被密集的炮火擊中，隨即在震耳的爆炸聲中沉沒。那十五人自然是一個也沒跑得了。

另一艘克登霍夫號同樣被火炮打得死傷頗多，最後還被鄭軍繳獲。

揆一精心設計的反攻計畫，就這麼被粉碎了。雙方的傷亡相近，大約都是三百人。但鄭軍有兩萬五千士兵，荷蘭人才一千八，誰更吃虧不言而喻。

戰敗的荷軍狼狽逃回到熱蘭遮，讓留在城裡的同胞又遭受了一次心靈摧殘。但就在第二天，揆一突然收到了一封信，開心得差點能跳起來。

此時，達素已經返回北京，負責福建事務的是靖南王耿繼茂與福建總督李率泰。他們密切關注著臺灣戰局，準備隨時在鄭軍背後捅刀子。

耿繼茂知道，東印度公司希望與大清進行「直接貿易」，不讓中間商賺差價，這與清廷的朝貢政策是有嚴重衝突的。但鑒於之前達素的慘敗，清廷意識到單憑自己的力量，在海上打敗鄭軍幾乎不可能。如果荷蘭人願意出動夾板船協助清軍作戰，那攻占金廈的機率無疑會大大提高。

敵人的敵人，就是我們的朋友！

在廈門海戰中，清軍是敗得很慘，但很多將領堅持認為，那是有鄭成功本人鎮場子。現在，國姓已經被我大清趕到臺灣種田去了，金廈兩島指望那個不正經的鄭經小朋友，肯定是守不住的。

於是，耿繼茂向東印度公司去信，希望雙方本著互利互惠的原則，一起消滅共同的對手海賊國姓。耿繼茂聲稱，福建這裡已經做好準備了，只要熱蘭遮城裡能派一支艦隊來協助我們攻打廈門，獲勝之後，大家就可以一道開往臺灣，將鄭軍一網打盡。

九月十五日，當耿繼茂的親筆信送達熱蘭遮時，評議會裡出現了多日未見的歡樂局面，所有人似乎都看到了城市解圍的美好前景。

經過熱烈討論，評議會決定派出三艘威力最大、航速最快的夾板船，以及兩艘小船，滿載火炮與彈藥，以及全體荷蘭人的期望開往福建前線，打算與清軍一起，將國姓爺的老家來個一窩端。

考烏主動請纓，要求擔任行動的總司令。評議會則安排康斯坦丁·諾貝爾為副司令，並攜帶豐厚的禮物送給耿繼茂大人。

十月十二日，船隊衝破鄭軍水師的攔截，駛向澎湖。顯然，如果這五條船開到廈門，絕對夠鄭經喝一壺的。幸運的是，就在澎湖，有三艘船的錨鏈被風吹斷了，不得已退回到大員修理。

而另外兩艘船居然張滿帆繼續前進。不過他們的並沒有去思明，而是連夜駛向巴達維亞。就這樣，考烏將軍毫不猶豫的丟下了攻打廈門的責任，忽悠了盼星星盼月亮的靖南王，拋棄了保護熱蘭遮的使命，欺騙了自己的同胞，也進一步打擊了他們堅守與下去的信心。

這麼一來，熱蘭遮城還能有好下場嗎？

六、熱蘭遮歸華：光復寶島的歷史意義

天氣一天一冷下去，熱蘭遮裡滿面塵灰煙火色的荷蘭人，心境也一天比一天更冷。他們沒有足夠的食物，沒有乾淨的飲用水，沒有必須的藥品，日子過得比被他們壓迫了近四十年的臺灣原住民還淒涼。一個又一個士兵病倒了，甚至很快就見了上帝。逃出去向國姓爺投降的也越來越多。

而鄭軍在封鎖熱蘭遮的同時，正有條不紊的進行各項建設。雖說同樣沒有足夠的食物，但他們的心情，顯然要比荷蘭對手好太多。

光投降也不行，總得納點投名狀，別人才覺得你有價值吧。一位名叫漢斯·哲根·拉迪斯的軍曹投降之後，扮演了讓鄭成功非常欣喜的角色。

漢斯如實講述了熱蘭遮城裡人間地獄一般的慘狀，還建議國姓爺「趁你病，要你命」，加大轟炸的力度，從而徹底摧毀他們的反抗意志。

更重要的是，漢斯建議國姓爺首先攻克烏特利支外堡，並從那裡居

高臨下向城裡開火。「你只要占領外堡之後，就能建起新的防禦工事，把自己隱藏在裡面向城內開火。他們的大砲是轟不著您的。」漢斯帶著諂媚的笑容分析道。

漢斯的一席話，給了鄭成功很多啟發，也讓他認識到了鄭軍與荷軍之間的差距，除了火器大砲這樣的硬體，也包括作戰指揮這樣的軟體。

「就按你說的辦，先拿下外堡！」

國姓爺一直相當自負，但關鍵時候，他卻願意從諫如流，虛心學習洋鬼子的攻城技術。

眼看就到平安夜了，可憐的荷蘭人卻別想得到一天平安。之後，他們的生活愈來越辛苦。十二月初六日，鄭軍在烏特利支外堡附近修建了三座炮臺，用二十八門火炮進行狂轟濫炸。這一次，他們挖掘出了嚴密的戰壕體系，士兵們躲在裡面，讓烏特利支外堡的火炮輕易炸不著。由此也不難看出，鄭成功和他的勇士們，已經快速的學到了近代熱兵器戰爭的精髓。

荷蘭人當然不能坐以待斃，但他們的火力完全被壓制住了。烏特利支外堡南面牆被炸開了一個大缺口，馬信試圖組織敢死隊員衝過去解決戰鬥，但兩次強攻都失敗了，圓堡前倒下了一排排的鄭軍屍體。不得已，馬信下令繼續炮擊。

到了晚上，烏特利支圓堡幾乎被炸成了一片廢墟，僥倖活下來的荷蘭士兵，都逃進熱蘭遮城了。馬信於是下令接管外堡。

事必躬親的鄭成功、聞訊趕了過來，想進堡內視察一下。但有人卻攔在了他和馬信身前，嘰哩哇啦的說了一通。

鄭成功一看是漢斯，馬上明白了：自己不能馬上進去。馬信馬上派出一隊工兵進入圓堡檢查。然而沒過多久，堡內還是傳來了特別刺耳的爆炸聲。荷蘭人的鬼點子真多，還在堡內埋下了大量地雷。如果沒有漢斯干預，鄭成功和馬信說不定就交待在裡面了。

眼看勝利在望，鄭成功卻表現得非常冷靜。他下令士兵清理圓堡廢墟的磚石，並重新建立起了一座巨型炮臺，將三十門大砲對準熱蘭遮城。炮臺的防牆既高又厚，讓城裡的火炮無可奈何。鄭軍卻可以很方便的向城內開火，甚至能將整個城堡夷為平地。

荷蘭人當然不知道「大難臨頭」這幾個字怎麼寫，但他們很清楚，熱蘭遮的末日就要來臨了。

永曆十五年十二月初一日，吳三桂率軍進入阿瓦城下。第二天，緬甸國王莽白就將永曆和太子移交給了這位昔日的大明平西伯，現在的大清平西王。

等待永曆的，是押送上京，公開處決的宿命。

當然，鄭成功並不知道永曆的變故，他還專注於盡快結束征臺之戰。儘管揆一還想頑抗到底，評議會的大多數人，可不想給他當陪葬。而熱蘭遮城裡的荷蘭人，也變著花樣跑出去投降。

鄭成功無意於將熱蘭遮變成一片廢墟。他繼續派人進城招降。「攻城為下，攻心為上」在南京玩砸了，還留下了千古遺恨，但並不能說明這種思路是完全錯誤的。

荷蘭評議會進行了多輪討論之後，達成了三個策略，居然類似中國傳統的上中下三策：

一、集中火力，向鄭軍發起拚死總攻。這顯然是雞蛋碰石頭的下策；

二、緊守城池，抵抗鄭軍進攻，等待巴達維亞援軍。這算是平淡無奇中策。

三、在最有利的條件下主動投降，爭取最優惠的寬大。這才是審時度勢之後的上策。

老頑固揆一依然迷之自信，覺得城內糧食可以支撐四五個月，完全可以等來援軍。但此時，城內可戰之兵僅有六百，還處於不斷減員之中。大多數人認為，最好的投降機會，和最能吸引異性的你一樣，就是眼前。鄭荷雙方經過五六天的討價還價，終於在十二月二十二日簽署了投降條約，即著名的《鄭荷協定》(鄭荷之戰荷蘭降書)：

由一方為自一六六一年五月一日到一六六二年二月一日圍攻福爾摩沙的熱蘭遮城(臺灣大員島北端)的大明招討大將軍國姓殿下(鄭成功)，另一方為荷蘭國(東印度公司)該城長官菲特烈揆一及其議員們，所訂立的條約條款如下：

1. 雙方都要把所造成的一切仇恨遺忘。

2. 熱蘭遮城及其城外的工事、大砲及其他武器，糧食、商品、貨幣及所有其他物品，凡屬於公司的都要交給國姓爺。

3. 米、麵包、葡萄酒、燒酒、肉、鹹肉、油、醋、繩子、帆布、瀝青、柏油、錨、火藥、子彈、火繩及其他物品，凡所有被包圍者從此地到巴達維亞的航程中所必需者，上述長官及議員們得以自上述公司的物品中，毫無阻礙地裝進在泊船處及海邊的荷蘭聯合東印度公司的船。

4. 屬於在福爾摩沙這城堡裡的，以及在這戰爭中被帶去其他地方的荷蘭政府特殊人物的所有動產，經國姓爺的授權者檢驗之後，得以毫無短缺地裝進上述的船。

5. 除了上述物品之外，那二十八位眾議會的議員們，每位得以帶走二百個兩盾半銀幣；此外有二十個人，即已婚的、單位主管及比較重要的人，得以合計帶走一千個兩盾半銀幣。

6. 軍人經過檢查之後，可以帶走他們的全部物品及貨幣，並依我們的習俗，全副武裝，舉著打開的旗子、燃著火繩、子彈上膛，打著鼓出去上船。

7. 福爾摩沙的中國人之中還有人向公司負債的，他們負債的金額和原因，或因贖租或因其他緣故，都將從公司的簿記中抄錄出來交給國姓爺。

8. 這政府的全部檔案簿記，現在都得以帶往巴達維亞。

9. 所有的公司職員、自由民、婦女、兒童、男奴、女奴，在這戰爭中落在國姓爺領域裡且尚在福爾摩沙的，國姓爺將從今日起八至十日內交給上述的船，那些在中國的，也要盡快送來交給上述的船；對於那些不在國姓爺的領域裡面仍在福爾摩沙的公司其他人員，也要立刻給予通行證以便去搭乘公司的船。

10. 國姓爺要把他所奪去的四隻船上的小艇及其附屬裝置立刻還給公司。

11. 國姓爺也要安排足夠的船給公司，以便運送人員和物品到公司的船。

12. 農產品、牛和其他家畜以及其他為公司人員停留期間所需要的各類食物，要由國姓爺的部下以合理的價格，從今日起每天充足地供應給公司的上述人員。

13. 在公司人員還留在此地或未上船以前，國姓爺的兵士或其他部下，如果不是為公司工作而來，就誰也不得越過目前用籃堡或該殿下的陣地所形成的界線，來接近這城堡或其城外工事。

14. 在公司人員撤離以前，這城堡將只掛一面白旗。

15. 倉庫監督官在其他人員和物品都上船之後，將留在城堡裡二至三天，然後才和人質一起被帶去上船。

16. 國姓爺將派官員或將官 Ongkim 及其幕僚 Punpauw Jamosie 為人質，於本條約經雙方各按本國的方式簽字、蓋章和宣誓之後，立刻送去停在泊船處的一艘公司的船；相對的，公司將派這政府的副首長 Joan Oetgens van Waveren 及眾議會議員 David Harthouwer 為人質，到大員市鎮國姓爺那裡；他們將各留在上述二個地方，直到一切按照條約內容確實履行完畢。

17. 國姓爺的人被囚在這城堡裡或被囚在此地泊船處公司船裡的俘虜，將和我們的人被囚在國姓爺的領域裡的俘虜交換。

18. 本條約如有誤會或確有需要而在此被遺漏之重要事項，將由雙方基於能為對方樂於接受的共識，立刻修正之。

一六六二年二月一日在大員的熱蘭遮城裡

簽名者：Frederick Coijett 等二十八人

十三天之後，已是中國的王寅虎年。按照荷蘭的習俗，揆一等五百餘人身著盛裝，手持武器，敲鑼打鼓，體面的離開了臺灣。勝利者沒有將他們斬草除根，沒有扣為人質，也沒有向東印度公司索要賠償，而是讓他們乘坐七艘戰艦離開，返回巴達維亞。

顯然，鄭成功此舉，為日後與東印度公司重建貿易關係留下了操作餘地。國姓爺並不想與荷蘭徹底撕破臉，還想賺他們的錢呢。

但是，很可能是應鄭成功的要求，荷蘭人留下了一百五十門紅夷大砲和四千條火繩槍，足夠國姓爺組建一支規模不小的神器鎮。

沒有對比就沒有傷害。二百四十年後的道光二十四年(1842)，同樣是王寅虎年。七月二十四日，在南寧城外下關停泊的康沃利斯號風帆戰列艦上，清朝代表表耆英、伊里布、牛鑑與英國代表璞鼎查簽署了《江寧條約》。這個中國近代史上第一個不平等條約，既代表著第一次鴉片戰爭的結束，又宣示了中國半殖民地時代的正式開始。

光復臺灣，對在南京城下慘敗的鄭成功來說，無疑是極大的收穫。更值得強調的是，在絕大多數將領都堅決反對或者不贊成攻臺的情況下，鄭成功能夠力排眾議，無所畏懼的發動徵臺戰役並取得最終勝利，充分展現了一位優秀統帥的策略眼光與堅毅品格。

鄭成功將熱蘭遮要塞改為安平城，他要將這裡作為治理臺灣的中心。興奮之餘，國姓爺提筆寫下了著名的〈復臺〉一詩：

開闢荊榛逐荷夷，十年始克復先基。

田橫尚有三千客，茹苦間關不忍離。

時光荏苒，今天我們讀到這首詩，依然能夠感受到鄭成功的喜悅之情及對未來的深深期許。

當然，打下臺灣不易，經營寶島，可能會更加艱難。

第十五章
英雄謝幕：遺憾與未竟的夢想

一、臺灣經營：穩固的長遠基礎

荷蘭殖民者向鄭成功投降，是在永曆十七年（1661）十二月，但事實上，對於臺灣的經營，早在當年四月，占領赤嵌城之後就開始了。

鄭成功自己當然不會想到，此時距離他離開人間，只剩下了一年光陰。但他知道，想要將臺灣建設成為反清基地，還有太多工作要做。

四月十八日，鄭成功頒布了八項命令，讓戶官刻板頒行：

東都明京，開國立家，可為萬世不拔基業。本藩以手闢草昧，與爾文武各官及各鎮大小將領、官兵家眷來胥宇，總必建立田宅等項，以遺子孫計。但一勞永逸，當以己力經營，不准混侵土民及百姓現耕物業。茲將條款開列於後，咸使遵依。如有違越，法在必究。著戶官刻板頒行。特諭：

一、承天府安平鎮，本藩暫建都於此。文武各官及總鎮大小將領家眷，暫住於此。隨人多少圈地，永為世業，以佃以漁及經商取一時之利。但不許混圈土民及百姓現耕田地。

二、各處地方，或田或地，文武各官，隨意選擇，創置莊屋，盡其力量，永為世業；但不許紛爭及混圈土民或百姓現耕田地。

三、本藩閱覽形勝建都之處，文武各官及總鎮大小將領，設立衙門，亦准圈地創置莊屋，永為世業。但不許混圈土民及百姓現耕田地。

四、文武各官圈地之處，所有山林陂地，具圖來獻，本藩薄定賦稅，便屬其人掌管；須自照管愛惜，不可斧斤不時，竭澤而漁，庶後來永享無疆之利。

五、各鎮及大小將領官兵，派撥汛地，准就彼處擇地起蓋房屋，開闢田地，盡其力量，永為世業，以佃以漁及經商。但不許混圈土民及百姓現耕地。

六、各鎮及大小將領，派撥汛地，其處有山林陂地，具啟報聞，本藩即行給賞，須自照管愛惜，不可斧斤不時，竭澤而漁，庶後來永享無疆之利。

七、沿海各澳，除現在有網位罟位，本藩委官徵稅外，其餘分與文武各官即總鎮大小將領，前去照管，不許混取，候定賦稅。

八、各官開墾田地，必先赴本藩報明數，而後開墾。至於百姓，必開墾數報明承天府，方准開墾。如有先墾而後報，及報少而墾多者，察出定將田地沒官，仍行從重究處。

四月二十四日，鄭成功頒下命令，改赤崁地方為東都明京。東都，是相對永曆的西都（雲南府）而言；明京，即明朝的京城。此時的他，似乎有迎接永曆皇帝來臺的意思、鄭成功又在東都設定承天府，並置天興和萬年兩縣。這也是臺灣歷史上首次按漢族傳統建立起的地方機構，具有特別重要的意義。楊朝棟榮幸的提倡了首任府尹，莊文烈為天興知縣，祝敬為萬年知縣。

熱蘭遮城堡外的大員市鎮，則被鄭成功命名為安平，以紀念他的家鄉。當時，鄭成功真正有效管轄的，並非是今天看到的臺灣全島嶼，只是南部和東部。

臺灣已經經歷了顏思齊、鄭芝龍及荷蘭人的數年開發，但與內陸相比，依然非常落後。島內依然遍布原始森林，叢林中瘴氣瀰漫，讓外來者難以適應。大量的鄭軍士兵，都在屯田中因不服水土而病倒，甚至有大量死亡。

一邊是當地屯田效果不佳，另一邊是思明運糧船遲遲不到，鄭軍很快面臨供給困難，不得不用黃金向原住民高價購買，而士兵與本地人之間，也時有摩擦。而治國嚴厲的鄭成功，從來都是將原住民的利益放在前面。

五月初二日，鄭成功集合文武各官，稽核劫掠百姓銀兩的事情。萬萬沒想到的是，這位六親不認的國姓爺，又拿功臣開刀。

「將吳豪推出斬首！」冷冰冰的命令過後，更多人不寒而慄。吳豪可是在攻打南京和廈門海戰中表現出色的猛將，僅因搶奪當地百姓的糧食，就領了便當下線，確實有點憋屈了。因此有後人懷疑，吳豪可能是因強烈反對征臺被殺的，是鄭成功「公報私仇」。這種說法欠缺證據，當年甘輝還堅決反對北伐南京呢。此外，在廈門海戰中有突出表現的右虎衛鎮陳蟒，被捆責革職。

鄭成功的執法之嚴，時時令人不寒而慄。當承天府尹楊朝棟和知縣祝敬用小斗發糧、被士兵舉報之後，鄭成功很快將這二位老部下斬首示眾，為「六親不認」一詞做了完美的註腳，要知道楊朝棟可是堅定的攻臺派。

加入鄭軍時間不長的馬信，在甘輝死後成為了鄭成功最信任的將軍，並在攻打熱蘭遮城的戰事中，代替國姓爺指揮全軍。仗著老大的寵信，馬信就不拿自己當外人了，他不失時機的進言道：「藩主，末將以為，立國之初，宜用寬典。」

你這是內涵誰呢？鄭成功也不生氣，而是耐心的開導說：「你只知其一，不知其二。立國之初，法貴於嚴，不至於留下痹症，以後照著遵守，管理就容易多了。」看這個老粗還是不明白，鄭成功就繼續提醒他：「子產治鄭，孔明治蜀，用嚴乎，用寬乎？」馬信無言以對，心裡八成在想，別看我現在這麼紅，沒準哪天就是下個赫文興了。

到了永曆十六年（1662）正月，為了增加臺灣的勞力與人口，鄭成功傳令給駐守思明的鄭泰、洪旭和黃廷等將領，要求他們將家眷陸續遷到臺灣。但讓人痛心的是，這些將軍對鄭成功的命令陽奉陰違，想盡一切辦法拖延。

在這些人看來，臺灣生活條件惡劣，家人去了那裡，很可能就一去不回還了。過往這些年，得益於在鄭氏集團的高額分紅，他們在思明的日子過得相當滋潤，也對清廷遷界禁海的決心準備不足。過不了多久，他們就將為自己的行為付出高額代價。而鄭成功的眼光，卻遠遠超過了他們。

一張白紙，反而能創作出最新最美的圖畫。相比內陸，臺灣的優勢是得天獨厚的，寶島之名絕非誇張。相比西班牙殖民者在美洲大開殺戒，鄭成功將臺灣原住民視為同胞，對他們提供了最大可能的幫助。

當時，原住民的耕作方法依然十份落後：「士民逐穗而拔，不識鉤鐮割獲之便。」在戶都事楊英的建議下，鄭成功下令，發給原住民鐵犁、耙、鋤各一副，熟牛一頭，並教給他們耕牛犁耙之法，播種五穀收穫之方。同時，對開墾用心的進行獎勵，懈怠敷衍者予以懲罰。

原住民其實並不笨，只是荷蘭殖民者從來不教他們。一旦學習掌握了內陸先進的耕作技術，並且有了開荒種田的積極性，農業生產也取得了飛躍式的發展，並給鄭軍提供了大量的軍糧：「年可歲供百萬也。」

臺灣本地農業的發展，不僅解決了島上兩萬官兵的日常生活問題，更為拓展海外貿易提供了基礎與保障。鄭氏集團以貿易起家，鄭成功不可能在臺灣搞重農抑商，只要假以時日，思明的商業繁榮不難在臺灣各地複製。

可惜，鄭成功在收復臺灣之後五個多月就去世了，之後更大規模的建設，只能交給其繼承人來完成。但世間只有一個鄭成功，永遠不會有第二個。後來者既沒有他的眼光，也沒有他的威望，更沒有他的魄力，經營臺灣的效果自然要打很大的折扣了。

作為大航海時代東亞最強海軍的領導者，鄭成功的眼光，絕不會停留在臺灣一島。

二、劍指呂宋：未來擴張的未竟之業

永曆十六年(1662)的元旦到了。過去一年，鄭成功頂住重重壓力，終於成功驅逐了荷蘭人，在這片相當於三分之一福建的土地上，這位國姓爺看到了無限可能，他要將臺灣建設成為反清復明的基地，鄭氏海商集團的貿易中心。

這一年，他才三十九歲。即便按照大明時期的標準，他依然處於盛年。不出意外的話，他還會有很多年的壽命。

這也是多年來，他第一次沒有和董氏和鄭經一起過年。但沒有關係。按鄭成功的打算，今年就要將他們母子接到安平城，一年人團聚。

但就在大年初一，還沒有喝完新春的第一壺酒，一則突如其來的消息，令鄭成功無比悲憤，無限傷心。

他恨不能直搗北京，手刃仇人，以雪心頭之恨。

父親鄭芝龍，繼母顏氏，以及異母弟鄭世恩、鄭世蔭等全家十一人，於上年十月初三，被清廷斬於京師柴市。

當初，鄭芝龍為了降清，可是主動撤走仙霞關駐軍，為清軍順利占領福建立下大功的。但由於鄭成功的反清，清廷一直用鄭芝龍充當威脅鄭軍的籌碼。而隨著順治之死，朝中痛恨鄭芝龍的勢力也趁機發難，終於將他置於死地。

鄭成功挺胸頓足，望北痛哭：「若是當初聽兒言，何至有殺身之禍？然得以己苟延到今日，也是不幸中的大幸了！」他下令搭設靈堂，在島內隆重紀念。

迎接新年的開心，收復臺灣的喜悅，就這樣被家人被屠的傷痛所取代。然而這只是個開頭。

不久之後，鄭家祖墳被毀的消息傳到臺灣。鄭成功無比憤怒，他向西痛罵道：「生者有怨恨，死者何仇？敢如此結不共戴天之仇？如果有一天率兵西向，我不凌遲你黃梧的屍首，枉做人間大丈夫！」

接連的打擊，讓鄭成功心情鬱悶。荷蘭人是走了，但依然有別的西方殖民者跳出來，給國姓爺添堵。

從臺灣南部穿越巴士海峽，就到了呂宋島。呂宋面積將近十一萬平方公里，相當於三個臺灣，是菲律賓最大的島嶼，也是首都馬尼拉所在地。

早在宋元時期，東南沿海就有大量華人到呂宋謀生。傳說鄭和下西洋時，還在呂宋任命了一位名叫許柴佬的泉州人擔任總督。但此後明遷實行海禁，西班牙占領了呂宋，將其打造成了控制東亞的貿易中心。

從十六世紀開始，由於美洲金銀的大量開採，中國、菲律賓和美洲之間，形成了著名的「馬尼拉大帆船貿易」，更精確的說，是泉州——馬尼拉——阿卡普爾科（在墨西哥南部太平洋沿岸）之間的三角貿易。

在這條貿易線路上，中國商人將生絲、茶葉和瓷器等產品運到馬尼拉，由西班牙將貨物用大帆船（Manila Galleon）跨越太平洋運送到阿卡普爾科，再從這裡將把亞洲特產用大輪車運往瓜地馬拉、厄瓜多、祕魯、智利和阿根廷等國。在回程中，大帆船滿載白銀及羊毛、可可等土特產。明朝中後期大量白銀湧入中國，「馬尼拉大帆船貿易」功不可沒，許多華商也從中賺取了豐厚利潤。

華商在馬尼拉的發展壯大，令西班牙殖民者特別眼紅，他們明裡暗裡進行限制與打擊。而對於華人的遭遇，明廷表現得相當冷漠，實在是讓人痛心。

到了十七世紀，隨著荷蘭占領臺灣和麻六甲，「馬尼拉大帆船貿易」受到了嚴重衝擊，呂宋華人與西班牙殖民者的矛盾也愈發激烈。1603 和 1639 年，西班牙殖民者兩次屠殺華人，造成了極其惡劣的影響。但當政的中國皇帝，對於此事卻顯得漠不關心。

但是，與大部分中國君主不同，鄭成功非常關注海外移民的命運，更希望成為東亞貿易體系的主宰者。

早在永曆九年（1655）陽曆 8 月 17 日，鄭成功就向荷蘭的臺灣總督發去親筆信，要求禁止船隻前往馬尼拉等地貿易，以制裁西班牙當局對華商的不公平待遇。

> 閣下與我同心同德，互相幫助，倘若閣下准許商民同上述地方來往貿易，我則視之為閣下不聽忠告，亦即閣下不願一如既往維持相互之親密友誼。然而由於彼此間建立多年之親密友誼，我不相信閣下會准許商民會前往貿易。

本著兩邊不得罪的立場，荷蘭人婉拒了鄭成功的請求，事實上為四年之後的戰爭埋下了伏筆。

次年陽曆 10 月，西班牙派使者前往思明，希望能與鄭氏恢復正常貿易關係。由於當時要集中力量攻打南京，鄭成功同意了西班牙的請求。但是，對於呂宋華僑的苦難，鄭成功一直無法忘記。

當鄭軍成功驅逐荷夷的消息傳到呂宋，數萬華僑開心得如同慶祝新年，他們似乎也看到了自己贏得解放的那一天。而不想銜重蹈荷蘭同行覆轍的西班牙殖民者，也是戰戰兢兢，絲毫不敢大意。

但是，該來的遲早要來。

永曆十六(1662)年三月初七日，鄭成功派多明尼加修士維托裡奧·里奇奧(Vittorio Ricco)前往馬尼拉，將一封親筆信交給西班牙總督曼利克·特·喇喇(Manrique de Lara)。國姓爺添油加醋的將自己收拾臺灣人的盛況描述了一番，並希望馬尼拉殖民當局認清形勢，主動向自己朝貢，否則後果相當嚴重：

大明總統使國姓爺寄馬尼拉總督曼利克·特·喇喇之宣諭：

承天命而立之君，萬邦咸宜效順朝貢，此古今不易之理也。可惡荷夷不知天則，竟敢虐我百姓，劫奪商船，形同盜賊，本當早勒水師討伐。然仰體天朝柔遠之仁，故屢寄諭示以期彼悔罪過，而彼等愚頑成性，執迷不悟，邀予震怒，遂於辛丑四月率師親討，兵抵臺灣捕殺不計其數，荷夷奔逃無路脫衣乞降，頃刻之間，城池庫藏盡歸我有，倘彼等早知負罪屈服，豈有如此之禍哉。

你小國與荷夷無別，凌迫我商船，開爭亂之基。予今平定臺灣，擁精兵數十萬，戰艦數千艘，原擬率師親伐。況自臺至你國，水路近捷，朝發暮至；唯念你等近來稍有悔意，遣使前來乞商貿易條款，是則較之荷夷已不可等視，決意姑赦爾等之罪，暫留師臺灣，先遣神甫奉致宣諭。倘爾及早醒悟，每年俯首來朝納貢，則交由神甫履命，予當示恩於爾，赦你舊罰，保你王位威嚴，並命我商民至你邦貿易；倘或你仍一味狡詐，則我艦立至，凡你城池庫藏與金寶立焚無遺，當時悔莫及矣。荷夷可為前車之鑑，而此時神甫亦無庸返臺，福禍利害唯擇其一，幸望慎思速決，毋遲延而後悔。

此諭

永曆十六年三月初七日，國姓爺

鄭成功對自身實力非常自信，但萬萬沒想到的是，馬尼拉殖民統治當局對他的「命令」置之不理。而呂宋華人為了迎接國姓爺，居然提前舉行了武裝起義(一說是受鄭成功使者的鼓勵)。不過，華人的原始武器與西班牙火器的差距實在太大，先後有上萬華人被害，這也是第三次呂宋大屠殺。

消息傳到臺灣，鄭成功徹底被激怒了。他一是無限同情呂宋同胞的悲慘遭遇，二是無法容忍西班牙對自己宣諭的蔑視。不過這麼一來，他也算師出有名了。

儘管剛剛經歷了長達九個月的臺灣之戰，士兵們都相當辛苦，但國姓爺依然鬥志飽滿。他一邊著手安排出征艦隊，一邊與派人與呂宋當地華人聯繫。

但是，我們都知道，鄭成功並沒有兵發菲律賓。

三、一封家信：意外的連鎖反應

開發臺灣，並沒有鄭成功當初想像得那樣容易。為了增加臺灣人口，他一直催促留守廈門的洪旭、黃廷等人將家屬遷到臺灣。但這些人卻想盡辦法一切拖延，令鄭氏集團分裂的苗頭愈發明顯。

未等鄭成功採取措施，永曆十六年（1662）三月，卻傳來了南澳守將陳霸密通尚可喜的消息。鄭成功反應過度。他令周全斌與杜輝、黃昌等人赴南澳，想將陳霸押解到臺灣審問。得到消息的陳霸即不能自證清白，又不想與鄭軍自相殘殺，居然跑到廣州，向有血海深仇的平南王尚可喜投降了。

尚可喜樂得嘴都合不上了：真是可喜啊。清廷認為，既然慕義來歸，就給你個慕義伯當吧，別嫌小，不殺你就不錯了。其實陳霸投清完全是被逼的，而且沒過多久他就去世了，並沒有替滿清賣命。

陳霸的「叛變降清」，對鄭成功的打擊實在不小。不過，長子鄭經從廈門發來的信件，卻令父親非常開心。鄭成功下令，重賞鄭經及其母親董氏，並在臺灣大擺宴席，讓一直過緊日子的官兵喝個痛快。

是什麼好事呢？原來，鄭經的侍妾生了個胖小子。三十九歲的鄭成功，就這樣成功的當上了爺爺。

不知什麼原因，鄭經的正牌夫人唐氏一直未能生育。鄭成功在島上開心了沒幾天，就收到了唐氏的爺爺、隆武朝兵部尚書唐顯悅的來信。

鄭成功真的不應該拆讀這封信，可他還是拆開了。

剛看了幾行，國姓爺突然火冒三丈：「這個逆子！」

唐顯悅在信中直言不諱的指責道：

三父八母，乳母亦居其一。令郎狎而生子，不聞叱責，反加賞賜。此治家不正，安能治國乎？

原來，鄭經長本事了，居然納自己的乳母為妾？鄭成功立即讓手下調查。得知（大致）真相之後，鄭成功更加怒不可遏。他恨不得馬上殺回，親手宰了這小子。

岳飛斬子、戚繼光斬子，都是民間傳說，無非想證明他們治軍之嚴，兒子犯法與普通士兵同罪行。但這些事蹟基本上都是虛構的。但鄭成功要殺鄭經，卻是真有其事。

唐顯悅曾任隆武朝兵部尚書。雖說只是個榮譽職務（軍隊都得歸鄭芝龍管），但至少說明了人家在福建政壇的影響力。

鄭成功與董友的婚姻就是標準的政治聯姻，談不上什麼幸福。而這樣的事情，同樣落在了他的老大鄭經身上。

鄭經並不喜歡結髮妻子唐氏，卻和四弟鄭睿（在羊山遇難）的乳母陳氏勾搭在了一起，甚至有了「愛的結晶」。鄭經雖說花心，卻不是真傻。他很清楚：老爹就是個老古董，幸虧他去了臺灣，幸虧他不了解事情真相，否則一定會廢掉自己的世子之位。[41]

[41] 一說是鄭經自己的乳母。

眼看紙裡包不住火，鄭經只能跪在母親面前，一把鼻涕一把淚的檢討「愛的代價」。

「家門不幸啊，讓你父王知道，你還能當世子嗎？讓你岳父大人知道，他會怎麼做？」董氏當然氣得不輕。但鄭經是她的親骨肉，是她這些年慘淡經營的唯一期望。她怎麼能不護著兒子呢？

「孩兒知道錯了，可她是無辜的（女人何苦為難女人！），孩子也是我的孩子啊！」

「你就納她為妾，置一院房安置吧！」

「多謝母親大人！」鄭經立即向陳家下了聘禮，把這一家人開心得不知道說什麼才好。唐氏當然不開心，但她能阻止丈夫納妾嗎？

幾個月之後，陳氏順利生產，可把鄭經開心壞了：是個男孩！向母親請示之後，他立即修書向臺灣報喜。

按說時間一長，這事就這麼過去了。但不知道什麼原因，唐顯悅居然知道了事情的來龍去脈。這還了得！自己的寶貝女兒，能容許他不正經的鄭經如此怠慢？

唐顯悅於是寫鄭成功寫信，添油加醋的指責鄭經的荒唐。但讓人費解的是，鄭經明明娶的是四弟的奶媽，又不是自己的奶媽，唐顯悅至於這麼無限上綱嗎？

而一向以治家嚴格的鄭成功，在沒有徹底查清事情真相之前，就草率做出了決定。而正是他之後的應對措施，造成了可怕的結果，更讓今天的我們無比痛心。

鄭成功叫來都事黃毓，交給他三隻畫龍桶、一隻漆紅頭桶，讓他持令箭到金門，與鄭泰同回思明。這四隻桶做什麼的呢？

三隻桶，要裝三顆人頭，分別是給鄭經、陳氏和他們的孩子預備的。

再怎麼著，鄭經也罪不死。別說陳氏並不是鄭經的乳母，就算真的是，那也到不了殺頭的地步 —— 明憲宗朱見深已經做出表率了。

朱見深從小被乳母、宮女萬貞兒撫養，繼位之後，他封萬氏為貴妃，兩人非常恩愛，甚至還有過孩子。如果鄭經應該殺，那朱見深不就得凌遲嗎？

而且，陳氏顯然是無辜的，要說錯也是鄭經的錯。孩子更加無辜。唐顯悅借題發揮，鄭成功氣得差點吐血，也是反應過激。不過也證明了一點：他對這個老大，一向也沒有多滿意。反正兒子多的是，誰接班也差不多；再說自己還不到四十，現在根本用不著考慮接班人的事。

而漆紅頭桶的目標，更是讓人無法理解。鄭成功居然要殺掉自己的妻子董夫人！一封來信，居然引發了如此嚴重的後果（事情還遠遠沒完呢），堪稱「蝴蝶效應」的經典運用。

就算鄭經該殺，殺就是了，董氏有什麼過錯呢？鄭成功認為妻子持家不嚴，沒管好老大。但此時的鄭經已經成家，還要怎麼管呢？

俗話說一日夫妻百日恩。鄭董兩家是不折不扣的政治聯姻。董氏顯然不是鄭成功喜歡的類型，要不然他也不會納一堆側室。但傳統社會是標準的男權社會，禮法都是首先照顧男人利益的。鄭成功再冷落董氏，後者也不能出軌以做報復。

更可悲的是，他倆的悲劇，又落到了鄭經與唐氏身上。

這一年，正好是董氏與鄭成功結婚二十年。做丈夫的不想著精心送上禮物表示關愛，還居然想要了妻子的命？由此看來，鄭成功自己，也是嚴重的借題發揮。

鄭成功是個非常自負的統帥，說一不二，令行禁止。但這一次，他顯然高估了自己的威望，低估了董氏在廈門的影響力，也低估了思明眾將的反抗心理。

攤上這麼個國姓爺，黃毓能有什麼辦法呢。他只有擦乾眼淚上路，趕到金門向鄭泰彙報。兩人隨即奔赴廈門。

留守思明的黃廷、洪旭、陳輝和王秀奇，可都是鄭軍骨幹，他們得知二人此行的任務之後，一個個面面相覷。鄭泰畢竟是鄭成功的族兄，底氣自然比別人足。他說：「主母，小主，怎麼能殺呢？然而藩主的命令到了，又不能不遵守。以本人愚見，我們就把陳氏和孩子殺了覆命吧。至於主母和小主，我們一起代為請罪，大家覺得怎麼樣呢？」

還別說，鄭泰的建議讓雙方都有臺階可下的，當然苦了那娘倆。董氏聽說之後，也認為不錯：「這於法兩盡。」很快，黃毓就帶著兩顆人頭，喜滋滋的回臺灣覆命了。

「混帳，這點事情辦不好？」鄭成功非但沒有賞賜黃毓，還劈頭蓋臉大罵了他一通，隨後當場把自己的佩劍解了下來。

黃毓一見差點當場哭出聲來，後悔沒早點寫好遺書。但事實證明，他還真是想多了。鄭成功將劍交給黃毓，告訴他「見劍如見君」，誰再不聽命令就直接誅殺，並讓他再回金門找鄭泰。潛臺詞就是：這一次再完不成任務，那就別怪軍法無情了。

黃毓只好再次約上鄭泰去廈門。可是鄭經一個大活人，會乖乖伸長脖子讓你殺嗎？他二話不說，就把黃毓逮了起來，那把劍自然也沒收了。鄭經與黃廷、洪旭等人商議對策。但此時，據說有一個人的出現，卻讓局勢直接失控。

此人就是蔡鳴雷。他剛剛在臺灣犯事，擔心以鄭成功的脾氣，自己想活命相當困難了，就藉故來廈門搬家眷，準備舉家降清。鄭經也是腦子進水，偏要諮詢他的意見。蔡鳴雷是老狐狸了，巴不得鄭軍內部越亂越好。

蔡鳴雷哭喪著老臉說：「少主啊，藩主發誓一定要把你們娘倆兒殺了，誰敢阻止，就讓黃毓斬了誰，在座諸公恐怕也難逃一死。藩主還給在南澳的周全斌發了密諭，估計很快就要過來了。」

一時之間，廈門島內人心惶惶。清軍沒有打來，周全斌倒是要過來清理門戶了。還是洪旭老到。他說：「世子，子也，子不可抗拒父親；諸將，臣也，臣不可抗拒君主。但鄭泰是兄，兄可以拒弟。如果是過來取糧餉物品，那我們當然要撥付，如果領兵來攻，我們就得抵抗了。」鄭經立即安排援剿右鎮林順領兵船出鎮大擔島，防備臺灣過來的艦隊。

不久之後，周全斌回到廈門，馬上就被鄭經抓了起來，並交給黃昌看管。周全斌被搞得丈二和尚摸不著頭緒 —— 他根本沒有什麼藩主密詔。幸好董氏知道了此事，在她的干預之下，周全斌才保住了腦袋。

隨後，鄭成功就接到了思明諸將的信函。據說裡面有「報恩有日，侯闕無期」之語，擺出一副集體抗命的架勢。心高氣傲的國姓爺，怎麼嚥得下這口氣？鄭成功連周全斌被抓都不知道，還讓洪有鼎持手諭去南澳，讓周全斌監斬董氏和鄭經。看來，蔡鳴雷還真有點未卜先知的法力。

洪有鼎到了南澳，才知道了周全斌的下場，自己當然再不敢去廈門，更不敢向鄭成功覆命，又不想降清。他乾脆從此就亡命天涯了。

但洪有鼎卻不知道，有人在對面苦苦等待他的消息，他對得起那個人嗎？

四、壯志未酬：猝然辭世的英雄餘響

永曆十六年（1662）五月初一日，時間已經來到了盛夏，鄭成功卻蹊蹺的染上了「風寒」。他強打精神堅持辦公，與文武官員討論國事，特別是攻打呂宋的事宜。每天早上，他都要站在礁石上，舉著千里鏡向西邊瞭望。顯然，鄭成功盼著愛將周全斌和洪有鼎盡快向自己覆命。

但誰也沒有想到的是，五月初八日，國姓爺就突然離開了人間。

這一天早晨，鄭成功依然早早起床，依然遠眺澎湖，依然一無所獲。隨後他回到書房，命部下取出延平王衣冠。鄭成功一向很追求儀式感，他穿戴整齊，請出《明太祖寶訓》放在案頭。也許是祖訓令他觸景生情，想到洪武大帝在南京開邦建國的英武，自己在南京潰不成軍的狼狽，棲身臺灣的不甘，老大鄭經的傷風敗俗，金廈將士公然抗命的忤逆，西班牙殖民者的猖狂，抗清前程的愈發黯淡，所有一切都令他痛苦不已。

「拿酒來！」鄭成功坐在胡床上，命令侍衛進酒，他自己打開祖訓看讀。每讀一頁，他就飲一杯酒。看他這架勢，侍衛想攔也不知道怎麼開口了。

突然之間，鄭成功將酒杯摔在地下，長嘆一聲：「我有何臉面見先帝於地下也？」

此話一出，左右不覺大為緊張。也許知道自己大限已近，此時的鄭成功泣不成聲：

自國家飄零以來，枕戈泣血十有七年，進退無據，罪案日增，今又屏跡遐荒，遽捐人世，忠孝兩虧，死不瞑目！天乎！天乎！何使孤臣至於此極？

鄭成功說到傷心處，用兩手抓面，場面極為恐怖。都督洪秉誠端上湯藥，卻被他打翻在地。眾人面面相覷，不知道應該怎麼辦。然而不久之後，他們就發現了一個更加可怕的事實。

這位讓清廷忌憚了十多年的海上英雄，這位統軍十萬軍兵的偉大統帥，這位連累父親和全家被害的「逆子孤臣」，就這樣相當蹊蹺的與世長辭。如前輩顏思齊一樣，他連遺囑都沒有留下。

他才三十九歲，正值壯年，以這樣的方式告別世界，怎麼可能心甘？

反清復明的大業，需要他憑藉威望與實力另立新君；人類大航海時代的競賽，需要他代表中國參與角逐。可他卻這樣離開了，只留給後人無限的哀思與無窮的遺憾。

當年三月，吳三桂將永曆押送到昆明，準備解往北京。但兩地相距四千餘里，難免生變。於是經朝廷請批准，四月十五日，吳三桂將四十歲的朱由榔用弓弦活活勒死。

鑒於退到中緬甸邊境的李定國部只剩下了幾千人馬，遠在臺灣的鄭成功，成為了反清復明的唯一希望。考慮到那個年代的消息傳遞速度，永曆的死訊能不能在五月初八之前傳到臺灣，實在要打一個大大的問號。就算真的能夠傳到，鄭成功還未做出應對之前，就遺憾的告別人間了。

史學界通常以永曆之死，作為南明王朝終結的代表。在得到永曆的準確死訊之後，李定國悲痛欲絕，為自己沒有保護好皇上而深深自責。六月二十七日，李定國不幸去世，終年四十二歲。臨終前，李定國還囑咐次子李嗣興：「寧可死在荒郊，也不可投降。」可悲的是，這個兒子跟鄭經一個德行，最終還是帶著部眾投降了。

如此一來，在短短兩個月時間裡，永曆皇帝與南明抗清兩大支柱鄭成功、李定國相繼離世，他們的死，讓殘餘的抗清武裝徹底失去了主心骨。

多年以來，張煌言都是堅定的魯王支持者，在永曆去世之後，他希望能將魯王立為皇帝，讓南明的旗幟延續下來。可惜，供養魯王的鄭經完全不熱心。這年十一月十三，朱以海在金門病逝，享年四十五歲。

永曆的死，讓李定國精神崩潰；魯王的死，也令張煌言徹底絕望，從而解散軍隊，隱居海島。由於叛徒的出賣，張煌言被清廷逮捕，並於清康熙三年（1664）九月初七在杭州遇害，時年四十五歲。

沒有諸葛亮的才華卻喜歡以當世孔明自居，這恐怕是鄭成功未能走得更遠的重要原因。而張煌言明明可以做鄭成功的法正，卻對魯王忠心不二，不願全力輔佐佐延平王。今天我們站在全能視角上，能對兩位明末英雄如此苛責嗎？

恐怕不行。人都生活於歷史之中，也難免帶有歷史的局限性。

同年五月二十四日，鄭成功的老師錢謙益在常熟去世，終年八十三歲。雖說在南京城下剃髮降清，錢謙益之後卻與柳如是全力投入復明活動，更是積極為鄭成功北伐提供幫助，重新贏回了國姓爺的敬意。

此時，柳如是不過四十七。當年六月，因錢氏族人想要奪取錢謙益家產，剛烈的柳如是憤而自縊，與丈夫在陰間相會了。終生沒有一位柳如是這樣的紅顏知己，能讓自己變得更為優秀和深情，想必是鄭成功此生最大的遺憾之一。

八月，清軍包圍了湖北興山縣茅麓山，大陸上最後一支反清勢力「夔東十三家」中堅持到最後的李來亨部被殲，李來亨壯烈犧牲。

這樣，清軍就可以集中全部火力，對付已經退到臺灣的鄭經。

鄭成功死後，鄭經與叔叔鄭襲為爭取延平王繼承權而自相殘殺，並引發了鄭軍將領此起彼伏的降清熱潮。鄭經雖說勝出，永曆十七年（1663）十月卻在第四次廈門保衛戰中慘敗，次年又丟掉了東南沿海的全部據點，只能去老爹打下的臺灣討生活。

鄭經拒絕另立明朝宗室帝，並將東都改為東寧，讓無數抗清志士相當失望。鄭經及兒子鄭克塽使用南明末帝的年號直到永曆三十七年

(1683)，臺灣明鄭的歷史，卻被多數史家排除出了南明史。鄭經的歷史地位，也根本無法與父親鄭成功相提並論。

平心而論，鄭經對臺灣的發展建設也有一定貢獻。他兩次粉碎了施琅攻打臺灣的圖謀，透過與清廷玩和戰遊戲保全自己。在「三藩之亂」發生時，鄭經也一度占領了福建和廣東的七府土地，搶下了他爹生前沒有搶到的廣大地盤。但隨著叛亂的徹底平定，鄭氏在大陸的領地又全部丟失。

1681 年，沉迷酒色的鄭經在四十歲的黃金年齡病逝。馮澄世之子馮錫範擅殺鄭經長子鄭克臧，扶植女婿鄭克塽當上延平世子。兩年之後，鄭家苦主施琅率領以鄭軍降將為班底的龐大水軍，在澎湖海戰中大敗劉國軒指揮的鄭軍主力。鄭克塽出降，明鄭在臺灣的統治宣告結束。

雖說鄭氏集團在鄭成功死後依然堅持了二十一年，但隨著這位海上英雄的英年早逝，反清復明的最後希望事實上已經完全喪失，滿清一統天下再無懸念。

一個人的過早離世，可以令之後的歷史變得面目全非，這是鄭成功本人的榮耀，但卻是我們這個民族的不幸。

清末著名詩人丘逢甲有詩云：

誰能赤手斬長鯨？不愧英雄傳裡名。

撐起東南天半壁，人間還有鄭延平。

後記：如果再給他二十年

永曆十六年（1662）五月初八日，鄭成功在臺灣蹊蹺去世。按時人的算法，他在三十九歲時告別人間；以今天的標準，他死時只有37，完全還是個小夥子，處於人生的黃金年齡。這麼早就離開世界，無論對自己還是對南明，甚至是傳統中國邁向近代的程序，都是無可估量的重大損失。

「十年生聚，十年教養，國可富，兵可強，進攻退守，足以與指滿清抗衡。」這是何斌向鄭成功建議的二十年治臺方略。

可惜，在收復臺灣之後僅四個多月之後，鄭成功就離開了人間。而他的繼承人鄭經，無論才能和境界、魄力與操守，膽量及操守，與父親差得不是一星半點。

即便經歷了南京崩盤，鄭成功手下官兵也有將近十萬。永曆遇害、李定國去世之後，鄭成功成為了復興南明的唯一希望。全國的抗清勢力，都自覺不自覺的向臺灣靠攏。這原本是鄭軍凝聚人心的大好機會，錯失了實在太過可惜。

如果再給他二十年，以鄭成功對明廷的忠心，他首先一定會再立一位宗室為皇帝，（當然魯王還是不必了）而不會像鄭經一樣繼續奉永曆年號。

如果再給他二十年，鄭成功一定會將臺灣建設成繁榮的反清基地，金廈在相當長的時間內也不會失守。鄭氏集團的商業貿易會更加鞏固，與清廷抗爭的家底會更加雄厚。

如果再給他二十年，因鄭經繼位導致的鄭軍嚴重分裂、大批將官降清的事情，肯定不會發生。鄭軍依然是東亞最強水軍。只要鄭成功在，臺灣幾乎沒有丟失的可能。

如果再給他二十年，鄭成功一定會親征呂宋，解救島上的數萬同胞。當然，也許一次不能成功，但以鄭成功的性格，必然會攻打第二次，第三次……只要時間允許，一直走下坡路的西班牙殖民者，終究要敗給國姓爺。

如果再給他二十年，「三藩之亂」發生時，鄭成功一定不屑於在福建與耿精忠搶地盤，必然會再次揚帆北上，再戰金陵。有過前車之鑑以後，他克服南京、光復江南的機率，將會無限放大。

如果再給他二十年，鄭成功必定會帶給世人太多的突破，太多的驚喜，太多的奇蹟。可惜，只因他的意外早逝和鄭氏集團的覆滅，中華民族擁抱海洋文明的期望，居然就此中斷了二百年，實在讓後人無比痛心和無限惆悵。

清廷在鴉片戰爭中的表現越拙劣，越能證明鄭成功驅逐荷夷的偉大及不易；傳統中國邁向近代化的步履越艱難，越能展現國姓爺眼光與魅力的超前。

為鄭成功創作一部傳記，多年來都是我最重要心願之一。2024 年恰逢這位民族英雄誕辰四百週年，因而也具有特別的紀念意義。

這一年，正好也是荷蘭殖民者占據臺灣四百週年。一定意義上說，鄭成功確實是為臺灣而生，因臺灣而英年早逝。但我們必須清楚，這絕對不是他人生的全部。

這一年，同樣是顏思齊開臺四百年。顏思齊可說是鄭成功的心靈導師，而鄭成功則是顏思齊的精神傳人。在大航海時代，明清官僚依然頑固的堅持重農抑商，顏思齊與鄭成功卻具有世界眼光與海權意識，是少數能跟得上時代的領袖。

正如鄭芝龍成為了顏思齊道路的反叛者，鄭經也未能將鄭成功的事業發揚光大。歷史，真的會因為少數英雄的生與死，而變得面目全非。

過往若干年，我們一直強調鄭成功收復臺灣的英武，卻有意無意忽略了他抗擊清軍入侵的果敢，捍衛華夏衣冠的無畏，明知不可為而為的勇氣，主動融入大航海時代的睿智，這些都是中華民族最為寶貴的精神財富。

鄭成功當然不是完人，優點與缺點都呈現得相當鮮明。他自信又自負，喜歡以諸葛亮和岳飛自居，不大能聽進去幕僚的意見，並為此付出了相當慘重的代價。但就「大節不虧」來說，鄭成功可以說沒有任何問題。

相比一些專家學者就三入長江、東西會師和南京之戰等事件對鄭成功的批評與質疑，本書對這位民族英雄基本上持肯定態度。在闡述鄭成功與李定國、張名振和張煌言等人的關係時，筆者對這位國姓爺的行為，寄託了更多的理解與尊重。

融合歷史作品的專業度與通俗讀物的可讀性，一直是筆者追求的目標。本書中的一些見解也許同主流觀念略有偏差，但並非刻意「標新立異」，只是希望透過對史料的甄別和分析，提供給讀者一些個性化的解讀與詮釋。

書中難免有疏漏與不足，歡迎讀者撥冗指正，非常感謝。

燕山刀客

王朝的孤忠，鄭氏三代的海商傳奇：

肩負南明復國希望 × 建立海上貿易霸業……從海盜到反清英雄，鄭氏家族在亂世中的民族使命

作　　者：燕山刀客
發 行 人：黃振庭
出 版 者：崧燁文化事業有限公司
發 行 者：崧燁文化事業有限公司
E-mail：sonbookservice@gmail.com
粉 絲 頁：https://www.facebook.com/sonbookss/
網　　址：https://sonbook.net/
地　　址：台北市中正區重慶南路一段 61 號 8 樓
8F., No.61, Sec. 1, Chongqing S. Rd., Zhongzheng Dist., Taipei City 100, Taiwan

電　　話：(02)2370-3310
傳　　真：(02)2388-1990
印　　刷：京峯數位服務有限公司
律師顧問：廣華律師事務所 張珮琦律師

定　　價：550 元
發行日期：2024 年 12 月第一版
◎本書以 POD 印製
Design Assets from Freepik.com

國家圖書館出版品預行編目資料

王朝的孤忠，鄭氏三代的海商傳奇：肩負南明復國希望 × 建立海上貿易霸業……從海盜到反清英雄，鄭氏家族在亂世中的民族使命 / 燕山刀客 著 . -- 第一版 . -- 臺北市：崧燁文化事業有限公司 , 2024.12
面；　公分
POD 版
ISBN 978-626-416-196-1(平裝)
1.CST: (明) 鄭成功 2.CST: 傳記
782.869　　　113019290

電子書購買

爽讀 APP　　臉書